KB046123

얼굴 없는 중개자들

THE WORLD FOR SALE

얼굴 없는 중개자들

석유부터 밀까지, 자원 시장을 움직이는 탐욕의 세력들

하비에르 블라스, 잭 파시 지음 | 김정혜 옮김

THE WORLD FOR SALE

**누가 공평하게 주어진 세상의 자원을
독점하는가?**

SIGONGSA

일러두기

1. 띄어쓰기, 외래어 표기는 국립국어원 용례를 따르되 기업명, 용례가 굳어진 일부 합성명사에 한해 예외를 따랐습니다.
2. 단행본은 겹화살괄호《 》, 정기간행물과 영상물은 홑화살괄호〈 〉, 법안 및 인용은 큰따옴표" "로 표기했습니다.
3. 대한민국 외교부 기준에 따라 일부 표기를 수정한 국가명이 있습니다.
4. 인명은 처음 언급을 제외하고 성(Last name)으로 표기하되, 성이 중복되거나 이름으로 통용되는 경우에 한해 이름(First name)으로 표기했습니다.

들어가며

21세기의 위험 사냥꾼

비행기가 급선회하면서 고도를 낮추기 시작했다. 자연히 지상 풍경도 바뀌었다. 잔잔한 지중해가 끝나자 북아프리카의 황량한 사막이 드넓게 펼쳐졌다. 멀리 지평선 위로 연기 기둥이 점점이 피어올랐다. 비행기는 멀미를 부를 만큼 하강하면서 나선형으로 연거푸 선회했다. 탑승객 중에는 석유 중개 업계의 큰손 이안 테일러Ian Taylor도 있었다. 탑승객 모두 얼굴이 딱딱하게 굳어 비장함이 감돌았고, 좌석 등받이에 몸을 바싹 기댄 채 안간힘으로 버티기 바빴다.

　40년간 석유 중개 산업에 몸담으면서 베네수엘라의 수도 카라카스부터 이란의 테헤란까지, 수많은 분쟁 지역을 돌아다닌 테일러지만 이번 출장은 차원부터 달랐다. 아니, 그야말로 새로운 경험이었다. 이번 여행의 목적지인 리비아의 벵가지는 유혈 사태가 한창이었다.

테일러는 세계 최대 석유 중개 업체 비톨Vitol의 최고경영자다. 그럼에도 테일러는 지금 자신이 얼마나 큰 위험에 뛰어드는지를 잘 알았다. 비행기 창밖만 슬쩍 내다봐도 그 증거가 있었다. 테일러의 전용기를 호위하기 위해 북대서양조약기구NATO가 띄운 무인 항공기 한 대가 300미터 아래에서 비행 중이기 때문이다. 막상 리비아 상공에 진입했는데 영국 정부 내 연락책이 적절한 호위용 전투기를 보내지 않아 서운했지만 어차피 부질없는 생각이었다.

이때가 2011년 초. 북아프리카는 들불처럼 번지는 시위로 전 지역이 극심한 진통을 겪었다. 아랍권 전반으로 확산된 반정부 민주화 시위는 훗날 '아랍의 봄Arab Spring'으로 불린다. 특히 리비아는 42년간 철권통치 독재자로 군림하던 무아마르 카다피Muammar Muhammad Abu Minyar al-Gaddafi에 맞서는 반군이 동부의 거점 도시 벵가지에서 카다피 세력을 쫓아내고 임시정부를 세운 상황이었다.

다만 반군은 총 한번 쏴 본 적 없는 시민이 대부분이었다. 군대라 할 수 없는 수준이었다. 이것 말고도 그들을 괴롭히는 커다란 문제가 또 있었다. 연료유였다. 차량을 움직일 경유와 가솔린은 물론이고 발전소를 가동시킬 중유가 반군에겐 절실했다. 하지만 내전으로 기존 정유 시설이 파괴된 리비아는 수백 대의 화물차를 통해 이집트로부터 힘들게 받아 온 연료유에 의존하기 바빴다. 당연히 물량은 턱없이 부족했다.

이 유혈 사태의 한복판에서 반군에 연료유와 물자를 전달할 인물을 꼽으라면 단연 테일러였다.[1] 50대 중반의 나이, 벗어진 머리에 다

부진 체격, 넘치는 에너지가 특징인 테일러는 업계 중간 정도에 불과했던 비톨을 업계 메이저로 키운 인물이다. 테일러에 의해 비톨은 세계경제에 강력한 영향을 미치는 세력으로 당당히 자리매김했다. 비톨이 하루에 거래하는 석유가 독일, 프랑스, 스페인, 영국, 이탈리아 5개국에 충분히 공급할 정도니 그 위세가 짐작된다.[2]

　게다가 테일러는 영국 상류층 특유의 친근한 매력과 석유 트레이더의 필수 자질인 모험가 성향까지 두루 갖췄다. 그는 '두려움'이란 단어를 아예 모르는 듯했다. 남들이 무서워 발조차 들이지 못하는 곳도 그에게는 문제되지 않았다. 그는 눈도 꿈쩍하지 않고 회사를 위험 지대로 이끌었다.

　석유와 돈이 권력과 결탁하는 세상에서, 지정학적으로 중대하고 큰 의미가 있는 거래라면 테일러는 몸을 사리기는커녕 기꺼이 불속으로 날아드는 나방이 됐다. 리비아 반군과의 거래 가능성이 수면으로 떠올랐을 때가 좋은 예다. 그는 조금도 주저하지 않았다. 몇 주 전 비톨 중동 지사는 카타르 정부의 전화를 받았다. 페르시아만, 즉 걸프 지역의 소국이지만 세계 3위의 천연가스 매장량을 자랑하는 카타르 말이다. 카타르는 정치와 금융 분야에서 리비아 반군의 주요 지원국을 자처했다. 즉, 서방과 리비아 반군을 잇는 가교 역할로 리비아 반군에 무기와 돈까지 공급했다.

　하지만 정제된 석유 제품을 사들여 유조선에 가득 싣고 전쟁 지역에 운송하는 것은 다른 차원의 문제였다. 이는 카타르의 깜냥으로는 희망 사항이었고 원자재 중개 업체의 도움이 필요한 일이었다(원자재는 연료, 금속, 식량 작물 등에 이르기까지 공업 생산의 원료가 되는 다양한 자재를 뜻한다. 경제 개념으로는 시장에서 대체 불가능한 상품 또는 서비스를 일컫는다_옮긴이). 카타르 정부가 비톨 중동 지사에 전화한 이유가 여기 있었다. 비톨이 벵가지에 경유, 가솔린, 중유를 공급할 수 있는지를 알고 싶었기 때문이다.

비톨은 카타르의 제안을 수락했다. 결정까지 네 시간의 여유가 있었지만 석유 중개의 공룡으로서 결정엔 긴 시간이 필요하지 않았다. 4분이면 족했다. 다만 커다란 걸림돌이 있었다. 리비아 반군은 현금이 없어 현물로 값을 치러야 했다. 즉, 비톨은 반군이 장악한 유전에서 나온 원유로 대금을 받을 수밖에 없다는 소리다. 하지만 이론적으로 큰 문젯거리는 아니었다. 지중해를 거쳐 벵가지로 석유 정제품을 내려 준 다음, 지중해 연안 도시 토브룩Tobruk 까지 원유를 송유관으로 끌어오면 그만이었다. 토브룩은 이집트와의 국경에서 가깝고, 내전 지역과는 멀리 떨어져 안전했기 때문이다(자료 1 참고).

비톨 경영진은 재빨리 제안서를 썼다. 비톨 같은 대형 업체가 자금난을 겪는 고객과 거래하면서 구상무역, 즉 화폐 없는 물물교환 거래는 새삼스러울 게 없었다. 실제로 리비아 반군과의 거래에 눈독을 들인 업체가 한둘이 아니었다. 물론 비톨이 그들보다 훨씬 적극적이었다. 정제된 석유 제품을 책임지고 운송하는 것은 기본이고, 리비아

반군에게 신용 차관까지 줄 생각도 가졌다. 반군에게 돈을 빌려주는 것과 마찬가지였다.[3]

비톨엔 또 다른 보험도 있었다. 바로 영국과 미국 정치계와의 탄탄한 네트워크였다. 사교성에 수완까지 갖추고, 타고난 정치인 같은 카리스마까지 가진 테일러는 영국 보수당의 주요한 재정 후원자였다. 그의 인맥은 영국 정·재계 엘리트 리스트를 방불케 했다. 가령 리비아에 다녀오고 불과 몇 개월 후 그는 런던 다우닝가 10번지 총리 관저에 모습을 드러냈다. 영국 총리가 정치자금 후원자를 초대한 만찬에 참석하기 위해서였다(당시 총리는 데이비드 캐머런David Cameron 이었다_옮긴이). 훗날 테일러는 자신의 행동을 적극적으로 옹호했다.

"여기서 분명히 말씀 드리죠. 나는 영국 정부의 허가를 받고 개입했습니다."[4]

이는 허언이 아니었다. 영국 외무부는 극비리에 조직된, 일명 '리비아 석유 소조Libyan Oil Cell'가 카다피 정부군의 연료유 수입이나 원유 수출을 막는 비밀 작전을 진행했다. 미국 정부는 리비아 석유 수출 제재 조치를 완화해 미국 기업이 비톨을 통해 리비아산 원유를 수입하도록 길을 열어 줬다. 앞서 봤듯 북대서양조약기구는 무인 항공기를 테일러에게 지원했다.

하지만 비톨의 미션에서 영국과 미국의 역할은 어디까지나 후방 지원이었다. 어느 쪽도 비톨을 위해 앞장서 싸울 마음은 없었다. 테일러 역시도 자신을 태운 비행기가 전쟁의 포화 속으로 하강하는 동안 그 사실을 되새겼다. 무슨 일이 생기면 오로지 혼자 해결해야 했다.

테일러가 탄 전용기의 탑승객은 총 네 명이었다. 보디가드 두 명
과 뉴질랜드 출신에 건장한 체구를 가진 비톨의 중동 지사장 크리스
베이크Chris Bake 그리고 테일러였다. 카다피 정부군이 전용기를 공격
할 가능성도 무시할 수 없었기에, 조종사는 신속한 착륙을 위해 일반
착륙 대신 급강하를 선택했다.

그렇게 테일러는 울렁거리는 속을 끌어안고 무사히 벵가지 땅을
밟았다. 하지만 그를 기다리는 현실은 심란하기만 했다. 2011년 벵가
지의 봄에서 안정과 법이란 찾아볼 수 없었다. 한마디로 무법이 판쳤
다. 겨우 몇백 킬로미터 밖에선 치열한 공방전이 벌어졌다. 악취를 내
뿜는 인공 호수 주변에 회백색 콘크리트 건물이 빽빽하게 들어선 벵
가지의 공기는 전쟁의 소음과 냄새로 가득했다. 상처 곪은 내가 진동
하는 병원은 또 어떠한가. 팔다리를 잃은 이를 포함해 온갖 부상자로
모든 병원이 포화 상태였다. 거리는 먼지투성이였고, AK-47 소총을
등 뒤로 둘러맨 남자와 소년으로 넘쳐 났다.

밤이 되면 예고 없는 정전으로 몇 시간씩 전기가 끊겨, 벵가지는
암흑으로 변하기 일쑤였다. 중무장한 청년 순찰대는 도로마다 검문
소를 세웠다. 이런 무법 지대에서 1년 후 '어둠의 자식'이 태어난다.
2012년 9월 무장 폭도가 벵가지의 미국영사관을 습격해 크리스토퍼
스티븐스John Christopher Stevens 대사를 살해한 것이다.

수십 년 이어진 카다피의 철권통치에다 지난 몇 달간 치열한 유
혈 사태까지 겹치자, 벵가지 시민은 심신이 피폐해져 집 밖으로 나오
지 못했다. 카다피의 둘째 아들 사이프 알-이슬람Saif al-Islam Muammar

al-Gaddafi은 관영 텔레비전에 출연해 소름 끼치는 연설을 했다.

"우리는 최후의 한 사람까지, 최후의 총알이 떨어질 때까지 싸울 것이다."**5**

또 다른 대학살을 예고한 것이다.

리비아의 주요 유전은 동쪽 광활한 사막 황무지에 몰려 있다. 사람이 살지 않는 그곳은 카다피가 완전히 장악한 수도 트리폴리보다 벵가지에서 더 가까웠다. 이런 지리적 이점 덕분에 벵가지는 예전부터 리비아 석유 산업의 중심지였다. 하지만 내전이 온 나라를 휩쓸면서 그곳의 유전 대부분은 방치 상태였다.

하지만 저녁 어스름이 내려앉으면 벵가지의 중앙 광장에서 움직임이 포착되곤 했다. 리비아에서 최고 실력을 가진 지질학자와 석유 기술자가 만나 국가가 처한 어려움에 대해 걱정과 의견을 나눴다. 광장에서 2킬로미터 떨어진 곳엔 리비아 국영 석유 업체의 벵가지 지역 본부가 있었고, 그 옆에는 검게 그을린 건물이 있었다. 민주화 시위가 시작된 초기 불타서 앙상한 형체만 남은 옛 경찰서였다.

테일러의 최종 목적지가 바로 리비아 국영 석유 업체의 벵가지 지역 본부였다. 그들은 전용기에서 내리자마자 곧장 그곳으로 갔고 한 남자의 마중을 받았다. 베테랑 석유 기술자 누리 베르루이엔Nuri Berruien이었다. 내전이 터지기 전만 해도 그는 은퇴를 준비하던 평범한 기술자였다. 하지만 2011년 봄, 리비아 국영 석유 업체 내부에서 그는 반군 지도자가 됐다. 잘하면 혁명을 성공으로 이끌 수도 있는 이번 거래를 주도한 인물이기도 했다.

테일러는 이번 거래가 창사 이래 가장 위험한 시도임을 잘 알았고, 만약 반군과 손을 잡을 거라면 상대에 대한 검증이 필요했다. 이는 그가 수십 년간 중동에서 구르면서 얻은 중요한 교훈이었다. 꼼꼼하게 작성된 계약서보다 개인적 보증이 더 정확하고 강력할 수도 있다는 사실 말이다. 한 국가의 수도에서 1,000킬로미터나 떨어진 곳에 있는 반군 정부와 거래하는 데 계약서는 한 장의 종이일 뿐이니 말이다.

협상을 끝내고 런던으로 돌아가는 테일러의 마음은 가벼웠다. 거래는 위험했지만 상대는 피에 굶주린 미치광이가 아니었다. 오히려 업계 전문가여서 마음이 한결 놓였다. 훗날 그는 이 거래에 대해 '도박이되 합리적인 도박'이었다고 회상했다. 그 도박의 상대방은 어땠을까? 베르루이엔 역시 흡족해했다. 비톨이 가장 유리한 조건을 냈을 뿐더러 전쟁보험(전쟁으로 인해 생기는 위험, 손상 등을 보상하기 위한 보험_옮긴이)에 대해서는 단 한마디도 꺼내지 않았기 때문이다.[6]

비톨의 개입은 반군에겐 '게임 체인저'였다. 팽팽하던 전쟁의 균형이 단번에 쏠렸다. 그도 그럴 것이 광활한데 척박한 북아프리카 사막에서 연료유 확보는 전쟁의 승패를 좌우하는 결정적 변수이기 때문이다. 2차 세계 대전 당시 '사막의 여우Desert Fox'로 유명한 나치독일 군대의 에르빈 롬멜Erwin Rommel 장군이 사하라사막에서 패배한 이유가 연료유 부족이었다.

이제 리비아 반군은 롬멜 장군 같은 상황을 맞진 않을 것이다. 전차는 물론이고 테크니컬도 운행할 만큼 충분한 연료유를 확보했기 때문이다. 민수용 트럭에 화기를 장착한 테크니컬은 반군의 주요 운송

수단이기도 했다.**7** 이 모든 게 비톨 덕택이었다.

　지금껏 리비아 반군은 북대서양조약기구의 공중 지원과 카타르의 원조에도 불구하고 벵가지 일대의 본진 너머로 진군하지 못했다. 2011년 봄 테일러가 방문했을 당시 반군의 점령지는 벵가지 동쪽 지역과 남서 방향 150킬로미터에 이르는 지중해 해안 지대가 전부였다. 반군의 목표는 서쪽으로 좀 더 진군 후 유전 도시인 마르사알브레가Marsa al-Brega, 라스라누프Ras Lanuf, 에스시데르Es Sider의 점령이었다. 그 세 도시에서 카다피 세력이 리비아 석유의 길목을 틀어쥐었기 때문이다.

　드디어 비톨로부터 첫 번째 연료유가 도착했고, 7월 17일 리비아 반군은 마르사알브레가를 점령했으며 여세를 몰아 몇 주 뒤 라스라누프와 에스시데르까지 진군했다. 그 두 도시를 발판으로 반군은 1959년 리비아에서 석유가 최초로 발견된 지역이자 내륙 유전이 몰린 시르테분지Sirte Basin에 대한 통제권을 장악했다.

　8월 말 수도 트리폴리가 반군에게 함락된 이후, 40년간 리비아를 철권통치한 카다피는 고향인 시르테로 도망쳐 한 하수구에 숨었다. 10월이 되자 리비아 반군은 카다피 세력을 시르테 서쪽까지 몰아냈고, 카다피 세력은 그물 속 물고기 신세가 됐다. 그리고 반군은 카다피 호위대를 급습해 하수구에 숨은 카다피를 끌어내 말 그대로 '때려 죽였'다. 섬뜩한 이 승리의 순간은 누군가의 휴대전화로 촬영돼 세계에 방송됐다.

　하지만 그 승리는 비톨로서는 남의 집 이야기였다. 사실 비톨의 계획은 테일러와 베르루이엔과의 협상이 끝난 며칠 뒤부터 틀어지고 있었다. 계약을 비밀에 부치기로 약속했음에도 얼마 지나지 않아 반군이 원유를 수출하고 그 대금을 연료유로 받기로 합의했다는 사실이 세상에 알려졌기 때문이다.

그 계약 소식을 들은 카다피 정부군은 사막 너머로 병력을 보내 사리르Sarir와 토브룩을 잇는 송유관을 파괴했다. 그 송유관이 바로 비톨이 계약 대금인 원유를 받을 경로였다. 테일러와 함께 계약에 참여했던 베이크는 그 상황을 씁쓸한 목소리로 전한다.

"그 송유관이 박살 났으니 반군이 원유를 팔 길은 한동안 막혔죠."[8]

테일러는 딜레마에 빠졌다. 이제 원유를 받을 방법이 없어졌기 때문이다. 반군은 임시정부다 보니 중앙은행도 없었고 국제사회에서의 존재감도 공기 수준이었다. 반군에 연료유를 공급할 때마다 비톨의 재정적 위험부담은 커질 수밖에 없었다. 만약 테일러가 반군에게 연료유를 계속 공급한다면? 반군이 승리한다는 쪽에 회사의 운명을 거는 도박인 셈이었다.

결국 테일러는 '판돈'을 걸었다. 그는 30년 전부터 중동 지역에서 인맥을 다지는 데 엄청난 공을 들였다. 그런데 이번 거래를 파기한다면? 반군의 실망을 넘어 카타르 내부와의 네트워크에도 좋을 게 없었

다. 게다가 카타르는 천연가스가 풍부해 비톨의 전통적 거래처이자
주요 수익원이었다.

업계 라이벌은 테일러가 그 위험한 거래를 유지한 데는 특별히
믿는 구석이 있었기 때문이라고 추측했다. 전쟁이 거래에 불리하게
끝난다면 서방에 포진한 테일러의 네트워크가 가만히 있겠냐는 것이
다. 즉, 서방 금융기관이 묶은 카다피의 수십억 달러 자산을 써서 비
톨에게 힘을 쓸 수도 있다는 것이었다(실제로 2011년 9월, 서방 금융기관에
묶인 리비아 자산 중 3억 달러가 비톨이 대금을 받는 구실을 했다).[9] 하지만 비톨
회장이자 테일러의 가장 오랜 사업 파트너 중 한 사람인 데이비드 프
랜슨David Fransen 은 해당 주장에 반박한다.

"그 누구도 우리에게 지급을 보장해 주지 않았어요. '별일 없을
테니 계약대로 하세요'란 말을 몇 번 들은 게 끝입니다."[10]

어쨌든 몇 달간 비톨의 유조선이 리비아를 잇달아 들락거렸다. 유
조선은 밤을 틈타 항구에 들어갔고 밤새 연료유를 내린 다음 동이 트
기 전에 몰래 빠져나와야 했다. 가끔은 유조선 승무원의 귀에까지 불
을 뿜는 소리가 들려왔다. 그의 발밑에는 수십만 배럴의 연료유가 있
었다. 잘못했다간 유조선이 불덩어리가 될 수도 있었다. 그렇게 연료
유를 운송할 때마다 비톨의 위험은 커졌다. 5개월간 총 30회에 걸쳐
경유, 가솔린 등의 연료유, 액화석유가스LPG 가 비톨에 의해 리비아에
인도됐다. 모두가 전쟁이 끝나 원유 생산이 재개되기만을 기다렸다.

언젠가 한번은 비톨이 반군으로부터 받지 못한 돈이 10억 달러를
넘긴 적도 있었다. 회사의 생존까지 위협할 엄청난 액수였다. 그런데

반군이 전쟁에서 패배한다면? 비톨은 그 피해를 고스란히 안고 엄청난 가시밭길을 걸을 게 확실했다. 테일러는 당시 상황에 대해 이렇게 회고한다.

"솔직히요. 필요 이상으로 판이 커진 게 사실입니다. 자칫하면 정말 심각하게 잘못될 수도 있었죠."[11]

비톨이 반군과 계약을 맺지 않았더라면, 계약을 맺었더라도 반군이 대금을 내지 못해 연료유 공급을 도중에 중단했다면 리비아 내전이 어떻게 흘러갔을지는 그 누구도 알 수 없다. 다른 업체가 비톨의 역할을 대신했을 수도 있고, 카타르 정부가 다른 방법을 찾아냈을 가능성도 있다.

하지만 반박 불가능한 사실이 있다. 반군에게 10억 달러어치의 연료유가 없었다면 반군의 패배는 확실했다는 점이다. "비톨이 댄 연료유가 반군에겐 매우 중요했죠"라고 국영 석유 업체 아라비안걸프오일AROCO의 대변인 압델자릴 마유프Abdeljalil Mayuf도 동조했다.[12] 벵가지에 본사를 둔 이 업체는 당시 반군 손에 있었다. 어쨌든 중동 역사의 물줄기를 바꾼 석유 중개 업체는 비톨이 처음도 아니었고, 마지막도 아닐 것이다.

하지만 비톨의 개입은 리비아에 행복한 결말을 안겨 주지 못했다. 테일러가 벵가지를 방문한 뒤 몇 년간 리비아는 끝없는 무력 충돌로 극심한 혼란에 빠졌다. 카다피가 반군의 손에 사망했음에도 포성은 멎지 않았고 동서로 양분된 군벌이 원유를 차지하기 위한 싸움을 계속했다. 급기야 2014년 리비아는 두 번째 내전에 빠져들었다.

카다피의 몰락은 리비아를 넘어 북아프리카 지역에도 더 큰 재앙의 화근이었다. 리비아 군대 무기가 시리아를 포함해 분쟁 지역으로 밀반출돼 더 많은 지역이 불안정해진 것이다. 특히 당시 시리아는 무장 테러 단체 이슬람국가IS, Islamic State가 기반을 다지며 세력을 확장하기 시작하던 때였다.[13]

리비아 내전으로 사망자가 속출하고 중동 전역에까지 파급효과를 일으키자 테일러는 반군과의 거래가 현명했는지를 의심하기 시작했다. 그는 2019년 한 인터뷰에서 "우리가 잘했는지 아니었는지는 단언하기 힘듭니다"라며 "다만 하루는 리비아에 대해 생각하는데 많이 속상했습니다…어쩌면 개입하지 말았어야 했는지도 모르겠습니다"[14]라고 심경을 밝혔다.

비톨이 리비아 반군과 손잡은 사건은 원자재 중개 업체가 현대사회에서 휘두르는 힘과 권력이 어느 정도인지를 여실히 나타낸다. 여느 사람들에겐 원자재 중개 업체의 엄청난 힘과 권력을 리비아 국민처럼 직접적으로 경험할 기회가 좀체 없다. 하지만 알든 모르든 우리역시 그들의 고객임은 엄연한 사실이다. 우리는 자동차에 기름이 떨어지면 너무나도 쉽게 가까운 주유소를 찾아간다. 마음만 먹으면 신형 스마트폰을 쉽게 살 수 있고, 콜롬비아산 커피를 마시는 건 숨 쉬는 것만큼이나 쉽다. 우리 대부분이 이런 편의를 아주 당연시한다. 하

지만 우리의 이런 소비 활동은 천연자원을 '미친 듯이 사고파는' 국제
무역이 있기에 가능하다.

국제무역의 근저에서 조용히 일하는 세력이 있다. 스위스나 미국
뉴잉글랜드주 한적한 도시에 자리 잡은 사무실에서 일하는 원자재 트
레이더Commodity trader다. 이들은 규제의 사각지대에서 소리 소문 없이
조용히 움직인다. 이들이 현대 경제라는 톱니바퀴의 필수적 톱니임은
부인할 수 없다. 이들이 없다면 우리의 주유소엔 기름이 떨어지고 공
장이 멈추며 빵집은 밀가루가 없어 빵을 만들지 못한다.

금속 트레이더이자 원자재 중개 제국의 시조 중 하나인 루트비히
제셀슨Ludwig Jesselson의 표현을 빌려 원자재 트레이더의 역할을 한마
디로 표현하면 '원자재' 클리어링하우스International clearing house(어음이나
수표 또는 만기 도래 공사채 등의 교환 결제를 담당하는 기관. 특히 선물거래에서는 매
입자와 매도자의 상대방이 돼 거래 이행을 보증하고 거래 종료 시까지 각각의 계약을
관리하는 기능을 수행한다_옮긴이)다.[15]

원자재 중개 업체의 영향력은 경제에만 미치지 않는다. 그들은
세계 전략 자원의 흐름을 마음대로 움직이고, 이런 지배력에 힘입어
정치 무대에서도 존재감을 유감없이 발휘한다. 현대사회에서 돈과 권
력의 유착 관계를 이해하고 싶다면, 석유와 금속이 자원 부국에서 어
떻게 흘러나오고, 돈이 재계 거물과 부패 관료의 주머니로 어떻게 흘
러가는지 이해하고 싶다면 원자재 중개 업체에 대해 이해하면 된다.
그들의 변명은 항상 뻔하다. 자신들은 정치와 권력에는 관심 없고 오
직 이익에만 움직일 뿐이라고. 그러나 비톨이 리비아 반군과 거래한

것에서 봤듯 실상은 다르다. 그들이 한 국가 역사의 물줄기를 바꿨다 해도 크게 틀리지 않다.

더 쉬운 예도 있다. 이라크의 독재자 사담 후세인Saddam Hussein Abd al-Majid al-Tikriti이 미국의 제재를 피해서 석유를 수출한 데에는 '그들의' 조용한 도움이 있었다. 또한 쿠바혁명의 지도자 피델 카스트로Fidel Alejandro Castro Ruz를 위해 설탕과 석유를 맞바꿔 주면서 사회주의혁명 의 불꽃을 지폈다. 이뿐만이 아니다. 미국산 밀과 옥수수 수백만 톤 을 미국 정부 몰래 소비에트사회주의공화국연방(이하 소련_옮긴이)으로 수출해 소련 체제의 막바지를 떠받쳤다. 러시아 국영 석유 업체 로스 네프트Rosneft의 회장이자, 대통령 블라디미르 푸틴Vladimir Vladimirovich Putin의 동맹인 이고르 세친Igor Ivanovich Sechin이 급히 100억 달러를 필 요로 했을 때 그는 누구에게 도움을 청했을까? 짐작하듯 원자재 중개 업체였다.

원자재 중개 업체는 글로벌 자본주의가 최근에 낳은 '위험 사냥 꾼'이다. 그들은 다른 기업이 감히 시도조차 못하는 사업을 기꺼이 추 진함은 물론, 무자비함과 사적 매력을 적절히 버무려 더욱 번영 중이 다. 원자재 중개 업체의 중요성은 지난 수십 년간 점차 커졌지만 예전 에 비해 변하지 않은 것도 있다. 그들의 숫자다. 세계에서 거래되는 자원의 상당 부분은 아직도 소수의 기업이 독점하고, 그 기업의 대다수는 다시 몇몇만이 소유한다.

　가솔린과 항공유 같은 석유 정제품과 원유를 합친 기준으로 세계 5대 석유 중개 업체의 일일 거래량은 2,400만 배럴에 달한다. 세계 하루치 석유 수요의 25퍼센트에 맞먹는 양이다.[16] 또한 세계 곡물과 유지작물(기름을 얻기 위해 재배하는 작물_옮긴이) 거래의 거의 절반을 세계 7대 곡물 중개 업체가 책임진다.[17] 전기 자동차의 필수 원자재인 코발트cobalt는 글렌코어Glencore라는 회사가 세계 공급의 3분의 1을 차지한다.[18] 절대적 수치 자체도 어마어마하지만 그들의 역할은 숫자 이상이다. 그들은 지구 어떤 업계와 비교해도 가장 민첩하고 공격적으로 일하며, 자원의 가격을 결정한다.

　우리가 원자재 전문 저널리스트로 살았던 지난 20년은 놀라움의 연속이었다. 먼저 몇몇 업체의 손아귀로 집중되는 엄청난 힘과 영향력이 엄청난 충격이었다. 이것 못지않게 놀랐던 사실도 있었다. 그들에 대해 알려진 정보가 거의 없다는 사실이었다. 규제자와 각국 정부조차도 그들에 대해 너무 모른다는 것이 충격적이었다. 물론 그들을 마냥 탓할 수만도 없다. 업체에 대한 정보 부재가 매우 의도적으로 계획된 것이기 때문이다.

　원자재 중개 업체 대부분은 개인회사다. 즉, 주식회사만큼 경영 정보를 공개할 필요가 없다. 또한 이들은 자신들만의 월등한 정보력을 무기로 여기니 회사 정보를 최대한 비밀로 유지하려 온갖 방법을 동원했을 테다. 테일러가 2020년 세상을 떠나기 1년 전쯤, 우리는 책을 쓰기 위해 그를 만났었다. 그는 우리에게 대놓고 말했었다.

"경고하는데, 책 쓰지 않길 바랍니다."[19]

이런 식으로 원자재 중개 산업은 외부의 달갑지 않은 시선을 원천적으로 차단한 채 여전히 베일 속에 존재한다. 가끔 특정 원자재 가격이 폭등하거나 비리 추문이 터질 때만 관심을 받을 뿐이다. 실제로 지난 75년간 원자재 중개 산업에 대해 다룬 책은 손에 꼽을 정도였다. 몇몇 이들을 제외하고, 기자들 역시 침묵으로 일관하는 원자재 중개 산업에 대해 기사를 쓰려는 시도도 실패했다(법적 대응을 하겠다며 협박 편지를 보내는 회사도 가끔 있었다).

이 책에 나오는 모든 사건은 우리가 영국 경제지 〈파이낸셜타임스Financial Times〉와 미국의 경제 전문 통신사 블룸버그뉴스Bloomberg News 소속으로 업계를 취재하며 직접 경험한 것이다. 우리는 2000년대 초반 원자재 관련 기사를 쓰기 시작했을 때부터 원자개 중개 산업과 트레이더에게 흥미를 느꼈다. 해당 업계의 많은 종사자를 만난 결과, 그들은 자신이 가격 변동과 정치적 사건 이면에 있는 '보이지 않는 손'이라 믿는 것 같았다. 하지만 그들은 공개 석상이나 신문지상에 좀체 등장하지 않았다. 누구보다 정보에 가까운 기자 중에서도 그들과 대화를 나눠 본 것은 고사하고 건너서라도 그들에 대해 들어 본 적이 없는 기자가 태반이었다.

어렵사리 그들과 접촉한 뒤로 우리의 호기심은 점점 커졌다. 글렌코어에서는 재무 전문가 한 명이 언론까지 담당했는데, 그는 일명 '따돌리기' 전략을 애용했다. 기자가 회사에 연락하면 매우 '정중하고 단호하게' 다른 곳을 알아보라 말하는 식이었다. 우리가 연락했을 때도 "번지수를 잘못 짚었다"며 노골적으로 설득했다(당시 글렌코어는 업계에서 규모가 세계 최대였다). "우리같이 조그만 회사에 누가 관심이나 갖겠어요?"라면서 기왕 쓸 거면 우리 말고 다른 업체가 더 재미있을 거라며 훈수까지 뒀다.

곡물 중개 산업의 메이저 중 하나인 루이드레퓌스Louis Dreyfus는 어땠을까? 그들의 전략은 매우 단순했다. 취재를 요청하면 담당 임원의 이메일 주소와 전화번호를 알려 주고는 그에게 연락하라고 말한다(우리가 요청했을 때도 마찬가지였다). 하지만 그 번호로 전화해도 연락이 닿지 않았고 이메일을 보내도 답은 오지 않았다. 그렇게 몇 주가 흐른 뒤 어쩐 일인지 담당 임원이 전화를 받았다. 그는 우리가 보낸 이메일을 전부 읽었다고 순순히 말했다. 그런데 왜 답을 주지 않았을까? 하물며 홍보 담당자가 에둘러 거절할 때 쓰는 "회사 차원에서 따로 드릴 말씀이 없습니다"라는 레퍼토리조차 쓰지 않았다. 담당 임원은 알 듯 말 듯 한 대답으로 상황을 빠져나갔다. 무반응도 일종의 반응 아니냐는 식의 논리였다. 이 말만 남기고 담당 임원은 서둘러 전화를 끊었다.

우리가 이 책을 쓴 이유는 이런 수수께끼 같은 원자재 중개 업체와 트레이더에 대해 이해하고, 더 나아가 그 세계에 대해 설명하고 싶어서였다. 다행히 우리는 운이 좋았다. 우리가 원자재 중개 업체에 관심을 가졌을 때는 업계에서 신비주의가 사라질 때였다. 그동안 숨어 있던 회사가 하나둘 음지에서 양지로 나오는 때와 절묘하게 맞아떨어졌다.

무엇보다 가장 놀라운 사건은 2011년 글렌코어의 기업공개IPO였다. 당시 기준 런던 증시에서 이뤄진 역대 최대 규모의 기업공개였다(기업공개로 100억 달러를 조달했다_옮긴이). 이제 글렌코어는 재무 정보를 투명하게 공개하고 투자자와 언론이 제기하는 질문에 성실히 답해야 한다는 뜻이기도 하다. 업계에서도 태도의 변화가 있었다. 홍보 담당자를 뽑거나 자사의 재무 정보를 공개하면서 인터뷰 요청에도 응답하기 시작했다.

이 책을 위해 우리는 1년 넘는 시간 동안 전·현직 포함 100명이 넘는 원자재 트레이더를 인터뷰했다. 만남을 거부한 트레이더도 있었지만 취재에 적극적으로 응한 경우가 더 많았다. 이젠 자신을 세상에 공개해도 될 만큼 충분한 시간이 흘렀다는 사실에 용기를 얻었는지도 모르겠다. 그렇게 글렌코어의 전·현직 파트너 20명 이상을 비롯해 트라피구라Trafigura의 생존 중인 창업자, 비톨의 전·현직 임원 12명을 인터뷰했다.

일련의 인터뷰를 통해 우리는 원자재 중개 산업이 얼마나 큰 황금알을 수시로 낳는 거위인지를 들여다봤다. 자타공인 석유 트레이더의 전설인 앤드루 홀Andrew Hall을 독일 하노버 인근에 있는 본인 소유의 궁전에서 만난 적이 있다. 세계적인 미술품 콜렉터라는 명성대로 그의 궁전은 거대한 갤러리와 같았다. 이제 은퇴한 어떤 석유 트레이더는 영국 시골에 있는 자신의 종마 사육장으로 우리를 초대했었다. 어떤 트레이더는 스위스의 한 회원제 스키장에 있는 자신의 전용 통나무 오두막인 샬레chalet 에서 우리를 맞이했다. 참고로 우리에게 취재를 허용하지 않은 곳은 단 한 곳이었다. 그곳은 바로 곡물 중개 업체 아처대니얼스미들랜드ADM, Archer Daniels Midland 였다. 물론 전직이냐 현직이냐에 따라 인터뷰 때 태도는 미묘하게 달랐다. 아무래도 현직인 경우 발언에 좀 더 신중한 모습이었다.

그리고 석유, 금속, 곡물을 각자 지배하는 최대 업체의 최고경영자도 만날 수 있었다. 그중에는 매우 적극적인 경우도 있었다. 글렌코어의 최고경영자 이반 글라센버그Ivan Glasenberg 의 인터뷰는 스위스에 있는 상자 모양의 글렌코어 본사 건물 꼭대기 층에서 진행됐다. 당시 글렌코어는 미국 법무부로부터 부패와 돈세탁 혐의로 조사받던 중이었다. 글라센버그는 좌우에 변호사와 홍보 담당자를 한 명씩 거느린 채, 다섯 시간 동안 우리의 질문 공세를 느물대며 받아넘겼다. 우리와 나눈 대화의 많은 부분을 책에 실을 수 없다는 말도 잊지 않았다.

본격적으로 원자재 중개 업체 그리고 트레이더 세계의 이야기를 하기 전에 몇 가지 당부를 하고자 한다. 먼저 이 책에 나오는 원자재 중개 산업의 역사는 우리가 진행한 인터뷰를 근거로 했음이다. 또한 책에서 언급하는 특정 사건이나 만남의 경우, 최소한 직접 관련된 인물 중 한 사람이라도 진술한 사실을 바탕으로 썼다. 만일 한 사건에 대해 여러 사람의 기억이 다를 경우에는 그 사실을 밝혔다.

　　그렇다면 원자재 트레이더가 우리에게 들려준 이야기는 모두 진실일까? 그 판단은 독자의 몫으로 남기고자 한다. 사실 해당 업계에서 미심쩍은 사안에 대해서는 각자 반응이 엇갈린 경우가 많기 때문이다. 심지어 글렌코어의 전직 트레이더 한 사람은 인터뷰 전 이런 얘기를 하기도 했다.

　　"앞으로 내가 말하는 게 다 진실은 아닙니다. 말하고 싶지 않은 일도 있다고요."

　　자신의 경력에서 비열했던 시간을 건드리면 곧바로 입을 닫는 트레이더도 있었다. 이름을 밝힐 수는 없지만, 그는 포커 선수를 했다면 성공 못했지 싶다. 표정을 잘 숨기지 못했으니까. 나이지리아나 이란에서 돈벼락과 같은 석유 거래를 어떻게 성사시켰는지 물었을 때도 그랬다. 그는 우리에게 밝히지 않은 진실을 혼자 속으로 떠올렸는지, 입가엔 옅은 미소가 번졌고 두 눈은 반짝반짝 빛나고 있었다.

　　물론 이 책이 트레이더의 이야기에만 전적으로 의존해 완성된 것은 아니다. 우리가 20년간 업계에 대해 발로 뛰며 취재하고 조사해 얻은 결과물이기도 하다. 수백 명의 트레이더를 직접 만나 인터뷰한 것은 물론, 전쟁으로 파괴된 리비아부터 미국의 팜벨트Farm Belt(미국 중서부 최대 곡창지대_옮긴이)에 이르기까지 수십 개국을 직접 방문하기도 했다.

그렇게 세계 여러 국가에서 원자재 중개 업체의 업무 파트너, 그들을 관리·감독하는 공무원, 그들에게 영향을 받는 일반 시민을 두루 만나 취재했다. 공개 의무가 없는 원자재 중개 업체의 재무 상황, 그들의 자회사 상황과 지배 구조, 거래 방식 등을 상세히 해부한 수천 쪽의 자료를 수집해 분석했다. 그 자료들의 상당수는 극소수만이 존재를 알고 있는 비밀문서였다.

원자재 트레이더라 하면 당신은 무엇을 떠올리는가? 주문으로 시끌벅적한 시카고상품거래소CBT부터 거래 상황 모니터가 즐비한 월스트리트의 거래장까지 다양한 이미지를 떠올릴 것이다. 이 책에서의 트레이더 모습은 그와 약간 다르다. 현물 원자재를 사고파는 일을 전문으로 하는 기업과 개인 자체에 초점을 맞춘다. 세계 천연자원의 흐름을 지배할뿐더러 거의 유일한 형태의 정치적·경제적 힘과 권력이 집중되는 그들 말이다.

참고로 이 책에서 말하는 원자재 트레이더에서 월스트리트와 헤지펀드(단기간 고수익을 추구하는 민간 투자신탁_옮긴이) 운용자는 해당하지 않는다. 이 책의 트레이더들은 석유 1배럴, 밀 1부셸Bushel(곡물, 과일 등의 중량 단위. 미국 기준 27.2킬로그램, 영국 기준 28.1킬로그램이다_옮긴이), 구리 1톤의 근처조차 가 본 적 없으면서 해당 원자재 가격 변동에 엄청난 돈을 거는 존재다. 또한 거대 광산 업체와 석유 업체도 그들 일에 해당하지 않는다. 물론 그들은 자신들이 캐낸 원자재를 팔기 위해 촘촘한 영업망을 깔았지만, 원자재를 사고파는 것은 업무에 포함하지 않을 테니 말이다.

　이렇듯 원자재 중개 산업의 범주는 경계가 명확하지 않은 경우가 있다. 브리티시페트롤리엄BP와 쉘Shell 같은 석유 메이저를 보자. 이들은 자신들의 유전에서 원유를 뽑을 뿐 아니라, 다양한 석유 제품을 취급하는 중개 업무도 한다. 골드만삭스Goldman Sachs와 모건스탠리Morgan Stanley 같은 투자은행도 원자재를 사고파는 트레이더로서 일한 때가 여러 번 있었다. 일본의 경우 일명 '종합상사'의 역사가 아주 깊다. 자국의 제조업이 필요로 하는 천연자원을 안정적으로 수입하기 위해 만들어진 형태다. 그들도 원자재 중개에 손을 댔고 가끔 재앙스러운 성적표를 받은 적도 있다. 이들 기업도 이 책에 간간히 등장할 테지만 어디까지나 조연이다.

　우리 책의 '진짜 주인공'은 원자재를 생산·소비하지 않으면서 오로지 중개만 하는 회사와 개인이다. 이들을 '독립 트레이더' 또는 '트레이딩하우스Trading house'라 부르기도 한다. 물론 역사상 '모든' 원자재의 '모든' 트레이더에 관해 완벽하게 설명하는 것은 지나친 욕심이다. 대신 이 책에서는 지난 75년간 석유, 금속, 곡물이 거래되는 시장

각각을 지배했을 뿐 아니라 세계경제가 변천하고 발전하는 과정에서 결정적 역할을 했던 원자재 중개 업체를 집중적으로 파헤친다. 이들 회사의 상당수는 단일 혈통의 '왕조' 속성을 가진다. 오늘날 원자재 중개 시장을 지배하는 글렌코어를 보자. 1980년대에는 마크리치앤드코 Marc Rich and Co. 가 지금의 글렌코어와 같은 역할이었고, 1960~1970년 대에는 필리프브라더스 Philipp Brothers 가 있었다. 그런데 이 세 기업은 사실상 같은 혈통이다.

먼저 마크리치앤드코는 필리프브라더스의 수석 트레이더였던 마크 리치 Marc Rich 가 창업한 회사다. 그 후 고위급 트레이더들이 창업자 리치를 회사에서 쫓아낸 뒤 사명을 글렌코어로 바꾸었다(리치는 이란, 쿠바 등과의 거래에서 불법 의혹이 드러나 사기와 조세 포탈 등의 혐의를 받자 검찰 기소를 피해 스위스로 도피해 국제 지명 수배자가 됐다. 이에 1994년 회사 경영진은 리치를 경영에서 제외시킨다_옮긴이)

글렌코어는 원자재 중개 업계의 '큰손 중 큰손'이다. 특히 금속과 밀의 경우 세계 최대 거래 규모를 자랑하며, 석유 부문도 세계 3대 업체에 들어간다. 게다가 글렌코어는 창업자의 어두운 유산에서 완전히 벗어나 기업공개까지 했다. 글렌코어 본사는 스위스 중북부 어느 도시에 있다. 명성에 비해 본사 건물이 아주 소박하다. 이 소박한 공간에서 글렌코어의 트레이더는 캐나다산 밀부터 페루산 구리, 러시아산 석유에 이르기까지 온갖 원자재에 손을 뻗친다. 글렌코어의 트레이더를 보면 최고경영자인 글라센버그와 많은 점이 닮았다. 또박또박 끊는 말투까지 판박이다. 이들은 최고경영자와 함께 달리기로 하루를

시작하는데, 최고경영자와 마찬가지로 남아프리카공화국(남아공) 출신
의 회계학 전공자가 많다. 일요일 아침 6시에도 용건이 있다며 기자
에게 전화하기를 아무렇지 않게 생각하는 모습까지 최고경영자를 닮
았다.

원유, 금속 등을 취급하는 트라피구라를 보자. 한마디로 비유하
면 글렌코어의 '작은집'이다. 마크리치앤드코 트레이더 일부가 독립
해 1993년 창업한 회사가 트라피구라다. 금속과 석유 부문 세계 2위
인 트라피구라는 지금도 열정과 투쟁의 스토리를 강조하던 창업자의
언더독underdog 전략은 물론이고 공동 창업자 중 하나인 클로드 도팽
Claude Dauphin에게 물려받은 프랑스식 경영 감각을 고수 중이다.

석유 중개 시장의 선두 주자는 비톨이다. 앞에서 봤듯이 비톨 경
영진은 영국 정부의 신임을 공공연히 과시한다. 심지어 영국 왕실이
거주하는 버킹엄궁 근처에 런던 사무실이 있다. 최고경영자였던 테일
러는 총리 관저의 단골인 비톨 이미지와 딱 들어맞는다.

곡물 중개 시장을 보자. 카길Cargill의 세상이다. 미국 중서부 지역
에서 시작된 카길은 수 세대에 걸쳐 쌓은 부를 통해 차분한 자신감을
발산한다. 업계의 최장수 지배자로 독보적 존재인 카길은 회사에 기
록 보관 담당자를 따로 두는데, 회사 공식 연혁만 해도 총 1,774쪽에
달한다.

이들 기업에는 기업만큼이나 비범한 트레이더가 일한다. 무서울
만큼 영리하고 상대방을 곧바로 무장해제시키는 매력을 발산하되, 오
로지 돈에만 모든 초점을 맞추는 존재들이다. 참고로 원자재 중개 산

업은 절대 다수가 남성으로 구성된다. 남성 중심 문화로 악명 높은 월스트리트마저 진보적인 것처럼 보일 정도면 말 다했다.

영국 에프티에스이 100ғтsе 100 지수(런던 증시 상장종목 중 시가총액 상위 100개 기업 주가를 지수화한 종합주가지수_옮긴이)에 편입된 기업 중에서 남성으로만 구성된 이사회를 운영한 마지막 기업이 바로 글렌코어였다. 이들은 2014년에 와서야 첫 여성 이사를 뽑았다.[20] 평균적으로 원자재 중개 산업의 여성 비율은 20분의 1도 되지 않는다.[21] 5퍼센트에도 못 미친다는 얘기다. 비톨과 트라피구라를 비롯해 몇몇 업체의 경우 여성 고위직이 전혀 없다.

물론 글렌코어의 사정도 비슷했다. 2020년 3월에 발표한 연례보고서에서 글렌코어는 투자자가 정한 목표 하나를 달성하지 못할 거란 예상을 내놓았다. 그 목표는 바로 올해까지 고위 임원 3분의 1을 여성으로 채우는 것이었다.

"아직 우리는 여성…고위 임원을…받아들일 준비가 안 됐습니다."[22]

이들이 시대를 역행하는 건 성별만이 아니다. 고위 직급의 절대 다수가 '백인' 남성이다.

원자재 중개 업체의 포트폴리오는 단순하다. 한마디로 '수급 불균형'으로 돈을 번다. 특정 장소와 시간에 원자재를 사들인 다음, 지역과 시간을 달리하는 과정에서 차익을 얻기 위해 그 원자재를 되파는 것이다. 그들이 존재하는 이유는 원자재의 공급과 수요가 일치하지 않을 때가 있기 때문이다. 예를 들어 광산, 농장, 유전의 대부분은 구매자와 멀리 떨어져 있다. 게다가 생산자 모두가 자재를 직접 팔기 위해 세계에 지사망을 깔 처지도 아니다. 그리고 전통적으로 원자재 시장은 공급의 과잉과 부족을 왔다 갔다 한다. 민첩성과 융통성이 장점인 원자재 중개 업체는 생산자로부터 언제든 원자재를 사들여, 기꺼이 값을 치르려는 구매자에게 공급할 준비가 항상 돼 있다.

2020년 국제 유가 폭락 사태가 그 좋은 예다. 코로나19 팬데믹으로 비행기가 뜨지 못하고, 봉쇄 조치로 사람들은 자유롭게 외출하지 못했다. 사람들이 움직일 일이 줄다 보니 유가는 끝없이 추락했고, 한때 마이너스 가격에 거래되는 사상 초유의 사태가 벌어지기도 했다. 매의 눈을 가진 원자재 중개 업체가 이 기회를 놓칠 리 없었다. 그들은 거저 수준으로 석유를 쓸어 담아 얌전히 보관했다. 석유 수요가 회복될 때까지 말이다. 심지어 어떤 업체는 석유를 마이너스 가격에 사들이는 횡재도 겪었다. 즉, 생산자는 프리미엄을 얹어 석유를 넘겼고, 원자재 중개 업체는 석유를 '돈 받고' 얻었다는 뜻이다.

원자재 중개 업체가 중요시하는 건 딱 하나, '가격격차'다. 지역별로, 원자재의 품질이나 형태별로, 인도 날짜별로 생기는 가격 차이 말이다. 이 격차를 파고들어 이익을 취하기 위해 원자재 중개 업체는 시장이 더욱 효율적으로 기능하도록 하고 가격신호(재화나 서비스 가격이 변할 때 소비자 수요와 생산자 공급을 변동시키는 신호_옮긴이)에 반응해 자원을 효용 가치가 가장 높은 곳으로 옮긴다. 원자재 시장을 연구하는 어떤 교수의 말을 빌리면 그들은 애덤 스미스Adam Smith가 주장한 '보이지 않는 손'의 '보이는 손'이자 산증인이다.[23]

업계의 성장으로 국제무역상 그들에게 중요한 미션이 추가됐다. 일명 금융 도관체Conduit(투자나 금융의 매개 회사_옮긴이)로서의 역할이다. 예컨대 원자재 중개 업체는 원자재 대금을 선불로 치르고, 그 원자재 를 신용, 즉 외상으로 공급하는 '섀도 뱅킹Shadow banking'(은행과 비슷한 기 능을 수행하지만 중앙은행의 감독을 받지 않는 자금 중개 기관_옮긴이) 역할을 한다.

"석유는 화폐 그 자체죠."**24**

마크리치앤드코의 석유 중개 부문을 이끈 짐 데일리Jim Daley의 한 마디가 금융 도관체로서의 역할을 명확해 말해 준다.

우리는 (2차 세계 대전) 종전 이후 20세기 후반, 50년간 원자재 중개 업체의 성공담과 활약상을 집중 조명하면서 현대사회를 이해하기 위 한 좀 더 큰 렌즈도 제공하려 한다. 그들의 이야기 속에서 현대사회가 어떻게 작동하는지에 관한 통찰이 그것이다. 원자재 중개 업체의 눈 에 보이는 현대사회는 시장이 황제로 군림하는 곳, 국제화된 기업이 규제 기관의 거의 모든 시도를 무력화하는 것처럼 보이며, 국제금융 을 주무르는 거인이 정치인보다 더 막강한 힘을 행사하는 곳이다.

원자재 중개의 역사는 상업만큼이나 오래됐다. 하지만 원자재 중 개 산업이 현대적 형태를 갖추기 시작한 것은 2차 세계 대전 이후부 터였다. 전쟁이 끝나고 원자재 중개 산업은 사상 처음으로 세계화를 겪었다. 석유가 상품으로서 거래된 것도 이때부터였다. 1950년대 이전의 원자재 중개 업체는 틈새시장에서만 일했는데, 1950년대를 분수령으로 세계경제의 성장이라는 엄청난 파도의 정점에 올라섰다.

특히 미국은 초강대국의 지위를 획득하는 것에 발맞춰 세계에서 무역을 촉진했다. 이는 초기의 원자재 중개 업체가 미국 정부의 특사역할을 수행한 것과 무관치 않았다. 2차 세계 대전이 끝난 직후 공산품과 천연자원을 합해 세계 교역량은 미국 달러 기준 600억에도 미치지 못했지만 2017년에는 17조 이상으로 늘어났다. 그중 4분의 1은 원자재가 차지했다.[25]

경제적 번영이 미국과 유럽 전역으로 번질 때, 원자재 중개 업체가 이 번영을 주도했다. 인도, 러시아, 중국, 인도네시아 등의 국가에서 지사를 개설한 최초의 서방 기업 군단 리스트에 원자재 중개 업체가 이름을 올렸다. 당시엔 '이머징 마켓'(금융 및 자본시장이 급성장하는 국가의 시장_옮긴이)이란 개념이 있기도 전이었다. 카길의 최고경영자 데이비드 매클레넌David MacLennan의 말을 들어 보자.

"중개는 어지간한 강심장이 아니면 못 해요. 우리의 전통은 남들이 가지 않는 길을 골라 가는 것입니다. 기회는 그런 곳에 있어요. 위기든 위협이든 매우 위험한 일이든, 그것은 기회와 동의어입니다."[26]

———— ⁓ ————

이 책의 줄기는 네 갈래다. 세계경제를 원자재 중개 업체에 유리한 방향으로 이끈 네 가지 변화가 그것이다.

첫 번째 줄기는 '시장 개방'이었다. 개방 중에선 석유 시장 개방이 단연 으뜸이었다. 1970년대 중동에서 자원 국유화 바람이 거세게 불었고, 그동안 석유 시장을 가지고 놀던 일명 '세븐시스터스'(1980년대 이전 기준 앵글로이란석유회사Anglo-Iranian Oil Company, 로열더치셸Royal Dutch Shell, 캘리포니아스탠더드오일Standard Oil of California, 걸프오일Gulf Oil, 텍사코Texaco, 뉴저지스탠더드오일Standard Oil of New Jersey, 뉴욕스탠더드오일Standard Oil Corporation of New York_옮긴이)의 시장 장악력이 줄어들었다.

유전에서 주유소까지 단일 기업의 공급망에 예속됐던 석유가 자유롭게 거래되기 시작하니 유가도 출렁이기 시작했다. 그렇게 중동과 중남미 국가는 원유 수출을 통제했고, 원자재 중개 업체는 그들과 무차별적으로 거래를 맺었다. 원자재 중개 업체가 새로운 형태의 국제 세력 등장을 도운 셈이다. 일명 석유국가(석유를 국유화했으나 제도가 부실해 부와 권력이 소수에 집중된 작은 산유국_옮긴이), 바로 페트로스테이트라고도 불리는 존재다.

두 번째 줄기는 1991년 소련 붕괴다. 소련 붕괴는 세계의 경제 관계와 정치 동맹의 지형을 한순간에 바꿨다. 원자재 중개 업체는 이 변화에 적극 편승했고, 계획경제 체제였던 국가에 시장의 법칙을 주입했다. 체제 변화로 인한 혼란의 한복판에서 원자재 중개 업체는 자금난에 빠진 광산과 공장에 생명줄 역할을 했고, 심지어 국가 정부의 생존을 지탱하는 역할도 마다하지 않았다. 물론 세상에 공짜는 없다. 그 역할에 대한 대가는 천연자원을 터무니없을 만큼 유리한 조건으로 원자재 중개 업체에 넘기는 것이었다.

　　세 번째 줄기는 21세기 초반, 10년간의 중국 경제다. 중국이 공업화·산업화됨에 따라 원자재에 대한 막대한 수요가 열렸다. 1990년 중국의 구리 소비량은 이탈리아와 어깨를 견줬지만 오늘날엔 중국이 세계 구리 소비량의 절반을 차지한다.[27] 중국의 농촌인구가 도시로 대거 이주함에 따라 식료품과 연료유에 대한 수입 수요도 생겼다. 원자재의 국제 교역을 늘리는 또 다른 요인이었다. 이는 원자재 가격의 폭등으로 이어졌다. 이 상황에서 원자재 중개 업체가 어떤 행동을 했을지는 뻔하다. 중국의 원자재 수요를 위해 온 세계를 샅샅이 뒤졌다. 중남미, 아시아, 아프리카의 자원 부국이 중국과 새로운 경제 관계를 맺은 데는 그들의 역할이 컸다.

　　마지막, 네 번째 줄기는 1980년대에 시작된 세계경제의 금융화(금융 부문 비중이 비금융 부문보다 급속히 커지는 현상_옮긴이)였다. 그간 원자재 중개 업체는 계약을 맺은 원자재를 선적하기 '전에' 대금을 내야 했으므로 현금 확보의 필요성을 항상 느꼈다. 하지만 언제부턴가 원자재 중개 업체는 보유한 현금 대신 차입금과 은행 보증을 활용했다. 그렇게 대량 거래와 대규모 자금 조달의 시대가 열렸다.

　　이 네 가지 변화의 결과는 무엇일까? 세계 원자재 중개 시장을 지배하는 소수의 기업과 개인에게 흘러가는 부와 힘이 폭발적으로 늘어났다. 원자재 거래의 법칙은 거래를 많이 하되 이윤은 적게 남기는 저마진 형태다. 그러다 보니 원자재 거래량은 그야말로 천문학적이다. 2019년 기준 세계 4대 원자재 중개 업체(비톨, 글렌코어, 트라피구라, 카길)의 거래액을 전부 합치면 약 7,250억 달러다. 일본의 2019년 총

수출액을 넘어선다.[28]

　마진이 적더라도 거래량이 워낙 많으니 원자재 중개 산업의 이익도 놀라운 수준이다. 마크리치앤드코의 경우 1979년 2차 오일쇼크 당시 얼마나 돈을 쓸어 담았는지 수익성 높은 10대 미국 기업에 들어갈 정도였다(그것도 상장회사까지 포함해서 말이다). 또한 중국발 원자재 수요 증가로 글렌코어, 비톨, 카길의 순이익을 모두 합치면 애플Apple과 코카콜라Coca-Cola의 순이익을 앞지르는 수준이었다(자료 2 참고). 여기서 놀라기는 이르다. 이 엄청난 이익은 극소수의 주머니로 들어갔다. 아직도 대부분의 원자재 중개 업체는 비상장 체제다. 회사 이익의 대부분을 몇몇 창업자나 동업자가 가져간다는 뜻이다. 그들이 얻은 부는 환상적인 수준이다.

　비상장 회사인 비톨은 회사의 모든 지분을 직원끼리 소유한다. 지난 10년간 트레이더이자 주주인 몇몇에게 100억 달러 이상이 배당됐다. 농업 부문의 카길은 어떨까. 카길은 두 가문의 동업 체제인데, 억만장자가 가장 많은 회사로 그 수는 무려 14명이다.[29] 루이드레퓌스는 드레퓌스 가문이 거의 모든 지분을 소유하며, 글렌코어는 2011년 기업공개로 억만장자 일곱 명을 배출했다.

―――∽―――

　엄청난 돈, 전략적 자원이 있는 곳이라면 '양심도 팔 준비가 된' 원자재 트레이더에게 원자재 시장은 그야말로 기회의 땅인 셈이다.

물론 그 기회란 부정 이득을 취할 기회다. 그렇다면 어떻게 이런 일
이 가능할까? 원자재 중개 산업에 대한 각국 정부의 공식 감시나 규
제가 턱없이 부족한 것이 가장 큰 요인이다. 그러면 또 다른 의문점이
생긴다. 원자재 중개 업체가 그토록 국가 감시망을 오래 잘 피한 비결
은 무엇인가다. 비결 중 하나는 원자재 중개 업체가 국제금융 시스템
중 가장 불투명한 곳에서 일한다는 점이다. 그들은 원자재를 영해 너
머 공해를 통해 옮기는데, 공해는 세상 어떤 정부의 규제력도 미치지
않는 바다니 완전한 치외법권 지대다. 그리고 조세피난처에 유령회사
를 세워 거래한다. 아니면 스위스와 싱가포르처럼 규제가 있으나 마
나 한 지역에 본사를 둔다. 스위스 취리히에 있는 한 유명 법률 업체
의 말이 이를 뒷받침한다.

"스위스 정부는요. 원자재 중개 업계에는 사실상 손을 놓았습니다."

그 업체는 바로 페스탈로치Pestalozzi Rechtsanwälte AG이다. 원자재 중
개 산업에 관심이 있는 이라면 들어 본 이름일 것이다. 회사명과 성이
같지만 소유 관계에서는 무관한 피터 페스탈로치Peter Pestalozzi는 마크
리치앤드코 시절을 합쳐 30년간 글렌코어의 변호사로 일했을 뿐 아니
라 2011년 글렌코어가 기업공개를 할 때까지 이사회 이사로도 활동
했다.[30]

상황이 이러니 원자재 중개 업체가 언론에 등장할 때는 대개가
불미스러운 일 때문이다. 무엇보다 원자재 트레이더에 대한 부정적

인식에 가장 큰 영향을 끼친 사건이 바로 '마크 리치 스캔들'이다. 그는 조세 포탈 혐의에 미국인 수십 명이 이란 테헤란에 인질로 잡혔을 때 이란과 거래한 혐의로 기소됐다. 그러자 스위스로 도망쳐 거의 20년 가까이 도피 행각을 벌였고 지명 수배자 리스트에도 올랐다. 리치가 누구인가? 현대 원자재 중개 산업의 개척자라 불러도 손색이 없던 인물이다. 그런 그가 왜 추락했을까?

우리가 인터뷰한 트레이더 중 일부는 뇌물 수수와 부패의 온상이라는 원자재 중개 산업에 대한 오명에 둔감을 넘어 지나치게 솔직했다. 스웨덴 출신으로 석유 중개 업체 군보르에너지Gunvor Energy 의 공동 창업자이자 최고경영자인 토르비에른 퇴른크비스트Torbjörn Törnqvist 의 말을 들어 보자.

"불행한 일이지만 이쪽에서는 너무나 당연한 얘깁니다. 숨긴 해골(집안의 수치나 비밀을 뜻함_옮긴이) 천지고요. 그중 많은 해골, 아니 대부분의 해골은 영원히 밖으로 안 나올 겁니다."**31**

글렌코어에서 2002년까지 최고위 파트너를 지낸 또 다른 트레이더는 자신의 런던 정기 출장 이야기를 들려줬다. 그의 목소리가 하도 침착하다 보니 가책의 낌새를 찾아볼 수 없었다. 출장마다 여행 가방에 현금을 가득 채우고 다녔다니 어디에 그 돈을 썼을지는 뻔하다. 그는 침착하게 명백한 사실 하나를 지적하면서 완벽하게 자기변호로 인터뷰를 마무리했다. 그때야 '수수료'를 내는 것이 관행이었을 뿐 아니라 그 수수료 역시 세금 감면의 대상이었다고 말이다.[32]

다른 트레이더는 그 문제에 대해 마치 홍보 담당자처럼 대응했다. 원자재 중개 산업이 부정부패의 온상이라는 낙인은 시대착오적이며 오히려 자신은 부패에 대해 '무관용'이라는 주장이었다. 물론 상황은 달라졌다. 무엇보다 해외 '수수료'가 이젠 더 이상 공제 대상이 아니다. 요즘 은행의 대출 심사는 예전보다 훨씬 엄격하다. 그리고 원자재 중개 업체도 자체적으로 준법 감시 부서를 운영하기 시작했다.

그럼에도 불구하고 원자재 중개 산업의 허물이 드러난 이야기는 지금도 끊임없이 흘러나온다. 이익을 위해서라면 도덕성도 법률도 '기꺼이' 무시하는 경우가 아직도 많다는 뜻이다. 실제로 원자재 중개 업체 상당수가 아프리카의 콩고민주공화국(예전의 자이르Zaire. 콩고공화국과는 다른 국가다_옮긴이), 코트디부아르부터 브라질과 베네수엘라에 이르기까지 반부패 검사의 수사선상에 올라 있다.

물론, 원자재 중개 업체의 불법행위에 관한 최악의 사례는 어디까지나 일부다. 업계를 싸잡아 모는 것은 옳지 않다. 중간 규모의 금속 중개 업체를 운영하는 마크 한센Mark Hansen도 억울함을 항변한다.

"할리우드의 모든 영화 제작자가 하비 와인스틴Harvey Weinstein(할리우드의 거물급 영화 제작자. 수많은 성범죄 의혹에 연루돼 '미투Me too' 운동의 발단이 됐다_옮긴이) 같진 않잖아요? 원자재 중개 업체라고 다 뇌물을 뿌려 대는 건 아닙니다."[33]

그러면 부정부패는 일부의 소행이라 치자. 하지만 원자재 중개 업체에 씌울 오명은 부정부패 말고도 많다. 많은 원자재 중개 업체는 '저세율 조세관할권'에 본사를 두며, 막대한 이익을 올려도 내는 세금은 털끝만큼이다. 비톨의 경우, 지난 20년간 250억 달러가 넘는 이익에 대해 13퍼센트의 세금만 물었다.[34]

지금 우리는 기후변화의 현실과 마주하는 중이다. 그런데 원자재 중개 업체는 그 현실에 같이 있을까? 환경오염의 주범으로 지목되는 원자재 관련 사업에 크게 의존할 뿐 아니라 해당 포트폴리오를 개편하는 일에 여전히 굼뜨다. 글렌코어의 주 거래 원자재 중 하나는 석탄이다. 최고경영자인 글라센버그 자체가 석탄 부문으로 커리어를 시작한 인물이다. 그는 "한때 세상이 석탄 앞에 미쳐 날뛰었다"[35]라고 너스레를 떨었고, 지금도 석탄이라면 자다가도 벌떡 일어날 정도다.[36]

게다가 석유와 천연가스는 지금도 많은 원자재 중개 업체에 매우 중요한 거래 대상이다. 우리가 만난 트레이더 '모두'는 석유와 천연가스 거래에 대해 윤리적 부담을 '전혀' 느끼지 않았다. 오히려 세상이 화석연료를 소비하는 마지막 날까지 거래를 계속할 거라 말했다. 자신들이 기후변화에 미치는 영향에 대해 무관심하든 말든, 화석연료에 대한 우리의 인식은 확실히 달라지기 시작했다. 이런 변화는 그들의 사업에 위협이 된다.

원자재 중개 산업 그리고 트레이더의 미래가 어떻게 될지는 아무도 장담할 수 없다. 다만 확실한 것은 과거와 지금은 상황이 다르다는 점이다. 지난 75년간 그들이 매우 중요한 역할을 했음은 누구도 부인할 수 없다. 하지만 그들은 너무 오랫동안 세상의 눈을 거의 철저히 피했다. 그만큼 그들의 중요성이 간과된 점도 있다.

부디 이 책이 그들을 세상의 양지로 이끌어내는 첫 단추가 되기를 기대한다.

자료 1 리비아의 석유 송유관 지도

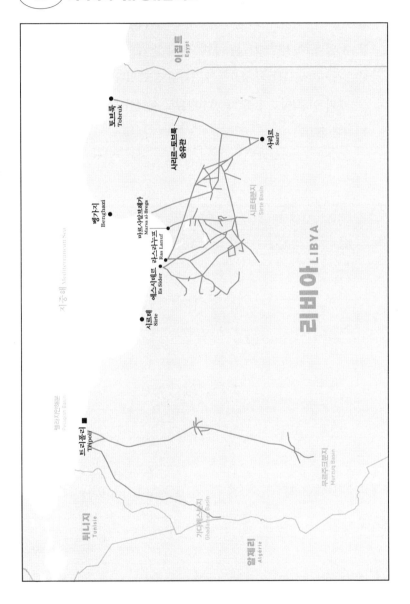

자료 2 1998~2019년 기준 3대 원자재 중개 업체 순이익 추이

년 도	글렌코어	비톨	카길
1998	192	24	468
1999	277	68	597
2000	420	290	480
2001	708	271	358
2002	939	214	827
2003	1,120	422	1,290
2004	2,208	634	1,331
2005	2,560	1,097	2,103
2006	5,296	2,222	1,537
2007	6,114	1,120	2,343
2008	1,044	1,372	3,951
2009	1,633	2,286	3,334
2010	3,751	1,524	2,603
2011	4,048	1,701	15,735*
2012	1,004	1,080	1,175
2013	-7.402	837	2,312
2014	2,308	1,395	1,822
2015	-4,964	1,632	1,583
2016	1,379	2,081	2,377
2017	5,777	1,525	2,835
2018	3,408	1,660	3,103
2019	-404	2,320	2,564

* 카길의 2011년 실적은 비료 생산 업체 모자이크의 지분을 매각한 대금을 포함한다. 모자이크 지분 매각 대금을 제하면 카길의 2011년 순수익은 26억 9,300만 달러였다.

출처: 각사의 연례보고서와 채권 투자설명서

카길의 실적은 전해 6월 1일부터 당해 5월 31일까지를 기준으로 하는 자체 회계연도FY, Fiscal Year 에 기반을 둔다. 글렌코어와 비톨의 실적은 달력상 연도CY, Calendar Year 를 따른다. 2011년 이전 글렌코어의 실적은 지분 소유주와 이익참여주주Profit participation shareholder 에게 귀속된 이익을 포함한다.

자료 3 중동 석유 송유관 지도

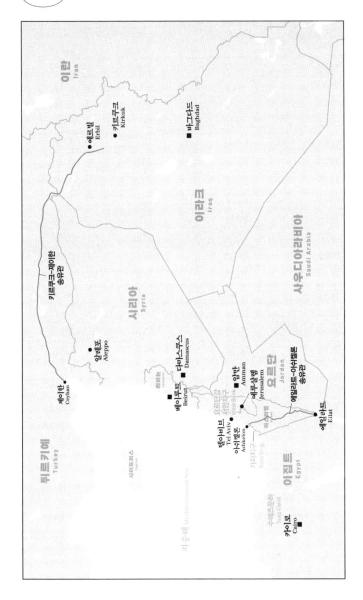

자료 4 **1950~2019년 기준 배럴당 현물 유가 추이**

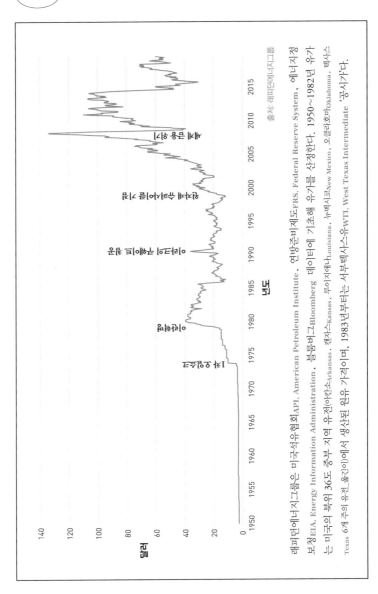

출처: 래피단에너지그룹

래피단에너지그룹은 미국석유협회API, American Petroleum Institute, 연방준비제도FRS, Federal Reserve System, 에너지정보청EIA, Energy Information Administration, 블룸버그Bloomberg 데이터에 기초해 유가를 산정한다. 1950~1982년 유가는 미국의 북위 36도 중부 지역 유전(아칸소Arkansas, 캔자스Kansas, 루이지애나Louisiana, 뉴멕시코New Mexico, 오클라호마Oklahoma, 텍사스Texas 6개 주의 유전 옮긴이)에서 생산된 원유 가격이며, 1983년부터는 서부텍사스산중유WTI, West Texas Intermediate '공시가'다.

차례

제국의 시조

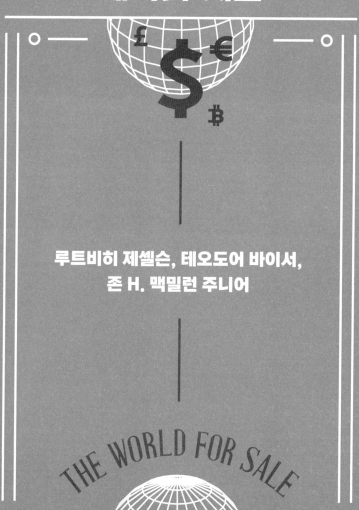

**루트비히 제셀슨, 테오도어 바이서,
존 H. 맥밀런 주니어**

THE WORLD FOR SALE

소련 국경선이 점점 가까워졌다. 테오도어 바이서Theodor Weisser는 공포로 등골이 서늘해졌다. 그때가 1954년, 유럽에서 소련으로 들어가는 여정은 누구에게나 험난한 길이었다. 특히 소련에 아픈 기억이 있는 그에겐 남보다 더 큰 용기가 필요했다. 2차 세계 대전 당시 나치독일 병사로 참전했다가 소련에 포로로 붙잡혀 동부 전선의 한 포로 수용소에 감금됐었기 때문이다.

시간이 흘러 어느덧 40대가 됐지만 소련 포로 수용소에서 보낸 기억은 바이서에겐 어제 일처럼 생생했다. 이번에 무사히 국경을 넘는다면 자유인 신분으로 소련을 처음 밟는 셈이다. 바이서는 행여 전쟁 중에 만났던 누군가가 자신을 알아볼까 두려워, 출발 직전 빨간색 야구 모자를 사서 푹 눌러썼다.[1]

바이서에게 이번 방문은 평범한 여행이 아니었다. 오히려 새로운 영역을 개척하기 위함이었다. 냉전이 서방 담론을 지배하던 가운데 공산주의의 본산으로 가는 길이었다.

1948년, 체코슬로바키아(지금의 체코와 슬로바키아_옮긴이)에서 소련의 지원을 등에 업은 공산 정권이 들어선 뒤부터 서유럽은 자신들의 코앞까지 다가온 소련의 위협에 경계심을 높였다. 게다가 당시 미국은 조지프 매카시Joseph McCarthy 상원 의원이 공산주의자로 의심되는 이들을 공개적으로 비난함으로써 불을 지핀 적색공포(1917~1920년, 1947~1957년에 걸쳐 나타난 공산주의에 대한 공포 현상_옮긴이)에 휩싸였다.

상황이 그랬지만 바이서는 쉽게 물러설 사람이 아니었다. 그는 서독 함부르크를 떠나면서 얼마가 됐든 무조건 석유를 손에 넣겠다고 다짐했다. 절대 빈손으로 돌아가지 않을 작정이었다. 모스크바의 넓은 고속도로는 휑했다. 그는 여러 고속도로를 달려 외국인에게 투숙이 허락된 극소수의 호텔 중 한 곳에 짐을 풀었다. 소련의 관료 사회가 자신의 존재를 알아차리길 기다리는 일만 남았다.

하지만 바이서는 오래 기다릴 필요가 없었다. 얼마 지나지 않아 소련에서 석유 무역을 담당하는 공기업인 소유즈네프테엑스포르트Soyuznefteexport의 사장 예브게니 구로프Evgeny Gurov와 저녁 약속을 잡는 데 성공했다. 구로프는 관념론적 성향의 인물이었지만 장차 석유가 전략적 무기로 이용될 가능성을 누구보다 일찌감치 알고 있었다.[2] 물론 바이서의 관심은 이념이 아니라 오직 '이익'이었다. 바이서가 경영하던 마바나프트Mabanaft는 서독 전역에 연료유를 공급했던 기업인

데, 적자가 지속돼 경영 상황이 좋지 않았다. 이런 바이서에겐 새로운 석유 공급처 뚫기가 급선무였다. 즉, 남들이 꺼리는 상대와 거래해야 한다는 뜻이기도 했다.

바이서와 구로프가 그날 저녁 어디서 무엇을 먹었는지에 관해 존재하는 자료는 없다. 다만 확실한 건 그 자리가 매우 특이한 사건이란 사실이다. 무역을 담당하는 소련 고위 관료가 소련의 전쟁 포로 출신과 마주 앉아 새로운 관계의 시작을 축하하는 자리였으니 말이다. 거기에 그 유명한 국가보안위원회KGB가 매의 눈으로 그 상황을 지켜보고 있었다.

저녁 첫 대면 이후 한동안 협상이 이어졌다. 결과는? 바이서의 끈기가 보상을 받았다. 소유즈네프테엑스포르트는 바이서에게 경유를 팔았다. 유조선 한 대 분량이었다. 서독에서 팔 경유는 확보했지만 바이서의 개척자 정신은 후에 값비싼 대가를 치러야 했다.

거래를 마치고 바이서가 서독으로 돌아왔을 때, 냉전 시대 적성국과 거래하려는 의지가 되레 바이서의 발목을 잡았다. 어느 순간 그는 업계 종사자에게 따돌림의 대상이 되고 말았다. 바이서의 석유를 지역 곳곳으로 운송하던 해운 업체까지 그에게 등을 돌렸다. 물론 그들의 입장도 있었다. 자신들의 고객이 '소련산' 석유를 운송했던 배를 이용하고 싶어 하지 않아서였다.[3]

하지만 바이서의 소련 출장이 자충수만은 아니었다. 바이서는 '중요한 한 가지'를 달성했다는 사실을 잘 알았고 그거 하나면 충분했다. 믿음직한 인상에 호감형 미소로 무장한 바이서는 인맥의 달인답게 철

의 장막(2차 세계 대전 이후 폐쇄적 소련 진영을 이르는 말_옮긴이) 뒤쪽과 관계
의 물꼬를 텄다. 그의 첫 소련 거래는 수년간 지속될 관계의 서막이었
고 결과적으로는 회사에 안정적인 돈줄이 됐다. 1956년에는 구로프
가 답방했는데, 둘은 서독 뮌헨에서 만났다. 그 자리에서 마바나프트
는 소련으로부터 경유를 1년간 수입하는 계약을 맺었다. 후에는 소련
산 원유도 들여오기 시작한다.

　바이서의 소련 거래에는 두 가지 의미가 있다. 먼저, 바이서 개인
차원에서의 승리였다. 그의 용기와 끈기 그리고 매력에 대한 보상이
었다. 그리고 세계가 어떻게 달라지는지를 보여 주는 징후가 되면서
도 바이서 같은 원자재 트레이더가 곧 중대한 역할을 수행할 거라는
신호탄이기도 했다.

　20세기 초 경제 불황, 경기 침체, 전쟁의 삼중고에 시달렸던 세계
는 새로운 시대를 맞이했다. 안정과 경제 번영의 시대였다. 전쟁의 공
포와 참상이 물러간 자리에는 날로 강력해지는 미국 군사력이 주도하
는 평화, 일명 '팍스 아메리카나'의 시대가 열렸다.

　1940년대 중반의 생활 조건은 '물가통제'와 '배급'으로 간단히 설
명된다. 하지만 그로부터 1960년대까지 미국, 유럽, 일본에서는 텔레
비전과 냉장고, 자동차에 대한 구매력을 갖춘 가정이 꾸준히 늘었다.
특히 1950~1955년 사이 미국 가정의 절반 이상이 생애 첫 텔레비전
을 가졌다.[4]

　국수주의와 보호무역주의가 밀려남에 따라 세계 곳곳에선 새로
운 통상로가 뚫렸다. 세계경제는 인류 문명의 시작 이래 가장 빠르게

성장했고, 자연히 천연자원 소비도 계속 늘었다. 이때를 우린 '자본주의 황금기'(2차 세계 대전 종전부터 1973~1975년 불황 전까지의 세계적 경제 호황기_옮긴이)라고 부르기도 한다.[5]

바이서는 다가오는 세상이 어떤 의미를 가지는지 진즉에 알아봤다. 원자재 중개 업체에 사상 초유의 기회가 찾아온 것이 확실했다. 그때까지 어떤 원자재 중개 업체도 세계를 무대로 일한 적은 없었다. 매의 눈을 가진 건 바이서만이 아니었다. 세상 곳곳에서 일하던 신예 트레이더들도 경제 호황으로 생성된 기회를 적극적으로 붙잡았다.

당시 뉴욕에선 패기 넘치는 신예 금속 트레이더인 제셀슨이 바이서와 비슷한 목표를 추구했다. 독일에서 태어난 유대인으로 나치독일의 박해를 피해 미국으로 망명한 제셀슨은 업계의 입지전적인 인물이었다. 필리프브라더스의 사령탑에 오른 뒤 그는 회사를 업계의 독보적 존재로 성장시켜 월스트리트의 최대 금융기관까지 품에 안았다. 앞에서도 이야기했듯, 오늘날 세계 원자재 시장을 지배하는 중개 업체를 배출한 가문의 '시조'가 됐다.

바이서와 제셀슨 말고도 또 있었다. 미국 미네소타주 미니애폴리스에서도 회사의 운명을 바꾸기로 결심한 사람이 있었다. 바로 존 H. 맥밀런 주니어John Hugh MacMillan Jr. (이하 맥밀런 주니어_옮긴이)라는 곡물 트레이더였다. 당시 그가 운영하던 가족회사가 바로 전설의 카길이다. 훗날 카길은 미국 내 최대 비상장 회사로 성장했고 맥밀런 주니어의 후손은 세계 갑부 리스트에 줄줄이 이름을 올린다.

바이서와 제셀슨 그리고 맥밀런 주니어는 현대 원자재 중개 산업의 기틀을 놓은 시조였다. 그들 이전 세대 트레이더는 지역 틈새시장에 집중했던 반면 바이서와 제셀슨, 맥밀런 주니어는 세계가 하나의 시장으로 통합되리라 내다봤다. 그들에겐 하늘 아래 모든 것이 상품이었고 잠재적 구매자는 세상 어디든 있었다. '세계화'라는 말이 유행어가 되기 수십 년 전부터 그들은 세계화에 토대를 놓는 사업을 짠 셈이다. 국제무역이 확대되고 현대 경제의 중심부를 차지함에 따라 그들이 이끌던 원자재 중개 업체는 경제의 최전선에서 활약했고, 그 경제에서 이익을 취하는 동시에 현대 경제의 모습을 정립했다. 또한 향후 수십 년간 원자재 중개 산업을 규정지을 포트폴리오가 탄생했다.

그 이후 20년간, 원자재 중개 산업은 '구멍가게'의 모습에서 벗어나 변신을 거듭했다. 그리고 마침내 현대 경제에서 가장 중요한 산업의 하나가 됐다. 바이서, 제셀슨, 맥밀런 주니어 같은 트레이더는 새로운 경제 질서의 '살아 있는 전설'이 됨과 동시에 천문학적인 부를 쌓았다. 이제 그들은 세계 국가 지도자가 두 팔 벌려 환영할 손님이자 지구상에 존재하는 천연자원의 권위자가 됐다.

이러한 변화는 대다수 정치인조차 거의 모르게 진행된 혁명이었다. 정치인도 모르는데 일반 대중은 두말하면 잔소리였다. 수십 년간 원자재 중개 산업이 '조용하면서도 폭발적인' 성장을 거듭한 뒤에야 세상은 원자재 중개 업체가 세계경제에서 얼마나 중요한 부분을 차지하는지 알아챘다. 1970년대에 들어서야 그 현실을 깨달은 세계 여러 부국은 그들에게 무릎을 꿇었다. 이제껏 자신과 같은 공기를 나눠 마시는지조차 몰랐던 집단이 어느 날 갑자기 세계 에너지, 금속, 식량에 대해 전례 없는 막강한 힘을 쌓았다는 사실에 눈을 뜬 셈이다.

————— ∽ —————

　사실 원자재 중개 산업의 역사는 인류가 태동했던 시절까지 거슬러 올라간다. 인류가 정착 생활을 시작하면서 돌과 금속을 사고팔기 시작했던 것이 시초다. 물론 그들은 돌과 금속을 식량으로 맞바꾸었으리라 짐작된다. 한편 인류학자들은 한발 더 나아간다. 바로 인간의 '물물교환' 성향을 근대적 인간 행동의 시발점 중 하나로 꼽는다.[6]

　하지만 지금의 원자재 중개 업체 형식에 가까운 모습은 19세기가 돼서야 등장했다. 근대 초기 수세기 동안 해외시장을 개척한 무역상, 일명 '모험상인'은 자국에서 팔 귀중한 자원을 찾아 세계를 헤집고 다녔다. 그중 가장 성공적인 집단은 수십 년간 인도 지방을 지배했던 영국의 동인도회사였다.

　그 후 산업혁명이 일어나면서 자원 무역은 대변신의 전기를 맞았다. 돛이 없어도 움직이는 증기선의 발명은 장거리 무역이 바람의 영향에서 벗어났다는 뜻이었다. 자연히 운송비가 급감했고 차, 향신료, 귀금속만이 아니라 곡물과 광석 같은 저가 상품까지 해상으로 옮겨도 이윤이 남았다.

　게다가 전신이 발명됨으로써 세계는 거의 실시간으로 연결되고 소통할 수 있었다. 1858년 8월 유럽과 미국을 잇는 역사상 최초의 대서양 해저 전신선이 개통되자 거짓말 같은 일이 벌어졌다. 런던과 뉴욕 간의 메시지 전송 시간이 2주에서 단 몇 분으로 줄어든 것이다.

이런 기술 발전에 힘입어 최초의 원자재 중개 전문 업체가 등장했다. 급격하게 확산하는 산업화 시대의 폐기물이었던 금속 부스러기, 고철 등을 사고파는 형식이었다. 곡물 중개 산업의 경우 끊임없이 유입되는 인구와 굶주리는 노동자로 가득한 대도시에 식량을 공급하는 역할을 했다.

유럽 산업화의 심장부에서 성장한 19세기 금속 중개 산업은 독일 회사 세 곳이 장악했다. 아론히르슈앤드존Aron Hirsch & Sohn, 메탈게젤샤프트Metallgesellschaft, 베어존드하이머앤드코Beer, Sondheimer & Co. 였다. 훗날 제셀슨이 경영권을 장악하는 필리프브라더스도 이러한 독일의 전통을 물려받았다. 필리프브라더스의 창업자 율리우스 필리프Julius Philipp는 1901년 함부르크에 있는 자신의 아파트에서 금속 중개 사업을 시작했고, 1909년엔 필리프의 동생 오스카Oscar가 런던으로 이주해 필리프브라더스라는 이름으로 창업했다.

최초의 곡물 중개 업체는 금속 중개 업체보다 좀 더 넓게 분포했는데 지역 또는 틈새시장마다 여러 회사가 지배자로 군림하는 형식이었다. 일명 '빵 바구니'(곡창지대를 뜻함_옮긴이)에서는 농장에서 수확한 밀과 옥수수를 도시로 운송하는 업체가 탄생했다. 지금의 카길도 그런 회사 가운데 하나였다. 카길은 스코틀랜드 출신 이민자가 1865년 미국 아이오와주에 곡물 창고를 지은 것이 시초였다.

———— ✋ ————

　　당연한 말이지만 원자재 중개 산업은 두 번의 세계 대전으로 커다란 타격을 입었다. 유럽에서는 업체 모두가 파산했고, 특히 유대인 사업가들은 나치독일을 피해 피난길에 올랐다. 안타깝게도 유대인 모두가 무사히 빠져나온 것은 아니었다. 율리우스는 네덜란드에서 붙잡혀 독일 북부의 한 강제 수용소에 갇혀 있다 1944년 세상을 떠났다.

　　전쟁이 끝나자 원자재 중개 산업엔 훈풍이 불었다. 전후 복구가 그들에게 새로운 기회의 문을 활짝 열어 줬다. 전쟁으로 폐허가 된 유럽과 아시아 도시는 재건이 시급했다. 즉, 철강, 시멘트, 구리가 필요하다는 뜻이었다.

　　또한 전쟁 당시 정부가 엄격하게 통제하던 천연자원 교역은 평화의 시대를 맞이해 점차 자유화됐다. 그리고 국제사회에서 미국의 지배력이 커짐에 따라 공개시장(아무 조건 없이 자유롭게 매매가 이뤄지고 공급과 수요 관계에서 가격이 자유롭게 형성되는 시장_옮긴이)과 성장으로 상징되는 새로운 시대가 밝았다.[7]

　　원자재 중개 산업의 개척자 트로이카는 배경과 성장 환경이 서로 달랐다. 맥밀런 주니어는 미국 중서부 부유한 가문, 제셀슨은 독일 남부의 자영업자 집안, 바이서는 함부르크의 중산층 가정에서 자랐다. 물론 그들에게 공통점도 있었다. 국제주의(개별 국가의 이해관계를 초월해 민족과 국가 간 연대를 지향하는 사상이나 운동_옮긴이)에 대한 촉이 누구보다도 발달했고 새로운 기회가 있다면 세계 어디든 가겠다는 의지가 남달랐다. 2차 세계 대전의 폐허 속에서 그들은 각자의 위치에서 자신의 업체를 국제적 규모로 키우기 시작했고, 세계화에 올라타 이익을 냈으며 그 과정에서 경제 세계화가 정착했다.

한마디로 그들에겐 독특한 관점 하나가 보인다. 돈이 되면 어디든 가고, 정치는 당연하고 웬만하면 도덕성도 신경 쓰지 말라는 것이다. 이는 지금도 원자재 중개 산업의 많은 종사자에겐 격언과도 같을 것이다. 실제로 맥밀런 주니어, 제셀슨, 바이서 모두 이념과 체제를 초월해 어떤 국가와도 (돈이 된다면) 손을 잡았다. 물론 탐욕스러운 사업가든 부패한 관료든 가리지 않았다. 목표는 단 하나, 그것도 아주 명확했다. 바로 이익이다. 필리프브라더스 초창기에 트레이더로 활약했던 어떤 이의 말에 그러한 시선이 고스란히 남아 있다.

"우리 기본 원칙 중 하나는 사업이 최우선이라는 겁니다. 정치적 사안은 사업이 아니죠."[8]

초창기 원자재 중개 산업의 트로이카 중에서도 어디든, 누가 됐든 움직인다는 격언에 가장 충실했던 이는 제셀슨이었다. 냉혹한 눈매와 차가운 지성이 번뜩였던 제셀슨은 유럽을 휩쓴 반유대주의 정서를 피해 1937년 미국으로 이주했다. 미국에서의 첫 커리어는 뉴욕의 필리프브라더스였고 그의 임무는 고철 거래였다. 하지만 곧바로 2차 세계 대전이 터졌고 그의 커리어 엔진은 잠시 멈췄다. 물론 그의 야망은 조금도 사그라지지 않았다.

전쟁이 끝나고 1946년, 제셀슨은 서른여섯 살에 필리프브라더스의 고위 트레이더가 돼 있었다. 그리고 회사를 세계적 기업으로 키우겠다는 결의에 차 있었다. 에너지를 주체 못하던 제셀슨의 눈에는 전쟁의 폐허 속에서도 기회만이 들끓었다. 이에 그는 세계 일주를 계획했고 뉴욕을 출발해 일본, 인도, 이집트, 독일, 유고슬라비아(현재는 세르비아, 몬테네그로, 슬로베니아, 북마케도니아, 크로아티아, 보스니아–헤르체고비나, 코소보로 분리됨_옮긴이)를 방문했다. 그때만 해도 민간 비행기를 이용한 대륙 간 여행이 흔한 일은 아니어서, 운항 일정도 들쑥날쑥했고 시간도 많이 걸렸으며 비행 자체가 쾌적하지도 않았다.

　하지만 제셀슨에게 여행상 불편함은 그야말로 '약간의 불편함'일 뿐 전혀 문제가 되지 않았다. 그의 한 동료는 제셀슨을 '회사의 스파크' 같다고 비유하기도 했다. 곧 업계에 약속의 시간이 다가왔음을 제셀슨은 믿어 의심치 않았고,[9] 그 확신을 보여 주듯이 트레이더 수십 명을 새로 뽑고 세계에 지사를 개설하기 시작했다.

　벗어진 머리에 두꺼운 안경테 너머로 레이저 같은 눈빛을 뿜던 제셀슨은 후배들에게 존경과 헌신을 불러일으킨 존재와 같았다.

　"우리 모두는 제셀슨을 아버지처럼 따랐습니다. 후배나 젊은이에게 기회를 주는 진짜 어른이셨죠."[10]

　위대한 선배 제셀슨의 지도를 받고 1970년대 중반 필리프브라더스의 사장, 1980년대 초반에 최고경영자 자리까지 오른 데이비드 텐들러David Tendler의 말이다. 그도 제셀슨에 대한 존경심이 대단했다.

　1957년 제셀슨이 최고경영자가 됐을 당시 필리프브라더스는 '이류' 수준의 규모였다. 전 직원이 50명 남짓에 고철과 광석 정도를 취급하는 정도였다. 하지만 제셀슨이 '조종석에 앉자' 필리프브라더스는 비상의 '날개'를 달았고, 그야말로 업계 최고로 떠올랐다. 그렇게 필리프브라더스의 유전자는 트레이더에게 고스란히 전해져, 오늘날 세계 원자재 중개 산업을 흔드는 중개 업체 군단이 탄생했다.

취급 분야는 다르지만 바이서와 제셀슨의 공통점이 또 있다. 바이서가 소련으로 날아가 새로운 활로를 개척했듯이, 제셀슨도 공산권과 접촉해 새로운 물꼬를 텄다. 그렇게 첫 거래를 맺은 국가 중에는 1946년 그의 세계 일주 때 목적지 중 한 곳이었던 유고슬라비아가 있었다. 필리프브라더스는 유고슬라비아 금속 시장을 독점하던 공기업 유고메탈Jugometal과 접촉했다. 그렇게 유고슬라비아가 생산하는 금속 모두가 필리프브라더스의 몫이 됐다. 또한 필리프브라더스가 요시프 브로즈 티토Josip Broz Tito가 통치하던 공산주의 유고슬라비아와 자본주의 미국을 잇는 가교가 됐다는 뜻이다.[11] 1950년까지 이 둘의 거래 금액은 매년 1,500~2,000만 달러에 달했는데, 유고메탈이 필리프브라더스와 거래하기 전 모든 기간의 매출을 뛰어넘는 액수였다.[12]

필리프브라더스와 공산권의 밀월은 그 후로도 계속됐다. 1950년대 말 필리프브라더스는 소련으로부터는 합금철, 동독으로부터는 선철(용광로에서 철광석을 녹여 만든 철. 탄소 비중이 높은 게 특징이다_옮긴이)을 사들였다. 심지어 필리프브라더스는 1973년 연례보고서에서 수년 전부터 소련은 물론이고 여타 동유럽 국가와 상당한 규모로 거래 중임을 당당히 공개했다. 그렇게 필리프브라더스는 모스크바 지사 개설이 허락된 최초의 미국 기업 10곳에 이름을 올렸다.[13]

냉전 시대 적성국으로부터 사들인 금속을 미국 군대의 비축 물자

로 공급하는 임무가 원자재 트레이더의 일이었다. 거래에서 정치적
의미 따위는 중요하지 않았다. 수익성만이 중요했다.

───── ꝶ ─────

　　맥밀런 주니어는 제셀슨과 비교하면 딴 세상 사람이었다. 일단
맥밀런 주니어는 1895년생으로 제셀슨보다 열다섯 살 위다. 게다가
미국 중서부에 뿌리내린 부유한 스코틀랜드 이민자 자손이었다. 출신
은 달라도 이 둘에게 두 가지 공통점은 있다. 직업에 대한 불타는 열
정, 주변 사람이 모두 나가떨어질 정도의 엄청난 에너지였다.

　　선친 맥밀런 시니어John Hugh MacMillan Sr.와 구분하기 위해 존 주니
어로 불렸던 맥밀런 주니어는 원자재 중개 업체를 경영하던 집안에서
태어났으니 혈통부터가 그쪽이었다(맥밀런 주니어의 외할아버지가 카길의 창
업자 윌리엄 카길이다_옮긴이).

　　맥밀런 주니어는 트레이더가 큰소리로 주문을 외치는 미니애폴
리스상공회의소에서 트레이더 커리어를 시작했다. 그곳에서 일을 배
우는 과정은 힘들었지만 피할 수 없는 일이기도 했다. '트레이더'가 아
닌 '사업가'로 여겨지는 것은 그의 집안과 회사에서 엄청난 모욕이었
기 때문이다.

　　각진 턱에 단정하게 정리한 콧수염, 언제나 말쑥한 차림을 유지
하는 맥밀런 주니어는 겉으로 보면 혈통 있는 가문의 가족회사 총수
처럼 보인다. 그야말로 미국 중서부 사람 특유의 침착함이 드러난다.

하지만 그 이면엔 창조성이 번뜩이는 정력적인 수완이 있었다. 맥밀런 주니어의 아들은 아버지에 대해 "가만히 쉬는 게 고문인 분이었습니다. 끊임없이 무언가를 발명하고 창조하셨죠"라고 회상했다.

"아버지께는 회사가 첫 번째였습니다. 가족보다 소중한 존재였죠."**14**

1950년대 초반, 맥밀런 주니어는 카길에 전환점이 필요함을 깨달았다. 그가 보는 카길은 미국 시장에만 주력하는, 한마디로 바깥세상에 어두운 회사였다. 당시 바깥세상은 국제무역의 호황으로 난리법석인데 카길은 그 기회를 놓치는 셈이었다. 이것이 영 못마땅했던 맥밀런 주니어는 임원진을 모아 놓고 호통을 쳤다.

"이 큰 걸 놓치다니! 우리 모두는 먹고살 자격도 없습니다!"**15**

카길이 국제무역을 등한시했던 이유 중 하나는 회사 내부에 있었다. 태생적 행운이 컸던 탓이다. 카길의 사업 근거지는 세계에서 가장 빠르게 성장하는 곡창지대 중 하나였다. 중서부 곡창지대에서 생산한 밀, 옥수수, 콩을 동·서부 해안 지역 대도시로 공급하는 탄탄하고도 안전한 사업을 일궜다. 유럽과 남미의 경쟁 업체는 항상 신사업을 찾아 해외로 눈을 돌려야 회사가 돌아갔지만 카길은 그럴 필요가 전혀 없었다.

맥밀런 주니어는 카길의 '느긋한' 체질을 바꾸기 시작했다. 제셀슨과 바이서처럼 맥밀런 주니어도 세계로 사업을 확장하기 시작했다. 1953년에는 세계 진출 기지 역할을 할 트라닥스Tradax International를 설립해, 1956년에는 스위스 제네바에 지사를 열었다. 카길의 국제무역 중심부로 제네바가 선정된 데는 세 가지 이유가 있었다. 먼저, 여행자를 위한 편의와 통신 시설이 좋았고, 공용어가 다양한 국가 특징과 낮은 세율이 큰 장점이었다.[16] 트라닥스의 제네바 지사 설립은 스위스와 원자재 중개 업체 사이의 장기적이고 상호 호혜적인 협력 관계의 시작과 같았다.

다만 맥밀런 주니어의 전략은 제셀슨와 바이서의 그것과 다른 점도 있었다. 카길이 공산권과 경제적 연결 고리를 형성한 것은 제셀슨과 바이서와 같았다. 다만 카길은 수출했다는 것이 차이다. 그렇게 미국의 잉여 곡물은 세계 각국에 수출됐다. 물론 철의 장막 뒤에 있는 국가에도.

미국 정부도 카길 전략에 큰 도움을 줬다. 당시 미국 내 곡물 생산량이 갈수록 늘어 국내 수요를 초과하는 공급과잉에 직면하자 미국 정부는 농민에게 보조금을 줬다. 이에 더해 수십억 달러의 수출금융을 지원해, 미국 곡물이 세계로 뻗어 나가도록 적극 지원했다. 곡물 중개 업체도 이에 한몫했으며, 1955~1965년 사이 카길의 곡물 수출량은 네 배나 늘었다.[17]

수출 초기에는 동맹 및 우방국에 집중했지만 머지않아 공산권에도 수출하기 시작함으로써 미국산 곡물의 수출 시장 다변화가 이루어졌다. 그 다변화의 첫 고객은 1963년 말 곡물 1,000만 달러어치를 수입한 헝가리였다. 그다음 카길은 모스크바에 트레이더를 파견했다. 소련과의 거래는 헝가리보다 규모가 훨씬 컸다. 무려 4,000만 달러어치였다. 이렇듯 공산권과의 거래는 황금알을 낳는 거위와 같았다. 그

덕에 카길은 1964년 창립 이후 두 번째로 많은 영업이익을 보고했고, 소련과의 거래가 '불쏘시개' 역할을 했다고 밝혔다.**18**

그렇게 수백만 달러어치의 미국산 밀 수출로 미국 정계는 발칵 뒤집혔다. 항만 노동자는 파업을 벌이면서 소련행 배의 경우 곡물 선적을 거부했다. 각종 노동조합은 조합원에게 카길은 물론 여타 원자재 중개 업체의 보이콧을 촉구했다. 일부 의원은 해당 수출을 금지하려는 움직임까지 보였다(물론 성공하지 못했다).

공산권과의 거래는 두 가지 의미를 끄집어낸 사건 가운데 하나였다. 하나는 소련과의 원자재 중개에 함축된 정치적 성격이었고, 다른 하나는 원자재 중개 업체가 국제무역의 개척자로서 쌓은 강력한 힘이었다. 서방과 공산권을 연결하는 교역로를 새롭게 짜는 과정에서 카길을 비롯한 개척자는 미국과 소련의 '상업적' 화해를 주선했다. 물론 정치는 그 화해에 응할 마음의 준비가 되지 않았다. 카길과 모스크바와의 1963~1964년 거래는 마치 본 경기를 위한 연습 경기처럼 보였다. 그 이후 대규모의, 즉 정치적 폭발력이 더욱 강력한 거래가 동시다발로 일어났다. 그 가운데서 카길은 성공의 고속도로를 질주했다.

카길을 국제무역의 정상으로 올려놓은 주역인 맥밀런 주니어는 정작 그 순간을 보지 못하고 1960년 한 줌의 흙이 됐다. 그렇다고 그의 업적이 퇴색되는 것은 아니었다. 2013년부터 카길의 사령탑 역할을 맡은 매클레넌은 맥밀런 주니어에 대해 "그는 천재였습니다. 회사가 국제적으로 확장하기 위한 바탕을 깔았죠"라고 말한다.

"그는 회사를 요즘 스타일로 만들었습니다."**19**

　1장의 서두를 장식한 바이서 이야기로 돌아가자. 제셀슨과 맥밀런 주니어와 달리 바이서는 그야말로 맨손으로 성공한 유형이었다. 소련군에 잡혀 포로 수용소에 갇혀 지내다 나치독일이 패배한 뒤 고향으로 돌아온 그에겐 할 일이 없었다. 입대 전에 한 석유 업체에서 일했는데 그 일자리가 없어졌기 때문이다. 더 잃을 것이 없는 상황이 그에겐 기회가 됐다. 바로 창업이었다.

　1947년 바이서는 마르쿠아드앤드발스Marquard & Bahls라는 휴면회사(법정기간을 넘어 영업하지 않는 명목상 회사_옮긴이)를 7만 라이히스마르크(현 가치로 약 10만 달러)에 인수했다. 인수 대금의 대부분은 수출입 면허의 대가였는데, 전쟁 후 분할통치 체제였던 독일에서 수출입 허가 자체는 그 가치가 충분했다. 1950년대 중반 바이서가 모스크바를 방문했을 당시 소련 석유 시장은 그야말로 원시적 수준이었다. 당시 전신주소가 마바나프트였던 바이서의 회사는 석유 정제품으로 상당한 명성을 쌓았다. 마바나프트는 마르쿠아드앤드발스 나프타프로덕츠Maquard & Bahls Naftaproducts의 줄임말이었다.

　바이서의 업적은 새로운 교역로를 개척한 선각자에서 끝나지 않았다. 아무도 가지 않았던 새로운 산업이 탄생하는 데도 한몫했다. 그의 모스크바 방문 때만 해도 국제적인 석유 교역이 존재하지 않았다. 대신 극소수의 거대 기업이 무제한에 가까운 시장력을 행사했다. 즉, 한계비용 이상으로 가격을 책정하는 데 거리낄 게 없었다는 뜻이다.

19세기 중반, 미국 펜실베이니아주 타이터스빌Titusville에서 미국 대륙 최초로 석유가 발견된 이후 석유 거래가 잠시 왕성했던 때가 있었지만 아주 잠깐이었다. '석유왕' 존 록펠러John Davison Rockefeller가 스탠더드오일트러스트Standard Oil Trust를 앞세워 미국 내 정유 시설을 닥치는 대로 손에 넣은 까닭이었다. 독점으로 구매자가 하나뿐이니 경쟁 자체가 성립할 수 없었고 시장도 없었다.[20] 가격은 록펠러 마음이었다.

1911년, 미국 정부가 반독점법으로 스탠더드오일트러스트를 해체함으로써 1870년부터 41년간 존재한 석유왕은 사라졌다. 그럼에도 여전히 시장은 유전부터 정유 시설, 주유소까지 수직 계열화를 완성한 거대 업체의 과점 상태였다. 1950년대에는 '세븐시스터스'가 등장했다. 오늘날의 엑슨모빌ExxonMobil, 쉘, 쉐브론Chevron, 브리티시페트롤리엄이 세븐시스터스에 뿌리를 둔다. 많이 갈 것도 없이 세븐시스터스의 대부분은 스탠더드오일트러스트의 분리로 탄생했다. 당시 원유는 각 지역 정유사가 내건 '공시가'로 매매됐는데 이는 록펠러 시대에서 시작된 관행이었다. 이들의 손을 거치지 않은 석유 국제무역이란 없는 것과 마찬가지였다.

당연히 국제 석유 시장의 초창기에 바이서 같은 독립 트레이더의 존재는 석유 메이저에 잠재적 위협이자 경계 대상이었다. 석유 메이저의 단결로 만들어진 시장 통제력을 끊기 위해서 필요한 것은 창조성과 모험심이었다. 이 측면에서 바이서는 적임자였다. 친구 사이에서 '신Theo'으로 통하는 바이서는 모험가 기질이 충만했다. 세상 어딘가에 있는 미지의 땅으로 몇 주씩, 심지어 몇 달씩 출장을 떠나는 게

편한 일은 아니지만 그에게 그런 불편함은 전혀 문제가 아니었다. 물론 그는 출장 시에 꼭 일등석을 이용했는데 좌석 한 줄을 통째로 예약하는 게 특징이었다. 여행 가방을 바로 옆에 두기 위해서인데, 이름은 여행 가방이지만 그 안엔 업무 관련 서류만이 가득했다.[21] 1951년엔 3개월 일정으로 아프리카 출장을 떠났는데, 당시 아프리카는 엄청난 혼란의 소용돌이 속에 있었다. 프랑스, 벨기에, 영국의 아프리카 식민지가 속속 독립을 쟁취하던 시기였기 때문이다.

바이서는 모로코의 탕헤르Tangier, 카사블랑카를 거쳐 세네갈의 다카르Dakar에 갔다. 그다음 벨기에령 콩고Belgian Congo의 엘리자베스빌Elizabethville(현재 콩고민주공화국의 루붐바시Lubumbashi)과 레오폴드빌Leopold-ville(킨샤사Kinshasa)로 이동했다. 그렇게 자신의 발길이 닿은 모든 곳에 연료유를 공급하기 위한 계약을 맺었다.

1954년 소련과의 계약 당시, 바이서는 기존 석유 업계의 손을 거치지 않았음은 물론이고 업계 통제권 바깥에서 원유를 거래한 최초의 독립 트레이더가 됐다. 업계가 그를 좋게 볼 리 없었고 바이서의 오만함에 본때를 보여 준다. 바이서가 소련에서 돌아온 직후 원유 거래가 끊긴 것이 이 때문이다. 어쨌든 바이서의 활약은 국제적인 석유 트레이더의 등장을 알림과 동시에 소련이 석유 수출을 대대적으로 늘리는 신호탄이 됐다.

바이서가 모스크바를 방문했을 당시, 소련의 석유 생산량은 별로 많지 않았고 그나마도 공산권 안에서 거의 소비됐다.[22] 서방 석유 메이저의 영향력에서 철저히 벗어나되, 그들의 영역을 침범하는 일은

절대 없는 모습이었다. 그런 상태에 바이서가 돌을 던진 셈이다. 소
련엔 석유를 수출할 경로가 생겼고, 세계 석유 시장에서 소련은 엄청
난 중요성을 가진 경로로 성장한다. 1950년대 이전 소련의 석유 대부
분은 19세기부터 채굴을 시작한 바쿠Baku(카스피해의 최대 항구도시이자 현
재 아제르바이잔의 수도_옮긴이)의 유전 지대에서 생산됐다. 하지만 1950
년대에 들어 볼가강 서쪽에서 우랄산맥까지 뻗은 볼가-우랄분지에서
새로운 유전이 발견됐다. 1955~1960년 사이 소련의 석유 생산량은
두 배로 늘었다.[23] 그렇게 소련은 베네수엘라를 단숨에 제치고 미국
에 이어 세계 2위의 석유 생산국이 된다.

   소련 유전의 지질학적 대발견은 공교롭게도 모스크바 내부에서
불던 정치적 변화와 때를 같이했다. 당시 소련을 통치하던 니키타 흐
루쇼프Nikita Sergeyevich Khrushchev는 대외무역 활성화를 강력하게 추진
했다. 이는 소유즈네프테엑스포르트 같은 공기업이 더욱 적극적으로
일하도록 판을 짜는 역할을 했다.

   일명 '자유세계'에 대한 소련의 석유 관련 수출은 급물살을 탔고,
1955년 일일 11만 6,000배럴에 불과하던 수출량이 1965년에는 약
100만 배럴로 무려 여덟 배 이상 뛰어올랐다.[24] 이처럼 소련 행정부
주도의 석유 수출 운동은 서방 외교관이 이를 '소련 경제 공세'라 표현
하는 가장 명백한 증거가 됐다.

이렇듯 원자재 중개 산업의 개척자 셋은 소리 소문 없이 세계경제 질서 재편을 도왔다. 서방과 철의 장막 뒤 공급자를 잇는 무역로를 개척했고 과거 독과점 업체의 아성을 무너뜨렸다. 그리고 그 변화의 파급효과는 몇 해 지나지 않아 세계를 집어삼키기 시작했다. 개척자 트로이카가 세계경제에 미친 영향은 지대했다. 이것 못지않게 트로이카가 이룬 중요한 업적이 또 있다. 현재 원자재 중개 산업 포트폴리오의 기초를 만든 것이다. 과거엔 특정한 지역이나 시장 안에서만 활동했다면, 트로이카를 통해 세계시장을 석권하겠다는 대담한 목표를 세울 수 있었다.

2차 세계 대전이 터지기 전, 필리프브라더스를 포함해 금속 중개 산업은 크게 두 가지 포트폴리오에 집중했다. 첫 번째, 매수자 확보 후 일괄 거래 진행하기다. 좀 더 쉽게 설명해 보겠다. 어떤 고물상이 중개 업체에 고철 수백 톤을 팔고 싶다고 제안한다. 제안을 받은 중개 업체는 다른 중개 업체에 전보를 쳐서 구매자를 찾고, 자신이 차익을 거둘 수 있는 가격으로 고철을 사려는 이가 나타나면 매수·매도 계약을 거의 동시에 추진하는 식이다.[25] 두 번째는 톤당 수수료를 받고 위탁판매를 하는 방식이다. 후자의 경우 사업상 안전하지만 이익이 크진 않다.

필리프브라더스는 경쟁자와 달랐다. 제셀슨의 지휘 아래 기존 업계보다 한층 거래에 대담해졌다. 먼저 대규모의 장기 계약을 맺기 시

작했다. 가끔은 자금을 융통해 주는 조건까지 붙였다. 이 거래의 의미
는 무엇일까? 세계 곳곳에 안정적인 원자재 공급원을 확보했음이다.
또한 시장 디스로케이션Dislocation(공급과 수요의 어긋남으로 일어나는 수급 혼
란 상황_옮긴이)으로 원자재 가격이 폭등하거나 급락할 경우 필리프브
라더스가 엄청난 수익을 챙긴다는 뜻이다. 필리프브라더스에서 구리,
납, 아연을 취급했던 트레이더 에른스트 프랑크Ernst Frank는 "팔 만한
무언가를 항상 갖고 있어야 합니다"라고 당시 상황을 설명했다.

　"늘 시장에 발을 담가야 합니다. 살다 보면 무언가가 정말로 부족
해지는 때가 옵니다. 필요한 물건을 가지면 큰돈을 법니다."**26**

　원자재를 대량으로 거래하려면 장기 계약은 필수고, 원자재의 공
급자와 구매자를 최대한 확보하는 게 관건이었다. 중개 '제국'의 시조
들이 끊임없이 새로운 관계를 만들고 사업 네트워크를 쌓는 데에 막
대한 시간과 돈을 퍼부은 이유다.

　사적 네트워크와 친분에 대한 그들의 집념은 차츰 집착 수준으로
발전했고, 일부 업체의 경우 전통적이고 고풍스럽다는 이미지까지 얻
었다. 이메일과 화상회의가 일상인 시대에도 직접 만나 식사를 하는
접근법을 고수한다는 뜻이다. 금속 중개 업체 트랜스아민Transamine에
는 불문율이 있다. 회사에 금전적 손해를 입히는 것보다 고객과의 점
심 약속을 망치는 게 더 나쁜 짓이라고.**27**

　이러한 사적 네트워크는 금속과 곡물보다 석유 시장에서 더욱 중
요했다. 어떤 업체에 석유를 팔지 고위급 관리 한 명이 결정하는 경우
가 있었기 때문이다. 물론 바이서는 원수의 할아버지와도 친구가 될

만큼 네트워크의 달인이었다. 그는 석유 시장의 지인을 해마다 전부 초대해 뉴욕 센트럴파크가 내려다보이는 세인트모리츠호텔(지금의 뉴욕센트럴파크리츠칼튼_옮긴이)에서 호화 파티를 열기도 했다. 고급 샴페인이 물처럼 흘러넘쳤고 세계 각지에서 도착한 귀하고 비싼 재료로 만들어진 요리가 테이블마다 가득했다.

　1954년 모스크바 방문 때 맺어진 바이서와 구로프와의 관계는 매우 탄탄했다. 바이서는 이에 만족하지 않았다. 공산권을 넘어 네트워크를 더 넓게 펼쳤다. 세븐시스터스 멤버였던 걸프오일의 까탈스러운 경영진과는 우스개를 주고받는 사이였고 텍사스주의 헌트오일Hunt Oil과도 바로 연락이 가능했다. 바이서의 중동 인맥은 더욱 화려했다. 이른바 셰이크Sheikh(이슬람 원로. 현인_옮긴이)와 석유 부문의 공직자와는 서로를 이름으로 부를 정도로 친했는데, 특히 사우디아라비아의 석유부 장관 셰이크 아흐마드 자키 야마니Ahmed Zaki Yamani와는 절친 수준이었다.

　원자재 중개 업체가 네트워크 쌓기에 열을 올린 데는 다른 이유도 있었다. 네트워크를 통해 원자재를 안정적으로 받을 수 있는 것은 물론, 세계 곳곳에서 '돈이 보이는' 정보를 얻을 수 있었기 때문이다. 세계 곳곳에 개설한 지사가 정보 수집의 역할을 맡았고, 지사 근무자에겐 많은 지원이 따랐다. 그렇게 얻은 정보가 빠르게 내부에 공유되도록 커뮤니케이션에도 많은 공을 들였다. 세계에서 쏟아지는 정보를 분석해 돈이 될 정보만을 분류하는 인력만도 수십 명에 이르렀다. 1981년, 필리프브라더스의 한 경영자는 자신들의 정보 수집 능력을 자랑했다.

"우리 통신 체계는 세계 최고 수준입니다. 우리보다 잘하는 곳이요? 미국 국방부나 중앙정보국 정도겠네요."[28]

이렇게 시장과 현장에서 직접 수집한 정보를 경영에 활용하는 마켓 인텔리전스Market Intelligence 체계에서 원자재 중개 산업 특유의 비밀주의가 생겼다. 자신들이 공들여 얻은 고급 정보가 외부로 나가지 않아야 했기 때문이다. 이러한 정보 체계가 있어야만 라이벌보다 더 나은 정보로 무장해 시장의 흐름에 돈을 걸 수 있었다.

1956년 2차 중동전쟁이 마켓 인텔리전스의 위력을 보여 준 좋은 예다. 이집트와 이스라엘·영국·프랑스와의 전쟁이 시작되자 카길의 해외 창구인 트라닥스가 바삐 움직였다. 트라닥스는 운임이 올라간다에 '판돈'을 걸었다. 전쟁으로 인해 수에즈운하가 폐쇄되자 아프리카 남단으로 빙 돌아가는 항로만 남았다. 항로가 길어지니 당연히 운임은 치솟았다.

카길은 빠른 판단으로 두둑한 보상을 받았다. 이렇듯 카길은 정치적 논리를 꿰뚫는 안목과 시장에 대한 통찰을 동시에 갖춘 뛰어난 능력으로 엄청난 이득을 취했다.[29] 계약은 기간, 지역, 규모 등으로 적절히 분산하고 정보를 위해 인맥을 최대한 활용하며, 그렇게 얻은 정보로 돈 되는 거래를 하기. 그야말로 원자재 중개 업체 거래의 교과서를 쓴 셈이다.

하지만 이보다 더 중요한 것이 따로 있을지도 모르겠다. 회사가 직원을 대하는 태도였다. 원자재 중개 산업의 트로이카는 자신들만의 독특한 기업 문화를 구성원에게 전수했고, 그 문화는 오늘날까지도 업계에 영향을 미친다. 트로이카마다 그 문화의 기원이나 스타일은 달랐지만 공통점이 하나 있었다. 근면 성실, 충성, 동반자 정신에 의한 협업이다.

이들 회사에 입사하면 고달픈 수습 기간이 필수였다. 필리프브라더스의 경우 신입 직원은 회사의 온갖 잡일을 도맡아야 했고, 다양한 부서를 경험하기 위해 잦은 순환 근무를 해야만 했다. 그리고 상사에게 최소 두 가지 영역에서 합격점을 받아야 비로소 트레이더로서 일할 수 있었다. 그 영역의 첫 번째는 회사의 주력 품목인 금속 중개 산업에 대한 기본 지식과 기술 숙달 여부였다. 두 번째는 회사에 대한 충성심이었다.

그렇다면 필리프브라더스 신입 직원의 하루는 어떨까? 1919년, 멘델 베른버그Mendal Bernberg는 열다섯 살 나이에 수습직으로 입사했다. 베른버그의 업무는 아침 8시에 시작됐다. 사무실에 도착하면 우편물을 개봉해 분류한다. 그다음 회사에서 보낼 우편물과 전신 메시지를 준비해 우체국에 전달하면 업무가 끝나는데 퇴근 시간은 대부분 늦은 10시 안팎이었다. 1919년 이야기니 요즘은 많이 다를 것이라 생각하기 쉽다. 하지만 지금도 필리프브라더스 신입 직원의 하루는 그때와 별반 다르지 않다.

1950년대 중반 입사해 먼 훗날 마크리치앤드코 경영진이 되는 펠릭스 포젠Felix Posen도 베른버그처럼 우편실에서 처음 일했다. 보낼 전신 메시지를 암호로 바꾸고, 받은 메시지의 암호를 푸는 일이 그의 주 업무였다. 그는 우편실 시절을 이렇게 회상한다.

"죽어 나갈 각오 없이 여기 들어오면 안 됐죠."30

세대가 바뀌어도 신예 트레이더 역시 어느 정도의 '의식'을 거쳤다. 트레이더에겐 경험이 최고의 재산이었다. 업계 기본 지식과 업무를 경험을 통해 익혔음은 당연했고 담대한 배짱, 작은 부분도 놓치지 않는 꼼꼼함과 세심함, 겸손 등도 배웠다. 엄격한 도제 과정으로 완성된 많은 인재가 세계 최고 원자재 트레이더 반열에 올랐다. 훗날 마크리치앤드코를 세우는 리치 역시 1954년 뉴욕에서 필리프브라더스 수습직으로 커리어를 시작해 입지전적인 인물이 된다.

원자재 중개 업체의 신입 직원은 오랜 수습 기간을 통해 애사심과 충성심을 키운다. 특히 마바나프트는 직원을 가족처럼 여겼고 그들의 단점에 지나칠 정도로 관대한 문화가 있었다. 필리프브라더스는 어땠을까? 그들의 단결력엔 경험을 공유한 것 이상의 강력함이 있다. 여러 이유가 있겠지만 이해관계가 단결력을 높이는 접착제 역할을 했다. 1956년 필리프브라더스는 40명 남짓한 전 직원에게 주식을 나눠 줬는데 그 가운데서 백만장자가 여럿 나왔다.

한 명이 막강한 영향력을 행사하는 대신, 수십 명이 주주로 맺어지는 파트너십 체제는 후발 업체에 좋은 예가 됐다. 고위급을 더욱 결속시킬 뿐 아니라 회사에 헌신하도록 동기를 부여하는 강력한 유인 효과를 냈기 때문이다. 1981년에 제셀슨은 필리프브라더스의 체제에 대해 "우리는 모든 이를 가족같이 대합니다"라면서 "우리는 늘 '원 팀'으로 일합니다. 누구도 자신의 뜻만 끝까지 밀어붙이지 않죠. 이런 수평적 관계가 예나 지금이나 우리의 강점입니다"라고 덧붙였다.[31]

1970년대가 되자 원자재 중개 업체는 새로운 경제 질서의 주체로 자리매김했다. 카길의 영업이익은 1940년 100만 달러에서 1970년 2,400만 달러로 급등했다.[32] 필리프브라더스의 활약은 더욱 눈부셨다. 1947년 고작 55만 달러에[33] 불과하던 영업이익이 1970년에는 3,870만 달러로 무려 70배나 성장했다.[34] 원자재 중개 업체가 국제무역 증가에 운을 봤다고 하기엔 근거가 부족할 정도다. 오히려 그들은 국제무역 증가의 '행동 대장'이었다. 증가의 흐름을 촉진했고 세계의 구매자와 판매자를 연결하는 역할에 몸을 사리지 않고, 운송과 무역 금융의 체계를 세웠으니 말이다.

트로이카가 이끄는 원자재 중개 업체는 규모와 수익성을 모두 잡으며 성장에 성장을 거듭했다. 그렇게 그들의 힘과 영향력이 나날이 늘어나는데도 세상은 그들에게 철저히 무관심했다. 이유가 있었는데 과거엔 원자재가 풍부했고 가격도 낮았기 때문이다. 세상 대부분이 그들에 무관심했지만 세계 천연자원의 이동에서 몇몇 업체는 엄청나게 중요한 역할을 수행했다. 그리고 천연자원의 이동이 세계경제에서 차지하는 중요성은 시간이 지날수록 커졌다. 물론 원자재 중개 산업에 좋은 때만 있던 건 아니다. 1970년대, 세상에서 가장 중요한 원자재 가격이 하나씩 치솟기 시작했다. 그중 가장 근본적인 원자재 시장이 제일 먼저 폭발했다. 바로 곡물이었다.

당시 카길은 곡물 시장의 경고신호를 전혀 듣지 못했다. 당시 카길은 맥밀런 주니어의 훌륭한 후계자인 어윈 켈름Erwin Kelm의 지휘하에 연 매출 50억 달러의 규모로 성장해 세계 최대 곡물 중개 업체가 됐다. 공산권과의 유착에 대한 비난도 흉터 없이 말끔히 치료했다. 물론 위기도 있었지만 1960년대 말에 모두 해결한다. 켈름의 확고한 믿음을 등에 업고 카길은 해외시장 확대를 위한 세계화 전략을 밀어붙인다. 켈름의 리더십으로 불황의 위기를 무사히 빠져나왔을 뿐 아니라 그런 상황에서도 국제무역에 대한 애정은 조금도 시들지 않았기 때문이다.

그렇게 1972년 여름이 됐다. 소련 행정부에서 곡물 무역을 담당하는 엑스포르트흘레브Exportkhleb의 사장 니콜라이 벨로우소프Nikolai Belousov가 뉴욕을 방문했다. 카길은 이번 소련과의 거래가 당연히 자신들의 것이라 생각했다. 실제로 카길의 곡물 무역을 총괄하던 월터 샌더스Walter Barnwell Sanders는 힐튼호텔에서 벨로우소프를 만났고, 1년간 총 200만 톤의 미국산 곡물을 소련에 이듬해 수출하기로 합의했다. 당시에는 양측 모두에게 나쁠 게 없어 보이는 거래였다.[35] 하지만 이는 카길의 완벽한 착각이었다.

　잿빛 머리칼에 훤칠하고 호리호리한 인상이었던 벨로우소프는 완벽에 가까운 영어를 구사하는 인물이었다. 공산주의 체제 인물임에도 그는 돈 문제에선 미국의 베테랑 장사꾼 수준으로 영악했다. 한마디로 벨로우소프는 카길을 만나기 전, 카길의 라이벌 업체와도 물밑 협상을 했다.

　곡물 중개 업계에서 1963년 소련과 카길의 거래는 큰 사건이었다. 그러던 차에 소련의 연락을 받았다면? 여러 업체의 임원진이 곧장 뉴욕으로 날아갔다. 심지어 프랑스의 파리나 아르헨티나의 부에노스아이레스에서 날아온 사람도 있었다. 벨로우소프가 내건 금액은 1963년 카길의 그것보다 훨씬 컸다. 당시 곡물 중개 역사상 최대 규모의 계약을 그 소련 관료는 눈썹 하나 움직이지 않으면서 태연히 제시한 것이다.

　카길을 만나기 전, 벨로우소프는 콘티넨털그레인컴퍼니Continental Grain Company 사장이자 소유주인 미셸 프리부르Michel Fribourg를 비밀리에 만나 밀을 포함한 주요 곡물을 사들이는 계약을 맺었다. 총 금액은 무려 4억 6,000달러였다. 역대 원자재 거래 금액을 갱신하는 순간이었다. 그런데 벨로우소프는 루이드레퓌스, 벙기Bunge, 쿡인더스트리스Cook Industries, 앙드레André & Cie 등을 차례로 만나[36] 그들 모두와 계약을 맺었다. 그런데 협상이 하도 비밀스레 진행된 터라 업체들은 모두 소련과 자신들만 계약을 했다고 생각했을 뿐, 다른 계약의 존재는 꿈에도 생각하지 못했다.

　게다가 벨로우소프의 손이 얼마나 컸는지, 모든 계약의 실체가 드러났을 때 곡물 중개 산업은 암울한 현실과 마주했다. 벨로우소프와의 계약을 이행하기에는 미국의 곡물이 충분하지 않았기 때문이다. 벨로우소프는 왜 이런 계약을 맺었을까? 이유는 명백했다. 당시 소련은 심각한 흉작으로 자칫하면 대규모 기아가 발생할 위험에 있었기 때문이다.

그러면 벨로우소프는 곡물을 얼마나 사들였을까? 도합 2,000만 톤 수준이었다. 그중 밀 구매량만 1,180만 톤이었는데, 미국 연간 밀 생산량의 30퍼센트에 가까운 양이었다. 벨로우소프의 계약이 시장에 알려진 후 한 가지 사실은 확실해졌다. 미국의 곡물 생산량은 기존 수요에 더해 소련과의 계약을 충족시키기에 모자랐다는 것이다.

그렇게 밀, 옥수수, 콩 가격이 치솟았고, 미국은 지난 그간 경험하지 못한 낯선 환경에 처했다. 소련이 콘티넨털그레인컴퍼니와 협상을 하기 직전인 7월 3일, 캔자스주 기준 제분용 밀 가격은 부셸당 1.44달러였는데 10주가 지나지 않아 60퍼센트나 치솟았다. 물론 비극은 아직 시작되지 않았다. 소련과의 계약 이듬해 밀 가격은 무려 세 배 치솟았고 옥수수와 콩 가격도 따라 올랐다. 곡물 가격의 상승은 나비효과를 불렀다. 육류 가격까지 들썩이다 크게 올랐다.[37] 식탁 물가가 급등하자 미국 전역이 분노로 들끓었다. 후에 이 사건은 '곡물 대탈취' 또는 '소련발 곡물 파동'이란 이름을 얻는다.

졸지에 카길은 나라 팔아먹은 존재, 시민이 먹을 빵을 뺏은 존재가 돼 버렸다. 카길은 자신들이 한 푼의 이익도 취하지 않았음을 증명하기 위해 온갖 짓을 해야 했다. 심지어 107년 역사상 처음으로 거래

정보를 공개하기까지 했다. 사내 감사는 소련과의 거래가 손해였음을 고백하는 보고서를 써야만 했다. 물론 카길이 계약에서 손해를 본 것은 사실이었다. 또한 벨로우소프가 지나치게 영리했을 뿐이다.

어쨌든 원자재 중개 산업은 그렇게 사랑하던 비밀주의에 뒤통수를 맞았다. 저마다 소련과의 거래를 비밀에 부쳤던 업체들은 패닉에 빠졌다. 그들은 항상 그랬듯 냅다 계약부터 맺고, 팔 물건은 나중에 사면 그만이라고 생각한 것이다. 그렇게 계약을 맺은 업체들이 한꺼번에 시장에 몰리니 당연히 곡물 가격은 치솟았다. 카길은 의회에 제출한 보고서에서 해당 계약으로 66만 1,000달러의 손해가 났다고 '주장'했다.[38]

물론 카길의 주장은 '거짓말은 아니다'에 가까웠다. 66만 1,000달러의 손해 뒤에는 또 다른 현실이 있었다. 1972~1973년 회계연도에 카길은 1억 780만 달러의 순이익을 보고했다.[39] 이는 전년 회계연도보다 170퍼센트 가까이 상승한 수치였다(참고로 1973년엔 2차 오일쇼크가 발생했다_옮긴이). 여기엔 시장에서의 투기성 거래로 얻은 수백만 달러의 이익이 포함된다. 당연히 이 내용은 의회보고서에 없다. 카길의 한 경영자는 당시 상황을 이렇게 증언했다.

"그해는 기록 갱신의 해였어요. 이익, 매출, 거래량, 이윤, 문제, 지출, 교통 체증, 물가와 통제, 아스피린 판매량 등 모두요. 아, 그리고 한 가지 더, 기록적으로 많은 이들이 기록적인 실적을 달성한 해이기도 했습니다."[40]

카길이 어떻게 이익을 올리는지에 대해 우리는 분명히 짚고 넘어

가야 한다. 카길 이익의 상당 부분은 농가에서 작물을 사들여 소비자
에게 파는 전통적 중개에서 '나오지 않는'다. 순전히 투기로 벌어들인
돈이었다. 그 이익의 숨은 설계자는 제네바의 트라닥스였다. 시장 흐
름에 돈을 거는 투기를 주도했다. 미니애폴리스 인근 카길 본사의 트
레이더는 시장 흐름에 돈을 거는 경우가 거의 없었다.

　　그간 업계에서 곡물 가격은 '고정'이라 알려졌지만 트라닥스에서
는 전혀 다른 그림을 그렸다. 소련의 대규모 곡물 구매로 밀이 부족해
지리라 예측한 트라닥스 트레이더는 가격 상승 쪽에 엄청난 돈을 걸
었다. 트라닥스 측은 "우리는 현물가보다 높은 가격을 던져 역사상 최
대 물량을 확보했습니다"라고 시인했다. 그 예측대로 곡물 가격이 상
승해 트라닥스는 투기성 전략으로 잭폿을 봤는데 1972년 기준 6,017
만 달러의 이익이었다.**41** 항공기 제조 업체 보잉, 생활용품 업체 콜게
이트-팔모리브Colgate-Palmolive 같은 미국 대기업의 영업이익보다도 높
았다.**42**

　　원자재 중개 업체가 당시 미국의 최대 라이벌인 소련에, 그것도
미국 정부 바로 앞에서 약 10억 달러어치의 곡물을 팔았다는 사실은
원자재 중개 업체의 힘이 얼마나 강력한지를 보여 준 사건이다.

　　2차 세계 대전 이후 10년간 미국이 세계 최대 '빵 바구니'로 성장
하면서 미국의 곡물 중개 업체는 정부가 주도하는 곡물 수출 호황의

선봉에 섰고, 미국산 곡물의 세계 홍보 대사 역할을 했다. 하지만 트
레이더의 월급은 미국 정부가 주는 게 아니었다. 즉, 미국 정부는 원
자재 중개 업체를 규제할 능력이 거의 없었다.

　소련의 대규모 곡물 거래 사실이 시장에 알려질 때까지 미국 정
부는 상황 파악마저도 못하는 상태였다. 결과적으로 미국이 라이벌
소련을 '아주 잘' 도운 셈이 됐다. 미국 정부의 '관대한' 수출 신용 덕
에 소련이 미국산 곡물을 국제 시세보다 낮은 '최저' 가격으로 사들
였으니 말이다. 소련이 사들인 곡물 가격과 미국 내 곡물 가격의 차
이는 무려 3억 달러에 이르렀고, 이 차이는 모조리 세금으로 메워야
했다.[43] 미국 내엔 반발이 일었고 언론은 원색적 비난을 쏟아 냈다.
1972년 9월 〈뉴욕타임스New York Times〉는 "SOVIET GRAIN DEAL
IS CALLED A COUP(소련의 곡물 거래라 쓰고 쿠데타라 읽는다)"[44]라는 제
목의 1면 톱을 내면서 소련과의 (곡물) 전쟁에서 패한 미국에 대해 대
서특필했다.

　벨로우소프의 계약엔 의외의 성과도 있었다. 원자재 중개 업체가
그동안 쌓은 힘과 영향력이 세상에 드러난 것이다. 2차 세계 대전 후
20년간 세계경제가 동반 성장함에 따라 천연자원 소비도 역사상 최대
치를 기록했다. 이 상황에서는 두 가지 결론이 나온다. 첫 번째, 원자
재에 대한 국제무역에 대한 의존성 역시 사상 최고 수준이 됐다는 것,
두 번째는 원자재 중개 산업을 일구고 성장시킨 극소수에 대한 세상
의 의존도가 계속 늘어난다는 것이다. 그동안 계속 언급한 바이서, 제
셀슨, 맥밀런 주니어 트로이카와 그들의 후예들이 그 극소수다.

미국의 곡물 시장을 강타한 소련의 급습은 앞으로 일어날 일의 서막, 아니 서막 근처도 가지 않았다에 가깝다. 얼마 지나지 않아 20세기 경제에서 가장 중요하고 결정적인 어떤 원자재도 곡물 시장의 상황을 따라간다. 바이서가 20년 전에 소련을 구워삶아 얻은 자원, 석유였다.

2장

황제의 대관식

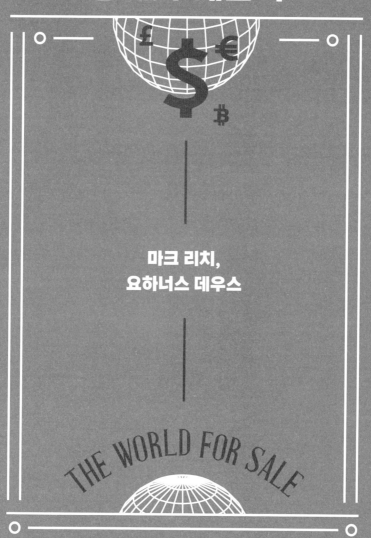

**마크 리치,
요하너스 데우스**

THE WORLD FOR SALE

1968년 4월 25일 미국 백악관, 중앙정보국이 작성한 '대통령 일일보고'PDB, President's Daily Brief가 대통령 린든 B. 존슨의 집무실 책상으로 도착했다. 오직 한 명의 독자만을 위해 작성된 '대통령 일일보고'는 국제 정세를 간결하게 요약한 비밀 보고서다. 비유하자면 중앙정보국판 〈리더스다이제스트Reader's Digest〉다.

   그날 보고서엔 특별한 내용이 있었다. 먼저 존슨 대통령은 베트남전쟁과 소련, 중국의 탄도미사일 개발 등에 관한 최신 정보부터 읽었다. 그다음 대통령의 눈길이 '그 내용'으로 향했는데 바로 석유의 지정학에 대한 내용이었다.

   "이스라엘은 수에즈운하를 돌아가는 직경 42인치짜리(약 1.07미터) 송유관 개통을 앞둠"이라는 문장으로 시작한 내용에는 지도 한 장이 첨부됐다. 이스라엘 최남단 항구도시 에일라트$_{Eilat}$에서 출발해 지중해 연안 아쉬켈론$_{Ashkelon}$까지, 이스라엘 내륙을 가로지르는 송유관 경로였다(자료 3 참고). 후에 이 송유관 건설은 석유와 철강 부문에서 이스라엘과 '어떤 국가'와의 끈끈한 동맹을 보여 줬지만 후엔 그 관계가 철천지원수로 바뀐다. 내용의 끝은 "송유관으로 막대한 석유를 운송할 국가는 단 한 곳, 이란으로 예상됨"[1]이었다.

그 송유관 건설에 미국의 최고 정보기관이 관심을 가진다는 사실은 세계경제에서 석유의 역할이 갈수록 중요해진다는 증거다. 또한 세계의 화약고인 중동에 대한 세계경제의 의존성이 나날이 높아짐도 확실했다. 이런 의존성에 대한 미국 정부의 우려는 점점 커질 수밖에 없었다.

1960년대 말부터 1970년대 초반까지, 더욱 부유해진 세계는 석유를 그야말로 게걸스럽게 먹어 치웠는데, 석유에 대한 허기는 시간이 흐를수록 더욱 심해졌다. 1948~1972년간 미국의 석유 소비는 세 배로 뛰어올랐다. 전례 없는 상황임에도 지구 반대편에서 벌어지는 현상에 비하면 별일 아닌 수준이었다. 같은 기간 서유럽의 석유 수요는 15배, 일본은 무려 100배 이상이나 늘었다.[2]

이런 현상의 이면에서 속을 끓이는 집단이 있었다. 바로 석유 메이저였다. 자신들의 아성이 갈수록 흔들리는 것 같았기 때문이다.

1954년 바이서의 모스크바 방문을 기점으로 시작된 몇몇 사건을 통해, 석유 메이저를 거치지 않고 원유를 팔기가 한결 쉬워졌다. 석유 시장이 개방되기 시작했고 소련은 석유 메이저가 정한 '공시가'보다 훨씬 싼 가격으로 석유를 수출했다.

세븐시스터스의 영향력 감소 추세는 1960년 8월엔 분기점에 이르렀다. 현재 엑슨모빌의 전신인 스탠더드오일오브뉴저지 경영진은 시장점유율 잠식에 위기감을 느껴 중동산 원유 공시가를 7퍼센트 인하하기로 전격 결정했다. 정작 원유를 생산하는 중동 정부와 논의하지 않고 내린 결정이었다.

중동 국가의 셰이크가 공시가 인하에 격분하는 건 당연했다. 상의 한마디 없이 일방적으로 가격을 인하한 것에 분노함과 동시에 이른바 '오일머니'의 감소에도 분개했다. 그리하여 그들은 산유국을 향해 단체 행동을 촉구하기에 이르렀다. 1개월 후 사우디아라비아, 베네수엘라, 이란, 이라크, 쿠웨이트 5개국 석유부 장관들이 이라크 바그다드에 모였다. 나흘간의 회의 끝에 오펙OPEC(석유수출국기구)이 출범했다. 역사적인 그날은 1960년 9월 14일이었다.

오펙의 출현을 시작으로 일어난 석유 산업의 대변혁은 1960년대를 거쳐 1970년대까지 이어졌다. 산유국은 오펙의 비호하에 점점 목소리를 높였고 원유의 국유화 바람이 거세게 불기 시작했다. 외국 기업은 중동 지사를 계속 운영하도록 허가받아도 전보다 더 많은 이익과 세금을 뱉어야만 했다.

그렇게 석유 산업에서 새로운 시대가 열렸다. 새로운 시대의 주인공은 오펙, 최대 수혜자는 원자재 중개 산업이었다. 그렇게 오펙은 석유 시장과 세계경제를 완전히 뒤엎었다. 또한 석유 메이저의 시대를 끝냄과 동시에 그 힘을 원자재 중개 업체에 넘겨줬다. 산유국이 자원을 국유화함에 따라, 그 석유를 세계시장으로 공급하는 역할을 원자재 중개 업체가 맡은 것이다. 시간이 흐를수록 세력의 균형은 세븐시스터스에서 원자재 중개 업체로 기울었다. 석유의 구매자나 판매자를 결정하는 권한이 원자재 중개 업체로 집중됐고 중동, 아프리카, 중남미 등 신흥 석유국가의 존재감도 덩달아 올라갔다.

그동안 미국의 막강한 과점력 아래서 질서 있게 통제되던 세계경제는 무한 경쟁 체제를 향해 고삐 풀린 듯 달리기 시작했다. 그 후 10년간 유가는 미친 듯 요동쳤고, 미국부터 이란까지 세계 모든 곳이 정치적 격변에 휘말렸다. 그렇게 유가는 세계경제 지형을 재편했다. 이 새로운 시대의 가능성을 누구보다 빠르게 인지하고 악착같이 붙잡은 한 사람이 있었다. 훗날 마크리치앤드코를 창업하는 리치였다.

당시 필리프브라더스 트레이더였던 리치는 1950년대 중반에 바이서가 증명한 한 사실을 떠올렸다. 원유는 거래 가능한 '상품'이라는 사실 말이다. 그 사실을 적용하기 위한 실습 장소는 이란의 은밀한 지원으로 이스라엘이 건설하던 에일라트-아쉬켈론 송유관이었다.

실제로 이스라엘과 이란 관계는 1979년 이란혁명 이전에도 물과 기름 사이 같았다. 하지만 경제적 이득을 위해 손을 잡았다. 이란엔 석유가 있었고 이스라엘은 석유가 필요했다. 이해관계가 일치하는 또 다른 부분도 있었다. 이집트가 지배하는 수에즈운하를 거치지 않고

페르시아만에서 지중해까지 석유를 운송할 방법에 대해서였다.

그렇게 비밀리에 송유관을 건설하기 시작했지만 공사 진도는 매우 느렸다. 그러던 중 1967년, 모든 상황이 달라졌다. 이스라엘과 주변국 사이의 긴장이 고조되던 가운데 이스라엘이 이집트와 시리아를 급습한 것이다. 그 보복으로 이집트의 가말 압델 나세르Gamal Abdel Nasser 대통령은 수에즈운하를 폐쇄했다. 6일 만에 포성이 멎었지만(이 전쟁을 6일 전쟁 혹은 3차 중동전쟁이라 부른다_옮긴이) 수에즈운하는 1975년에 가서야 통행이 재개됐다. 운하 폐쇄 조치가 급작스럽게 이뤄진 탓에 배 15척은 운하에 발이 묶였고 무려 8년간이나 꼼짝도 못했다.

수에즈운하 폐쇄는 국제무역에 커다란 영향을 미쳤다. 지금도 마찬가지지만 당시 수에즈운하는 석유 시장의 주요 운송 항로였다. 이란, 사우디아라비아, 아랍에미리트 등의 거대한 유전에서 유럽과 미국으로 원유를 운송하는 최단 거리였다. 그런데 수에즈운하가 폐쇄되는 바람에 중동산 원유는 일명 '아프리카의 뿔'(소말리아반도_옮긴이)로 돌아가는 경로를 선택할 수밖에 없었다. 당연히 운송은 늦어지고 비용도 올라갔다.

이 전쟁은 이란과 이스라엘이 송유관 건설에 박차를 가하는 계기가 됐다. 이스라엘의 홍해와 지중해 연안을 내륙으로 연결하는 254킬로미터의 송유관만 건설되면 굳이 수에즈운하를 이용할 필요가 없었기 때문이다. 양국 특사는 은밀히 만나 공사의 세부적 사항에 대해 철저히 논의했다. 마침내 이란의 샤Shah (이란 국왕의 칭호_옮긴이)가 직접 개입한 뒤, 양국은 건설한 송유관을 완공하고 관리하기 위해 스위스에 합작사를 세우기로 했다. 트랜스아시아틱컴퍼니Trans-Asiatic Company 였다. 이란은 회사 지분 50퍼센트를 소유한다는 사실을 숨기기 위해 유럽의 작은 나라 리히텐슈타인의 한 유령회사를 내세우는 꼼수를 썼고, 이스라엘은 중남미 국가 파나마에 등록된 회사를 이용했다.³ 이스라엘의 진보 성향 일간지 〈하아레츠Haaretz〉는 그 합작사에 대해 "이스라엘에서 가장 비밀스러운 회사"라고 보도했었다.⁴

이처럼 베일에 가려진 석유의 세계로 원자재 중개 업체가 뛰어들었다. 유럽의 원자재 중개 업체들은 에일라트-아쉬켈론 송유관으로 운송한 석유를 수입하는 데 걱정이 컸다. 아랍의 심기를 건드려 반감을 살까 두려웠던 까닭이다. 자연히 이란과 이스라엘은 자신들이 개척한 새로운 무역 경로를 유지하기 위한 도움이 필요했다. 세계 어디에서든 석유를 사고팔 장사꾼의 도움 말이다. 그중에서도 가진 것이라고는 전화 한 대와 날카롭고 번뜩이는 기지가 전부인 신예 트레이더보다 더 어울리는 사람은 없다. 한마디로 리치 같은 사람 말이다.

리치는 1934년 벨기에 안트베르펜의 한 유대인 가정에서 태어났고, 본명은 마르셀 다비트 라이히Marcell David Reich 였다. 직물과 신발 무역으로 가족을 부양했던 그의 아버지가 독일에서 성장한 덕분에 어린 리치는 독일어와 프랑스어를 능숙하게 구사했다.

리치의 유년기를 장식한 사건들도 당시의 많은 필리프브라더스 트레이더의 경험과 다르지 않았다. 바로 유럽에서 확산되던 나치주의 탓이다. 1940년 5월, 리치의 아버지는 탈출을 위해 구입한 검정 시트로엥 자동차에 가족을 태우고 프랑스로 넘어왔다. 넘어온 시점이 절

묘했는데 나치독일군이 안트베르펜으로 진군하기 딱 일주일 전이었
다. 그렇게 그들은 프랑스에서 모로코행 배에 가까스로 몸을 실었고,
몇 달간 모로코의 한 난민 수용소에서 살아야 했다. 미국 정부로부터
어렵사리 비자를 발급받아 1941년 리치는 미국 땅을 밟았다. 당시 그
의 나이 여섯 살, 영어는 한마디도 할 줄 몰랐다.

　　리치의 가족은 뉴욕의 친척 집에 얹혀살다 펜실베이니아주 필라
델피아로 이사했고, 캔자스시티에 이르러 정착했다. 가족이 이처럼
떠돌이 생활을 하다 보니 리치는 사실상 해가 바뀔 때마다 전학을 다
니는 형편이었다.[5] 이런 생활은 리치의 인생에 커다란 영향을 끼친다.
그는 자신을 언제나 이방인이라 생각했고, 사업에 대한 남다른 열정
도 생겼다. 1940년대 말 리치의 가족은 뉴욕으로 돌아왔는데, 리치는
포대를 짤 때 쓰는 황마Jute를 수입하던 아버지 일을 틈틈이 도왔다.
어쩌면 리치는 십 대에 천직을 찾은 게 확실했다. 고등학교 졸업 앨범
을 보면 그의 장래 희망은 '사업가'라고 적혀 있다.[6]

　　리치는 뉴욕대학교에 진학했지만 졸업장을 받진 못했다. 대신 아
버지 지인 소개로 필리프브라더스에 수습직으로 들어갔다. 그렇게 리
치는 1954년 어느 날, 뉴욕시 파인스트리트 70번지에 있는 필리프브
라더스 사무실에 첫 출근했다. 월스트리트에서 한 블록 떨어진 그 고
층 빌딩에서 열아홉 살의 리치는 다른 수습직과 마찬가지로 우편실에
서 일을 시작했다. 하지만 재능과 투지가 남달랐던 리치는 남들보다
빨리 우편실에서 탈출했다. 필리프브라더스에서부터 마크리치앤드코
까지 리치와 인연을 맺은 펠릭스의 말을 들어 보자.

"그는 매우 똑똑해요. 여러 언어를 자유롭게 구사하는데, 성실함까지 따를 자가 없을 정도였습니다. 한마디로 최고의 동료였죠."[7]

당시 그의 동료였던 어떤 이는 리치에 대해 이렇게 기억했다. 리치는 항상 회사에 가장 먼저 출근했는데, 아침 8시 30분 다른 수습직이 '제시간에 맞춰' 출근하면 "좋은 오후네요"라고 비꼬듯이 인사했다고 한다.[8] 어쨌든 우편실을 탈출한 리치는 한 고위 트레이더와 일했다.

신입 시절부터 리치는 사업적 야망을 여실히 드러냈다. 훗날 자신에게 환상적인 성공을 가져다줄 두 가지 자질인 사업 수완과 위험 감수 성향이 그것이다. 그에게 주어진 업무는 수은 중개였는데, 수은은 틈새시장 상품으로 매출 비중이 높지 않은 원자재로 여겨졌다. 전통적으로 수은은 은 제련, 온도계, 매독 치료에 이용됐다. 1950년대엔 용도 하나가 추가됐는데, 바로 군사 장비에 들어가는 전지의 원료였다.

여기서 리치의 '촉'이 맹렬히 반응했다. 그는 수은 수요가 급등할 거라 확신했고, 물량을 확보하기 위해 생산자와 협상하기 시작했다. 이내 미국 정부는 자원 부족에 대한 끔찍한 경고로 들끓었고 1954년 중반엔 대대적인 물자 비축 프로그램이 등장했다. 해당 프로그램에 수은도 포함됐는데 미국의 비축 목표량은 세계 수은 생산량 3분의 1에 맞먹었다. 그다음 상황은? 당연히 리치가 확보한 수은에 대한 수요 급등이었다. '초짜' 트레이더였던 그의 첫 도박은 성공했다.

수은 사건으로 인해 리치는 회사 내 주목받는 트레이더로 발돋움했다. 그렇게 그는 새로운 계약을 따거나 문제를 해결하기 위해 세계를 제집 드나들듯 했다. 남미 볼리비아로 반년간 파견을 나갔는가 하면, 쿠바의 카스트로와 협상하기도 했으며 남아공, 인도, 네덜란드 등에서 머무르기도 했다. 1964년에는 스페인 마드리드 지사장 자리를 꿰찼다. 그때 리치의 나이는 서른 살. 마드리드 지사장 자리는 그가 필리프브라더스의 차세대 지도자 군단에 입성하는 확실한 발판이 됐다.

리치는 필요에 따라 넘치는 매력을 유감없이 발휘하는 인물이었지만, 정작 친구는 거의 없었다. 리치와 식사한 적이 있던 한 광산 업체의 임원은 리치를 '유쾌했지만 차갑고 냉정한 사람'이었다고 기억한다.[9] 많은 직원이 리치를 깊이 존경하고 우러러보는 것은 분명했지만, 리치에게 주변 사람들은 우선순위가 높지 않았다.

"리치에겐 사업이 취미였고, 취미가 사업이었습니다."

리치의 원년 동업자 중 한 사람이었던 펠릭스의 아들인 대니얼 포젠Daniel Posen의 말이다. 그리고 대니얼은 예전 리치와 있었던 일화를 들려줬다. 하루는 리치가 자신의 리무진 안에서 그날 받은 텔렉스 메시지에 파묻혀 열띤 토론을 벌였는데, 저녁 늦도록 리무진 바깥에 자신을 세워 뒀다는 것이다.[10]

사업 말고는 알지도 못하고, 알 생각도 없었던 그의 집념은 그의 인간관계에도 적용됐다. 리치가 아무리 친절하고 관대해도, 상대방은 리치가 뭔가 속셈이 있어서 그런 거란 기분을 떨치기 힘들었다고 한다. 다음은 페루에서 가족 소유의 광산 업체를 운영하는 로케 베나비데스Roque Benavides의 경험이다. 리치 집에 저녁 식사 초대를 받았을 때 일이다. 베나비데스는 "그의 접대는 최고였습니다"라고 회상하면서 와인을 얼마나 마셨는지 '기어가다시피' 호텔로 돌아왔다고 했다.
물론 리치도 그 최고의 대접에서 자신의 소망을 이뤘다. 바로 베나비
데스 광산과의 10년짜리 구매 계약이었다.[11]

훗날 석유 중개의 황제로 일컬어질 리치가 필리프브라더스 최
초의 석유 트레이더는 아니었다. '최초'라는 영광은 앨런 플랙스Alan
Flacks의 몫이었다. 필리프브라더스 이탈리아 밀라노 지사장이었던 플
랙스는 1969년 아프리카 튀니지로 고객을 만나러 갔다가 2만 5,000
톤의 잉여 원유에 대해 듣는다. 영국 맨체스터 출신으로 주 업무가 금
속 중개였던 플랙스는 석유에 대해선 잘 알지 못했다. 물론 필리프브
라더스의 모든 트레이더가 석유 쪽 지식에선 거기서 거기였다. 하지
만 플랙스는 대담했다. 석유나 금속이나 거래하는 게 얼마나 다르겠
냐고 생각했기 때문이다.

플랙스는 바로 몇 군데 전화를 돌렸고, 원유 2만 5,000톤을 가져
가겠다는 정유사를 찾았다. 그다음 튀니지와 흥정을 시작했고, 며칠
뒤 계약이 성사되자마자 프리미엄을 붙여 원유를 되팔았다. 전혀 손
해 볼 게 하나도 없는, 돈 놓고 돈 먹기 수준이었다. 그 거래 하나로
필리프브라더스는 6만 5,000달러 남짓의 이익을 거뒀는데 당시로서
는 결코 적은 액수가 아니었다. 플랙스는 당시 거래에 대해 이렇게 회
상했다.

"백투백Back-to-Back(셋 이상의 사이에서 물건의 매도·매수가 당일 이루어지는 거래_옮긴이) 거래였습니다. 매우 안전했죠. 원유를 저장할 필요도 없고 현장에서 돈이 바로 오갔으니까요."[12]

하지만 리치의 타고난 저돌성과 석유에 대한 원초적 열정을 생각하면? 나중 상황은 뻔했다. 리치는 얼마 지나지 않아 플랙스를 밀어내고 필리프브라더스의 '간판' 석유 트레이더가 됐다. 2013년 세상을 떠나기 몇 해 전, 리치는 자신의 전기 작가에게 이렇게 말했다.

"난 원자재 중개 업체 직원이었습니다. 당시는 세븐시스터스의 아성이 무너지는 건 시간문제였죠. 그러니 갑자기 생산국에서 소비국으로 석유를 이동시킬 새로운 시스템이 필요해졌습니다. 그 기대를 내가 충족시켰죠. 출발은 단순했습니다. 세븐시스터스가 버티든 말든 석유는 거래 가능한 상품이어야 한다는 것."[13]

이쯤에서 에일라트–아쉬켈론 송유관이 등장했다. 그 송유관이야말로 리치가 초기에 거둔 성공의 조력자였다. 해당 송유관을 통한 거래는 철저히 비밀로 진행됐다. 거래 당사자의 역할 분담도 확실했다. 페르시아만에서 이란이 유조선에 원유를 싣고, 항만 당국에는 "주문이 있어 지브롤터로 항해한다"고 보고한다. 물론 유조선은 지브롤터에 모습을 드러내지 않고 에일라트에 도착한다. 원유를 하역하고는 이란으로 돌아간다. 원유를 정확히 어디서 하역했을지는 다들 짐작만 할 뿐이었다. 다만 1970년, 영국의 일요 신문 〈선데이타임스The Sunday Times〉는 "Mystery of the Disappearing Tankers(유조선의 실종 미스터리)"라는 제목의 기사에서 이 비밀 거래를 상세히 보도했다.[14]

이스라엘의 역할도 이란처럼 비밀스럽긴 마찬가지였다. 이스라엘 정부는 자국 내 항구에서 유럽에 보낼 원유를 선적하는 모든 배를 대상으로 언론통제를 시행했다. 관련 정보 보도는 절대 금지됐고, 사실상 모든 일이 완벽한 비밀로 부쳐졌다.

리치가 이 거래를 성공시키는 데 또 다른 공로자가 있었다. 그가 없었다면 이 거래가 성사되지 못했을 수도 있었다. 또한 이 거래를 계기로 그는 리치의 든든한 평생 협력자가 된다. 바로 핑커스 그린Pincus Green이었다. 일명 '핑키Pinky'로 불렸던 그린은 크로뮴Chromium(크롬_옮긴이) 트레이더로 커리어를 시작했다. 1968년 당시 이란은 세계 8위의 크로뮴 생산국이었고[15] 따라서 그린은 거래를 위해 테헤란을 제집처럼 드나들었다.

이란산 원유를 감쪽같이 운송하는 능력 덕분에 그린에겐 '사령관'이라는 별명이 붙었다. 하지만 유통은 운송과 차원이 다른 문제다. 이런 위험한 일에는 리치가 적임자였다. 그는 위험한 일에 필요한 위험 사냥꾼으로서의 예리한 감각이 누구보다도 발달했다. 그의 말을 들어보자.

"그 송유관은 이스라엘 한복판에 있죠. 오히려 그게 장점이라고 생각했습니다. 석유가 이스라엘 땅을 지나간다는 이유 때문이었죠."

리치는 일말의 거리낌도 없었다. 오히려 그린과 손발이 척척 맞아서는 정말이지 그 송유관을 '신나게' 활용하면서 이란산 원유를 유럽 전역으로 공급했다. 정치적으로 민감한 송유관과 '2인조' 트레이더 사이에 필리프브라더스가 버티고, 안 그래도 필요한 원유가 저렴하니 더욱 눈앞에서 놓칠 수 없었다. 리치는 이렇게 덧붙인다.

"가격이 아주아주 매력적이었습니다. 아프리카 대륙을 빙 둘러 운송하는 것보다 훨씬 싸니까."

이란의 샤는 매우 흡족해했다. 254킬로미터의 송유관은 아프리카를 돌아갈 때보다 대략 2만 2,000킬로미터의 거리를 줄였다. 즉, 이란 원유의 가격 경쟁력이 매우 높아졌다는 뜻이다(자료 3 참고). 1969년 12월 그 송유관은 원유 운송을 시작했고 이듬해인 1970년 한 해 동안 162척의 유조선이 실어 온 약 7,500만 배럴의 원유가 그 송유관을 거쳤다(일일 운송량으로 따지면 20만 배럴이 조금 넘었다).

하지만 필리프브라더스 내부에서 보기엔 그 송유관은 '시한폭탄'이었다. 가장 큰 문제는 그 송유관으로 운송하는 원유의 경우 보험 가입이 안 되는 것이었다. 그 문제로 얼마나 질책을 받았는지 리치는 회사에서 잘릴지도 모른다는 걱정을 하는 판이었다.[16]

물론 질책 정도로 기가 꺾이고 물러설 리치가 아니었다. 그 이후로도 필리프브라더스의 트레이더로서, 나중에는 자신이 세운 회사 대표로서 이란산 원유를 에일라트-아쉬켈론 송유관을 통해 꾸준히 옮겼다. 연간 운송량이 적게는 6,000만 배럴, 많게는 7,500만 배럴에 이르렀다. 그의 말마따나 '정말로 아주 중요한 사업'이었다.[17]

리치가 석유 거래에 발을 들인 시기도 완벽했다. 1960년부터

1970년까지 독립 트레이더의 도전이 나날이 거세지는 와중에도 석유 시장에 대한 세븐시스터스의 지배력은 별다른 영향을 받지 않았다. 즉, 유가 변동이 거의 없었다는 이야기다. 중동산 원유 중 아랍라이트 Arab Light(사우디아라비아의 주요 수출 유종_옮긴이) 가격은 1960년대 배럴당 1.90달러로 시작해 1.76달러로 끝났다. 가격이 약간 떨어진 이유는 바이서를 포함한 트레이더들의 활약으로 소련산 원유가 시장에 풀린 탓이었다.

하지만 1970년대가 시작되자마자 그 분위기는 완전히 뒤집혔다. 유가는 상승세를 이어 갔다. 바야흐로 석유 시장에 위기의 싹이 텄다. 위기의 '조짐'이 눈앞에 속속 펼쳐짐에도 이에 관심을 기울이는 사람은 거의 없었다.

1971년, 미국의 리처드 닉슨Richard Milhous Nixon 대통령은 금본위제를 폐지했다. 그전까지는 금과 미국 달러 가치가 연계됐다. 닉슨 대통령이 금본위제를 폐지한 이유는 석유와 거의 무관했고, 오히려 경제 부양책의 일환이었다. 하지만 미국의 금본위제 폐지는 엉뚱하게도 석유 시장에 극적 효과를 가져왔다. 미국 달러의 가치가 하락하자 원유를 미국 달러로 팔던 중동의 이익이 저평가된 것이다. 오펙 회원국은 새로운 요구에 직면했다. 서방 기업으로부터 자국 자원에 대한 통제력을 되찾는 것.

알제리부터 이라크까지 많은 산유국은 석유 메이저가 장악했던 이익에서 더 많은 몫을 요구했다. 그 목소리는 더욱 강경해졌고 급기야 석유의 국유화로 이어졌다.[18] 오래전부터 국유화를 반대했던 사우디아라비아마저 태도를 바꿨다. 사우디아람코Saudi Aramco를 통해 미국 기업이 지배하던 자국 유전에 대한 소유권을 주장하기 시작한 것이다. 이렇게 한 국가씩 석유의 국유화가 진행되면서 석유 메이저의 아성도 무너졌다.

그러다 보니 석유 메이저는 유가를 인상하는 것 외엔 다른 선택지가 없었다. 1971년 아랍라이트 가격은 배럴당 2.24달러였는데 1972년에는 2.48달러, 1973년에는 3.29달러로 인상됐다. 이는 예고편에 불과했다.

1973년 4월, 미국 국무부 소속의 에너지 전문가이자 외교관인 제임스 에이킨스James Akins가 〈포린어페어스Foreign Affairs〉(국제 관계와 외교 정책을 다루는 정기간행물_옮긴이)에 "The Oil Crisis: This Time The Wolf Is Here(석유 위기: 이번에는 늑대가 진짜로 나타났다)"라는 제목의 기사를 썼다.[19] 에이킨스의 글을 읽었는지 안 읽었는지는 알 수 없지만, 리치 역시도 지금의 유가 상승은 시작일 뿐이며 조만간 '치솟을' 거라고 확신했다.

1973년 봄, 이란국영석유공사National Iranian Oil Company는 리치와 그린에게 약 750만 배럴의 석유를 팔겠다고 제안했다. 눈이 번쩍 뜨일 만큼 대형 거래였으니 물론 조건이 따랐다. 공시가가 배럴당 3.29달러였는데 5달러를 요구한 것이다.

테헤란에서 협상을 주도했던 그린은 유가가 더 상승할 거라는 확신을 가졌던 터라 그 조건대로 계약을 맺었다. 물론 도박이긴 해도 나름 철저히 계산된 도박이었다. 리치와 그린은 이란의 제안을 받기 전에, 석유 시장에서 무언가가 곧 터질 거라는 소문을 들었기 때문이다. 그 무언가가 대체 무엇인지 정확히 알 순 없었지만 어차피 그들에게 결과는 정해져 있었다. 그렇게 이란의 손을 붙잡았다.

그런데 문제는 엉뚱한 곳에서 터졌다. 석유 시장이 아닌 필리프 브라더스에서였다. 제셀슨이 그 계약 소식을 듣고 분노한 탓이었다. 그는 "무책임한 것들인진 알았지만 이 정도일 줄이야!"라며 분통을 터뜨렸다.[20] 그렇지 않아도 지난 몇 달간 제셀슨은 리치와 그린에게 속도를 조절하라 협박도 하고 "회사 가지고 모험하지 말라"고 달래도 봤다. 제셀슨에 따르면 자신을 포함해 뉴욕 본사 경영진 역시 비슷한 경험이 있다고 했다. 리치와 그린이 이전에도 '매도 계약을 확정하지 않은 채' 덜컥 매수 계약부터 맺는 통에 몇 번 충격받았다는 것이다.[21]

금속의 경우 시장의 급격한 변동에 따르는 위험을 런던금속거래소LME를 통해 만회할 수도 있었지만 리치와 그린의 경우 사정이 달랐다. 당시엔 아직 석유 거래소가 없었기 때문에 가격의 급등락을 가만히 지켜봐야만 했다. 가격이 급작스레 출렁이면 자신의 계약에 미치는 위험을 고스란히 떠안아야 했다. 그런데 리치와 그린은 구매 계약을 맺을 때 즉석에서 가격을 고정해 버렸다. 가격이 상승하면 잭폿이지만 가격이 하락한다면? 리치와 그린이 대형 사고를 치는 것이다.

이란과의 거래로 제셀슨은 인내의 한계에 도달했다. 이란과의 계약 금액이 자그마치 3,750만 달러였다. 만에 하나 유가가 오르지 않아 어쩔 수 없이 공시가로 팔아야 한다면 1,300만 달러에 육박하는 손해를 불러올 터였다. 필리프브라더스 상황에 그 돈은 매우 부담스러운 액수였다.

대서양을 사이에 두고 계약에 대한 열띤 논쟁이 오갔고, 참다못한 제셀슨이 최후의 카드를 꺼냈다. '지금 당장' 구매자를 찾아서 이란에서 사들인 원유를 털어 내라는 것이었다. 후에 필리프브라더스에서 석유 중개 부문을 이끈 토머스 오맬리Thomas O'Malley의 말을 들어 보자.

"리치와 그린, 석유 중개는요. 어느 누가 와도 못 막아요."22

리치와 그린은 구매자를 쉽게 찾았다. 그렇게 미국의 정유사 애슐랜드오일Ashland Oil(현재 마라톤페트롤리엄Marathon Petroleum의 자회사이다)에 배럴당 5달러보다 조금 높은 가격으로 원유를 처분해 얼마간의 차익을 남겼다. 애슐랜드오일이 공시가보다 원유를 비싸게 샀다는 것은 리치와 그린이 시장의 흐름을 정확히 읽었다는 증거다.

이 계약으로 인해 그들의 상사는 생각이 달라졌을까? 여전히 시장이 보내는 신호에 까막눈이었다. 1973년 중반이 되자 배럴당 3.29달러의 공시가는 이미 무의미한 숫자였다. 이미 배럴에 5달러 이상의 가격으로 매매됐기에. 그런데도 제셀슨은 생각을 고치지 않았다. 물론 그 자신감은 오래가지 못했다. 불과 몇 주 지나지 않아 제셀슨은 자신의 생각이 얼마나 잘못됐는지 모를 수 없었다.

1973년 9월, 국제석유기업IOCs, International Oil Companies (세븐시스터스 같은 국제 석유 자본_옮긴이)과 오펙 회원국이 오스트리아 빈에서 회동했다. 그들 상당수는 세상이 급등한 유가에 맞닥뜨린 것은 '만약'이 아니라 '언제'의 문제일 뿐이라고 확신했다.

"이제 10년 후엔 석유 위기가 눈에 보일 겁니다."

당시 일본 총리인 다나카 가쿠에이는 텔레비전 인터뷰를 통해 사람들이 무서운 경고로 받아들여야 하는 발언을 했다. 그는 10년 후라고 예상했지만 실제로는 열흘 남짓밖에 걸리지 않았다.[23]

1973년 10월 6일 이스라엘, 유대교에서 가장 성스러운 명절 욤키푸르Yom Kippur를 맞아 전국은 고요했다. 그 시각 이집트와 시리아는 이스라엘에 빼앗긴 영토를 되찾기 위해 전쟁을 준비 중이었다. 그리고 그날 오후 이집트와 시리아는 합동 군사작전을 개시해 이스라엘을 급습했다. 이집트 군대는 수에즈운하를 건넜고, 시리아 군대는 골란고원을 넘었다(아랍에서는 이슬람교의 라마단 기간에 벌어진 전쟁이라는 의미에서 라마단전쟁, 10월전쟁 등으로 불리며 개시 19일 만에 이스라엘의 군사적 승리로 끝났다_옮긴이).

빈에서 1개월 전부터 열렸던 오펙과 국제석유기업의 회담은 전쟁으로 인해 교착 상태에 빠졌다. 산유국은 유가를 두 배로 올리고 싶어 했고, 자국 정부의 압박을 받던 석유 업체는 '최대 15퍼센트' 인상 카드를 준비했다.

회의는 연일 밤늦게까지 이어졌고 회의실은 담배 연기로 자욱했다. 아랍의 석유 관료는 욤 키푸르전쟁에 관한 신문 기사를 돌려 봤고

서방 세계가 이스라엘을 지지하는 듯한 낌새에 격노했다. 석유 업체 임원은 회담 분위기가 불리하게 돌아감을 느끼면서 석유가 무기로 이용될지 모른다는 공포에 사로잡혔다.

업체 대표로 회담에 참여했던 엑슨모빌의 수석 부사장 조지 피어시George Piercy와 쉘의 프랑스 지사장 앙드레 베나르André Bénard는 본사에 지침을 달라 요청했고, 본사는 그 요청을 즉각 그들 정부로 떠넘겼다. 정부의 반응은 국가마다 거의 비슷했다. 미국, 일본, 영국은 물론이고 몇몇 유럽 국가는 업체에 양보할 수 없다며 기존 입장을 고수하라고 했다. 그 이유마저도 마치 입을 맞춘 듯했다. 세계경제는 오펙이 요구하는 유가 인상폭을 견디지 못할 거라는 주장이었다.

전쟁이 7일째로 접어든 10월 12일, 피어시와 베나르는 무거운 마음으로 인터콘티넨털호텔에 나타났다. 호텔 스위트룸에 투숙한 사우디아라비아 석유부 장관인 야마니를 만나기 위해서였다. 물론 그들은 나쁜 소식을 전해야 했다. 아니, 정확히 말하면 딱히 뭔가 전달할 것도 없었다. 업체는 오펙의 요구를 받아들일 마음이 없었으니 말이다.

업체뿐만 아니라 야마니의 속내도 타들어 갔다. 협상이 타결되지 못하면 가뜩이나 화약고 같은 중동 정세에 불을 댕길까 걱정이 컸다. 전직 외교관이기도 했던 야마니는 밤샘 회의에 대한 각오도 다졌다. 그는 피어시와 베나르에게 '그들(본사)의 주장은 실수'라고 1차 경고를 날렸다. 그리고는 대표단의 한 사람을 위해 코카콜라를 주문했고, 라임을 천천히 짜서 즙을 콜라에 떨어뜨리며 그들의 반응을 살폈다.

물론 대표단에게 나올 대안은 없었다. 기술자 출신에 업계 베테랑인 피어시에게 외교에서의 미묘한 심리전은 취향에 맞지 않았다. 그의 입장에선 더 이상의 회담은 불필요했다. 야마니는 대놓고 한숨을 쉬고는 피어시와 베나르가 보는 앞에서 오펙 회원국 석유부 장관들에게 일일이 전화를 걸어 회담 결렬 소식을 알렸다. 특히 이라크 석유부 장관과의 통화에서는 야마니의 분노가 불을 뿜었다. 그 전화를 끊은 뒤 야마니는 피어시와 베나르에게 말했다.

"이 사람들, 당신네한테 엄청나게 화났습니다."

양측은 서로의 입장 차이만 확인했을 뿐 더 논의할 사항이 없었다.[24] 결국 그들의 만남은 아무 소득 없이 끝났다. 야마니의 스위트룸을 나오면서 업체 대표 중 한 사람이 그러면 이제 어떻게 되는 거냐고 물었다. 야마니는 냉랭하게 대꾸했다.

"라디오에서 들으시죠."[25]

회담이 결렬되고 며칠 후, 오펙 석유부 장관들은 쿠웨이트로 집합했다. 그리고 곧바로 나온 쿠웨이트발 라디오 보도 내용은 리치와 그린의 모험을 최고의 통찰력으로 보이게 했다. 10월 16일, 오펙 회원국은 유가를 70퍼센트 일괄 인상한다고 일방적으로 발표했기 때문이다. 야마니는 '이겼다'는 희열감에 도취했다.

"내가 아주 오랫동안 기다린 순간입니다. 제 소망이 이뤄졌습니다. 우리가 바로 자원의 주인입니다."[26]

이튿날인 10월 17일, 또 다른 오펙 회의가 열렸다. 이번에는 아랍 쪽 회원국만의 자리였다. 전쟁이 격렬해지면서 확산 조짐이 보임에 따라 회원국 일부는 이스라엘만이 아니라 미국 등 이스라엘 동맹국에 대한 전면적인 경제봉쇄를 줄기차게 주장했다. 회의가 끝났을때 오펙의 아랍 회원국은 "우리의 정치적 요구가 받아들여질 때까지무기한으로" 매월 원유 생산을 전월 대비 5퍼센트씩 줄이겠다고 발표했다.[27] 아울러 미국을 비롯해 이스라엘에 우호적이라고 판단되는 국가에 대해 석유 수출 금지 조치를 시행한다고 선언했다. 따분할 정도로 평화로웠던 유가의 시대는 종말을 고했다. 세상에서 가장 중요한원자재의 가격은 이제 중동의 정세에 맞춰 춤을 추기 시작했다.

그렇게 유가는 배럴당 11.58달러까지 치솟았다. 불과 몇 개월 전리치가 이란산 원유를 사들이기로 '판돈을 건' 가격보다 두 배 이상 높았다. 그렇게 고생한 사람 따로, 돈 버는 사람 따로 있는 상황이 연출됐다. 필리프브라더스로부터 원유를 '비싸게' 사들인 애슐랜드오일이오히려 돈 잔치를 벌였으니 말이다. 만약 리치와 그린이 계획대로 이란과 계약을 맺었다면 5,000만 달러에 육박하는 막대한 차익을 실현했을 것이다. 필리프브라더스 역대 최고 연 매출보다 훨씬 많은 이익을 단 한 건의 거래로 달성할 수 있었는데 그 기회를 걷어찬 셈이다.

———— ⌘ ————

리치와 그린은 석유 시장이 새로운 격변기로 진입 중이라는 것을 잘 이해했다. 이 격변기에서는 석유 메이저가 아니라 원자재 중개 업체가 주인공이다. 초창기 석유 시장 관련 전문 기자였던 잰 네이즈미스Jan Nasmyth는 한 업계지에 기고한 글에서 "우린 지금 석유 산업의 무게 중심이 이동하는 것을 보고 있다"고 주장했다. 석유 산업의 무게 중심이 런던, 뉴욕, 샌프란시스코에 있는 석유 메이저 본사에서 스위스에 밀집한 트레이더의 근거지로 옮겨 간다는 뜻이다. 네이즈미스의 말을 좀 더 들어 보자.

"스위스 취리히, 제네바, 바젤에 둥지를 튼 중개 업체가 대규모로 원유를 공급 중입니다. 이 규모면 예전에 어떤 메이저도 만족했을 겁니다. 게다가 이젠 메이저도 그들의 고객이죠."**28**

세계경제와 정치의 관점에서 보면 엄청난 지각변동이었다. 수십 년에 걸쳐 석유는 세계경제의 건전성을 좌우하는 절대적 원자재로 조용히 자리 잡았다. 석유 시장은 수년간 안정적이고 예측 가능했지만 이젠 옛말이 됐다. 하룻밤 사이 서너 배가 뛰어올랐고, 세계는 유례없는 유가 변동의 시대를 맞이했다(자료 4 참고).

2차 세계 대전 후 이어진 세계경제 호황은 유가 급등으로 급제동이 걸렸다. 경제학자들은 스태그플레이션에 대한 암울한 전망을 내놓기 시작했다. 경제 불황 속 물가 상승, 즉 경기 침체 상황에서 물가가 계속 오르는 스태그플레이션은 모든 세대에 고통을 안겨 줬다. 특히 미국에 주는 충격파가 매우 컸다. 그도 그럴 것이 세상에서 자동차를 가장 숭배하는 나라가 바로 미국이다. 하루아침에 미국인은 주유소에서 긴 줄을 서야만 했다.

중동의 석유 국유화는 지난 수십 년간 세븐시스터스가 신중하게 개척하고 다진 과점 체계를 뒤흔들었다. 오펙 회원국은 자국의 원유를 통제하면서 세븐시스터스 금고의 오일머니를 자국의 금고로 가져왔다. 서방은 중동산 석유에 대한 의존을 걱정하기 시작했고, 이런 우려는 향후 50년간 서방 외교정책에서 주요 변수로 작용한다.[29]

뿐만 아니라 세븐시스터스 통제권 바깥에서 매매되는 석유는 갈수록 늘었고, 이는 마바나프트와 필리프브라더스 같은 원자재 중개 업체의 무대가 점점 넓어졌다는 뜻이다. 게다가 세븐시스터스는 시장 점유율이 갈수록 낮아져 유가 결정권까지 내놓아야 했다. 대신에 매도 측과 매수 측의 입장이 크게 대립하는 경쟁 시장에서 유가가 결정됐다. 석유 시장의 왕관은 자연스럽게 원자재 중개 업체로 넘어갔다.

이제 밀, 커피, 구리 등 여타 원자재 시장과 석유 시장이 서로 닮기 시작했다. 기존 원자재 시장에서 업체의 역할은 중간상이자 국제 무역의 흐름을 돕는 조력자였다. 또한 가격 급등은 막대한 이익을 거둘 기회와 같다는 뜻이었다. 필리프브라더스 같은 전통적 업체는 돈 냄새 하나만은 기막히게 맡았다. 수십 년간 금속 거래로 벌어들인 돈보다 석유가 더 중요한 수익원이 될 것을 안 것이다. 심지어 필리프브라더스는 얼마 지나지 않아 사업 영역을 곡물과 커피, 설탕 중개로까지 확대했다.

다른 업체도 마찬가지였다. 소련의 '곡물 대탈취' 사건으로 한몫 크게 챙긴 곡물 중개 업체도 다른 원자재 시장에 눈독을 들이기 시작했다. 카길은 1972년 금속 중개 업체 시테넌트선스앤드코C. Tennant, Sons & Co.를 595만 달러에 인수해 금속 중개 시장에 입성했다.[30] 이후 몇 년에 걸쳐 카길은 철강과 석유에까지 손을 댔다. 그렇게 에너지, 금속, 곡물 세 부문을 동시에 거래하는 역량을 갖춘 최초의 국제적인 원자재 중개 업체가 탄생했다.

석유가 가져온 효과는 또 있었다. 원자재 중개 업체를 권력에 더욱 가까이 데려다줬다. 정부는 금속, 광물, 곡물을 전략적 민감성이 큰 자원이라 '종종' 생각했다. 하지만 석유는 차원이 달랐다. 석유는 워낙 액수가 크기에 공급자, 트레이더, 소비자 모두의 이해관계가 첨예하게 얽힌다. 산유국은 오일머니에 거의 전적으로 의존하다시피 한 반면, 서방 정부는 석유를 저렴하고 안정적으로 공급받길 원했다. 이 둘은 자신의 이익을 위해 원자재 중개 업체와 손잡을 수밖에 없었다. 한마디로 원자재 중개 업체의 한 손에는 중동, 아프리카, 중남미의 산유국 위정자가 있었고 다른 손에는 서방 정부가 있었다.

그렇다면 서방에 공급할 석유는 어디서 가져올까? 이 질문에 답할 이는 국제금융과 세계 정치의 중심을 차지한 원자재 중개 업체뿐이다. 물론 그 '영업 비밀'을 순순히 털어놓을 리 없다. 두 번의 오일 쇼크가 덮친 1970년대 고유가 시절에 필리프브라더스의 고위 임원을 지낸 어떤 이는 "우리가 뭣 하러 꿀단지로 벌을 데려가겠어요?"라고 반문했다.

"그냥, 세계에서 석유를 사서 세계에 석유를 공급한다고 치죠."[31]

————ℰ————

　리치조차도 1973년에는 이 모든 것을 예상하지 못했을지도 모르겠다. 당시 리치와 그린은 다 잡았다가 놓친 물고기 때문에 억울하고 배가 아파 죽을 지경이었다. 상사가 좀 더 배짱만 있었더라면 5,000만 달러가 그들의 차지가 됐을 텐데 배가 아프지 않은 게 이상하다. 그럼에도 불구하고 그들의 석유 거래 사업은 꾸준히 이익을 남기며 번창했다. 필리프브라더스의 1973년 세전 이익은 5,490만 달러로 역대 최고였고, 전년 대비 75퍼센트가 상승한 수치였다.

　하지만 리치는 이에 만족하지 못했다. 제셀슨은 리치의 날개를 꺾은 것도 모자라, 리치와 그린이 모든 깜냥을 총동원해 거래하는 것까지 막았다. 결정적으로 리치와 그린에게 금전적으로 충분한 보상도 없었다.

　리치는 제셀슨에게 급여 인상을 요구하기 시작했다. 얼마를 원했을까? 당시 성과급을 포함해 1년 연봉이 약 10만 달러였던 리치는, 자신과 그린이라면 50만 달러는 받을 자격이 있다고 생각했다(현재 가치로 따지면 약 300만 달러). 요즘 경영자들 성과급에 비하면 크게 무리한 요구는 아니지만 당시 제셀슨에겐 터무니없는 액수이자, 그 요구는 날강도의 협박 수준이었다.

　몇 주에 걸쳐 이 둘은 대서양 너머로 열띤 공방을 주고받았다. 리치는 자신과 그린이 석유 중개로 회사에 이미 수천만 달러를 벌어다 줬고, 이듬해에도 또 다시 수천만 달러의 이익을 실현할 거라고 주장했다. 당연히 제셀슨은 방어적이고 보수적이었다. 아직 석유 중개는 무모하고도 검증되지 않은 신세계고, 따라서 회사는 석유 중개로 벌어들인 이익을 회계 처리하는 데 신중해야 한다고 맞섰다.

훗날 제셀슨은 "리치는 평범하지 않은 정부를 포함해 온갖 판매자와 거래를 텄습니다. 안 그래도 과열된 시장에서 그들이 계약을 성실히 이행할 거라 믿을까요?"라고 회고했다.

"계약 파기를 부르는 일시적 가격 열풍, 다른 말로는 불안정한 국제 상황이 아니라고 누가 장담하겠어요? 리치 머릿속의 이익에도 문제가 있었습니다. 잘못했다간 엄청난 손실로 돌아올 수도 있었죠."[32]

1974년 2월, 리치는 마드리드에서 스위스 추크의 필리브프라더스 유럽 본사로 날아갔다. 제셀슨이 스키를 타러 갔다 본사를 방문한다기에 직접 얼굴을 맞대고 담판을 짓자는 판단이었다. 원자재 중개 산업의 거장과 젊은 후배가 돈 문제로 또다시 정면충돌했다. 리치는 자신과 그린에게 총 100만 달러를 달라는 기존 요구를 되풀이했다. 이에 제셀슨은 새로운 제안을 했다. 일단 뉴욕 본사로 복귀한 다음에 차기 후계자로 공식화해 주겠다는 말이었다.

리치는 그 제안에 넘어가지 않았다. 오히려 역제안을 했는데 '자신이 요구하는 임금에 대한 합의가 선행돼야만 그 제안을 긍정적으로 고려하겠다'고 맞받아친 것이다. 물론 제셀슨도 물러서지 않았다. 제셀슨은 트레이더를 가족처럼 생각하는 조직, 개개인이 지나치게 야망을 품는 것이 허용되지 않는 조직에 익숙한 사람이었다. 이번 문제는 원칙 차원의 문제이기도 했다. 제셀슨은 최종적으로 리치와 그린의

요구 액수의 일부만을 제안했다.[33]

　리치에게도 이럴 때를 대비한 시나리오가 있었다. 그린과도 이미 약속한 시나리오이기도 했다. 그 시나리오란 '퇴사 후 독립'이었다. 리치의 퇴사 선언을 듣는 순간 제셀슨은 순간적으로 오기가 발동했었지 싶다. 또한 그때가 훗날 얼마나 중요한 순간이 될지를 이해 못했을 공산도 컸다. 제셀슨은 리치에게 사업이 잘되길 바란다고 '툭 내뱉고'는 스키 장화를 챙겨 신고 유럽 본사 사장과 스키를 타러 떠났다. 훗날 리치는 자신의 전기 작가에게 이렇게 말했다.

　"결국 이렇게 되고 나니 회사를 나올 수밖에 없었습니다. 당연히 나가기 싫었죠. 20년을 몸 바쳐 일한 곳이잖아요. 그 정도로 나는 회사를 좋아했습니다. 제셀슨도 좋아했고요. 아마 그도 나를 좋아했을 겁니다."[34]

　며칠 후, 추크와 마드리드에서 온 긴급 전화가 제셀슨의 평온한 휴가에 찬물을 끼얹었다. 리치만 퇴사한 것이 아니었다. 그린을 포함해 고위 트레이더 몇몇이 리치와 함께 짐을 싼 것이다. 필리프브라더스 고위 경영진은 충격에 빠졌다.

　경영진 생각에 필리프브라더스는 '영원한 직장'이었다. 잘리는 사람도, 나가는 사람도 드문 곳이었다. 분위기가 이런데 '여기 나가서 새로 차리겠다'며 자리를 박차고 나가는 상황이야 말할 필요도 없다. 상상도 못할 극히 드문 경우였다.

　제셀슨의 상심은 매우 컸다. 1979년 한 인터뷰에서 그는 리치의 퇴사가 자신의 인생에서 '아주 슬펐던 한 장면'이었다며 아픈 속내를 내비쳤다.

"내 친아들이나 다름없었어요. 아무것도 모르는 애를 거둬 어엿한 트레이더로 키운 셈이죠. 그런데 그렇게 커서는 저를 배신하더군요."[35](이 인터뷰에 대해 리치는 제셀슨 입장에선 그렇게 생각할 수도 있겠다면서 "당신 유언장에 내 이름을 깜빡했더군요"라는 냉소도 잊지 않았다.[36])

제셀슨과 리치가 각자의 길을 가기로 결정하고 며칠이 지난 뒤에야, 필리프브라더스 유럽 본사 고위 관리자가 그 소식을 들었다. 연례 보고서에 넣을 단체 사진을 찍으러 모였을 때 들었던 것이다. 사진을 찍어야 하는데 리치가 나타나지 않았기 때문이다. 그제야 제셀슨이 리치의 근황을 전했다.

"소문으로 듣기 전에 내 입으로 말하는 게 좋겠네요. 리치와 그린은 성과급을 너무 밝혔습니다. 그들이 나간 이유입니다. 이제 우리는 우리대로 내부 결속을 다져야 할 때입니다."[37]

그로부터 6주가 지난 1974년 4월 3일, 리치는 추크의 한 법률사무소를 찾았다. 자신의 회사 마크리치앤드코 사명을 등록하기 위해서였다. 원자재 거래 역사에서 새 시대의 막이 오르는 순간이었다.

창업 이후 리치는 20년간 원자재 중개 산업을 호령할 뿐 아니라, 1980~1990년대 원자재 트레이더에 대한 하나의 모델이 된다. 나중에 다루겠지만, 마크리치앤드코는 훗날 두 곳의 업체를 낳는다. 바로 글렌코어와 트라피구라다. 어찌 보면 마크리치앤드코는 필리프브라더스 '왕조'의 방계로 출발해 원자재 중개 산업의 황제로 군림한 셈이다.

어찌 보면 리치는 필리프브라더스의 가장 이상적인 아웃풋이었다.

그는 영리하고 창의력이 뛰어난 데다 세상 물정에도 밝았고, 매력적인 성품에 워커홀릭이었다. 라이벌마저도 그의 능력을 높이 평가했다.

"이쪽에서의 성공 비결은 추세를 포착하는 능력이에요. 리치는 내가 아는 그 누구보다 추세를 빨리 포착하고 읽습니다."[38]

다만 필리프브라더스와 리치는 기질적으로 맞지 않았다. 리치가 보기에 필리프브라더스는 너무나 보수적이고 경직된 조직이었다. 반대로 필리프브라더스가 보기에 리치는 지나치게 적극적이었고 위험 앞에 쓸데없이 용감했다. 몇 년 후 리치는 회사 내 어떤 트레이더에게 자신의 사업 철학을 들려준 적이 있다. 칼을 꺼내더니 칼날 위에 자신의 손가락을 똑바로 세우면서 "트레이더로 일하다 보면, 이렇게 칼날 위를 걷는 식의 상황이 많을 거야. 잘못된 방향으로 떨어지지 않도록 조심하게"[39]라고 말한 것이다.

리치가 독립하고 맞닥뜨린 첫 과제는 회사라는 배가 출항 전에 좌초하지 않도록 하는 일이었다. 리치는 필리프브라더스에서 몸만 나온 것이 아니었다. 회사가 가진 역사, 신용도, 고객, 세계 곳곳에 뻗은 지사망까지 두고 나왔기 때문이다. 그에게 남은 것은 그린, 자신을 따라 뛰어내린 세 명의 트레이더가 전부였다. 그 세 명은 추크 유럽 본사 소속의 알렉산더 하켈Alexander Hackel, 마드리드 지사에서 일하던 존 트래퍼드John Trafford와 자크 하슈엘Jacques Hachuel이었다. 어쨌든 이들 다섯이 마크리치앤드코의 공동 창업자가 됐고 이들이 각자 모은 밑천은 약 200만 스위스프랑(약 65만 달러)이었다. 리치는 가족으로부터 돈을 빌렸고, 다른 이들은 그간의 저축을 탈탈 털어 돈을 모았다. 트래퍼드는 자가용까지 팔아야 했다.**40** 창업 초기가 항상 그렇지만, 훗날 시장의 황제로 군림할 회사의 시작치고는 다소 옹색했다.

게다가 그들에겐 필리프브라더스라는 커다란 방해꾼도 있었다. 회사를 배신하고 경쟁 업체를 차린 것이 몹시 언짢았던 필리프브라더스는 온갖 수단과 방법을 가리지 않고 리치의 회사에 방해 공작을 펼쳤다. 지금도 그렇지만 1970년대엔 금융기관이 제공하는 신용 대출은 원자재 중개 업체의 생명줄이나 다름없었다. 이를 누구보다 잘 알았던 필리프브라더스 경영진은 은행을 '순례'하며 리치 5인방에 대해 험담을 늘어놓았다.

"신용불량자들을 믿지 마시죠. 진심이 없는 것들입니다."**41**

하지만 필리프브라더스의 방해 공작은 실패했다. 사실 은행 입장에서는 그놈이 그놈이었다. 불과 몇 개월 전의 제셀슨이 어떤 짓을 했는지 은행들은 똑똑히 기억했다. 제셀슨이 리치에 대해 '유력한 후계자'라고 소개했던 그때 말이다. 뱅커스트러스트, 체이스맨해튼, 파리네덜란드은행(현재 비엔피파리바BNP Paribas_옮긴이) 등을 포함해 많은 은행은 필리프브라더스의 경고를 무시하고 리치의 회사에 신용 대출을 실시했다.

그렇게 리치는 훗날 파리네덜란드은행의 고위 경영자가 되는 크리스티앙 베예르Christian Weyer와 관계를 맺었고, 이 둘의 밀월은 이후 수십 년간 이어진다. 리치와 베예르는 석유 거래의 주요 자금 조달 수단으로 신용장을 널리 확산시키는 데 일조했다. 물론 신용장은 몇 세기 전부터 이용된 수단이었지만, 석유 거래에 이용됨으로써 원자재 중개 업체는 최소한의 보증금만으로 막대한 양의 석유를 매매할 수 있었다.**42** 그리고 파리네덜란드은행은 리치의 회사만이 아니라 원자재 중개 산업의 최대 돈줄이 된다.

'시간의 여신' 역시 리치의 손을 들어 줬다. 회사를 차린 시점이 시나리오를 짠 듯 완벽했다. 리치가 복귀했을 때 석유 시장은 전례 없는 대격변의 극심한 진통이 진행 중이었다. 마크리치앤드코는 회사 문을 열자마자 '돈맛'을 봤다. 첫 시작의 주인공은 5인방 중 막내이자, 자신의 자가용을 팔았던 트래퍼드였다. 프랑스 석유 업체 엘프Elf(토탈에너지스TotalEnergie의 전신)로부터 나이지리아산 원유를 사들여 미국 스탠더드오일오브오하이오에 파는 거래였다. 틀에 박힌 백투백 거래였지만, 역설적이게도 필리프브라더스가 선호하는 방식과 똑같았다. 그럼에도 마크리치앤드코의 첫 '돈맛'은 16만 5,000달러로 결코 적은 액수가 아니었다. 이내 리치와 그린은 더욱 큰 판인, 고위험·고수익 거래에 뛰어들었다.

1974년 끝자락에 마크리치앤드코의 성적표는 어땠을까? 겨우 8개월 남짓한 기간에 거둔 이익이 무려 2,800만 달러였다. 이듬해에는 5,000만 달러로 급등했고 3년차인 1976년에는 전년 대비 네 배가 늘어 2억 달러를 기록했다. 단 3년 만에 석유 중개 부문에서는 수익성으로 필리프브라더스를 추월했다.**43**

하지만 필리프브라더스 역시 석유 중개 이익이 신기록 행진을 했다. 리치 퇴사의 충격에서 벗어난 뒤 신속하게 조직을 재정비했고, 신임 석유 거래 책임자엔 오맬리를 앉혔다. 그럼에도 필리프브라더스의 사업상 뿌리는 금속 중개였다. 석유는 떠오르는 신예 스타 정도였다.

1973년 전까지 필리프브라더스는 세전 이익이 3,500만 달러를 넘긴 적이 없었다. 하지만 1974~1979년까지는 연간 세전 이익이 항상 1억 2,500만 달러를 웃돌았다.[44] 특히 2차 오일쇼크가 시작되기 직전인 1977년엔 석유가 필리프브라더스의 돈줄이 됐다. 석유 부문 이익이 전체 이익에서 3분의 1 이상을 차지함으로써 150여 종에 달하는 나머지 원자재 품목의 실적을 저만치 따돌렸다.[45]

석유가 내린 돈벼락에 웃는 건 이 두 회사만이 아니었다. 향기로운 돈 냄새를 맡은 이들이 속속 시장으로 몰려들어 '석유 골드러시'가 만들어졌다. 소속과 규모는 달라도 목표는 오로지 하나였다. 세븐시스터스의 손아귀에서 갑자기 풀려난 석유를 잡아채서, 시장의 새로운 현상이 된 가격 변동성을 이용해 최대한의 이익을 뽑는 것이었다. 그렇게 1975~1980년까지 등장한 독립 석유 중개 업체는 300곳이 훨씬 넘었다. 물론 그중 상당수는 시장에 진입할 때만큼이나 빠르게 무대에서 사라졌다.[46] 이렇게 후끈 달아오른 석유 시장은 '도박꾼과 잭폿이 합작으로 빚은' 놀라운 신세계 같았다. 이 석유 시장은 훗날 '로테르담 마켓'으로 불린다.

네덜란드의 항구도시이자 1970년대 중반 유럽 최대 항구였던 로테르담은 석유 거래 산업의 중심지로 발전한다. 엄청난 규모를 자랑하는 로테르담의 부두는 석유 시장의 호황을 말없이 대변해 줬다. 거대 교회 첨탑마냥 하늘을 찌를 듯 우뚝 솟은 크레인이 줄지어 늘어섰고, 그 아래로는 석유 탱크 수십 개가 바짝 엎드렸다. 위치상 러시아산 석유 물동량이 갈수록 늘어나던 발트해 항구와 대서양 사이에 있다 보니, 로테르담은 전략적 거점이자 유럽 석유 시장의 중심이 됐다.

매캐한 석유 냄새가 로테르담을 뒤덮었고, 도시 자체는 하나의 주유소 같았다. 사우디아라비아, 이란, 나이지리아, 쿠웨이트 등 세계 곳곳에서 출발한 대형 유조선이 영국 북해와 로테르담을 잇는 운하를 지나, 로테르담 외곽에서 매주 원유를 하역했다. 그 원유는 몇몇 대형 정유사를 거쳐 정제된 다음 라인강을 따라 북유럽 여기저기로 전달됐다. 석유 산업이 하루가 다르게 급성장하던 1970년대, 로테르담은 유럽을 넘어 세계 석유 시장의 '클리어링하우스'가 됐다.

예전에는 석유 재고가 너무 많거나 적을 땐 세븐시스터스끼리 물량을 교환했다. 하지만 이젠 그 역할을 로테르담 마켓이 했다. 즉, 세븐시스터스의 몰락은 브레이크가 고장 난 듯 멈출 수 없었다. 그들의 거래 점유율도 추락했다. 1970년대 점유율이 90퍼센트로 시작해서 42퍼센트로 떨어졌으니 10년 만에 점유율이 반 토막 아래로 떨어진 셈이다. 세븐시스터스 손아귀 사이에서 흘러나온 석유 물량의 상당수는 로테르담에서 공개 입찰 방식으로 많이 거래됐다.[47]

세븐시스터스는 1973년 유가 통제력을 잃었다. 그렇다면 가격 결정권은 누구의 손에 떨어졌을까? 오펙이었다. 하지만 결정권만 오펙으로 바뀌었을 뿐, 결정 방식은 세븐시스터스가 만든 기존 과점 체계를 따랐다. 즉, 일단 공시가 되면 그 가격은 시장에서 존중받았다. 하지만 이 상황을 뒤흔드는 복병이 나타났다. 역시 원자재 중개 업체였다. 그들이 득세하면서 가격을 결정하는 힘의 주인공이 완전히 바

꿰었다. 그리고 석유는 로테르담 마켓에서 오펙 공시가와 엄청나게
다른 가격으로 거래됐다. 그렇게 로테르담의 유가는 얼마 지나지 않
아 '스폿Spot 시장'의 기준점이 됐다. '스폿'이라는 말에서 알 수 있듯,
석유는 미래 특정일에 인도하는 장기 계약 대신에 (현장에서) 현물을 즉
시 주고받는 방식으로 매매된다.

　로테르담 마켓에서 거래하는 업체 가운데 그곳에 근거지를 두는
회사는 극히 드물다. 대신 추크, 제네바, 런던, 모나코, 뉴욕 등에 있
는 사무실에서 협상이 진행된다. 물론 이는 문제가 되지 않는다. 그렇
게 로테르담 마켓은 '야생마 같은' 석유 시장의 신흥 중심지라는 오명
과 더불어 '묻지 마' 투기의 대명사라는 악명까지 얻었다. 새로이 나타
난 독립 중개 업체의 경우 원유와 정제품을 마치 카지노 칩 다루듯 무
더기로 사고팔았다. 이익 앞에서는 피도 눈물도 사치였고, 되레 라이
벌을 짓밟고 이익을 쟁취하는 데서 아드레날린이 솟구치는 곳이었다.

**"규칙도 법칙도 없어요.…인간이 어디까지 갈 수 있는지가 드러나
죠."[48]**

　브리티시페트롤리엄의 로테르담 마켓 전담 최고 트레이더의 말
이다.
　"로테르담에는 냄새를 잘 맡는 사람이 많습니다. 당신이 공포에
떠는 순간, 누군가는 기막히게 그 냄새를 맡죠."[49]
　어떤 트레이더는 로테르담 마켓을 상어 떼에 비유했다. 아주 희

미한 낌새와 냄새만으로도 냅다 덮칠 준비를 하는 상어 떼 말이다.

저렴하게 안정적으로 유지되던 유가는 옛말이 됐다. 1974~1978
년까지 석유는 배럴에 10~15달러 선에서 거래됐는데, 이는 몇 해 전
만 해도 상상도 못할 가격이었다. 즉, 계약을 성사시킬 만큼의 머리
가 있고 도박을 걸 정도의 배짱을 지닌 업체 입장에서는 그야말로 환
상의 조건이었다. 며칠 또는 몇 주 만에 잭폿도 가능했고, 반대로 먼
지까지 털릴 수도 있었다. 그렇게 바놀Vanol, 트란솔Transol, 벌크오일
Bulk Oil 등 라인강을 통한 연료유 운송으로 진입했던 일단의 네덜란드
업체가 내로라하는 석유 중개 업체로 성장했다.

우리가 앞에서 봤던, 테일러의 비톨은 당시 어땠을까? 본격적으
로 원유에 손을 대기 몇 해 전이었지만 정제품 시장에서는 나름의 존
재감을 자랑하는 수준이었다. 바이서의 마바나프트는 중개로 번 이익
을 바탕으로 1972년에 석유 저장 업체 오일탱킹Oiltanking을 세운다.
오늘날 세계에 저유 시설을 운영 중인 오일탱킹은 기업 가치가 수십
억 달러에 이른다.

다른 '모험가들'도 앞다퉈 시장에 진입했다. 독일 마림펙스Marim-
pex의 게르트 루테르Gerd Lutter, 미국 코스틀코퍼레이션Coastal Corpora-
tion의 오스카 와이엇Oscar Wyatt, 베이오일Bayoil의 데이비드 차머스
David Chalmers 그리고 코크인더스트리스Koch Industries의 코크 형제가 대
표적이었다.

그중 루테르는 석유를 확보하기 위해 수년간 소련과 이란의 관
료를 상대로 열심히 짝짓기 춤을 췄고, 그 노력으로 아파르트헤이트

가 맹위를 떨치던 시절 남아공에 석유 수백만 배럴을 공급한다. 미국
의 석유 재벌 와이엇의 시작은 조금 특이했다. 자신의 첫 사업인 가
스 업체가 파산 직전에 몰린 뒤 중개 산업에 뛰어들었기 때문이다. 하
지만 중개 산업으로 와이엇은 중국과 미국 간 석유 무역 시대의 막을
올리는 개척자가 됐다(그는 훗날 후세인과 카다피와도 친구가 된다). 한편 차
머스는 이라크와의 거래에 승부를 걸었고 코크인더스트리스의 찰스
Charles, 데이비드David 형제는 미국 시장에 집중하던 정유사를 국제적
인 석유 중개 업체로 변신시킨다.

물론 석유 메이저도 가만히 있지 않았다. 중개 부문에서 차츰 영
향력을 과시하기 시작했다. 물론 석유 중개를 '삼류' 취급하면서 자신
들의 유전에서 직접 캐낸 원유를 취급하고, 직접 정제한 석유 제품을
유통했다.

하지만 그 높은 콧대도 오래가지 못했다. 중동의 석유 국유화 바
람이 거세게 불어 공급이 고갈되기 시작한 것이다. 석유 메이저도 결
국 다른 생산자로부터 석유를 구할 수밖에 없었다. 다른 돌파구로는,
한 걸음 더 나아가 로테르담에 중개 전문 자회사를 직접 설립했다.
셸은 페트라Petra, 브리티시페트롤리엄은 앤로Anro, 엘프는 코르엘프
CorElf를 설립했다.[50] 이들 업체는 오늘날에도 자신들의 뿌리인 석유
생산과 정유에 더해 중개 업무도 활발히 수행한다.

───────❦───────

로테르담 마켓이라는 정글에 발을 들인 기업가, 도박꾼 중에서 단연 눈에 띄는 자가 있었다. 바로 네덜란드 출신의 요하너스 크리스티안 마르티뉘스 아우구스티뉘스 마리아 데우스**Johannes Christiaan Martinus Augustinus Maria Deuss**다.

1942년 네덜란드 네이메헌 출생, 반듯하게 옆으로 빗어 넘긴 연갈색 더벅머리의 데우스는 커다란 깃의 줄무늬 수트를 말쑥히 차려입은 모습이 1980년대 월스트리트 금융 산업의 탐욕을 기록한 영화 〈월스트리트**Wall Street**〉의 스크린을 찢고 나온 듯했다. 하지만 그의 삶은 금융인보다는 제임스 본드의 〈007〉 시리즈 악당 쪽에 훨씬 가까웠다. 그런 데우스는 리치와 더불어 1970~1980년대 석유 시장에서 가장 강력한 지배자 중 하나로 떠오른다. 데우스를 표현하자면 자유분방하다 못해 무모에 가까운 트레이더였다. 당연히 '트레이더 사관학교'인 필리프브라더스와는 정반대 성향의 인물이었다. 석유 전문 중개 업체 피브이엠**PVM**의 고위 임원을 지냈고 데우스와 수없이 거래했던 빌 에밋**Bill Emmitt**은 "데우스는 신화 자체입니다"라고 말했다.

"그는 언제나 조종자가 되고 싶어 했죠."**51**

권모술수가 판치는 정치적 놀음을 전혀 두려워하지 않던 데우스는 이란 아야톨라**Ayatollah**(이슬람 시아파 고위 성직자에게 수여하는 칭호_옮긴이), 세계 아랍의 셰이크들, 소련 관료 모두와 자유롭게 어울렸으며 심지어 오만의 술탄(카보스 빈 사이드**Qaboos bin Said Al Said**_옮긴이)의 조언자로도 일했다. 그는 무차별적인 도박처럼 중개를 했고, 한 번에 수억 달러를 벌거나 잃기도 했다.

친화적 성향이 있기라도 했던 리치와는 대조적으로 데우스는 세간의 이목을 잘도 빠져나갔다. 그의 공개 발언은 극히 드물었고, 언론에서의 등장도 인터뷰 몇 번이 끝이었다. 그렇게 데우스는 자신의 이익과 손실에 대한 세간의 궁금증을 어떻게든 다른 쪽으로 돌리려 애썼다. 그러한 노력에도 불구하고 데우스는 언론 톱기사의 주인공으로 몇 번 등장했다. 중앙아시아로 가는 석유 수출 송유관을 건설하는 수십억 달러짜리 프로젝트가 대표적 사건이다.

데우스는 송유관 프로젝트에서 결정적 역할을 차지하기 위해 러시아와 카자흐스탄 정부 그리고 석유 메이저 쉐브론 사이에 끼어들었다. 이런 접근법은 데우스의 특기였다. 자신에게 최대한 이득이 오게끔 서로를 경쟁 붙이는 식이었다. 끝내는 미국의 앨 고어_{Albert Gore} 부통령이 직접 나서 데우스를 제외시키는 교통정리를 해야 했다.

데우스는 1973년부터 버뮤다제도를 사업 근거지로 삼고, 사업 파트너와 친구를 초대해 개인 요트로 항해를 즐기기도 했다. 말이 요트지 선체 길이가 무려 187피트(약 57미터)에 달하고 돛대가 세 개인 호화로운 배였다. 그가 가는 곳이면 영국산 목양견 두 마리와 한 무리의 보디가드가 그의 곁을 지켰고, 미녀 비서가 그의 손발 역할을 했다. 그가 세계를 돌아다닐 때는 걸프스트림_{Gulfsream} 개인 전용기 두 대를 굴렸다. 네덜란드 일간지 〈엔알시 핸델스블라트_{NRC Handelsblatt}〉 소속으로 데우스를 인터뷰한 극소수의 기자 중 하나인 프리소 엔트_{Friso}

Endt 의 말을 들어 보자.

> **"비키니 차림의 젊은 여성이 데우스의 바하마 대저택에서 한가로이**
> **빈둥거렸습니다. 한 여성이 거래에 관한 텔렉스 메시지를 가져다주면**
> **그는 '좋아' 또는 '안 돼' 그렇게만 말했습니다. 그러면 비키니 그녀는**
> **그 지시를 전달하려 연기처럼 사라졌죠."[52]**

1970년대 초반, 데우스는 제이오시오일JOC Oil을 설립해 중개 산업에 첫발을 들였다(자신의 영어식 이름을 쓴 '존의 회사John's Own Company'에서 머리글자를 따 지은 이름이다).[53] 얼마 지나지 않아 그는 소련의 소유즈네프테엑스포르트와 관계를 맺었다. 바이서가 20여 년 전에 서방으로 끌어낸 그 회사 맞다. 그리고 1976년 11월, 파리에서의 협상 끝에 데우스는 그동안 가장 갈망하던 것을 손에 넣었다. 1977년, 수억 달러어치의 소련산 원유를 수출하는 계약이었다.

1977년 1월부터 6월 상반기까지 소련은 39번에 걸쳐 제이오시오일에 원유를 인도했다. 그런데 제이오시오일은 처음 6회분에 대해서만 대금을 치렀고, 나머지 33회분은 '꿀꺽'했다. 33회분의 대금이 무려 1억 100만 달러어치였다. 물론 데우스는 39회분의 원유를 프리미엄까지 붙여 전부 팔아 치웠음에도[54] 되레 소련이 배신했다고 큰소리쳤다. 소련도 데우스가 반칙을 저질렀다 주장해 해당 거래는 지루한 중재 절차에 들어갔다. 데우스는 이후 10년간 매일 밤을 소련 국가보안위원회의 암살 위협에 떨며 보내야 했다.[55]

하지만 이런 공방도 데우스의 폭주를 멈추게 하지 못했다. 제이오시오일이 법적 공방에 휘말리고 돈을 잃는 상황에서도 데우스는 보란 듯이 트랜스월드오일Transworld Oil이라는 새 회사를 차렸다.[56] 이때는 데우스가 1970~1980년대 고삐 풀린 석유 시장을 겨냥한 포트폴리오를 완성한 이후였다. 석유를 빌미로 개발도상국 정부에 접근해 관계를 맺고, 그 관계를 발판으로 석유를 중개해 이익을 낸다는 계획이었다.

거래를 위한 데우스의 활동은 순간 이동 수준이었다. 하루는 지중해 몰타로 날아가 정유 시설 건설 프로젝트를 협상했고,[57] 어떤 날에는 아프리카 남부 보츠와나에 나타나 계약을 흥정했다.[58] 그리고 튀르키예로 날아가서는 석유 대금으로 2억 달러의 차관을 제공하겠다고 제안했다.[59] 이런 무모한 거래의 종착지는 국제무역에서 가장 어두운 부분이었다. 즉, 원자재 트레이더와 무기 밀매 업자, 첩보원과의 만남이었다.[60] 이렇듯 국제사회에서 고립된 곳과의 거래도 전혀 마다하지 않는 데우스를 보고, 업계에서는 트랜스월드오일의 머리글자 TWO가 '제3세계 석유Third World Oil'의 약자 아니냐며 비꼬았다.

정치 쪽과는 거리를 두던 리치와는 달리, 데우스는 정치적 목적을 위해 업계 내 자신의 힘을 쓰는 것을 매우 즐겼다. 데우스에게 돈이란 바로 정치적 영향력을 대신하는 도구였다. 다음은 당신에게 돈이 왜 그리 중요하냐는 질문에 대한 데우스의 답이다.

"이게 힘과 권력의 문제란 것을 모르시네요. 돈이 곧 권력이고 힘입

니다. 이게 전부입니다. 복잡할 거 없어요."[61]

　　데우스는 석유 시장 중심이 세븐시스터스에서 원자재 중개 업체로 옮겨 가는 시대의 산증인이었다. 리치와 데우스 같은 트레이더는 1970년대 말까지 수년에 걸쳐 돈과 권력을 차곡차곡 쌓았다. 그렇게 준비한 그들 앞에는 더 큰 기회가 손짓했다.

　　얼마 지나지 않아 터진 중동발 위기는 시장에 지각변동을 부른다. 원자재 중개 업체 입장에서는 위기가 곧 기회였다. 그렇게 그들은 새로운 차원의 부를 거머쥐었고, 세계 각국의 정부가 촉각을 곤두세울 만큼 지정학적으로 중요한 위치에 올라선다.

　　1979년 2월 1일, 비행기 한 대가 이란 테헤란에 착륙했다. 눈처럼 하얀 수염에 검은색 긴 겉옷을 입은 노인이 비행기에서 내렸다. 남자 승무원의 부축을 받아 조심히 걸음을 내딛은 그 노인이 바로 아야톨라 루홀라 호메이니Ayatollah Ruhollah Khomeini다. 15년간의 망명 생활 후 호메이니의 귀국은 이란혁명의 정점이자, 세계 석유 시장의 새로운 시대를 알리는 신호탄이었다.

　　팔순을 앞둔 나이에도 불구하고 호메이니는 쩌렁쩌렁 단호한 목소리로 지지층에게 "우리의 승리가 코앞입니다. 하지만 이건 첫 번째 단계일 뿐입니다"[62]라고 선언했다. 1차 오일쇼크에서 나온 오일머니로 호화판 파티를 즐긴 것으로 악명 높았던 이란의 샤, 모하마드 레자 팔라비Mohammad Reza Pahlavi는 호메이니 귀국 몇 주 전에, 휴가를 핑계로 이란을 떠나 영영 돌아오지 않았다.

석유 시장에 이란혁명은 어떤 의미였을까? 한마디로 초강력 벼락이었다. 이란은 오펙 내 원유 생산량 2위였다. 호메이니가 귀국하기 몇 개월 전부터 석유 위기론은 이미 무르익었다. 1978년 초부터 이란 남동부 지역에서 석유 노동자가 파업을 벌였다. 연초 550만 배럴을 맴돌던 이란의 일일 원유 생산량은 연말엔 바닥 수준으로 급감했다.[63]

이란혁명이 석유 시장의 모든 이에게 똑같은 영향을 미친 건 아니었다. 가장 큰 피해자는 브리티시페트롤리엄이었다. 이란혁명 전까지 브리티시페트롤리엄은 이란과의 계약을 통해 다른 정유사에까지 공급할 정도로 원유를 충분히 확보했었다. 하지만 호메이니 세력은 브리티시페트롤리엄 주재 직원을 강제 추방했고, 이란 내 브리티시페트롤리엄의 모든 자산은 이란 소유가 됐다.

하루아침에 석유 공급이 완전히 끊긴 브리티시페트롤리엄은 자신들의 정유 공장에 필요한 석유마저도 남에게 사들여야 하는 상황에 처했다. 이 현상은 도미노 효과를 가져왔다. 브리티시페트롤리엄을 포함해 이란산 원유에 크게 의존하던 일본 정유사에도 위기가 왔고, 미국의 일부 정유사까지 위기에 휘말렸다.

이란의 감산을 메우기 위해 사우디아라비아가 증산에 나섰지만 1979~1980년 내내 오펙 석유 공시가는 가파르게 올랐다. 배럴당 18

달러가 28달러까지 치솟았다. 아무리 올라도 공시가는 공시가일 뿐, 실제 거래 가격은 훨씬 높았다. 지급과 인도가 계약 성립과 동시에 이뤄지는 스폿 시장에서의 유가는 배럴당 40달러 이상이었고, 심지어 50달러까지 거래됐다는 소문까지 돌았다. 불과 몇 해 전 유가가 10년 연속 배럴당 2달러 선이었는데, 그때 기준으로는 마치 외계 문명의 숫자처럼 보였을 법한 가격이었다.

세븐시스터스의 영향력에서 벗어난 석유 시장의 새로운 주인은 리치와 데우스 같은 트레이더였다. 여전히 세계는 목마른 사슴마냥 석유를 갈망했다. 하룻밤 사이 이란의 석유 공급이 중단되는 사태를 지켜본 석유 업체는 매우 절박해졌다. 가격이 문제가 아니었고, 원산지를 따지는 것은 정말로 한가한 소리였다. 1980년대 애틀랜틱리치필드컴퍼니ARCO 고위 임원이었던 제임스 모리슨James Morrison은 그때의 분위기를 잘 말해 준다.

"석유가 있는 곳이면 어디든 달려가 상대가 누구든 원유를 확보하는 게 우리의 할 일이었습니다."**64**

이 상황에서 원자재 중개 업체가 이익을 내는 비결은 무엇일까? 간단하다. 공시가로 장기 구매 계약을 맺으면 됐다. 그러면 스폿 시장에서 유가가 상승할 때 배럴당 5달러, 심지어는 10달러의 프리미엄을 붙여 되팔 수 있었다. 그러면 공시가로 장기 구매 계약을 어떻게 맺었을까? 당시 한 석유 메이저의 임원을 지냈던 이의 말에 답이 있다.

"그런 계약을 맺을 때 '수수료'는 필수였습니다. 다만 어이없을 정도

로 적은 액수였죠. 가끔은 갈색 봉투가 오가기도 했습니다."[65]

물론 '수수료' 또는 '갈색 봉투(뇌물을 뜻함_옮긴이)'가 1970~1980년대 석유 산업만의 전유물이었다는 뜻은 아니다. 세계 어디서나 이런 '성의 표시'는 사업상 거래의 일부였다. 그러나 1970년대 두 번의 오일쇼크에서 어둡고 거대한 부패 경제가 탄생했다. 오일쇼크로 시작된 석유 국유화 바람은 누구에게 석유를 줄지 결정하는 이가 바뀐다는 뜻이었다. 억대 연봉을 받는 석유 메이저 고위 임원이 아니라 박봉에 만족해야 하는 정부 관료가 석유 계약을 결정하기 시작했다. 그 상황에서 유가까지 상승하자 정부 관료에겐 신세계가 펼쳐졌다. 처음 받은 그 강력한 권한을 바탕으로 산유국 정부 관료들은 수백만 달러어치의 계약자로 '약삭빠른' 석유 트레이더를 선택했다.

리치는 '시대가 원하는' 트레이더의 전형이었다. 석유를 위해서라면 무엇이든 얼마가 됐든 대가를 치를 준비가 된 인물이었다. 이란산 원유 구매 계약을 위해 이란국영석유공사 담당자에게 12만 5,000달러 정도를 건네는 것은 '관례'였다.[66] 리치도 시인한 사실이다.

"계약을 따려고 줬죠. 뇌물이라 해도 석유를 팔거나 사는 어느 쪽에도 해가 되지 않았습니다."[67]

목적지로 가려고 '통행료'를 내는 게 무슨 잘못이냐는 게 리치의 생각이었다. 미국 정부는 반부패법을 시행했던 반면 일부 유럽 국가에는 그런 법률 자체가 없었다. 심지어 스위스는 통행료를 '업무추진비'에 포함하는 것까지 허용했다. 국가가 뇌물을 세금 공제가 적용되는 경비라 여겼다는 뜻이다.

1차 오일쇼크 때도 원자재 중개 업체는 한몫을 단단히 챙겼다. 하지만 이번에 비하면 1차 때 한몫은 장난 수준이었다. 이번 위기에서 그들이 벌어들인 이익은 상상을 초월했다. 마크리치앤드코의 경우 전직 임원 네 명의 진술에 따르면 1979년에 10억 달러가 넘는 이익을 달성했다(그중 한 사람은 회계보고서에 기재된 세후 이익은 그보다 30퍼센트 정도 낮은 7억 달러 정도였다고 말했다).

물론 다른 원자재 중개 업체도 돈을 쓸어 담았다. 마바나프트는 업계에서 마크리치앤드코와는 체급이 달랐음에도 불구하고 2억 마르크(약 1억 달러)의 이익을 냈다.[68] 필리프브라더스의 금고도 미어터질 지경이었다. 세전 기준으로 이제껏 최고 기록이 2억 달러도 넘지 못했는데 1979년에 4억 4,300만 달러, 1980년에 6억 300만 달러를 벌어들였다.[69] 원자재 중개 산업 전반의 이익 행진에 카길도 동참했다. 세전 기준 1979년에 1억 7,800만 달러, 1980년에 2억 6,900만 달러를 벌었다.[70]

'수십 억 달러'가 동네 강아지 이름마냥 불리는 요즘 세상에서, 우리는 그런 수치가 실제로는 얼마나 엄청난지 망각하기 십상이다. 비교하면 좀 더 느낌이 온다. 필리프브라더스는 시장에서의 이익을 밑천으로 1981년에 월스트리트에서 가장 유명한 투자은행이자 채권 명가인 살로몬브라더스Salomon Brothers를 인수했다. 1979년 이익 기준으로, 마크리치앤드코는 그해 미국에서 가장 수익성 높은 10대 기업에 이름을 올렸다. 미국 제조업의 자존심인 제너럴일렉트릭GE과 포드자동차 같은 거인과 어깨를 나란히 했다. 비교가 더 필요한지?

우리는 한 가지를 더 주목해야 한다. 마크리치앤드코는 비상장 회사라는 사실이다. 즉, 리치의 회사는 회사 경영에 대해 그 어떤 정보도 공개하지 않을 뿐 아니라 아무런 규제도 받지 않는다.

1970년대에 와서야 정치계는 원자재 중개 업체에 대해 자신들이 얼마나 무지했는지 깨닫기 시작했다. 어느 해엔가 소련에 10억 달러어치의 곡물을 수출하던 이들이 이제 유가까지 통제하는 게 보였다. 하지만 정치계가 상황을 파악했다고 달라지는 건 없었다. 원자재 중개 업체의 영향력에 대해 정치계는 어떤 대응을 할지 전혀 몰랐으니 말이다.

정치계가 고심 끝에 꺼낸 카드는 투명성을 높이는 조치였다. 미국 농무부는 국제 곡물 시장의 수급 추정치를 발표하기 시작했고, 국제에너지기구IEA도 국제 석유 시장의 수급 추정치를 발표하기 시작했다. 이 두 조직이 발표하는 수급 예상 보고서는 오늘날에도 원자재 중개 업체가 촉각을 곤두세우는 지표이긴 하다.

하지만 정치계는 정작 원자재 중개 업체를 실질적으로 통제하는 일에는 멍청했다. 1979년, 주요7개국정상회담G7, Group of Seven Nations 에 참석한 프랑스, 서독, 이탈리아, 일본, 영국, 캐나다, 미국 정상은 석유 중개 업체와 오펙 회원국을 향해 스폿 현물시장 거래를 줄이라 촉구함과 동시에 '국제 석유 거래 등록제' 도입을 고려했다.[71] 이는 원자재 중개 업체를 하나의 세력으로 받아들이는 사상 첫 시도임에'만' 의미가 있다. 시장 규제 노력의 성적표는 옹색했다. 가시적 성과가 전

혀 없었고, 화려한 베일로 가려진 로테르담 '하우스'는 연중무휴 손님
으로 북적였다.

———— ❧ ————

　10년간의 지각변동을 겪은 석유 시장은 이런 근본적인 변화로 인
해 에너지에 대한 세상의 접근법을 다시 설정했다. 예전에는 세븐시
스터스가 중동, 아프리카, 중남미를 사실상 식민지 유전으로 거느리
며 석유 계약을 독점하다시피 했다. 하지만 이제 석유 시장은 세븐시
스터스의 식민 지배에서 해방됐고, 세븐시스터스의 자리는 리치 같은
트레이더가 차지했다.

　새로이 자리를 차지한 트레이더들은 지켜야 할 역사나 평판도 없
었으니 도덕심까지 버릴 준비가 된 자들이었다. 그렇게 그들은 현대
세계의 지정학적·경제적 혁명을 촉진했다. 산유국은 자국 원유에 대
한 통제력을 되찾았고, 오일머니는 국제금융의 중요한 요소로 부상했
다. 그리고 석유국가가 국제적인 정치 세력으로 자리매김했다. 그리
고 유가는 자유의 몸이 됐다.

　이제 런던이나 뉴욕에 있는 석유 메이저가 미국과 유럽 정부와의
우정 속에 품위 있게 유가를 결정하던 시대는 끝났다. 무한 경쟁의 정
글 혹은 도박장과 같은 로테르담 마켓이 세계에서 가장 중요한 원자
재 가격을 결정하는 권한을 이어받았다.

　이런 변화는 단지 석유 시장에만 해당되진 않는다. 금본위제 폐

지로 달러의 가치가 시장의 영역으로 들어왔고 시장 안에서 결정되기 시작했다. 서방 정부와 제도가 세계경제에 미치던 영향력이 모든 부문에서 약화됐고, 더욱 무자비한 자본주의가 만드는 새로운 시대가 찾아왔다. 한마디로 원자재 트레이더의 시대가 찾아왔다.

3장

끝없는 탐욕

은돌로, 마크 리치, 요하너스 데우스

THE WORLD FOR SALE

1980년대 초 카리브해의 섬나라 자메이카, 어느 금요일 저녁이었다. 자메이카의 광산에너지부 장관 휴 하트Hugh Hart가 무서운 현실에 직면하는 순간이기도 했다. 그날 의회에 출석한 하트에게 중앙은행의 한 관료가 얼굴 좀 보자는 소식이 도착한 것은 늦은 6시경이었다. 그 관료의 표정이 약간 침통해 보인다는 귀띔도 함께였다. 의사당 건물 밖에서 만난 그 관료에게 하트가 들은 메시지는 짧았다. 나라 금고가 텅 비었다는 소리였다. 중앙은행엔 1회 석유 수입 선적분에 대한 대금을 낼 돈마저도 없었다.

"문제는 그뿐만이 아닙니다. 내일모레면 석유가 바닥날 겁니다."

그 관료가 덧붙였다.

"머릿속이 하얘지는 기분 있잖아요? 어떻게 해야 할지 몰랐던 상황이었죠."[1]

　하트는 그때 상황을 이렇게 회상했다.

　당시 자메이카엔 정유 공장이 수도 킹스턴에 딱 하나 있었다. 자메이카 정부는 매달 30만 배럴의 석유를 수입해 그 정유 공장에 공급했고, 중앙은행은 매달 석유 수입 대금 1,000만 달러에 대한 지급보증을 제공했다. 하지만 그달 중앙은행엔 돈이 메말랐고 자칫하면 석유를 수입하지 못할 판이었다. 석유를 수입 못하면 하나뿐인 정유 공장은 가동을 멈출 수밖에 없고, 결국 자메이카의 모든 주유소가 문을 닫아야 한다는 뜻이었다.

　변호사였다가, 당시 자메이카 총리(에드워드 필립 조지 시가Edward Phillip George Seaga_옮긴이)였던 처남의 호소에 못 이겨 정치에 나선 하트는 관료가 전한 소식이 어떤 의미인지 누구보다 잘 알았다. 1970년대 두 번의 오일쇼크로부터 얻은 교훈 덕이었다. 두 번의 오일쇼크가 할퀴고 간 처참한 상처에서 자메이카는 아직도 회복 중인 상태였다. 석유 위기가 정치적 폭력 사태로 번졌고 거리는 전쟁터가 됐다. 1980년대 초반이 돼서야 최악의 상황은 피했지만, 국가의 경제적·사회적 구조는 아직도 취약했다.

　자메이카의 이번 위기를 피하도록 하트를 도울 만한 사람은 누가 있을까? 그의 머릿속에 떠오르는 인물은 딱 한 사람뿐이었다. 독일 출신으로 마크리치앤드코의 뉴욕 자회사 한 곳을 운영하던 빌리 스트로토테Willy Strothotte였다. 마크리치앤드코는 자메이카와 이해관계가 아주 깊었다. 자메이카는 알루미늄Aluminium의 소재가 되는 보크사이트_{Bauxite}와 알루미나_{Alumina}의 세계 최대 생산국 중 하나였기 때문이다.[2] 마크리치앤드코는 세계 1위의 알루미늄 중개 업체였다. 하지만 하트의 희망은 이내 절망으로 바뀌었다.

"장관님, 정말 죄송하지만 저도 도울 방법이 없습니다. 아시겠지만, 장관님을 도와줄 만한 사람은 없을 겁니다."

스트로토테가 미안한 투로 말했다. 그러면서 그는 '정말' 마지막 기회를 내밀었다. 추크에 있는 리치의 자택 전화번호였다.

"걱정돼서 말씀 드리는데, 스위스는 지금 새벽 두 시쯤 됐을 겁니다. 제가 장관님이라면 절대 전화 안 합니다."

하트는 리치와 직접 대화한 적은 없었다. 이제까지 마크리치앤드코와의 거래는 오직 스트로토테를 통해서만 진행됐었다. 두렵고 떨리는 마음을 애써 진정하며 하트는 리치의 전화번호를 눌렀다. 리치는 잠에 취한 목소리로 전화를 받았다.

"리치 씨? 저는 휴 하트라고 합니다. 아마 제가 누군진 모르실 거 같네요."

"아, 네네. 당신에 대해서라면 다 알고 있습니다. 곤히 자는 사람을 깨울 만큼 그 용무가 얼마나 대단한지 궁금하군요."

"어떻게 말씀 드려야 할지…. 생사가 걸린 작은 문제라 해 두죠."

하트는 자메이카가 처한 곤경을 설명했다.

"그래서 원하시는 게 뭡니까? 새벽 두 시, 그것도 금요일 밤에 다짜고짜 전화해서, 당신네가 돈을 못 낸다 하면 날더러 대체 어쩌란 겁니까?"

하트는 간곡히 매달렸다. 그다음 약간의 침묵이 흘렀다.

"스트로토테에게 전화해 보세요. 한 시간 뒤입니다."

리치는 이 말을 남기고 전화를 끊었다.

하트가 뉴욕의 스트로토테에게 전화를 걸었을 무렵, 원유를 가득 실은 유조선 한 척이 이미 자메이카로 항해 중이었다. 베네수엘라에서 원유를 싣고 미국 동부 연안으로 이동하던 자사 유조선이 북상하는 길에 킹스턴을 들르도록 리치가 조치해 준 것이다. 토요일 저녁, 리치의 유조선은 30만 배럴의 석유를 자메이카에 내렸다. 자메이카에서 석유가 바닥나기까지 채 24시간도 남지 않은 시각이었다.

이것은 리치의 위상을 단적으로 보인 사건이었다. 그는 이제 석유 시장을 지배했고 이를 통해 막강한 힘과 권한을 휘둘렀다. 1970년대 두 번의 오일쇼크는 원자재 중개 업체에 돈벼락을 내렸고, 그들은 그렇게 획득한 엄청난 자금력과 담대한 배짱을 솜씨 좋게 버무렸다. 그들의 돈과 대담함에 도전할 투자자가 거의 없을 정도였다. 1980년대가 되자 그들은 다른 기업이 엄두도 내지 못하는 곳에 돈을 투자했고 이는 원자재 중개 업체의 전매특허가 됐다. 이번 자메이카의 상황이 바로 전형적 사례였다.

자메이카와 거래하던 모든 금융기관은 침몰하는 자메이카에 구명조끼를 던져 주기는커녕 극히 몸을 사리며 외면했다. 그 와중에 리치는 1,000만 달러어치의 원유를 공급했다. 계약서 한 장도 없이 말이다. 하지만 이 도박은 받은 것을 몇 배로 뱉어 내야 할 가능성이 있었다. 어려울 때 도와준 사람에 대한 고마움은 쉬이 잊을 수 없기 때문이다. 자메이카 정부도 그랬다. 모두가 등을 돌려, 자칫하면 나라가 망할 지경에서 리치가 자신을 어떻게 구해 줬는지 자메이카는 잊지 않았다. 그렇게 카리브의 그 섬나라는 향후 수십 년간 리치는 물론이고 그의 후임자에게 안정적인 수익원 역할을 했다.

"제 평생 가장 피 말리던 순간이었습니다. 아주 솔직한 심정으로, 저는 자메이카 정부가 파산했을 거라 봤습니다."

당시에 대한 하트의 회고다.

리치와 자메이카 정부 간의 거래는 1970~1980년대 세계경제에서 벌어지던 지각변동의 상징이었다. 수십 년간 이어진 세계의 경제 성장은 세계 원자재 생산에 대한 대대적 투자를 촉발했다. 자메이카부터 사우디아라비아, 남미 가이아나부터 페루까지 원자재 부문에 대한 투자가 봇물을 이루었다.

이른바 '제3세계'로 불리는 중동, 아프리카, 중남미는 자원 국유화 바람을 타고 자국이 생산하는 원자재에 대한 통제력을 장악했다. 이렇게 된 이상 힘과 권력의 이동은 정해진 수순이었다. 과거 미국과 유럽의 석유 메이저, 광산 업체가 가진 힘과 권력은 제3세계 정부로 옮겨 갔다. 이런 변화는 원자재 중개 업체에 새로운 기회의 문을 열어 줬고, 그들은 그 기회를 냉큼 붙잡아 원 없이 달콤히 빨아먹었다. 게다가 원자재 중개 업체는 강경한 목소리를 가진 많은 원자재 생산국에 '귀한 손님'이 됐다. 그들 국가와 국제금융 시스템을 잇는 가교 역할을 했을 뿐 아니라 천연자원이 유일한 수익원인 정부와 위정자에게 달러가 흘러갈 수 있게 도왔기 때문이다.

———— ✺ ————

이렇게 새롭게 형성된 유착 관계의 정수는 알루미늄 산업이었다. 2차 세계 대전 이후 찾아온 경제 호황은 알루미늄을 세계에서 가장 사랑받는 금속으로 만들었다. 알루미늄은 구리보다 저렴하고 강철보다 가벼우면서도 쓰임새가 더 좋다. 이런 특성 때문에 알루미늄은 항공기와 자동차는 물론 새로운 소비 지상주의 시대의 상징으로 떠오른 백색가전에 폭넓게 활용됐고, 당연히 소비량이 나날이 치솟았다.

2차 세계 대전이 터지기 전만 해도 알루미늄은 틈새시장용 금속이었다. 하지만 전쟁으로 항공기 수요가 폭발했고, 항공기 제조에 필요한 알루미늄 수요가 사상 최고를 기록했다. 미국에서 '알루미늄 모으기 운동'이 벌어졌을 정도였다. 미국 정부는 군대 수요에 보탬이 되도록 알루미늄 고철을 모아 달라고 촉구했다. 뉴욕의 한 라디오 방송사는 〈Aluminium for Defense(알루미늄으로 나라를 지키자)〉라는 공익 프로그램을 방송했고, 알루미늄 포일을 동그랗게 뭉쳐서 가져온 아이들에겐 영화 무료 관람권을 제공했다.[3]

2차 세계 대전이 끝났을 때 알루미늄 산업은 전후 소비 호황을 감당할 공급 역량을 이미 갖췄다. 1945년 100만 톤이었던 생산량은 1970년 1,000만 톤으로 10배나 늘었다.[4] 이는 다시 세계적인 보크사이트 사냥을 촉발했다. 적갈색 점토인 보크사이트는 화학 공정을 거쳐 하얀 가루 형태의 알루미나로 바뀌며, 알루미나를 제련하면 알루미늄이 된다. 아프리카 기니, 호주, 블루마운틴산맥으로 유명한 자메이카 중부 내륙 지역이 보크사이트의 주요 산지다.

그간 알루미늄 시장은 북미에 있는 몇몇 거대 광산 업체만의 세상이었다. 마치 세븐시스터스와 석유 시장 관계와 매우 비슷하다. 알루미늄 시장에서는 미국의 알코아Alcoa 가 세븐시스터스와 같다. 알코아의 위세가 얼마나 대단했으면, 1951년 미국의 한 법원이 알코아에 대해 해외 자산과의 관계를 완전히 청산하라고 명령하기도 했다. 그렇게 알코아가 처분한 자산은 캐나다의 알칸Alcan 이 흡수했다(알칸은 1928년 알코아에서 분리 독립한 회사로, 두 회사의 주요 주주는 같은 인물이었다. 이로 인해 미국의 한 지방법원은 주요 주주에게 두 곳 중 한쪽 주식을 매각하라고 명령했다_옮긴이).

알코아와 알칸이 선두에서 이끄는 세계 6대 알루미늄 업체는 1955년 기준 보크사이트의 88퍼센트, 알루미나의 91퍼센트, 알루미늄의 86퍼센트를 공급했다.[5] 1960~1970년대 전반 그들의 영향력은 더욱 확대됐다. 그들은 신사협정이란 허울 아래 동구권에서 생산되는 알루미늄까지 팔았다. 말이 좋아 신사협정이지 동구권 알루미늄이 시장에서 자유롭게 풀리는 상황을 미리 막으려는 꼼수였다.[6]

알루미늄 시장이 석유 시장과 닮은 점은 또 있다. 가격이 업체 마음대로였다는 점이다. 자신의 지역에서 팔 알루미늄 가격은 원자재 중개 업체의 마음에 달렸다. 하지만 석유 시장과 마찬가지로 1970년대 알루미늄 시장에도 변화의 바람이 불기 시작했다. 식민 지배에서 벗어난 신생국이 예전의 지배국으로부터 더 많은 자치권을 요구함에 따라 자원민족주의 바람이 세계로 확산됐다. 그렇게 치솟는 가격은 자연스레 알루미늄을 수익성 좋은 목표물로 만들었다.

알루미늄 국유화의 시작은 세계 5위 생산국이자 베네수엘라와 국경을 맞댄 가이아나에서였다.[7] 1971년 3월 1일, 가이아나 의회는 보크사이트 산업 국유화를 위한 법을 제정했다. 알칸의 자회사이자 당시 가이아나 최대 기업이었던 곳이 국유화 대상에 포함했다. 가이아나의 조치는 서방 기업과 정부에 충격파를 안겨 줬다. 미국 중앙정보국은 다음과 같이 경고했다.

"카리브 지역에서 부는 민족주의 바람으로 세계 보크사이트 산업의 마케팅 양식과 투자 계획이 위협받는다."[8]

하지만 미국 중앙정보국은 가이아나의 국유화 시도는 실패할 것이라 예상했다. 기존 6대 알루미늄 업체가 가이아나와 거래를 기피해 결과적으로 가이아나의 보크사이트와 알루미나를 원하는 구매자가 없을 거라 예측한 것이다. 하지만 그들은 하나만 알고 둘은 몰랐다. 바로 필리프브라더스의 존재를 간과한 것이다.

필리프브라더스의 고위 임원 둘은 가이아나의 수도 조지타운으로 날아갔다. 그리고 보크사이트와 알루미나 전량을 독점적으로 팔 권한을 자신들에게 달라고 가이아나 정부를 꼬드겼다.[9] 1년 후, 미국 중앙정보국은 알루미나를 수출하려는 가이아나에 '새롭고 저돌적인 마케팅 대행사'가 생겼다며 '뉴욕 필리프브라더스'가 가이아나의 알루

미나 판로에 도움을 줬다고 보고했다.[10]

알루미늄 중개 업체가 보기에 자메이카는 가이아나와는 비교도 안 되는 큰 행운이었다. 1960년대 자메이카는 보크사이트 생산량 세계 1위이자 알루미나의 최대 수출국 중 하나였다. 대형 알루미늄 업체 대부분이 자메이카에 투자했다. 사회주의자로서 카리스마가 넘쳤던 마이클 맨리Michael Manley 자메이카 총리는 1974년 원자재 중개 업체에 문호를 개방하면서, 보크사이트와 알루미나로 생기는 이익에서 자국 배당률을 늘리는 극적 조치도 도입했다.

맨리 총리의 조치로 인해 자메이카에서도 석유 산업의 국유화 때와 매우 비슷한 상황이 연출됐다. 보크사이트와 알루미나 산업의 이익에서 자국의 몫을 크게 늘리려는 맨리의 시도는 보크사이트 광산과 알루미나 제련소 대부분에서 정부 지분을 확보하는 것으로 끝났다. 그렇게 1970년대 말 자메이카 정부는 바라던 대로 보크사이트와 알루미나의 수출 재고를 충분히 손에 넣었다. 하지만 그것을 팔거나 운송하기 위한 전문 지식은 그들에게 없었다. 원자재 중개 업체가 제일 바라는 그림이었다.

냉전이 연일 위세를 더하던 1970년대 말, 킹스턴에선 미국과 소련 간 패권 싸움의 축소판이 전개됐다. 미국과 소련을 추종하던 갱단 사이 이권 싸움이 터진 것이다. 자메이카의 미국 대사(프레더릭 어빙Frederick Irving_옮긴이)는 매일 아침 대사관에 출근할 때, 온기조차 가시지 않은 시신을 넘어 출근했다고 회상했다.[11]

당시 카리브해 전역에서는 사회주의혁명이 잇달아 승전보를 울렸다. 그레나다에서는 쿠바, 소련과 신속히 연대를 맺은 집단이 쿠데타를 일으켜 정권을 잡았다. 니카라과에서는 산디니스타민족해방전선Sandinista National Liberation Front이 소련을 등에 업고 권력을 쟁취했다.

카리브해 전체에서 소련의 입김이 거세지는 것도 모자라, 맨리의 행동까지 미국을 불안하게 만들었다. 맨리는 쿠바의 카스트로와 친했고 소련과 거래를 트기도 했다. 1980년 선거에서 맨리의 정당이 패배했을 때, 미국은 그의 정적인 에드워드 필립 조지 시가 정부를 지지하기로 결정했다.

미국이 내민 비장의 카드는 보크사이트였다. 로널드 레이건Ronald Wilson Reagan이 1980년 미국 대통령 취임 후 백악관에 가장 먼저 초대한 외국 정상이 바로 자메이카의 시가였다. '시장의 마법'을 신봉했던 레이건은 카리브해에서 정치적 조류를 바꾸기 위해 자국의 거대한 경제적 자원을 썼고, 그 정책엔 자메이카가 중심이 됐다.[12]

그렇게 레이건은 1982~1984년까지 자메이카로부터 총 360만 톤의 보크사이트를 사들이도록 기관에 지시했다. 그 양은 자메이카 전체 보크사이트 생산량 중 6분의 1에 해당했다.[13] 이 조치는 자메이카에 도움이 됐지만 현금 갈증을 완전히 씻기에는 역부족이었다. 그만큼 자메이카는 가난했다.[13] 이 틈새를 비집고 들어온 업체가 바로 마크리치앤드코였다. 마크리치앤드코는 미국에 팔 예정이었던 보크사이트 대금을 자메이카 정부에 선불로 줬다.[14] 이 거래의 밑그림에 관여했던 마크리치앤드코의 트레이더 매니 와이스Manny Weiss는 "재미를 많이 못 봤습니다"라며 이에 대해 덧붙였다.

"단지 자메이카와의 관계를 트는 하나의 방법이었죠."

마크리치앤드코의 거래는 자메이카 정부와 원자재 트레이더 간 얽히고설킨 관계의 출발점이 됐다. 하트가 마지막 기회로 새벽 두 시에 리치에게 전화한 데엔 이런 사연이 있었다.

마크리치앤드코는 보크사이트에 대한 선급금만으로 자메이카를 돕진 않았다. 1970~1980년대 많은 개발도상국과 마찬가지로 자메이카도 국제통화기금IMF 차관에 크게 의존했다. 물론 국제통화기금의 차관에는 엄격하고 까다로운 조건이 붙는다. 특정한 재정 목표치를 규칙적으로 달성하는 등의 내용이다. 하지만 국제통화기금 요구 조건에서 몇백만 달러가 모자르는 경우가 빈번했다. 그럴 때면 자메이카는 마크리치앤드코에 손을 벌렸다.

하트의 말에 따르면, 한번은 국제통화기금 조건에서 500만 달러가 부족해 발을 동동 구르다가 스트로토테에게 급히 연락했더니 곧바로 500만 달러를 '꽂아 줬다'고 한다. 이때도 계약서 한 장 없이 마크리치앤드코가 자메이카를 구했다. 하지만 이런 '선행'에는 약간의 처리, 그러니 회계 조작이 필요했다. 송금한 돈이 국제통화기금의 기준을 만족하기 위해 급히 빌린 돈으로 보이면 소용없었기 때문이다. 하트의 말을 들어 보자.

"빚인데 빚처럼 보이지 않았죠. 장부상으로는 그들에게 한 푼도 빚지지 않았으니까요."

이게 다가 아니었다. 자메이카 정부가 엑슨모빌의 한 자회사로부터 자국 내 정유 공장을 인수하고 싶었을 때, 마크리치앤드코가 대금을 지원했다. 심지어 마크리치앤드코는 1984년 로스앤젤레스 하계 올림픽 때 자메이카 국가 대표 팀을 재정적으로 후원했고, 1988년 캘거리 동계 올림픽 때는 자메이카 봅슬레이 국가 대표 팀 참가비를 모두 지원했다. 여담이지만 불가능을 가능으로 바꾼 자메이카 봅슬레이 팀의 동계 올림픽 출전기는 영화 〈쿨 러닝Cool Runnings〉으로 재탄생했다.[15] 정세 비판가들의 눈에는 자메이카에서 리치의 입김이 지나치게 셌다. 미국의 한 정부 관리는 이렇게 비꼬기도 했다.

"리치는 한마디로 자메이카 경제를 따먹었습니다."[16]

세상 모든 일에 양면이 있듯 하트에게는 리치가 국가의 은인이었다. 그로부터 30년이 흐른 뒤에도 마크리치앤드코의 전직 트레이더 몇몇과 친분을 유지한 하트는 리치가 없었더라면 자메이카가 이 세상에서 사라졌을 거라고 말한다.

"우리가 리치의 도움을 받았다는 건 모두가 아는 사실입니다. 아주 유익한 관계였죠. 그들이 떼돈을 번 건 맞습니다. 하지만 그럴 자격이 충분했어요. 그렇다고 우리가 손해 본 그런 관계는 아니었습니다. 시장 어딘가에 참여했더라면 거뒀을 성과, 아니 그보다 많이 거뒀으니까요."[17]

그렇다면 마크리치앤드코에 자메이카는 어떤 의미였을까? 카리브의 섬나라를 교두보 삼아 미국의 산업 심장부에 도달하는 환상적인 거래가 시작되는 기점이었다. 그런 거래를 통해 마크리치앤드코는 세계 알루미늄 시장에서 독보적 지위를 차지했고 수억 달러를 벌었다. 이 거래는 원자재 중개 업체가 가난한 국가와의 관계를 통해 어떻게 이익을 내는지에 대한 최고의 교과서가 됐다.

하지만 1980년대 중반, 알루미늄 산업은 극심한 불황으로 접어들었다. 에너지 비용 때문이었다. 알루미늄은 비교적 매장량이 풍부하지만 순수한 금속으로 존재하지 않는다. 따라서 순수한 금속을 분리하는 제련 과정이 필요한데, 알루미늄의 경우 특별히 두 단계를 거쳐야 한다. 보크사이트에서 알루미나를 분리한 다음, 알루미나를 정제해 순수한 알루미늄을 분리해야 하는데, 여기엔 엄청난 에너지가 소모된다.

알루미늄 1톤을 생산하기 위해 필요한 전력은 미국 보통 가정의 1년 소비량과 비슷하다. 한 트레이더는 우스개 삼아 알루미늄을 '전기 덩어리'라 부르기도 한다. 그 탓에 알루미늄 제련소는 수력전기가 풍부한 시베리아, 지열발전을 활용하는 아이슬란드, 천연가스가 풍부한 중동처럼 전기료가 값싼 지역에 주로 있다. 1973년까지는 전기료가 알루미늄 업체에 큰 걱정거리가 아니었지만 오일쇼크로 인해 에너지 비용이 크게 부담이 됐고, 알루미늄 산업이 위기로 곤두박질친 것이다.

이때와 맞물려 알루미늄 산업엔 중대한 변화가 찾아왔다. 알루미

늄 가격 결정권이 런던금속거래소로 옮아간 것이다. 알루미나에서부
터 가정용 포일까지, 생산 사슬에 포함된 모든 요소의 가격은 트레이
더 금속을 사고파는 런던금속거래소 시세로 결정되기 시작했다.

　에너지 비용 증가로 자메이카의 알루미늄 산업은 직격탄을 맞았
다. 1950~1960년대에 건설된 자메이카의 알루미나 제련 공장은 석
유를 연료로 하는 화력발전소에 의존했으니 유가 급등에 특히 취약
했다. 유가 급등은 자메이카의 알루미나와 보크사이트 생산 급감으
로 이어졌고,[18] 이는 다시 외국 자본의 탈출 행렬로 번졌다. 1984년엔
대형 알루미늄 업체 레이놀즈Reynolds가 자메이카의 보크사이트 사업
에서 철수하겠다고 발표했다.[18] 알코아의 경우 그 이듬해에 자메이카
공장 관리인이 하트를 찾아와 수일 내에 공장을 폐쇄하겠다고 통보했
다.[19]

　하트는 이러한 상황이 자메이카 경제에 몰고 올 파괴력을 누구보
다 잘 알았다. 이에 하트는 곧바로 자국 알루미늄 산업 구제 계획을
세웠고, 정부는 알코아 공장 인수를 결정했다. 문제는 돈이었다. 자메
이카 정부는 그 계획을 실행할 돈이 없었다. 또한 자신들의 알루미나
를 가져갈 업체를 찾아야 했지만, 알루미나 시장은 이미 공급과잉 상
태에 가격은 폭락세였다. 게다가 알루미나는 습기를 잘 빨아들이기
때문에 오래 보관할 수도 없었다.

　하트에겐 선택의 여지가 없었다. 도움을 줄 유일한 사람을 찾아
가기 위해 스위스행 비행기에 몸을 실었다. 마크리치앤드코의 트레이
더였다. 스트로토테와 와이스는 하트의 제안에 조금도 주저하지 않았

다. 그렇게 알코아의 자메이카 자회사인 자말코Jamalco가 생산하는 알루미나를 마크리치앤드코가 사들이는 10년짜리 계약이 체결됐다. 이에 더해 마크리치앤드코는 공장 운영비 중 가장 비중이 큰 연료유와 가성소다(수산화나트륨_옮긴이)를 공급해 주고, 알루미나 구입 대금의 일부를 선불 제공하기로 했다. 자메이카 정부가 알코아로부터 공장 지분을 인수하기 위한 재원 조달을 돕기 위해서였다.

그렇다면 마크리치앤드코가 진심으로 우러난 선의 때문에 자메이카로부터 알루미나를 사들이고, 심지어 그 대금을 현금으로 선불 제공했을까? 당연히 아니다. 자메이카 정부는 최저 가격이라는 말조차 부족할 만큼 '똥값' 수준의 보상을 받았다. 마크리치앤드코는 자메이카의 알루미나를 런던금속거래소 공시가의 9.25퍼센트 수준으로 사들일 예정이었다.[20] 터무니없는 특혜였다. 세계은행World Bank은 몇 년 후 그 거래를 검토하고, 마크리치앤드코의 매입가는 '일반적 계약 조건보다 약 25퍼센트 저렴한 가격'이라 지적했다.[21]

자메이카와의 이번 거래는 마크리치앤드코에서 가장 수익성 높은 거래 중 하나의 시발점이 됐다. 알루미나 시장의 불황은 자메이카 생산자에만 해당되는 것은 아니었다. 세계 곳곳의 제련소도 같은 처지였다. 이런 기회를 놓칠 마크리치앤드코가 아니었다. 재정난에 처한 제련소에 거래를 제안하기 시작한다. 마크리치앤드코가 제련소에 알루미나를 먼저 공급해 주고, 알루미나 대금은 최종 생산된 알루미늄으로 받겠다는 것이었다. 즉, 원재료와 완성품을 맞교환하는 임가공(위탁 생산이라고도 한다_옮긴이) 거래인데, 이미 석유와 아연 거래에서는 널리 쓰던 방식이었다. 마크리치앤드코가 알루미늄에도 이 거래를 도입한 것이다.

와이스는 '그런 거래가 들불처럼 번졌다'고 말했다. 생산자임에도 공장이 없으니 제조 및 운영에서 골치 아픈 문제가 없는 셈이었다.[22] 1986년 불과 몇 개월 동안 마크리치앤드코의 미국 자회사는 오리건주, 오하이오주, 사우스캐롤라이나주에 있는 제련소와 임가공 계약을 맺었다.[23]

자메이카 정부와 맺은 알루미나 구매 계약과 제련소와의 위탁 생산 계약이 결합하자 마크리치앤드코는 세계 최대 알루미늄 중개 업체가 됐다. 직접 운영하는 공장 하나 없이 말이다.

1987년, 마크리치앤드코는 한발 더 나아간다. 사우스캐롤라이나주 최대 도시 찰스턴 외곽 마운트홀리에 있는 한 알루미늄 제련소의 지분 27퍼센트를 인수했다. 마크리치앤드코 역사상 최초의 대규모 자산 투자였다. 뿐만 아니라 그 제련소가 생산하는 전체 알루미늄의 절반에 대한 임가공 계약도 맺었다. 이 결정에 시기도 딱 맞아떨어졌다.

1987년 초, 와이스는 알루미늄 가격이 급등할 거라 확신했다. 당시 브라질이 알루미늄의 새로운 주요 공급국으로 떠올랐지만 전력 공급 부족으로 공급이 어려웠다.[24] 브라질 외에 세계 다른 곳에서도 전기료 상승으로 알루미늄 생산에 차질이 빚어졌다. 그런 상황에서 1980년대 초반의 불황을 극복한 미국 경제는 성장을 향해 질주하는 중이었다.

그렇게 마크리치앤드코는 알루미늄의 지속적이고 안정적인 공급을 보장해 주는 임가공 계약 덕분에 돈을 쓸어 담을 가장 최고의 위치를 맡았다. 그럼에도 와이스는 더 욕심이 났다. 런던금속거래소에서 직접 알루미늄을 사들이기 시작했다. 알루미늄 가격이 상승한다에 '판돈'을 건다는 뜻이었다.

실제로 알루미늄 가격은 상승을 넘어, 그야말로 '천장을 뚫고' 날아올랐다. 발등에 불이 떨어진 건 알루미늄이 필요한 이들이었다. 여기저기서 알루미늄을 닥치는 대로 사들였고, 런던금속거래소 창고의 재고 역시 바닥을 드러내기 시작했다. 와이스도 그 사재기 행렬에 동참했다. 알루미늄 가격이 최고 수준이었을 때는 런던금속거래소 재고 물량보다 와이스의 '롱 포지션'(매수가 매도를 초과한 상태_옮긴이) 물량이 더 많았다. 이마저도 와이스의 상사가 물량을 최대 10만 톤으로 제한한 상태였다. 그야말로 이는 퍼펙트 스톰Perfect Storm(두 가지 이상의 악재가 동시에 발생해 생기는 위기_옮긴이)이었다. 1988년 8월 알루미늄 가격은 1985년 저점에 비해 네 배 이상 폭등했다. 심지어 주방에서 필수 용품인 알루미늄 포일 가격도 33퍼센트 이상 올랐다.[25]

와이스의 전략은 알루미늄 사재기였다. 물론 세계 물량을 모두 확보한 정도는 아니었다. 설령 가능하다 해도 마크리치앤드코 자금력으로는 어림도 없는 일이었다. 하지만 와이스는 굳이 물량에 신경 쓸 필요가 없었다.

금속 트레이더는 런던금속거래소를 비롯한 여타 선물거래소를 통해, 돌아오는 특정 날짜에 원자재를 인도하기로 하는 계약을 '미리' 사고판다. 계약을 맺고 약정 날짜가 되면 트레이더는 계약 매수자에게 원자재를 인도해야 한다. 런던금속거래소에서 알루미늄 선물거래를 맺는다는 것은, 계약 매도자가 런던금속거래소 지정 창고에 보관한 금속을 매수자에게 정해진 날짜에 인도한다는 뜻이다.

그런데 1988년 여름, 런던금속거래소의 알루미늄 재고 부족 사태가 터졌다. 계약상 넘겨야 할 알루미늄 재고가 없었기 때문에 선물거래를 판 이들은 막다른 골목으로 내몰렸다. 방법은 하나뿐이었다. 팔았던 계약을 다시 사들이는 것이었다. 대부분 계약의 대상은 와이스였다. 그의 사재기 때문이었다.

문제는 알루미늄 가격이었다. 알루미늄 가격은 그야말로 폭등했다. 즉시 인도 기준 알루미늄 가격은 톤당 4,290달러로 급등했다. 3개월 후 인도 기준보다 1,000달러 이상 비쌌다. 당시 알루미늄 부족 사태가 얼마나 심각한지가 여기서 드러난다. 인도 시기에 따라 가격 차이가 너무 크니 일부 트레이더는 금속 운송에 비행기까지 동원했다. 미국에서 알루미늄을 비행기에 실어 로테르담 인근 런던금속거래소 창고로 옮기기 시작했다.[26] 와이스는 앉은 자리에서 수백만 달러를 벌었다.

그리고 알루미늄 시장은 아주 빠르게 달아오른 만큼 아주 빠르게 식었다. 특히 일본에서는 스퀴즈Squeeze(현물 매점 대신 선물 계약만을 대량 매입하는 시장 교란 행위_옮긴이)로 인한 공급 부족 사태를 완화하기 위해 물량을 푸는 업체도 하나둘 생겨났다. 그때 마크리치앤드코는 어떤 상황이었을까? 이미 계약을 다 털고 발을 뺀 후였다. 도쿄의 연락책을 통해 일본 쪽 매도 움직임에 대한 정보를 미리 입수했기에 가능한 일이었다.

"사재기라뇨? 운이 좋았을 뿐입니다."27

와이스는 자신이 시장을 매점하지 않았으며, 단지 시장의 공급 부족을 예견했을 뿐이라 주장했다. 어쨌거나 확실한 건 이번 일로 마크리치앤드코는 더 부자가 됐다는 것이다. 1988년에는 금속 부문이 석유 부문을 밀어내고 회사 최대 수익원으로 올라섰다.28 특히 알루미늄 하나만으로 그해에 1억 달러 이상을 쓸어 담았다.29

마크리치앤드코가 알루미늄 돈 잔치에 웃는 사이, 카리브의 한 섬나라에서는 반대편의 웃음과 비례하는 대혼란이 벌어졌다. 자메이카 야당은 정부가 원자재 중개 업체 농간에 놀아났다며 날을 세웠다. 그리고 치러진 1989년 선거에서 맨리는 현 정부와 마크리치앤드코와의 거래를 조사하겠다는 공약을 앞세워 권력을 다시 잡았다. 하지만 그의 공약은 희망 사항이 되고 말았다. 맨리 역시 리치의 강력한 힘을 증명하는 또 하나의 제물이 되고 말았다. 수익성 좋은 사업에서 싸워 보지도 않고 손을 뗄 마크리치앤드코가 아니었다. 게다가 자메이카 정부엔 아킬레스건이 있었다. 바로 마크리치앤드코의 돈이었다.

신임 광산에너지부 장관에 임명된 휴 스몰Hugh Small은 전 정부와 마크리치앤드코와의 유착에 대해 가장 공개적으로 비판했던 사람 중 하나였다. 하지만 가난한 정부가 마주한 현실은 냉혹했다. 스몰이 베네수엘라를 방문했을 때, 다른 장관이 그를 구석으로 데려가더니 마크리치앤드코에 대해 침이 마르도록 추켜세웠다. 심지어 그 업체에 대한 반감을 좀 내려놓는 게 국가에 가장 이로울 거라는 조언까지 했다. 얼마 지나지 않아 스몰이 캐나다로 날아가 알칸과 협상을 진행하는 도중, 마크리치앤드코가 또 튀어나왔다. 알칸은 그에게 세계 알루미늄 산업에서 리치가 지닌 중요성을 자세히 보여 주는 다큐멘터리 영화를 틀어 줬다.[30]

스몰은 겨우 스트로토테와 마주 앉았다. 스트로토테는 1985년에 맺었던 10년짜리 계약의 조건을 약간 바꿔 알루미나의 가격을 소폭 올리는 데 동의했다.[31] 물론 그 인상은 공짜가 아니었다. 스트로토테는 자메이카의 새 정부가 리치에 관한 모든 조사를 중단한다고 공표해 줄 것을 제안했다. 아직까지 비판적 자세가 남았던 스몰은 제안을 거부했다. 하지만 국가 상황은 그렇게 여유 있지 못했다.

"마크리치앤드코가 자메이카에 도움이 된다면 리치도 자메이카의 은인이죠."

6월 말, 맨리 총리는 의회에 출석해 국제통화기금이 제시한 목표치에서 부족분을 메우기 위해 마크리치앤드코로부터 4,500만 달러의 신규 차관을 들여왔다고 선언했다. 스트로토테가 요구했던 사과에는 못 미쳤지만 사과와 비슷한 수준이긴 했다.[32]

마크리치앤드코 그리고 훗날 사명을 바꾸고 배턴을 이어받은 글렌코어에 자메이카는 30년 가까이 돈줄 역할을 했다. 2000년대 중반 원자재 가격이 급등했을 때, 글렌코어는 자메이카 정부와 맺었던 계약을 통해 시세에 절반 이하 가격으로 알루미나를 사들였다. 만약 자

메이카 정부가 알루미나를 현물시장에 직접 팔았다면 2004~2006년
간 3억 7,000만 달러의 추가 수입을 올렸을 것이다.[33] 즉, 글렌코어가
해당 거래로 거둬들인 이익이 그 정도라 봐도 크게 틀리지 않다. 이에
대한 대가로 마크리치앤드코와 글렌코어가 자메이카에 거의 30년간
제공한 차관 액수는 무려 10억 달러에 가까웠다.[34]

"우리에게 은행이란 글렌코어, 그 이전에는 마크리치앤드코뿐이
었죠."[35]

자메이카 공직인사처 수장을 지냈고, 마크리치앤드코와 협상에
자주 관여했던 칼턴 데이비스Carlton Davis의 회상이다.

마크리치앤드코와 자메이카와의 거래는 원자재 중개 업체가 새
로 획득한 권력이 어느 정도인지를 보여 주는 최고의 교과서다. 그들
은 한 손엔 유례없는 막강한 재정을 쥐고, 다른 손으로는 시장을 지배
함으로써 자메이카 같은 국가의 경제적 약점을 이용했다. 서방 석유
메이저와 광산 업체가 빠져나갔고, 규제와 감시가 거의 없었으며, 월
스트리트가 이머징 마켓을 아직 발견하지 못한 틈새에서 원자재 트레
이더들은 무제한의 자유를 즐기며 활개 쳤다.

물론 마크리치앤드코만 1980년대 초반 승승장구하진 않았다. 그
시대 상황을 표현하면 월스트리트를 휩쓴 과도함 같다 할 수 있다. 물
론 원자재 트레이더도 연봉이나 취향에서는 월스트리트의 과도함 못
지않았다. 마크리치앤드코 사무실은 런던의 부촌 메이페어에 있었는
데, 트레이더들은 최고급 에르메스 넥타이 차림으로 출근했고 일부는
코카인을 즐기기까지 했다. 크리스마스 파티에서는 고급 스포츠카가

선물로 나왔다.

이렇게 원자재 트레이더를 돈벼락의 주인공으로 만든 일등공신은 변화하는 국제정치였다. 사실 자메이카의 재정난은 특이한 경우가 아니었다. 1970년대 두 번의 오일쇼크는 많은 석유 수입국을 혼란의 수렁에 빠뜨렸다. 특히 중남미 전역은 부채 위기로 말미암아 성장의 무릎이 완전히 꺾이고 말았다. 중산층이 사라졌고 수백만 명이 빈곤의 나락으로 떨어졌다.

그 와중에도 미국과 소련의 패권 다툼은 날로 심해졌다. 중남미 니카라과에서부터 아프리카 앙골라에 이르기까지, 미국과 소련은 세계 곳곳에서 대리전에 열을 올렸고 통상 금지 조치가 유행처럼 번졌다. 또한 자원 국유화 바람은 석유와 보크사이트에만 국한되지 않았다. 그간 석유 메이저와 일부 대형 업체가 마음대로 조정하던 시장에서 그들은 지배력을 잃고 있었다.

그 예로 세계 4대 구리 수출국인 칠레, 페루, 콩고민주공화국, 잠비아는 1960~1970년대 자국 광산에 대한 국유화를 단행했다.[36] 납, 아연, 석유 공급원으로서 동구 공산권의 중요성은 나날이 커졌다. 모든 부문의 원자재 시장이 개방되고 공급망의 파편화가 확산됐다. 기존 업체의 힘은 계속 약화됐다. 몇몇 기업의 일방적인 결정이 아닌 시장의 결정에 의해 원자재 가격이 결정됐다. 기존 업체의 공백은 원자재 중개 업체가 고스란히 메웠다.

원자재 트레이더는 불량 국가와도 거리낌 없이 손을 잡았다. 그렇게 돈이 부족한 세상, 다시 말해 고위험·고수익 세상의 존재를 발견했다. 1981년 세계은행 소속의 한 경제학자(앙투안 판 아흐트말Antoine van Agtmael_옮긴이)은 고속 성장을 앞세워 세계경제의 테두리 안으로 신속하게 들어오는 제3세계 국가에 '이머징 마켓'이라는 이름을 붙였다. 누구보다 먼저 그런 국가를 빠르게 알아본 이는 원자재 트레이더였다.[37] 요즘에야 브라질, 인도네시아, 인도 등의 이머징 마켓이 주류 금융권 투자자에게 필수 투자처이지만, 당시에 그들 국가는 자본주의 세상의 변방이었다.

이머징 마켓에서 원자재 트레이더의 활약을 얕잡아보면 안 된다. 그저 이름처럼 원자재만 사고판다고 생각한다면 당신이 너무나 순진한 것이다. 그들은 이머징 마켓에서 머천트뱅크Merchant Bank(여신/수신을 제외한 투자와 어음 및 증권 발행 등을 취급하는 금융기관_옮긴이) 업무와 사모펀드(소수 투자자로부터 돈을 모아 주식, 채권, 기업, 부동산 등에 투자하는 비상장 펀드_옮긴이) 영역으로까지 업무를 확대했고, 하루는 나이지리아 정부에 돈을 빌려주거나, 다음 날에는 페루의 앤초비Anchovy(청어목 멸치과 어류_옮긴이) 가공 공장에 투자한다. 한마디로 자본 차익 거래 세상에 모든 발을 담근 존재다. 선진국의 돈을 이머징 마켓에 투자하는 과정에서 그들은 매우 두둑한 차익을 달성했다.

하지만 그 차익이 나오는 곳은 온통 지뢰밭 수준인 위험한 곳이다. 정치적 불안에 따른 위기가 끝나지 않았고, 외환 통제가 사사건건 업무를 방해하며, 부패하기까지 한 관료들의 형식주의가 걸림돌이 됐다. 그래도 시기와 기회가 잘 맞으면 잭폿을 터뜨릴 수도 있었다. 그 예로 브라질과 아르헨티나에선 투자 후 채 2~3년도 지나기 전에 차

익을 실현했는데, 선진국에서 투자했다면 최소 10년 이상 걸려야 가
능한 수준이었다.[38]

원자재 중개 업체는 단지 무모한 도박을 한 것이 아니라 보상을
받을 거라는 확신을 가지고 움직였다. 원자재 중개 업체가 없다면 원
자재 상품을 수출할 수 없고, 당연히 귀중한 경화Hard Currency(국제금융
상 환관리를 받지 않고 금이나 각국 통화와 바로 교환 가능한 화폐. 미국 달러와 유로
화 등이 해당된다_옮긴이)를 손에 넣을 수 없을 테니 말이다.

하지만 리치처럼 위험을 감수하는 성향이 강하고, 어디 누구와도
거래 가능하다는 의지로 똘똘 뭉친 트레이더에게 그 지뢰밭은 매우
이상적인 환경이었다. 사회주의 정부가 자원을 국유화한다면 트레이
더는 언제든 그들이 원자재를 수출하도록 도울 준비가 됐다. 그러다
예전 정부가 쿠데타로 정권을 잡는다면? 그들도 정치를 위해 돈이 필
요하다. 그들도 결국 원자재를 수출하기 위해 누군가의 도움이 필요
하다. 자메이카의 상황이 딱 이랬다.

자메이카에 사회주의 계열 정부가 들어섰을 때 일이다. 자메이카
는 자국의 보크사이트를 소련이 생산한 자동차로 맞바꾸는 계약을 맺
었다. 이들 계약에 마크리치앤드코는 무슨 역할을 했을까? 물류와 운
송에 도움을 줬다. 그리고 사회주의 반대파가 새 정부를 구성했을 때
도 마크리치앤드코는 역할을 찾아냈다. 자국의 보크사이트와 미국산
밀과 분유를 교환할 때도 가교 역할을 맡았다.

"정말 불공정하죠"라며 프랑스의 한 대형 무역 업체에서 트레이
더로 일했던 어떤 이는 이런 '기울어진 운동장'에 대해 불평했다.

"자메이카에 돈을 빌려주자고 건의했다간, 다른 회사면 바로 창문으로 뛰어내리라 할 걸요."**39**

1980년대에는 '대부분의 기업'이 거래를 꿈도 꾸지 않을 국가 목록이 갈수록 많아졌다. 어디부터 어디까지 선을 그어야 할지, 즉 어떤 국가와 거래를 할지 말지 결정하는 것은 순전히 개인에게 달린 문제였다. 인도나 필리핀 같은 국가와는 기꺼이 거래하면서도 전쟁 지역이나 불량 국가와는 확실하게 선을 그은 트레이더가 있었는가 하면, 모든 지역이 좋은 목표물이라 '만만하게' 생각했던 '잡식성' 트레이더도 있었다.

리치는 어느 쪽일까? 당연히 후자에 속했다. 경제제재를 받든 말든, 거래 상대방이 착하든 악하든 일말의 망설임도 양심의 가책도 느끼지 않던 부류다. 마크리치앤드코의 고위 파트너였던 에디 에글로프 Eddie Egloff는 이렇게 말했다.

"금수 조치가 내려지면 힘없고 가난한 사람만 고생합니다. 우린 우리의 규칙에 따라 거래했을 뿐입니다."**40**

그렇게 리치는 아우구스토 피노체트 우가르테Augusto Pinochet Ugarte 대통령이 이끌던 칠레의 우파 정부와 행복하게 거래한 것과 마찬가지로, 니카라과 좌파 정부의 다니엘 오르테가Daniel Ortega 대통령과도 만족스럽게 거래했다. 리치에게 거래 기준은 돈이지 정치가 아니었다.

———∿———

이렇듯 1980년대 원자재 트레이더는 세상에서 위험하고 취약한 지역을 '놀이터'로 삼았다. 그 지역 중에서 원자재 트레이더의 가장 비도덕적인 면이 잘 드러난 곳은 아프리카의 최남단 국가 남아공이었다. 인종차별 정책인 아파르트헤이트가 극성을 부리던 남아공에서 '양심을 팔아먹은' 그들의 보상은 아주 두둑하고 달콤했다.

"뭐, 다들 남아공과 거래했죠."[41]

프랑스 출신으로 훗날 트라피구라의 창립 멤버가 되는 마크리치 앤드코의 금융 부문 대표 에리크 드 튀르켐Eric de Turkheim의 회상이다. 리치 역시 인종차별이 심했던 남아공에서의 사업이 자신의 커리어에서 '가장 중요하고 가장 수익성 좋은' 거래였다고 시인했다.[42] 물론 석유 중개 업체와 그들 경영진의 배를 불린 이익의 상당 부분은 남아공 흑인의 고통을 연장시킨 대가였다. 석유는 남아공에 치명적인 아킬레스건이었다. 원유로 보면 아프리카 대륙은 축복받은 땅이지만 남아공에는 해당되지 않았다. 남아공에서는 가솔린 공급원이 하나뿐이었는데, 석탄으로 만드는 석유였다. 2차 세계 대전 당시 나치독일이 개발한 이 방법은 전혀 경제성이 없었다. 결국 남아공은 어떻게든 석유를 수입해야 하는 입장이었다.

1948년, 남아공은 백인만이 통치를 할 수 있다는 법률을 통과시켰다. 미국과 영국은 냉전 동맹인 그들의 인종 분리 정책이 크게 부적절하다 생각하지 않았고 기꺼이 지원의 손길을 내밀었다. 그렇게 남아공은 국제사회의 묵인하에 얼마 동안 세상과 자유롭게 교역했다.

하지만 시간이 흐르자 반전의 분위기가 감지됐다. 인종차별적인 남아공 정부에 대한 국제사회의 압박이 심해졌다. 이런 변화는 영국 총리 모리스 해럴드 맥밀런Maurice Harold Macmillan의 1960년 케이프타운 연설에서 고스란히 드러났다(이 연설은 '변화의 바람Wind of Change'이라는 이름으로 유명하다_옮긴이).

"변화의 바람이 이 대륙 전체에 붑니다. 우리 마음에 들든 말든 이처럼 국가 의식이 성장하는 것은 엄연한 정치적 사실입니다. 우리 모두는 반드시 그것을 사실로 받아들여야 합니다."**43**

그리고 백인으로만 구성된 남아공 경찰이 저지른 끔찍한 학살(1960년 샤프빌 학살Sharpeville Massacre_옮긴이) 사건이 알려졌을 때 세상의 분노가 고조됐고, 국제사회는 행동에 나섰다. 1964년 18회 도쿄 하계 올림픽 출전 자격 박탈을 시작으로 남아공에 대한 비슷한 금지 조치가 연달아 발효됐다.**44** 이렇게 스포츠와 문화 행사가 그들을 향해 문을 잠갔지만 석유 수입은 여전히 이뤄지는 등 남아공 경제는 별다른 영향을 받지 않았다. 하지만 이것도 1973년까지였다.

그러다 남아공의 석유 수입에 찬바람이 불기 시작한다. 시작은 오펙 아랍 회원국으로부터였다. 남아공이 이스라엘에 우호적이라는 이유로 석유 금수 조치를 시행한 것이다. 4년 뒤 1977년, 유엔총회는 1년 전 남아공 정부가 소웨토 항쟁Soweto Uprising(학교 수업의 절반을 아프리칸스어Afrikaans로 진행하라는 정부 방침에 벌어진 학생 시위_옮긴이)을 폭력 진압한 것에 대한 항의로 석유 금수 조치를 요청했다.

하지만 아직까지도 남아공에는 든든하게 기댈 석유 수출국이 있었다. 바로 이란이었다. 이란의 샤는 독자 노선을 천명하며 세계의 생각이 어떻든 남아공에 계속 석유를 공급하겠다고 보장했다. 그렇게 남아공에 공급되는 원유의 80퍼센트 가까이를 이란이 책임졌고, 남아공의 일부 정유 공장은 오직 이란산 원유에 맞춰 설비를 정비했다. 그런데 1979년, 남아공이 잡은 줄은 끊어졌다. 이란혁명으로 원유 수입이 하루아침에 중단된 것이다. 남아공이 이란으로부터 원유를 수입할 공식 경로가 막혔다.

남아공에게 방법은 하나뿐이었다. 원자재 트레이더가 내민 줄로 바꿔 잡을 수밖에 없었다. 그들은 남아공이 이란, 소련, 사우디아라비아, 브루나이로부터 석유를 들여오도록 도움을 줬다. 인도적 차원에서 도와줬을 리가 없고 상당한 대가를 받았다. 산유국 중 남아공 수출을 허용하는 국가가 거의 없었기 때문에 해당 계약은 철저히 비밀스럽게 진행됐다. 적어도 공식적으로는 그랬다.

수출국 정부 관료의 대부분은 모른 척 눈감아 줬고, 그 대가인 오일머니에 만족할뿐더러 뒷돈도 살뜰히 챙겼다. 당시는 해상에서 모든 배의 항로를 추적하는 인공위성이 없었기에 가능한 일이었다. 그렇게 원자재 중개 업체는 자신들의 떳떳하지 못한 거래를 쉽게 숨겼다.

마크리치앤드코가 임대한 유조선 다글리호Dagli 선장의 경우, 선체에 배 이름을 지워 달라는 요청까지 받았다. 다음은 그 황당한 요청에 움찔한 선장이 나름의 대안을 제시한 내용이다.

"됐고, 내가 통제하는 배에서 이름을 지우는 일이란 절대 없습니다. 뭐 날씨가 엄청나게 좋다면 이름을 천으로 가리는 정도까진 생각해 보죠. 존경을 담아서 말이죠."[45]

뿐만 아니라 원자재 중개 업체는 회사 내에서 문제 국가를 언급해야 할 때 암호를 썼다. 비톨에서는 남아공을 '튤립Tulip',[46] 마크리치앤드코에서는 '우도Udo'로 칭했다. 마크리치앤드코의 경우 남아공을 담당했던 사내 트레이더 우도 호르스트만Udo Horstmannn의 이름에서 딴 암호였다. 이란산 라이트Iranian Light의 경우는 '제3의 원유'라고 돌려 칭했다.

1990년대 초 마크리치앤드코 석유 부문 대표를 지냈고, 훗날엔 트라피구라의 공동 창업자가 되는 마크 크랜들Mark Crandall은 1980년대 말 텍사스주에서 열린 칼텍스Caltex 경영진과의 회의에 대해 들려줬다. 세븐시스터스 중 하나인 쉐브론의 자회사인 칼텍스는 남아공에 정유 공장이 하나 있었다. 그런데 모든 회의 참석자는 미국 당국과의 마찰을 피하기 위해 암호로 말을 주고받았다고 한다.

"어찌해서 일단의 백인 남성들과 댈러스에서 마주 앉았죠. 모두가 미국인이었습니다. 그들이 묻더군요 '당신들은 내년에 제3의 원유를 확보할 가능성이 올해보다 높다고 보십니까?'라고요."[47]

마크리치앤드코의 경우, 남아공 요하네스버그 지사에 석유 부문만 사무실을 별도로 썼다고 한다. 특별한 그 방에는 텔렉스 전용선이 설치됐고 문에는 자물쇠가 있었다고 한다.[48]

하지만 세상에 영원한 비밀이란 없다. 비정부기구인 해상운송조사국SRB은 인적 정보망과 보험 보고서를 토대로 최종 목적지가 남아공인 석유 거래를 추적했다. 그렇게 1979년 1월부터 1993년 12월 사이 남아공에서 화물을 하역한 850척 이상의 유조선을 추적했다. 그렇게 정리된 목록엔 유명 석유 중개 업체의 이름이 총망라됐는데 특히 마크리치앤드코, 트랜스월드오일, 마림펙스의 화물이 가장 많았다. 물론 브리티시페트롤리엄, 토탈에너지스, 쉘 같은 석유 메이저는 물론이고 비톨 같은 다른 중개 업체의 이름도 있었다.

하지만 넬슨 만델라Nelson Rolihlahla Mandela 대통령에 의해 1994년 아파르트헤이트가 종식된 이후, 남아공이 석유 거래에 관한 기밀 해제 문서를 공개하자 온갖 정보가 쏟아져 나왔다. 정보에 의하면 남아공이 석유 거래를 시작한 초창기엔 데우스와 트랜스월드오일이 시장을 지배했다. 남아공의 석유 비축 관리 기관인 전략연료기금Strategic Fuel Fund의 한 관리가 작성한 문서에 의하면, 데우스는 1982년 남아공 전체 석유 수입에 절반 이상을 차지했다.[49] 오죽했으면 남아공 고위 관료들이 석유 공급원을 다변화하기 위해 안간힘을 썼다고 한다. 그래서 뉴욕으로 날아가 마크리치앤드코를 만났고, 함부르크로 날아가 마림펙스와 마주 앉았다.

원자재 중개 업체가 없었더라면 아파르트헤이트 체제의 남아공 경제는 실제보다 훨씬 일찍 무너졌을 거라 봐도 무리가 없다. 정부에서 여러 부처 장관을 거친 크리스 휴인스Chris Heunis는 무기보다 석유 수입이 더 어려웠고, 석유 금수 조치가 아파르트헤이트 정권을 "뒤집을 수도 있었다"고 인정했다.[50] 하지만 원자재 중개 업체 입장에서 남아공의 곤란은 황금알 낳는 거위일 뿐이었다.

1978~1989년까지 총리와 대통령으로서 남아공을 통치한 피터르 빌럼 보타Pieter Willem Botha는 원자재 중개 업체로부터 원유를 사들이는 데 10년간 220억 랜드(약 100억 달러 이상)를 추가로 내야 했다고 말했다.[51] 예를 들면, 마크리치앤드코는 1979년의 거래 한 건에서 원유 수백만 배럴을 배럴당 33달러 가격으로 남아공에 팔았다. 마크리치앤드코는 그 원유를 배럴당 얼마에 구입했을까? 공시가인 14.55달러였다. 앉은 자리에서 두 배 넘는 가격으로 되팔아 126퍼센트의 폭리를 취한 것이다.[52]

"대안이 없었습니다. 자동차와 기차를 멈추게 할 순 없으니까요. 그랬으면 경제 자체도 멈췄겠죠. 우리는 멈추지 않도록 대가를 치렀을 뿐인데 그게 오늘날까지 고통으로 남았네요."[53]

거친 언행과 성격 탓에 '늙은 악어'라는 별명으로 불리기까지 한 보타가 '뻔히 알고서도 당한 사연'에 대해 한 언론에서 밝힌 내용이다.

원자재 중개 업체가 시장에 대한 뛰어난 통찰과 이해를 바탕으로 이익을 실현했다면 문제가 될 게 없다. 하지만 그들은 도덕적·윤리적 원칙 대신에 경제적 이익을 기꺼이 선택했기에 문제가 된다. 남아공과의 거래와 관련해 문제 제기가 있을 때면 그들의 답변은 판에 박힌 듯 같았다. 모든 거래는 합법적이었다는 것이었다.

1986년, 영국 공영방송 비비시BBC가 런던에서 열린 어떤 콘퍼런스에서 데우스를 간신히 카메라 앞에 세운 적이 있다. 이것이 그의 유일한 방송 인터뷰로 알려져 있다. 비비시 기자는 남아공과의 거래에 관한 질문으로 그를 몰아세우기 시작했다. 하지만 데우스는 온갖 질문을 잘도 빠져나갔다. 그러면서 자신의 일에서 문제의 소지가 되는 것은 하나도 없었다고 강변했다.

"우리는 지구 어디가 됐든 그곳의 법을 준수합니다. 위조 서류를 쓴다고요? 그건 당연히 불법이죠. 그런데 배 이름을 가리는 건요? 음,…잘 모르겠네요. 쉽게 비유해 보죠. 당신 집 뒷마당에 보트 한 척이 있는데, 그 보트 이름을 가렸다 치죠. 그러면 당신은 불법을 저지른 건가요?"**54**

또한 "나도 아파르트헤이트를 반대했습니다. 아니, 우리 모두가 반대했죠"라면서, 리치 역시 더욱 왜곡된 논리와 궤변으로 자신의 거래를 정당화했다.

"남아공은 석유가 필요했습니다. 그런데 금수 조치 때문에 아무도 석유를 팔지 않았죠. 그런데 우리가 공급한 이유는, 불법이 아니라 판단했기 때문입니다."**55**

금수 조치와 정치적 호의로 물든 1980년대, 원자재 중개 업체는 권모술수의 화신이 되는 법을 체득했다. 많은 국가가 자국 생산품의 남아공 수출을 허용하지 않았던 반면, 어떤 국가는 특정국으로부터의 수입을 막았고, 동맹끼리는 할인 가격으로 생산품을 사고팔았다. 무역에서의 제약 조건은 오히려 이런 조건을 교묘히 피하는 게 가능한 원자재 중개 업체에 돈벼락을 내렸다. 석유나 금속의 원산지를 속이는 위조 서류를 작성하는 것은 일도 아니었다.

당시 마크리치앤드코에서 고위 트레이더로 일했던 한 사람은 어떤 캐비닛 하나엔 세계 모든 국가의 세관 양식과 인지가 잔뜩 들어 있었다고 증언한다.[56] 석유가 푸에르토리코에서 선적됐다는 증명서가 필요할 때, 그것이 싱가포르로 운송됐다는 사실을 입증할 필요가 있을 때, 너무나 쉽게 서류를 만들 수 있었다는 뜻이다.

당시 마크리치앤드코가 거느린 여러 위장 회사 중 최고의 돈줄은 코부코Cobuco 였다. 코부코는 세상에서 가장 부유한 원자재 트레이더이자 최빈국 관료인 양 행세하던 사람들의 놀이터였다.[57] 여기서 그 최빈국은 어디였을까? 아프리카의 부룬디였다. 1980년대 초에 설립된 코부코의 정식 명칭은 부룬디상업회사Compagnie Burundaise de Commerce로, 본사는 벨기에 브뤼셀의 마리 드파주Marie DePage 7번지, 꽤나 세련된 동네에 있다. 대외적으로 코부코는 부룬디에 공급할 원유를 사들이는 무역 업체였다. 1962년에 벨기에로부터 독립한 부룬디는 커피와 차, 자급자족 농업이 산업의 전부인, GDP 기준 세계 최빈국이다.[58] 국민 1인당 국내총생산GDP이 275달러에 불과한데, 이는 아프가니스탄의 약 절반 수준이다.

그냥 지나치면서 보기엔, 코부코는 부룬디 정부의 관료주의적 전초기지로 보일 만했다. 코부코 브뤼셀 사무실에 전화를 걸면 은돌로Ndolo라는 남성이 전화를 받았기 때문이다. 은돌로의 정체는 무엇일

까? 부룬디 정부의 공무원? 천만의 말씀이다. 그는 유럽 출신으로 마
크리치앤드코의 트레이더였다. 은돌로는 당연히 가명이고, 아예 브뤼
셀에 거주하지도 않았다. 그가 유럽이나 아프리카의 어떤 도시에 있
든 마치 브뤼셀에서 전화를 거는 것처럼 발신 번호 변경 서비스를 썼
기 때문이다. 코부코의 존재는 마크리치앤드코가 이익을 위해서라면
속임수도 마다하지 않음을 보여 주는 확실한 증거였다.

　우리에게 은돌로는 자신의 실명을 공개하지 않는다는 조건으
로 입을 열었다. 은돌로는 코부코의 탄생 에피소드부터 들려줬다. 은
돌로는 한 신문 기사를 읽은 데서 코부코가 시작됐다고 했다. 그 기
사란, 아프리카의 어떤 국가가 석유 부국인 리비아로부터 우대 조건
으로 원유를 수입하기 위해 사절단을 파견한다는 내용이었다. 때는
1980년대 초반, 2차 오일쇼크의 그늘에서 세계가 완전히 벗어나지
못한 상태였고, 유가는 배럴당 30달러를 오르락내리락했다. 많은 아
프리카 국가에서 연료유란 범접하기 힘든 고가품이 됐고, 많은 아프
리카 국가는 인근 산유국에 손을 벌렸다.

　하지만 냉전 시대에서는 자칫 줄을 잘못 섰다가 무슨 험한 꼴을
당할지 몰랐다. 그로 인해 미국과 소련 모두와 거리를 두려는 국가
들이 이른바 '비동맹운동Non-Aligned Movement'이라는 조직을 결성했다.
1980년대 초반에는 비동맹운동이 꽤 결속력을 보였기에 가장 가난한
국가라도 회원국이면 도움을 받기 쉬웠다. 특히 오펙 회원국은 할인
된 가격으로 원유를 기꺼이 수출했다. 미국 달러의 금리가 20퍼센트
에 육박하던[59] 상황에서, 값싼 원유를 확보하는 것 말고도 많은 아프

리카 국가엔 중요한 과제가 있었다. 원유 수입 대금을 마련하기 위해 소프트론Soft loan(상환 기간이나 금리 등 대출 조건이 까다롭지 않은 차관_옮긴이) 을 확보하는 문제였다.

그때 은돌로는 순간적으로 아이디어 하나를 떠올렸다. 아프리카 나 중남미의 가난한 국가를 내세운 다음, 저렴한 원유와 더 저렴한 차 관을 마크리치앤드코가 차지하자는 아이디어였다. 그렇게 코부코가 탄생했다. 공식적으로 코부코는 마크리치앤드코와 부룬디 정부가 50 퍼센트씩 투자한 합작사였다. 부룬디 의회로부터 공식적인 인가까지 받은 서류상으로 완벽한 회사였다.

실상은 어땠을까? 모든 게 꼼수였다. 부룬디는 석유 중개 업체를 운영하기에는 모든 조건이 최악이었다. 내륙국이라 항구가 없었고, 국가의 석유 소비량 자체가 적었다. 일반 유조선 한 척 분량으로도 부 룬디가 6년 이상을 쓸 정도였다.[60] 코부코는 부룬디의 많은 정부 관료 와 마크리치앤드코의 주머니를 채웠을 뿐, 정작 부룬디에는 석유 한 방울도 가지 않았다.

그 악랄한 사업의 기획부터 실행까지 전 과정을 주도한 젊은 트 레이더는 코부코의 사장이 됐고, 은돌로라는 가명을 쓰기 시작했다. 그는 가상의 수입국인 부룬디를 대신해 이란에서 원유를 수입하기로 잠정적으로 결정했다. 그리고는 마크리치앤드코가 테헤란에 심은 인 맥을 통해 부룬디 대통령이 테헤란을 방문하는 계획을 세웠다. 은돌 로는 아프리카의 동업자를 통해 이란과의 협상에서 어떻게 대처해야 하는지 하나부터 열까지 세세하게 일러 줬다.

당시 온돌로는 원유를 스폿 현물시장 가격(배럴당 30~35달러)보다 훨씬 낮은 오펙의 공식 가격(배럴당 약 27~28달러)으로 사들이고 싶었다. 대금 지급 조건도 부룬디에 엄청나게 유리했다. 부룬디는 미국과 소련 그 어디에도 동조하지 않는 비동맹국이라, 향후 2년간은 원유 대금을 지급할 의무가 면제될 수도 있었다. 한마디로 2년짜리 무이자 대출인 셈이었다.

코부코는 이란 측에 선적과 운송은 마크리치앤드코가 담당할 거라고 말했다. 또한 그렇게 선적된 원유는 케냐의 항구도시 몸바사의 정유 공장에서 정제된 다음, 유조차를 이용해 부룬디까지 운송할 것이라고 설명했다. 이란혁명으로 탄생한 이란 정부는 해당 조건에 동의했다.

이후 몇 달간, 마크리치앤드코는 이란과 계약한 원유를 인도받기 위해 페르시아만으로 유조선을 보냈다. '공식적으로' 그 원유는 모두 몸바사에 도착했다. 실제로도 그랬을까? 은돌로는 당연히 아니라고 했다.

"하지만 몸바사에서 원유를 하역했음을 증빙하는 서류를 준비했습니다. 아주 완벽하게요."

그러면 그 원유는 어디로 갔을까? 마크리치앤드코가 빼돌려 크게 프리미엄을 붙여 세계 곳곳에 되팔았다. 그중 일부는 현물시장보다 값을 더 높게 치를 준비가 된 아파르트헤이트 정권의 남아공으로 흘러갔다.

이 거래로 리치는 돈벼락을 맞았다. 코부코가 이란에 지급한 공시가와 현물가는 1배럴에 최소 5달러에서 많게는 8달러까지 차이가 났는데, 이를 감안해 계산하면 리치의 수익은 4,000~7,000만 달러 사이였다. 오랜 시간이 흐른 탓에 은돌로는 거래로 인한 차익을 정확히 기억하지 못했다. 하지만 너무나도 관대한 지급 조건 덕택에 거둔 이익에 대해서는 또렷이 기억했다.

계약상 코부코는 2년간 이란에 원유 대금을 지급할 필요가 없었지만, 코부코로부터 원유를 사들인 구매자는 누구든 30~60일 사이에 대금을 지급해야 했다. 여기서 발생한 차익은 마크리치앤드코에 두 가지 기회를 가져다줬다. 첫째는 마크리치앤드코가 금융계에서 1년 이상 장기적으로 투자할 '총알'이 생겼다. 여기에 20퍼센트에 가까운 금리의 이자도 아낀 셈이었다. 무이자였으니 말이다. 은돌로는 2년짜리 무이자 대출로 정확히 얼마를 챙겼는지에 대해서는 정확히 기억했다. 4,200만 달러 또는 현물시장에서 원유를 되팔아 거둔 수익과 거의 비슷한 액수의 추가 소득이 발행했다고 증언했다.

물론 부룬디도 이 '연극'에서 조연으로서 소정의 출연료를 받았다. 배럴당 20센트였다. 부룬디 입장에선 결코 적은 액수가 아니었지만 마크리치앤드코가 벌어들인 수천만 달러에 비하면 푼돈이었다. 그런데 의문이 하나 있다. 그 수수료는 부룬디 국고로 잘 들어갔을까. 은돌로는 이 부분에 대해서는 절대 입을 열지 않을 것이다.

"코부코를 원합니다. 더 많이."

리치는 세상 곳곳 손을 뻗친 거대한 원자재 제국의 모든 지사에 텔렉스를 전송했다. 그리고 리치는 그 바람을 성취했다. 당시 마크리치앤드코에 한 고위급 석유 트레이더에 따르면, 1980년대 말 마크리 치앤드코는 아프리카 전역에 코부코 같은 사업체를 네다섯 곳이나 운영했다고 한다.[61]

———— ⁓ ————

이렇게 리치가 1980년대 국제 석유 시장을 장악했음에도 불구하고, 반갑지 않은 세상의 관심을 완전히 따돌리는 데 한계가 있었다. 리치의 제국은 이란을 중심축으로 만들어졌다. 이란은 어찌 보면 리치가 제 손으로 판 무덤이기도 했다. 결국 이란이 그의 약점이자 실패의 원인이었다는 말이다. 여튼 1970년대의 리치는 이란산 원유를 에일라트-아쉬켈론 송유관으로 운송해 많은 돈을 벌었다. 부룬디를 얼굴마담으로 내세워 환상적인 수익을 거뒀을 때도 그 뒤에 이란이 있었다. 리치가 남아공에 공급한 원유도 상당 부분이 이란에서 나왔다. 심지어 1979년 이란혁명도 폭주 기관차 같은 리치를 멈춰 세우지 못했다. 호메이니가 귀국한 당일, 리치의 사업 파트너 그린은 원유를 계속 팔도록 새 정부를 꼬드기러 테헤란으로 급히 날아갔다.[62]

그로부터 몇 개월 후, 한 폭도가 테헤란 주재 미국대사관을 급습해 수십 명의 대사관 직원을 억류해 1년 넘게 인질로 붙잡아 뒀었다. 이런 인질 사태에 맞서 지미 카터 미국 대통령은 미국 내 이란 자산을 묶는 여러 행정명령을 발효했고, 특히 이란과의 석유 수출입을 전면 중단함을 포함하는 대대적인 금수 조치를 시행했다.[63]

사태가 이렇게까지 흘러가면, 여느 미국인이라면 법적인 이유에서든 윤리적인 이유에서든 이란과의 사업상 관계를 정리했을 것이다. 물론 리치는 여기에 눈도 꿈쩍하지 않았다. 그도 그럴 게 리치가 그렇게 거대한 제국을 세운 결정적인 비결 중 하나가 금수 조치를 교묘하게 피하려는 굳센 의지였다. 원자재 중개 업체는 국제사회를 무대로 일하는데, 사실상 특정 정부 한 곳의 노력만으로는 원자재 중개 산업을 효과적으로 규제하지 못한다는 뜻이기도 했다. 가령 미국 정부가 이란과의 석유 무역을 금지해도, 스위스 회사와 이란과의 석유 거래까지 막지는 못하는 것과 같다.

그렇다면 도덕적으로는 어땠을까? 같은 미국인이 인질로 잡힌 위기 상황에서 이란산 석유를 사들인 것에 리치는 양심의 가책을 느꼈을까?

"전혀요! 개운합니다."[64]

리치는 질문 자체를 하찮게 만들었다. 리치에겐 도대체 무슨 일이 있었을까? 1980년 봄의 일이다. 일명 '존'으로 통했던 데우스가 리치의 뉴욕 맨해튼 사무실을 찾았다. 당시 데우스와 리치는 석유 중개 산업의 쌍두마차였다. 서로 내기라도 하듯 가장 큰 위험을 무릅썼으며 정치적 도의 따위는 돈 앞의 장애물로 취급했다.

그 자리에서 데우스는 이란산 석유를 사들이고 싶다 제안했고, 직업이 트레이더인 리치는 구매 요청을 마다할 이유가 없었다.[65] 당

시 미국인 52명이 테헤란에 인질로 잡혀 있다는 사실도 전혀 문제될
것이 없었다. 그저 돈이 되냐 안 되냐만이 중요했다. 데우스는 리치가
그런 위인임을 진즉에 알았고, 그렇게 거부할 수 없는 거래를 들고 리
치를 찾아온 것이다. 데우스가 원한 물량은 얼마였을까? 2억 달러어
치였다.

　7월부터 3개월간, 마크리치앤드코는 여덟 번에 걸쳐 원유와 연료
유를 데우스의 트랜스월드오일에 인도했다. 9월 30일에 그 정점을 찍
었는데, 이란산 원유 160만 7,887배럴로 금액으로는 5,646만 3,649
달러 규모였다. 그 돈은 대서양을 횡단해 최종 주인을 찾아간다. 먼저
프랑스 파리의 소시에테제네랄은행Société Générale의 트랜스월드 계좌
에서 리치의 뉴욕 지사 계좌로 이체됐고, 그다음 리치의 계좌에서 이
란 중앙은행의 파리국립은행BNP 계좌로 송금됐다.[66]

　결과부터 말하면 그 거래는 리치의 개인적인 인생 경로를 바꾼
다. 더 나아가 그것이 중개 산업의 역사를 바꾸었다고 해도 틀리지 않
을 것이다. 또한 20년간 이어지는 법적 분쟁의 시작이었고, 급기야
마크의 사진이 미국 연방수사국FBI의 '10대 지명 수배자' 리스트에 오
르도록 만들었다.

　리치가 데우스와 이란산 석유를 거래하던 때에 미국의 연방검찰
은 리치의 조세 관련 의혹을 입증하기 위해 수사력을 집중했다. 그러
던 중 검찰은 리치와 이란 사이의 석유 거래 사실을 알고 대어를 낚았
다는 사실을 직감했다. 복잡한 조세 포탈 사건이 새로운 차원으로 접
어들었고 원자재 트레이더의 두꺼운 얼굴을 드러내는 도덕성의 문제

로 번졌다. 마침내 그 일이 세상에 드러났을 때 미국 지배층은 분노로 들끓었고 일반 대중은 리치를 '지구 최강의 사기꾼'으로 낙인찍었다.

1983년 대배심 Grand Jury(중범죄와 연방 범죄의 수사 과정, 특히 기소 여부를 판단하는 집단. 소배심은 유무죄를 판단한다_옮긴이)에 의해 기소 결정이 나왔을 때 리치는 하루아침에 유명 인사가 됐다. 그의 이야기는 할리우드 스릴러 영화가 휴먼 드라마로 보일 정도였다. 억만장자 원자재 트레이더가 조세 체계를 농락했고 호메이니의 측근과 은밀하게 석유를 사고팔았다. 이도 모자라, 리치가 비밀문서를 국외로 빼돌린다는 정보를 얻은 검찰이 늦은 밤 뉴욕 존에프케네디국제공항 활주로에서 스위스항공 소속 비행기의 이륙을 중지시킨 일도 있었다.

리치에 대한 소송은 세계인의 상상력을 사로잡았다. 기자들은 그의 모습을 먼발치나마 보기를 기대하며 추크로 날아가 거리를 어슬렁거렸다. 리치는 사무실 건너편 자신이 소유한 레스토랑에 갈 때조차도 보디가드로 스크럼을 짰다. 세계로 보도된 그의 이미지는 영락없이 팬터마임 속 악당의 이미지였다. 짙은 색의 머리칼을 한 올의 튀어나옴 없이 깔끔히 빗어 넘겼고 손에는 연기가 피어오르는 기다란 시가가 들렸다. 영원한 이방인이었던 리치는 자신이 억울한 피해자라는 주장을 계속했다.

"남들이 보는 내 모습은 엉망진창이었어요. 워커홀릭에 외톨이, 돈 버는 기계라고 말이죠. 당연히 아닙니다. 나는 불법 근처에도 안 가본 선량한 보통 시민일 뿐입니다."[67]

치솟은 가솔린 가격으로 고통받던 미국인에겐 억울함을 호소하는 그의 항변이 먹힐 리 없었다. 리치와 그의 트레이더 무리에 관한 신문 기사가 봇물처럼 터졌고 덕분에 미국인은 그들이 지금껏 얼마나 많은 돈을 쓸어 담았는지 알았다. 그 자체로도 할리우드 영화 같은 그의 이야기에 극적 요소를 더해 주는 새로운 사실도 드러났다. 영화 제작사 20세기폭스20th Century Fox의 지분 50퍼센트를 소유한 주인이 알고 보니 리치였던 것이다.

마침내 원자재 트레이더에 대한 대중적인 이미지가 완성됐다. 그리고 원자재 중개 산업 내부자에게 리치의 사건은 '그렇게 하면 안 된다'라는 교훈이 됐다. 그들이 대중의 눈에서 비켜나 은둔자처럼 살아야 하는 이유를 단적으로 보여 준 사례였다.

검찰이 제기한 모든 혐의 중에서 여론 재판이 리치에게 유죄를 선고한 이유 중 한 가지는 이란 혁명정부가 미국 시민을 인질로 억류하던 때에 이란과 거래한 사실이다. 그러나 검찰이 매의 눈으로 지켜본 리치 사건의 핵심에는 이란과 전혀 관련 없는 거래가 포함됐다. 오히려 석유에 대한 미국 정부의 복잡 미묘한 규제와 깊이 얽혔다. 당시 미국의 법규하에서는 1972년 이후 개발된 유전에서 생산한 석유를 기존 유전의 석유보다 더 높은 가격에 매도하는 것이 합법적이었다.

공소장에 따르면, 리치와 그의 회사는 해당 법의 허점을 악용해 일련의 복잡한 거래로 1억 달러 이상의 세금을 탈루했다. 샌디 와인버그Morris 'Sandy' Weinberg Jr.에서 루돌프 줄리아니Rudolph William Louis Giuliani로 이어지는 리치 담당 연방 검사는 리치 소송이 미국 역사상 최대 규모의 조세 사기 사건이라 규정했다. 모든 혐의가 유죄로 인정된다면 리치는 최대 300년 징역형을 받을 처지에 놓였다. 여담이지만 '루디Rudy'라는 애칭으로 유명한 줄리아니는 훗날 뉴욕 시장을 거쳐 도 널드 트럼프Donald John Trump 대통령의 개인 변호사로 이름을 날린다.

리치의 변호인은 검찰의 기소에 이의를 제기하면서 그것은 형법 상 범법 행위가 아니라 민사상 탈세 사건이라고 주장했다. 솔직히 그 들의 주장을 뒷받침할 만한 전례가 전혀 없는 것도 아니었다. 다른 많 은 기업도 비슷한 행위를 저질렀고 막중한 과징금을 물었지만 형사 범죄로 기소되지는 않았다. 예를 들어 엑슨모빌은 1983년 '구Old 원 유'를 '신New 원유' 가격으로 판 혐의로 8억 9,500만 달러의 벌금형을 받았다(1974년 1월 미국 정부 기준. 1972년 동월 생산 수준 이하면 '구 원유', 이상이 면 '신 원유'다_옮긴이).[68] 리치와도 몇 번 거래한 이력이 있던 애틀랜틱리 치필드는 1986년 미국 정부의 가격통제법 위반으로 3억 1,500만 달 러 과징금에 합의했다.[69] 뿐만 아니라 리치의 변호인은 그가 이란과 거래한 사실은 시인하면서도 그가 스위스에 등록된 회사를 대신해 거 래했다고 항변했다.

하지만 그들의 이의 제기와 주장은 공허한 외침이었다. 마크리치 앤드코는 탈세 혐의에 대해 약 2억 달러 과징금에 합의했다. 하지만 리치와 그린은 개인적인 탈세 혐의에 대해서는 합의할 생각이 아예 없었다. 그들은 재판정에 서느니 차라리 해외 도피를 선택했다. 1983 년 검찰이 기소했을 즈음 그들은 이미 뉴욕을 떠나 추크에 새 둥지를 튼 다음이었고, 스위스 정부가 그들을 보호해 줬다. 이후 그들은 미국 땅을 밟지 않았다.

리치는 미국 국적을 포기했고 스페인과 이스라엘에서 새 국적을 취득했다. 이 사실 하나만으로도 리치는 미국 입장에서 완벽한 배신 자였다. 리치의 변호인이었던 에드워드 베넷 윌리엄스Edward Bennett Williams도 예외가 아니었다. 윌리엄스는 변호인인데도 리치가 해외로 도주했다는 사실을 뒤늦게 알았고 몹시 충격을 받았다며 다음과 같이 말했다.

"마크, 그거 알아요? 당신은 지금 미국 성조기에 침을 뱉은 겁니 다. 미국 사법 체계를 모욕했습니다. 이제 무슨 일이 생겨도 책임 못 집니다. 형량 최소로 갈 수도 있었는데, 당신이 선을 넘은 겁니다."[70]

결과부터 말하면 리치와 그린은 20년 가까이 국제 수배자로서 미 국의 사법 당국에 쫓기는 도망자로 살았지만 끝내 징역을 살지도, 벌 금을 내지도 않았다. 클린턴 대통령이 2001년 1월 임기 마지막 날 날 치기로 서명한 무더기 사면 리스트에 리치와 그린이 포함됐다. 리치 가 새로 국적을 취득한 이스라엘의 총리(에후드 바라크Ehud Barak_옮긴이)와 스페인의 국왕(후안 카를로스 1세Juan Carlos I_옮긴이)을 포함한 비호 세력이 물밑 로비를 벌인 덕분이었다. 리치의 사면은 미국 정가에서 좀체 보 기 힘든 상황을 연출했다.

미국 국회의원들은 민주당과 공화당을 떠나 한목소리로 사면을 비난했다. 한편 리치의 전처 데니즈Denise Eisenberg가 민주당과 클린턴 대통령도서관을 후원하는 최고액 기부자였다는 사실도 새로 밝혀졌 다. 민주당 소속의 캘리포니아 하원 의원으로 클린턴의 전통적인 지 지자였던 헨리 웍스먼Henry Arnold Waxman마저 그 사면이 "불명예스러운 판단 착오라 인정하시죠. 그걸 무시하면 정의의 근본 원칙을 위반하는 게 됩니다"라고 비난에 가세했다.[71]

리치는 클린턴의 사면으로 자유의 몸이 됐지만 미국의 사법 당국을 피해 도망자로 살아온 20여 년 세월은 고스란히 흔적을 남겼다. 한때 세상을 정복하는 재미로 살던 원자재 트레이더가 강산이 두 번 바뀌는 동안 손에 꼽을 정도의 몇몇 국가 안에 발이 묶였다. 그리고 대부분의 시간을 스위스와 스페인 그리고 이스라엘에 마련한 자택 사이를 개인 전용기로 오가면서 보냈다. 이 시간은 가뜩이나 어릴 적부터 스스로를 이방인이라고 생각했던 리치를 원한과 의심에 절은 방어적인 사람으로 바꿨다.

그의 개인적인 처지와는 달리 회사는 번창했다. 자메이카, 남아공, 부룬디, 앙골라와 맺은 거래를 보면 명확하다. 이분법에 사로잡힌 분열과 정치적인 금수 조치로 얼룩진 냉전 세상에서 그는 자신이 필리프브라더스에서 배웠던 원자재 중개 산업의 포트폴리오를 받아들였고 그런 다음 포트폴리오를 더욱 저돌적으로, 더욱 국제화시켰다. 뿐만 아니라 칼날 위를 걷다가 떨어지는 위험을 감수하려는 의지도 갈수록 강해졌다.

그렇게 그는 경제 체질이 허약하고 부패한 문제 국가에서 '작업'하는 데에 회삿돈을 더 많이 투자할 준비를 마쳤다. 이것은 그를 이머징 마켓에 대한 투자를 개척한 선각자로 만들어 줬다. 마크리치앤드코는 금속과 석유에 집중하던 전통적인 사업 영역을 확대해 곡물 중개 시장에까지 진출했고 이로써 국제 원자재 중개에서 선두 주자가 됐다. 심지어는 스트로토테가 경영하고 공식적으로는 리치의 동업자 하켈이 소유한 계열사를 통해 미국에서도 경영 활동을 계속 이어 왔다.

마크리치앤드코가 쏘아 올린 공 때문에 원자재 중개 업체는 딜레마에 빠졌다. 그들의 방식을 따라하든가 아니면 그들이 장악한 국가에서 사업을 포기하든가 둘 중 하나였다. 이런 변화는 리치를 트레이더로 키운 친정 필리프브라더스까지 시련의 시간으로 내몰았다.

하지만 이것은 단지 시작에 불과했다. 원자재 중개 산업에 변화의 폭풍우가 몰려온다. 이번 변화는 리치로부터 시작한 것이 아니었다. 천원자원이 거대 생산자의 통제력에서 벗어나 자유화됨에 따라 연쇄반응이 촉발됐다. 먼저 원자재를 대상으로 하는 금융계가 확대됐고 갈수록 광기를 더해 갔다. 원자재 시장에서 금융 부문이 점점 중요해지자 새로운 유형의 트레이더가 원자재 산업을 지배하기 시작했다. 리치는 물론이고 그의 동시대 트레이더와는 닮은 점이 하나도 없는, 그야말로 새로운 유형의 트레이더였다.

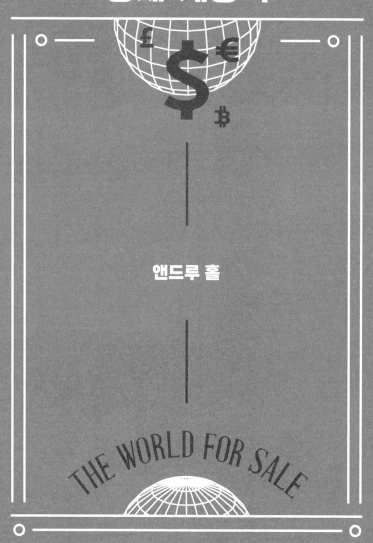

4장

황제 계승식

앤드루 홀

THE WORLD FOR SALE

"이라크가 탱크를 앞세워 쿠웨이트시티를 침공했습니다!"

　　미국 코네티컷주 그리니치. 피브로에너지Phibro Energy의 수장인 홀의 단잠을 깨운 한마디였다. 모두가 단잠에 빠진 새벽 1시, 홀은 한 통의 전화로 정신이 또렷해졌다. 당시 홀은 유가가 상승하리라는 예측에 회삿돈 수백만 달러를 걸었다. 회사의 명운을 넘어 그의 커리어까지 내건 셈이다.

　　이제 그의 도박이 옳았음을 보여 줄 거의 확실한 증거가 거의 눈앞에 와 있었다. 세계 원유 매장량의 20퍼센트를 차지하는 이라크와 쿠웨이트가 전쟁을 벌인다니 유가 상승은 기정사실에 가까웠다. 수화기 너머의 상대방은 도쿄 지사 직원으로, 미국의 밤 시간 동안 석유 시장의 동향을 감시하는 역할을 맡았다.

"그래서, 시장 반응은 어때?"

홀이 물었다.

"매수만 들어옵니다. 매도는 완전 죽었어요."[1]

호리호리하고 훤칠한 몸매에서 뿜어져 나오는 차분함이 특징이었던 홀은 얼굴에서도 역시 감정을 쉬이 내비치지 않았다. 하지만 방금 들은 소식이 얼마나 중요한지 그가 모를 턱이 없었다. 이 도박이 성공한다면 홀은 거래 한 번으로 수억 달러를 얻는 셈이었다.

홀이 이끄는 피브로에너지는 필리프브라더스의 자회사로, 당시 세계 최대 석유 중개 업체 가운데 하나였다.

1990년 8월 2일 새벽 2시, 군 지휘 체계를 거치지 않고 후세인에게 직접 보고하는 정예부대 이라크공화국수비대 네 개 사단이 접경국인 쿠웨이트를 침공했다. 걸프전쟁의 시작이었다. 군대를 거침없이 몰아붙인 이라크는 침공 이틀 만에 쿠웨이트 영토를 완전히 손에 넣었다. 세계 4위 산유국 쿠웨이트 영토와 그곳에서 생산되는 원유의 상당 부분에 대한 통제권을 후세인이 장악하기까진 48시간도 채 걸리지 않았다.[2] 유엔안보리는 이라크 침공에 대응해 이라크와의 '모든 원자재' 교역을 금지하는 금수 조치를 발효했다.[3]

석유 시장은 홀의 예상대로 흘러갔다. 뉴욕 시간으로 이른 아침, 세계 유가 기준 중 하나인 브렌트유Brent Oil(영국 북해 지역에서 생산되는 원유. 미국 서부 텍사스산 원유wTI, 중동 두바이유Dubai Oil와 함께 세계 3대 유종이다. 특히 브렌트유는 유럽과 아프리카 지역 원유 거래가의 기준이 된다_옮긴이) 가격이 15퍼센트 급등했다. 그리고 3개월도 되지 않아 브렌트유 가격이 두 배로 치솟았고 최고점일 때는 배럴당 40달러 선을 가뿐히 올라섰다. 1979년 이후 석유 시장의 최대 위기였다. 하지만 피브로에너지와 홀 입장에서 걸프전쟁은 한마디로 '수금하는 날'이었다.

유가 상승에 판돈을 건 홀의 도박은 단 몇 주 만에 적게는 6억, 많게는 8억 달러의 이익으로 돌아왔다.[4] 도박이라고 썼지만 여기엔 지정학적 통찰과 시장에 대한 전문 정보가 결합됐고, 석유 시장에서 쓰던 여러 신종 파생상품의 도움이 컸다. 그렇다면 1990년 한 해 피브로에너지의 수익은 얼마였을까? 순이익만 무려 4억 9,200만 달러였다.[5]

1970년대를 강타한 두 번의 오일쇼크 이후, 석유 시장은 더욱 진화했고 트레이더의 전략 또한 진화했다. 여기에는 특히 홀 같은 트레이더의 활약이 두드러졌다. 홀은 기회를 찾아 지구의 이곳저곳을 찾아가는 '행동파'라기보다 자신의 사무실에 앉아 일하는 '분석파'에 가까웠다. 업무 스타일이 이렇다 보니 홀에게 리치와 데우스 같은 트레이더는 그저 인맥에 의지해 잭폿을 터뜨리는 구시대적 인물로밖에 보이지 않았다.

1980년대 말부터 1990년대 초, 에너지 거래에선 또다시 변화의 바람이 거세게 분다. 이때의 변화도 수십 년 전 변화만큼이나 그 의미가 컸고, 변화의 시작점은 달랐지만 그 결과는 같았다. 수십 년 전에는 바이서를 비롯한 석유 무역의 개척자가 세븐시스터스의 지배력을 무너뜨림으로써 유가 결정 방식이 변화했다. 이번 변화의 대상 역시 그때와 같은 '유가 결정 방식'이었다. 그때는 바이서, 이제는 홀 같은 신예 트레이더가 변화를 주도하되, 금융의 신세계를 연 선물과 옵션(통화, 채권, 주식, 주가지수 등 특정 자산을 장래의 한 시점에 미리 정한 가격으로 사고파는 권리. 팔 권리는 풋옵션Put Option, 살 권리는 콜옵션Call Option 이다_옮긴이)이 그 변화의 조력자 역할을 했다.

특히 선물과 옵션은 위험 상쇄 효과가 특징인 파생상품으로, 트레이더가 가상의 유가에 돈을 거는 길을 열어 줬다. 이제 현물 석유 거래의 가격을 트레이더가 고정시킬 수 있으니, 예상을 벗어난 가격 변동에 대한 걱정 없이 거래의 규모를 키우는 게 가능해졌다. 이런 위험 상쇄 기능에 더해 선물과 옵션엔 또 다른 기능이 있었다. 투기를 가능케 한 것이다. 한마디로 석유 시장의 가격 변동에 대한 룰렛 게임이 역사상 가장 쉬워졌다는 뜻이다.

"사실 파생상품은 최종 이용자, 항공사, 선박용 연료유 소비자에게 팔려고 월스트리트가 만든 거죠. 이게 나중엔 원자재 시장에 동력을 넣었고, 1990년대엔 파생상품이 게임 그 자체가 됐습니다."[6]

세계적인 투자은행인 모건스탠리에서 석유 트레이더로 일했으며, 훗날 원자재 사업부 대표로 승진한 콜린 브라이스Colin Bryce의 말이다.

석유 시장의 금융화는 새로운 거래 방식을 탄생시켰다. 모기지 Mortgage와 정크본드Junk Bond 시장에서 혁명을 이끈 월스트리트는 1980년대 말이 되자 석유 시장에 관심을 보이기 시작했다. 그들은 새로운 금융 도구를 자유자재로 휘두르면서 석유 시장 참여의 문턱을 낮췄다.

이때 석유 시장에 진입한 새로운 참가자로는 연기금 같은 기관투자자를 포함하는 재무적 투자자FI(경영 대신 투자 수익이 목표인 투자자_옮긴이), 항공사나 해운 업체처럼 유가 상승에 대비할 보험이 필요했던 최종 이용자 등이 대표적이었다. 이들은 원유 현물을 직접 볼 필요가 없었고, 명목상 거래만으로도 목적은 충분했다. 이렇게 가상으로 거래되는 석유는 '명목석유Paper barrel'라는 이름을 얻는다.

명목석유 거래자의 경우 선물과 옵션 그리고 유사 금융 상품을 도구로 썼다. 하지만 그 상품이 완전히 새로운 것은 아니었다. 이미 100여 년 전부터 런던금속거래소에서는 구리와 주석의 선물거래가 이뤄졌다. 곡물 역시 시카고상품거래소를 포함해 여러 곳에서 선물거래가 이뤄졌다. 특히 일본에서는 1697년부터 쌀을 매개로 한 선물거래가 이뤄졌는데 이것이 세계 최초 선물거래로 여겨진다.[7] 하지만 석유 부문에서는 1980년대에 들어서야 형성됐다.

원자재 선물거래 역시 미래 특정 시점에 원자재를 인도·인수하기로 합의하는 계약이다. 계약을 매수해 만기일까지 유지하면 계약한 원자재를 받는다. 계약을 매도한 사람은 만기일에 반드시 계약한 원자재를 인도해야 한다.

석유 선물시장의 탄생은 트레이더에게 이제껏 없었던 다양한 실험을 가능케 했다. 무엇보다 현물을 즉석에서 사고팔 필요가 없어졌다. 몇 주, 몇 달, 몇 년 후에 인도·인수할 석유를 현재 시점에서 매매할 수도 있었다. 트레이더는 실제 인수일보다 몇 개월 전에 계약을 사고팔 수도 있었다. 하지만 대부분은 만기일까지 계약을 유지해 현물을 인수하지 않았고, 그 대신 인수하기로 한 현물과 같은 분량의 선물을 매매했다. 무슨 뜻일까? 진짜 석유 없이 시장의 움직임만으로 돈을 거는 게 가능해졌다는 뜻이다.

석유 거래에서 선물은 다양한 역할을 했다. 선물을 이용한 투기가 등장했는가 하면, 유가 변동에 따른 위험을 덜기 위해 선물을 활용하는 이도 있었다. 예를 들어 1개월 후 매도해야 할 석유가 있다 치자. 유가 상승을 기대하며 1개월을 보내는 대신 곧바로 선물 계약으로 팔아 현 시가에 묶는 식이다. 이러면 가격이 상승하든 하락하든 큰 위험이 제거된다. 물론 유가가 떨어지면 선물 가치도 떨어진다. 하지만 더 낮은 가격으로 선물 계약을 되살 수 있다면 이야기가 달라진다. 반대로 유가가 올라가면 계약상으로는 손해지만 현물 가치는 올라가니 손실액과 같은 액수를 버는 셈이다.

옵션은 선물보다 더욱 유연하다. 옵션에서 트레이더는 수수료(프리미엄Premium)를 대가로 사전에 정해진 가격과 시기에 선물 계약을 사고팔 선택권을 획득할 수 있지만 이는 권리 사항이다. 즉, 계약 이행 여부를 선택할 수 있다. 이렇게 선물과 옵션을 통틀어 파생상품이라 하는데 그 가치가 기초 자산, 즉 원자재의 가치에서 '파생'하기 때문이다.

석유 시장에서의 파생상품은 거래 지형을 뒤흔든 혁신이었다. 바이서와 리치 같은 트레이더는 가격 변동의 위험으로부터 계약을 보호할 수 없었다. 오늘 석유를 사들였는데 다음 날 가격이 떨어지면 손실을 고스란히 떠안는 식이었다. 물론 계약 가격이 고정되면 유가가 하락해도 문제가 아니지만 1970년대 두 번의 오일쇼크를 겪으면서 석유 거래는 위험성 높은 사업이 됐다.

하지만 1980년대에 들어 상황이 변했다. 혁신은 아주 평범한 어떤 원자재로부터 시작됐다. 바로 서민의 대표적 먹을거리인 감자였다. 앞에서 말했듯 원자재 파생상품은 100년이 넘는 시간 동안 뉴욕상업거래소NYMEX에서 거래됐다.

뉴욕상업거래소의 풍경은 악다구니로 가득하다. 실제로 뉴욕상업거래소의 트레이더는 입이 걸고 행동이 거친 것으로 유명하다. 1970년대 리치와 데우스 같은 트레이더가 석유 매매로 잭폿을 쓸어 담는 와중에도 뉴욕상업거래소 트레이더는 감자 선물에 집착했다. 그만큼 감자는 가장 인기 있는 원자재였다.

그런데 1976년 5월, 뉴욕상업거래소에서 대규모 선물 계약 불이행이 터졌다. 당시 원자재 선물 역사상 최대 규모의 계약 불이행 사태였는데, 거래소가 붕괴 직전까지 내몰릴 정도였다. 거래소 이사회는 파산을 피하기 위한 특단의 조치를 고민했다. 즉, 감자를 대신할 원자재를 찾아야 했다. 그렇게 고민과 논쟁이 오간 끝에 석유가 선택됐다.

뉴욕상업거래소는 자신의 운이 얼마나 좋은지를 석유를 통해 시험하기로 했다.

물론 석유 파생상품이 당시 '신상품'은 아니었다. 1세기 전, 그러니까 1859년 미국에서 상업적인 석유 생산이 개시된 이후 석유 선물과 옵션이 존재했다. 비록 짧은 기간이었지만 미국 전역에서 최소 20개의 거래소가 석유 선물을 취급했다.[8] 하지만 그 시장은 록펠러가 석유 산업을 제패했을 때 막을 내렸다. 즉, 현물 석유의 스폿 거래와 비슷한 운명이었다.

그로부터 1세기 후인 1983년 3월 30일, 뉴욕상품거개소는 애틀랜틱리치필드(현재는 브리티시페트롤리엄에 흡수됐다)의 저유 시설이 밀집한 오클라호마주 쿠싱에서 인도되는 서부 텍사스산 원유 가격을 기준으로 저유황경질유 선물 계약을 개시했다. 석유 파생상품 시장이 재편되는 순간이었다.

석유 선물 계약의 시작은 원자재 중개 업체에 날개를 달아 줬다. 현대에 들어 거래 위험을 회피할 길이 처음 열렸기 때문이다. 이젠 위험을 감내할 필요 없이 대규모 계약을 시도할 수 있게 됐다. 또 다른 의미도 있었다. 현물과 금융 모두에 참여하는 원자재 중개 업체가 다양한 시도를 해 볼 무대가 만들어졌기 때문이다. 노골적으로 비유하면 월스트리트 '도박장'이 석유 시장에 침투한 셈이다. 이 두 문화의 충돌에서 돈벼락을 맞을 준비가 가장 잘된 이가 바로 홀이었다.

———∽———

　홀은 석유 메이저 브리티시페트롤리엄에서 트레이더의 길을 걷기 시작했다. 마침 세븐시스터스의 힘이 약해지던 시기기도 했다. 학생 신분에 수습직 제도로 입사했던 그는 회사 지원을 받아 옥스퍼드대학교에서 공부했고 졸업 후 정식 입사 제안을 받았다. 그때는 1973년 1차 오일쇼크로 세상이 혼란스러운 시기였다.

　그렇게 홀은 브리티시페트롤리엄의 중심인 일정 관리 파트에서 일하기 시작했다. 그중 홀의 부서는 원유의 최종 목적지를 결정하는 일을 맡았는데, 당시 브리티시페트롤리엄의 일일 원유 생산량이 약 500만 배럴이었으니 실로 업무량이 어마어마했다. 게다가 회사의 전신이 앵글로페르시안석유회사였으니 원유 생산량의 상당 부분은 이란 유전에서 나왔다. 다만 홀의 부서는 중개 업무를 하지 않았다. 자사가 생산한 원유를 자사의 정유 공장에서 정제하고, 그 석유를 자사 주유소에서 팔도록 관리하는 것까지였다.

　하지만 브리티시페트롤리엄은 얼마 지나지 않아 변화의 기로에 섰다. 1979년 이란혁명으로 탄생한 새 정부가 원유 생산량 대부분을 몰수했기 때문이다. 그 후 홀은 뉴욕 지사로 발령받아 석유 매매 업무를 시작했다. 처음에는 자사 공급망에 댈 물량만을 거래했지만, 홀은 중개 업무 자체에 흥미를 느꼈다. 저렴한 석유를 발견하면 일단 사들인 다음 구매자를 물색하기 시작했다.

　당시 브리티시페트롤리엄은 물론이고 여타 석유 메이저에선 제삼자와의 중개는 '좀 떨어지는' 일로 취급됐다.

"막말로 미친 듯이 석유를 중개하기 시작했습니다."**9**

업계 분위기가 그러함에도 홀은 조금도 신경 쓰지 않았다. 이 젊은 트레이더의 대담한 시도는 곧 최고 원자재 중개 업체의 관심을 끌었고, 필리프브라더스와 마크리치앤드코가 거의 동시에 홀에게 손을 내밀었다. 1982년 필리프브라더스의 손을 잡은 홀은 입사 후 5년도 지나지 않아 1984년부터 피브로에너지라는 새 간판을 단 석유 중개 업체를 지휘했다.

같은 세대 중 가장 성공한 석유 트레이더라는 홀의 명성을 공고히 만든 사건은 1990년 걸프전쟁이었다. 전쟁 이후에도 그의 명성은 계속 높아졌다. 중국의 경이로운 성장을 정확히 예상한 덕분에 수억 달러를 벌었고, 2008년에는 급여와 성과급을 합쳐 1억 달러 이상을 챙겨 석유의 '신'이라는 별명까지 얻었다.

브리티시페트롤리엄과 피브로에너지의 경험을 바탕으로 홀은 그만의 특허가 되는 독특한 거래 방식을 개발했다. 시장을 주도할 정치·경제적 요인을 치밀하게 분석해 대담하게 베팅하고, 그다음에는 강철 같은 정신력으로 기다리는 것이었다. 1991년 한 인터뷰에서 홀은 이런 말을 남겼다.

"우리를 월스트리트랑 엮지 마시죠. 걔넨 푼돈 하나에 사람 등쳐 먹을 궁리만 하는 애들이에요. 우리는 다릅니다. 우리는 분석에 따라 결정하고 끝까지 기다릴 겁니다."10

1990년의 대규모 거래에서도 홀 특유의 확신은 빛을 발한다. 그는 석유 트레이더 사이에서 열렬한 '유가 강세론자'로 유명했고 언제나 유가 상승에 베팅하는 것을 선호했다. 하지만 1990년 초의 석유 시장 상황은 예사롭지 않았다. 공급과잉이 확실했다. 홀도 그렇게 생각했다. 사실 시장의 복잡한 상황을 추적하는 사람이라면 모두가 인정하는 사실이었다. 원유가 팔리지 않아 재고가 눈덩이처럼 불어났고, 원유를 보관할 공간이 부족했다. 단적인 예로 1990년 초 부국의 모임과 같았던 경제협력개발기구OECD 회원국의 경우 원유 재고가 1982년 이래 최고 수준이었다.[11]

1980년대 전반기 평균 유가는 배럴당 30달러를 넘었는데, 1990년이 되자 20달러 선이 무너졌고(자료 4 참고), 오펙 회원국은 유가 하락의 압박감을 느끼기 시작했다. 오펙에서 합의한 생산 쿼터Quota(할당량_옮긴이)를 몰래 어기는 회원국이 나타나기 시작했고, 얼마라도 더 건지기 위해 쿼터보다 조금 더 많이 생산해 뒤로 팔았다. 이는 유가를 더욱 떨어뜨리는 압력으로 작용했다.

오펙 회원국 중 유가 상승이 가장 간절했던 국가로는 이라크가 단연 으뜸이었다. 이라크는 이란과의 오랜 전쟁을 끝낸 지 얼마 되지 않아 사실상 파산 직전이었다. 전후 복구를 위해 많은 돈이 필요했고, 이에 더해 400억 달러에 육박하는 외채도 갚아야 했다. 이라크의 최대 채권국은 쿠웨이트, 사우디아라비아, 아랍에미리트 같은 주변국이었다.[12] 주변 상황이 모두 나쁜데 유가마저 배럴당 20달러 이하를 오가니 이라크가 외채를 갚을 방법은 거의 없었다. 급기야 1990년 중반, 후세인 대통령은 이라크 주재 외교관을 대상으로 참전 군인에 대한 연금 지급을 중단할 수도 있다는 경고까지 했다.

이라크는 유가 상승을 절실히 원했지만, 쿠웨이트는 오펙 회원국 중 가장 악명 높은 '쿼터 위반국'이었다. 실제로 쿠웨이트는 오펙 쿼터에 신경 쓸 처지가 아니었다. 유가 하락으로 커진 오일머니의 감소를 메우기 위해서는 원유 증산 외에 다른 방법이 없었기 때문이다. 그렇게 쿠웨이트는 쿼터를 초과해 생산한 원유를 구매하는 정유사를 대상으로 추가 할인까지 끼워 줬다. 네 개의 정유 공장을 돌리던 피브로에너지도 쿠웨이트의 뒷거래 소식을 들었다. 이 소식은 유가가 더 떨어지리라 생각한 홀의 생각을 확신으로 바꾸게 했다.

공급과잉으로 국제 유가는 떨어졌지만, 6개월 후 인도하는 선물 계약은 유가만큼 급격하게 떨어지지는 않았다. 돈 버는 데 창의력이 뛰어난 트레이더에게 이런 가격격차는 절호의 기회였다. 게다가 파생상품과 결합된 석유 시장은 갈수록 팽창했고, 피브로에너지는 수년간 업계에서 혁신을 주도하는 선도 업체 중 하나였다. 홀의 눈에는 '돈이 훤히 보였다'. 원유를 사들여 6개월간 쟁였다가 되팔면 그만이었다.

예전에는 가격격차를 이용한 거래는 도박에 가까웠다. 원하는 방향으로 가격이 움직이기를 기대하며 피 말리는 시간을 감수해야 했기 때문이다. 하지만 1980년대 중반 선물시장이 본격적으로 도래하면서 판도는 바뀌었다. 1990년 봄에는 상황이 많이 바뀌었다. 홀은 원유를 사들인 당일에 선물 계약을 이용해 6개월 후 석유 인도 가격을 고정시킬 수 있었다. 이러면 6개월 후의 선물 가격이 현 공시가보다 더 높앗으니 이익이 확보되는 셈이었다.

하지만 석유 선물거래에도 문제가 있었다. 바로 인도 전까지 원유를 저장할 공간을 찾는 일이었다. 당시 육상의 석유 탱크는 원유를 저장하기엔 그 수가 부족했다. 그런데 홀이 기발한 아이디어를 냈다. 30만 톤 이상의 초대형 원유 운반선VLCC를 빌려 탱크로 활용하자는 것이었다. 원유를 가득 실은 유조선을 바다에 정박시켜서 탱크로 쓰려는 생각이었다. 물론 유조선이 정박한 일수대로 체선료(계약 기간을 넘겨 정박할 경우 청구되는 비용_옮긴이)를 계산해 줄 생각이었다.

물론 홀의 아이디어는 예전에도 시도됐었다. 하지만 독립 중개업체가 원유의 대규모 저장을 위해 시도한 경우는 일찍이 없었다. 이에 대한 홀의 답변이다.

"우린 배를 이용하는 시장에서 큰손이었습니다. 그래서 거래 중인 해운 업체에 제안했죠. 초대형 한 척을 빌려주는 대신 6개월간 체선료를 받지 않겠냐고요. 반응은 그걸 어디 쓰냐는 거였죠. 저는 되냐 안 되냐로만 말하라 했어요. 업체는 당연히 된다고 했죠."**13**

홀은 계획을 실행에 옮기기 시작했다. 이를 위한 거래 규모는 정말 어마어마했다. 약 200만 배럴을 옮길 초대형 유조선 십여 척을 임대했다. 그리고 홀은 원유를 '진공청소기처럼' 사들이는 동시에 원유 매입가보다 비싼 선물 계약을 매도했다. 즉, 이익을 고정시켰다.

이제 홀에게 필요한 것은 딱 하나, 원유를 팔 때까지 금융기관으로부터 최소 6개월 동안 대출을 트는 것이었다. 하지만 이것은 전혀 문제가 되지 않았다. 1981년 인수, 합병을 통해 피브로에너지가 월스트리트의 유명 투자은행인 살로몬브라더스와 한 지붕 아래 살았기 때문이다. 그 덕에 1980년대 거의 전반에 홀은 '돈 걱정'을 할 필요가 없었다.

유가가 정점이었을 때 홀이 사재기한 원유의 총 가치는 6억 달러 수준이었는데, 물량으로는 3,700만 배럴이 넘는 수준이었다. 홀이 원유 구매에 엄청나게 돈을 쓰자, 평소에는 피브로에너지 업무에 거의 관심을 두지 않던 살로몬브라더스의 최고경영자 존 거트프런드John Gutfreund가 전화를 걸어 안부를 물을 정도였다.**14** 하지만 홀은 재차 확신했다. 자신의 거래가 완벽함을 말이다. 선물시장에서 가격을 고정시킨 덕분에 피브로에너지는 유가가 어떻게 바뀌든 무조건 돈을 벌었다.

저유가 시절은 홀의 예상보다 더 빨리 끝났다. 1990년 6월 말, 후세인은 원유를 너무 많이 생산한다며 쿠웨이트를 공개적으로 비난하면서 조치가 무엇이 됐든 그 문제를 해결할 거라 위협했다. 그 후 몇 주간 후세인의 언사는 갈수록 험악해졌다. 7월 중순엔 "이라크는 가난보다 죽음이 낫다는 말을 잊지 않을 것이다"라고 했다.

"오, 전지전능하신 신이시여, 우리가 그들에게 경고했다는 증인이 돼 주소서. 말로는 우리 이라크를 보호할 수 없다면 상황을 정상으로 되돌리고 빼앗긴 권리를 원주인에게 되돌려 주기 위해 효과적인 다른 조치가 반드시 있어야 합니다."**15**

그 당시 홀은 〈뉴욕타임스〉를 통해 이라크 지도자의 발언을 읽었다. 이내 그는 중동에서 곧 전쟁이 시작되리란 판단을 내렸고 대담한 행동을 감행했다. 십여 척의 유조선에 보관 중인 원유의 위험을 '헤지' 하기 위해 맺었던 선물 계약 일부를 되사는 것이었다. 커다란 위험을 무릅쓰는 셈이었다. 사실 선물 계약의 일부를 되사는 순간부터 피브로에너지는 위험을 헤지하지 않는 셈이다. 이러한 상황을 위험 앞에 벌거벗은 채로 노출된다는 뜻에서 '네이키드Naked'라 칭한다. 이제 석유 시장에서 무슨 일이 벌어지든 피브로에너지는 위험 앞에 벌거벗은 상태라는 얘기다. 선물이라는 새로운 세상이 열리지 않았다면 이러한 시도는 불가능했을 것이다.

어쨌든 홀은 먼저 엄청난 양의 원유를 사들이면서도 파생상품을 활용해 위험부담을 완벽히 제거했고, 그 안전한 거래를 가격 상승에 돈을 거는 도박으로 바꿨다. 유가가 하락한다면 막대한 손실은 불가피했다. 하지만 중동 상황은 홀의 예상대로 흘러갔다. 페르시아만에서 벌어지는 일련의 사건은 거침없이 전쟁을 향해 나아갔다. 8월 1일, 사우디아라비아의 중재로 이라크와 쿠웨이트가 어렵사리 협상 테이블에 앉았지만 회담은 결렬됐고, 쿠웨이트는 이라크의 '방대한' 요구 조건을 거부했다.[16] 그리고 그 다음 날, 이라크 공화국수비대가 수십 대의 헬기와 전차의 지원을 받으며 쿠웨이트를 기습적으로 침공했다. 그렇게 걸프전쟁이 터졌다.

이러한 상황으로 홀의 저유선은 '돈 찍어 내는' 기계가 됐다. 그는 배럴당 평균 20달러 이하에서 원유를 사들였는데, 3개월 후 쿠웨이트와 이라크가 원유 공급을 중단함에 따라 유가는 배럴당 40달러 이상에서 주인이 바뀌었다. 배 이상으로 뛴 것이다. 유가 상승에 판돈을 걸었던 홀의 도박은 커다란 이득으로 돌아왔다.

이게 전부가 아니었다. 그의 유조선 '함대'에 있던 나머지 원유, 즉 위험이 헤지된 원유도 막대한 이익을 안겨 줬다. 원유 현물가는 이라크의 쿠웨이트 침공으로 크게 올랐지만, 6개월 후 인도되는 선물 가격은 상승폭이 원유 현물보다 적었다. 6월 기준 현물가는 선물 가격보다 2달러 싸게 거래됐는데, 10월이 되자 선물 가격보다 현물가가 8달러 더 비쌌다. 그간 홀은 유가 변동 위험을 헤지하기 위해 선물로 상당한 이익을 고정시켰다. 그 후에 현물시장에서 자신의 원유를 팔고, 그다음 현물가보다 싼 선물을 되사들여 더 많은 이익을 냈다. 다음은 홀의 회상이다.

"우리는 6억, 7억…8억 달러를 벌었습니다."

걸프전쟁은 1990년 말까지 포성이 멎지 않았고, 그에 따라 홀의 도박도 계속됐다. 세계의 모든 석유 트레이더는 미국 시엔엔CNN이 실시간으로 전하는 전황에 눈과 귀를 집중했다. 특히 텍사스 출신의 백전노장 트레이더이자, 코스틸코퍼레이션의 창업자이자 최고경영자인 와이엇은 아슬아슬할 정도로 전쟁에 가까이 다가갔다.

전쟁 중 이라크는 미국 공격에 대비해, 미국인 전쟁 포로 20여 명을 인질로 붙잡았다. 1972년부터 이라크산 원유를 수입했던 와이엇은 후세인과 사적인 친분이 있었다. 그는 백악관이 직접 만류했음에도 불구하고 1990년 12월 직접 바그다드로 날아가서 후세인을 만났다. 그리고 자신과 함께 인질이 귀국할 수 있도록 후세인을 설득했다 (후에 미국인 포로 21명이 와이엇과 함께 생환했다_옮긴이).**17**

　　미국의 걸프전쟁 개입이 기정사실로 굳어지는 와중에도, 홀은 유가 상승에 대해 낙관적이었다. 1991년 1월, 마침내 미국은 이른바 사막의 폭풍 작전(전쟁 개전부터 1991년 1월 17일까지 미국 정부가 다국적군을 편성했던 기간은 사막의 방패 작전이다_옮긴이)을 개시했다.

　　석유 시장 입장에서 미국의 참전은 맥 빠지는 결말이었다. 그간 석유 시장은 전쟁의 장기화에 따라 석유 공급이 더욱 혼란에 빠질 거라 예상하며 그것에 대비했기 때문이다. 하지만 석유 트레이더는 기대와 전혀 다른 상황에 직면했다. 이라크가 미국의 공격에 대해 간간이 스커드미사일을 발사했지만 미군의 피해는 극히 제한적이었다. 석유 트레이더는 이제 미국이 신속하게 이라크를 굴복시킬 거란 사실을 깨달았다. 공격과 동시에 미국 정부는 전략비축유SPR 수백만 배럴을 시장에 풀었다.

　　이에 대한 석유 시장의 반응은 동물적이었고 잔인했다. 전략비축유를 푼 지 24시간도 지나지 않아 브렌트유 가격은 거의 35퍼센트나 폭락했다. 일일 최대 하락폭이 갱신되는 순간이었다. 1991년 1월, 단 하룻밤 사이 홀은 1억 달러를 잃었다. 1990년 천문학적인 이익을 기록한 뒤 피브로에너지는 1991년을 적자로 마무리했다.**18**

　　걸프전쟁 중, 홀이 자유자재로 활용한 선물과 옵션 그리고 여타 파생상품으로 막이 오른 석유 시장의 금융화는 석유 트레이더에게 온갖 새로운 가능성을 제공했다. 그리고 석유 산업의 금융화는 업계의 세대교체 바람을 불렀다. 보수적인 일부 트레이더는 자신이 잘 아는 (옛날) 방식을 고수했다. 그저 가격격차를 노리고 현물을 사고파는 정도였다.

반면 새로운 시장의 가능성을 포착한 트레이더도 있었다. 시장의 다음 동향에 도박을 거는 것이 이제까지 이렇게 쉬웠던 적은 없었다. 하룻밤 사이 1억 달러를 잃는 것은 1970년대 기준으로는 상상도 못할 일이었다. 하지만 이젠 상상 차원이 아니라 눈앞의 현실이 됐다.

1960~1970년대 트레이더는 입사 후 우편실에 배치돼, 리치와 데우스 같은 위험 사냥꾼의 대담한 방식을 모방하며 경력을 쌓았다. 그렇게 성장한 이들 앞에 새로운 트레이더가 등장했다. 그 '주니어급' 트레이더는 월스트리트 언어에 능통한 데다 수학의 귀재였다.

이제 트레이더는 두 갈래로 나뉘기 시작했다. 먼저 '사업 개발'이 전문 분야고 먼 외국까지 날아가 현지 '거물'을 융숭하게 접대하는 데 익숙한 부류다. 그 반대쪽에는 스스로를 '트레이더'라 부르는 일당이 있었다. 그들은 전화기, 컴퓨터 화면과 한 몸처럼 움직였고, 사업 개발자가 맺은 현물거래를 기초로 금융 상품을 사고팔았다.

이제 월스트리트도 직접 석유를 거래하기 시작했다. 그들의 무기는 저렴하게 이용할 수 있는 자금과 석유 산업에서 쓰는 금융 용어에 대한 능통함이었다. 그렇게 골드만삭스와 모건스탠리 같은 금융기관은 신속하게 석유 중개 업체로 성장해 '월스트리트정유사Wall Street Refiner'라는 별명까지 얻었다.

주니어급 트레이더는 현물시장에서 획득한 정보를 활용해 금융계에서 초대형 도박을 감행했고, 반대로 새로운 종류의 현물시장 기법을 구현하기 위해 금융계를 활용했다. 특히 피브로에너지의 홀, 골드만삭스의 스티븐 셈리츠Stephen Semlitz와 스티븐 헨델Stephen Hendel, 모건스탠리의 닐 시어Neal Shear와 존 셔피로John Shapiro 같은 트레이더는 석유 현물시장과 금융계 사이에서 자유자재로 줄타기가 가능한 전문가가 돼 이익을 창출했다.

기존 질서를 고수하던 원자재 중개 업체는 힘겹게 버텼지만 여의치 않았다. 1970년대까지만 해도 석유 시장은 돈 벌기가 아주 쉬웠고, 이는 새로운 선수를 시장으로 끌어들이는 유인책이 됐다. 물론 이젠 옛말이 됐다. 시장에서 불꽃 튀는 경쟁이 벌어졌다. 막강한 자금력을 앞세워 새로 진입한 월스트리트 금융기관과 경쟁이 가능한 원자재 중개 업체는 거의 없었다. 월스트리트 금융기관이 자사 트레이더에게 '총알'을 막대하게 공급했기 때문이다.

이러한 시장 변화를 단적으로 보여 주는 사례가 있다. 가장 전설적인 원자재 중개 업체 안에서 벌어진 일이다. 얄궂게도 홀이 몸담았던 필리프브라더스였다. 오랜 전통으로 존경받던 이 업체는 1980년대 전반 영욕의 시간을 보내야 했다. 고삐 풀린 망아지 같은 월스트리트의 한 은행으로부터 처절히 굴욕을 맛봤다. 당시 필리프브라더스는 이란혁명으로 석유 시장이 롤러코스터 장세를 보이자 그 틈을 공략해 1979년과 1980년에 최전성기를 맞이했고,[19] 그 두 해의 이익을 합치면 10억 달러를 상회했다.[20]

미국 〈비즈니스위크BusinessWeek〉는 1979년 9월에 필리프브라더스를 집중 조명했는데 "A $9 billion supertrader most people don't know(대부분의 사람들이 모르는 90억 달러의 공룡 중개 업체)"라는 제목과 함께 제셀슨의 사진을 표지에 실었다. 필리프브라더스의 최고경영자 제셀슨과 당시 사장이자 그의 후임자로 낙점된 텐들러가 등장해 회사의 세계적인 영향력과 적수 없는 막강한 위용을 자랑스레 늘어놓는 내용이었다. 하지만 그 이익 이면에는 딜레마가 있었다. 고유가는 미국과 대다수 유럽 국가를 불황의 나락으로 떨어뜨렸다. 텐들러는 "나를 포함해 우리한테 걱정거리가 하나 생기기 시작했죠. 언젠가 호황은 끝난다는 거였습니다. 한 건이 필요했습니다"라고 회상했다.

"석유 위기가 석유 산업엔 호재였습니다. 그런데 다른 산업에까지 그랬을까요?"[21]

텐들러와 제셀슨은 사업 다각화의 일환으로 필리프브라더스가 새로운 시장에 진출해야 한다고 생각했다. 그 상품은 다름 아닌 돈이었다. 때마침 텐들러는 미국 최대 비상장 투자은행인 살로몬브라더스 파트너가 증자를 원한다는 소식을 입수했다. 이렇게 두 '브라더스'는 발빠르게 협상을 타결했다. 필리프브라더스가 살로몬브라더스를 인수해 피브로살로몬Phibro-Salomon으로 새출발하자 합의한 것이다.[22] 텐들러는 공동 회장이자 최고경영자, 기존 살로몬브라더스의 수장이자 까칠한 성격의 야심가인 거트프런드는 2인자를 맡기로 했다. 1981년 8월 3일에 발표된 최대 중개 집안과 유명 투자 집안의 '초대형 결혼' 소식에 금융계가 한순간에 매혹됐다. 영국 〈파이낸셜타임스〉는 피브

로살로몬을 '월스트리트의 새로운 세계적 기업'이라 추켜세웠다.[23]

　　사실 기업 간의 결혼이 불행한 결말로 끝나는 경우가 꽤 있지만, 두 브라더스의 허니문은 유독 짧았다. 어찌 보면 처음부터 예정된 이별이었는지도 모르겠다. 결혼 당시부터 그 조짐이 보였다. 필리프브라더스의 금속 중개 부문은 수익성 하락으로 고전하던 반면, 살로몬 쪽은 채권시장의 호황에 힘입어 돈을 쓸어 담았다. 이 조짐은 이혼의 씨앗이 됐다. 새로운 금융 기법의 개발로 촉발된 변화의 소용돌이 속에 원자재를 포함한 모든 시장이 갇힌 시대에서, 필리프브라더스 트레이더와 살로몬브라더스 트레이더가 사랑스레 지내는 것은 애당초 불가능했다.

　　1983년 말, 거트프런드는 공동 최고경영자로 승진했고, 몇 개월 뒤 피브로살로몬은 원자재 중개 부문을 두 개로 쪼갰다. 기존 필리프브라더스는 금속 중개, 피브로에너지라는 새로운 법인은 석유 거래에 집중하기로 했다. 1974년 리치가 물러난 뒤부터 석유 부문을 이끌던 오맬리가 피브로에너지의 사장이 됐고, 피브로에너지는 뉴욕을 떠나 코네티컷주 그리니치로 본사를 옮긴다. 원칙적으로는 텐들러가 최고 결정권자였지만 실세는 오맬리였다. 오맬리는 마음 내키는 대로 회사를 경영했다.[24]

　　필리프브라더스의 실적은 계속 내리막길을 걸었다. 금속 부문을 분사하려는 시도가 실패하자 텐들러는 1984년 10월 자리에서 내려온다.[25] 1986년, 피브로살로몬은 이름표에서 피브로를 떼고 살로몬으로 개명한다. 리치를 중개 산업의 세상으로 이끈 필리프브라더스는 시장

변화에 발맞춰 진화할 능력이 없었고, 그렇게 시장에서 한물간 존재
로 전락했다. 급기야 1990년 잔여 계약을 마크리치앤드코에 모두 넘
기고 회사는 문을 닫았다.

반면 살로몬의 석유 중개 사업은 승승장구했다. 1986년 오맬리
가 떠난 뒤 약간의 공백을 두고 피브로에너지 최고경영자에 오른 홀
은 사업 범위를 확장하는 데 엄청난 공을 들였다. 홀의 진두지휘하에
피브로에너지는 현물시장에서 일일 거래량이 100만 배럴을 넘겼고,
정유 공장과 유전에 집중 투자할 때 무엇보다도 선물과 옵션을 적극
적으로 활용했다.

그렇게 홀은 전통적인 현물시장과 고차원적인 금융계 모두에 양
다리를 걸쳤다. 이제 홀의 회사는 세계에 석유를 공급하는 동시에 항
공사와 투자자를 대신해 파생상품을 거래하는 존재가 됐다. 적어도
역사적인 원자재 중개 업체 중 일부만이라도 변화된 석유 거래의 세
상에서 홀이 도태되지 않고 번성한 이유다.

1980년대 말부터 1990년대 초까지 석유 시장에서 고전한 업체는
필리프브라더스만이 아니었다. 석유 시장의 금융화는 기존 원자재 중
개 업체 모두를 곤경에 빠뜨렸다. 이제 몇몇 오펙 회원국 장관이나 국
영 석유 업체 관료와의 친분만으로는 일이 진행되지 않았다. 새로워
진 시장에서 성공하기 위해서는 네 가지 요소가 어우러져야 했다. 친

밀한 인간관계, 탄탄한 자금력, 지리적으로 넓은 도달 범위에 더해 파생상품 시장을 활용하기 위한 금융 노하우까지 필요했다.

막강한 자금을 등에 업은 월스트리트가 석유 시장에 진출했다는 것은 1970년대 석유 시장을 호령했던 원자재 중개 업체가 예전만큼의 위치를 유지할 수 없다는 뜻이기도 했다. 이들의 운명은 둘 중 하나였다. 변화에 적응하지 못하고 파산해 역사 속으로 사라지거나, 선물과 옵션에 적응했지만 재앙적 성적표를 받거나였다.

잭폿을 거머쥘 지름길이라며 1970년대에 모든 사람을 끌어들였던 원자재 중개 산업은 1980년대 들어 추문과 몰락으로 얼룩졌다. 세계적인 철강 업체이자 오스트리아의 최대 국영 회사인 푀스트알피네Voest-Alpine는 1985년 석유 시장에서의 투자 실패로 1억 달러에 가까운 거액을 날린 후에 정부로부터 구제금융을 받는 수모를 겪었다.[26] 독일의 대기업으로 철강과 금속 중개에서 나름 재미를 봤던 클뢰크너앤드코Klöckner & Co.도 석유 시장에서 4억 달러가량을 날렸다.[27]

이탈리아 페루치Ferruzzi의 운명은 더 가혹했다. 페루치는 1989년 콩 거래로 1억 달러의 손실을 입은 후 결국 파산하고 사장은 극단적 선택으로 생을 마무리했다.[28] 설탕 무역으로 유명했던 프랑스의 수크레에당리Sucres et Denrées는 2억 5,000만 달러의 손실을 입었는데 그중 일부는 석유 시장에서 비롯됐다.[29] 독일의 전설적인 금속 중개 업체 메탈게젤샤프트조차 석유 거래 실패로 14억 달러의 손해를 봤다.

하지만, 이들보다 업계의 세대교체를 가장 요란하게 알린 곳은 따로 있었다. 바로 데우스가 소유한 트랜스월드오일이었다. 데우스는 리치와 더불어 1970년대를 대표하는 석유 트레이더였다. 데우스는 1987~1988년 사이에 시장 역사상 가장 대담한 거래 중 하나를 성사시키기 위해 총력을 기울였다. 시장에서 둘째가라면 서러울 정도로 두터운 정치적 네트워크와 강력한 자금력을 결합하려는 시도였다. 데우스가 가장 잘하는 방식이거니와 그의 전매특허 같은 계획이었다.

그 거래의 무대는 브렌트유 시장이었다. 스코틀랜드 북쪽 셰틀랜드제도에서 약 190킬로미터 떨어진, 깊이만도 대략 140미터에 달하는 북해 유전에서 1976년부터 생산된 브렌트유는 이내 석유 중개 업체가 쓰는 최적의 기준 중 하나가 됐다. 생산 초기의 브렌트유는 브리티시페트롤리엄과 쉘처럼 북해에서 원유를 생산하는 업체의 절세 수단이었다. 이를 일명 '텍스 스피닝Tax spinning'이라고 하는데, 영국 당국에 판매가를 더 낮게 신고하기 위해 매매 시점을 조절하는 식이었다(대개 업계에서는 절세를 위해 원유 재고를 연말에 줄인다_옮긴이).

1980년대 중반 북해 유전은 쉘 그리고 쉘의 송유관을 이용하던 여타 업체와의 공동 운영으로 돌아갔다. 그렇게 매달 약 60만 배럴의 적재 용량을 가진 유조선 45척을 채울 만큼의 원유를 생산했다. 계산하면 월 생산량이 2,700만 배럴 정도였다. 그리고 중동, 러시아, 아프리카, 중남미에서 생산되는 유종 가격이 브렌트유를 기준으로 결정되기 시작했다. 게다가 현물시장의 경우 런던 국제석유거래소IPE가 1988년부터 시작된 선물 계약을 비롯해 다양한 파생상품을 확실히 떠받쳤다.

하지만 브렌트유는 거래량이 상대적으로 적어 투기에 매우 취약했다. 즉, 누군가가 브렌트유 가격을 움직이면 세계가 연쇄적으로 그 영향을 받기 쉬웠다. 더욱 문제는 당시 현물시장 규제가 미비했고, 거래량을 제한하는 법적 장치마저 없었다는 점이다. 지금도 마찬가지지만 말이다.

1987년 여름, 석유 업체가 브렌트 유전에 대한 보수 작업을 진행함에 따라 브렌트유 생산량이 줄었다. 그러자 데우스는 브렌트유를 닥치는 대로 사들이기 시작했다. 트랜스월드오일 런던 지사의 고위 트레이더였던 마이크 로야Mike Loya가 1월 인도분 브렌트유 계약 42건 중 41건을 싹쓸이했으며, 이는 브렌트유 가격 인상으로 이어졌다.[30] 그 거래는 실로 대담한 모험이었고 1980년대 경쟁이 치열했던 브렌트유 시장의 기준으로 봐도 과감한 행보였다. 데우스와 일했던 한 직원에 따르면 당시 데우스는 브렌트유를 매점하는 것으로 만족하지 않았다고 한다. 그의 목표는 세계 모든 석유 시장을 자신의 손에 두려는 것이었다.[31]

계약 싹쓸이 이후, 데우스는 전대미문의 지정학적 담합을 시도했다. 오펙 회원국과 비회원 산유국 간의 감산 합의였다. 감산 합의가 이뤄지면 유가 급등은 기정사실이었고, 이는 데우스의 금고가 미어터진다는 소리였다. 양측 회담은 회원국인 아랍에미리트와 비회원국인 오만이 주도했는데 데우스는 양국에 튼튼한 네트워크가 있었다. 데우스는 오펙 회원국 장관들과 연락하면서 그들의 역할과 대처법에 대한 조언까지 했다.[32]

미국 〈월스트리트저널Wall Street Journal〉이 '세계 오펙World OPEC'이

라 명명한 데우스의 거대한 프로젝트는 오펙의 리더 역할인 사우디아라비아의 반대로 무산됐다. 브렌트유 시장에서는 쉘과 여타 원자재 중개 업체가 데우스에 대항하기 위해 힘을 합쳤다. 결국 데우스는 항복했고, 유가를 끌어올려 막대한 이익을 취하려던 계획은 물거품이 됐다. 오히려 유가가 하락해 6억 달러가량의 손실을 입었다.[33]

데우스의 욕심 때문에 트랜스월드오일은 기업 생존까지 위협받았고 눈물을 머금고 알짜배기 자산을 처분해야만 했다. 그렇게 미국 정유 시설을 선Sun (수노코Sunoco의 전신)에 5억 1,300만 달러를 받고 매각했다.[34]

1987년 데우스의 실패는 데우스 자신에겐 물론이고 석유 시장에 변곡점이 됐다. 당대에 가장 대담하다못해 무모했던 데우스는 1990년대 전반에 걸쳐 석유 중개를 계속했다. 하지만 한때 시장을 호령했던 트랜스월드오일은 예전의 영광을 영원히 되찾지 못했다. 그렇게 데우스로 대변되는 기성 트레이더는 하나씩 홀 같은 주니어급에게 자리를 내줬다. 신예 트레이더는 현물시장에서 자신의 자리를 지키며 존재감을 발휘한 것은 물론이고 선물과 옵션이라는 새로운 세상에도 정통했다. 이는 데우스의 영원한 숙적 리치에게도 변화가 머지않았다는 신호기도 했다.

5장

탐욕의 파티가 끝나다

빌리 스트로토테,
클로르 도팽

THE WORLD FOR SALE

추크는 그야말로 그림 같은 도시다. 중세에 만들어진 자갈길을 따라 가면 세상의 모든 근심, 걱정을 잊게 만드는 잔잔한 알프스 호수가 나온다. 몇몇 기업 세율이 세계에서 가장 낮은 것이 자랑인 추크는 1950년대부터 원자재 중개 업체를 끌어들였다. 추크에 사무실을 개설한 첫 주자는 필리프브라더스였다. 네모반듯한 건물 사이로 눈을 돌리면 완만한 고개의 농경지가 보인다. 원래 추크는 유서 깊은 체리 농장으로 유명했다.

　하지만 1992년 말, 마크리치앤드코의 사무실에서는 그 잔잔함을 찾아볼 수 없었다. 그야말로 폭풍이 휘몰아쳤다. 추크 중심부엔 강철과 유리로 지은 정육면체 건물이 있었는데, 그곳이 바로 리치 제국의 본부였다. 그 제국의 금고가 바닥을 드러냈다. 재무 담당들은 돈을 구하기 위해 연일 전화를 돌리느라 정신이 없었다.

"대체 어디 가서 돈을 구해 오죠?"

그 폭풍의 한복판에 즈비넥 자크Zbynek Zak가 있었다. 장신에 꼿꼿한 자세, 텁수룩한 콧수염의 자크는 회사의 금속 트레이더에게 '총알'을 조달해야 하는 중책을 맡았다.

"당장 내일 막아야 하는 청구서부터 어떻게 해야 할지 눈앞이 캄캄하네요."[1]

커져 가는 절망이 고스란히 담긴 이 말은 자크의 상징이 됐다. 체코슬로바키아 태생의 자크는 1968년 소련 침공을 피해 난민 신분으로 독일에 정착했다. 공학 기술자, 컨설턴트, 은행가를 거친 뒤 자크는 금융 업무를 지원하는 역할로 마크리치앤드코에 합류했다. 세계 굴지의 원자재 중개 업체로서 마크리치앤드코는 그 힘과 영향력에도 불구하고 1992년부터 재무적으로 계속 상황이 나빠졌다.

원자재 중개는 금융기관에 대한 의존도가 매우 높다. 금융기관이 제공하는 지급보증과 대출로 원자재를 사고파는 식이다. 그런데 하루에 돈이 얼마나 필요한지엔 기준이 없다. 원자재 가격이 매일매일 변하는 데다 연쇄성이 있기 때문이다. 가령 어떤 원자재 가격이 오르면 석유나 금속 가격도 오르고, 내리는 경우도 상황은 같다.

당시 마크리치앤드코에는 자크를 포함해 총 세 명의 재무통이 있었다. 그들의 역할은 회사가 중개에서 최대한의 이익을 내도록 자금을 대는 것이다. 거꾸로 말하면 불리한 시점에 어쩔 수 없이 계약을 매도해야 하는 상황을 막는 게 임무다. 이들은 각자 스위스, 런던, 뉴욕 금융기관과의 관계를 담당했는데 하루 종일 금융기관에 전화하는 게 일이었다. 남은 신용 한도가 있는지, 돈을 받아 내야 할 고객이 있는지, 담보대출을 받아야 할 석유 재고에 대해 담당자가 모르지는 않는지 등등. 자크는 다음과 같은 말로 당시를 회상했다.

"이런 상황이 재무 전문가에게는 악몽입니다."

회사가 거래 금융기관에 전적으로 의지함에도 불구하고, 재무통세 명은 사내에서 제일 고생하면서도 인정받지 못했다. 회사의 여왕벌은 결국 트레이더였다. 그들은 대규모 거래를 협상하기 위해 위험한 장소에 목숨을 걸고 날아가지만, 결국은 회삿돈으로 도박을 하는 것과 마찬가지였다. 사내에서 성과급도 그들 차지였다. 마크리치앤드코에서는 창사 이래 재무 전문가가 경영위원회에 들어간 적이 한 번도 없었고, 심지어 설립 후 처음 몇 년간 재무 담당 임원조차 없었다. 대신 리치의 동업자 그린이 담당 업무를 직접 챙겼다.[2]

하지만 1990년대 초가 되자 마크리치앤드코 트레이더에겐 예전의 기세를 찾아볼 수 없었다. 1970~1980년대의 영광은 아득한 기억이 됐고, 회사는 점점 피해망상과 집안싸움으로 무너지기 시작했다. 1992~1993년, 그 2년의 시간은 회사의 존망을 판가름하기 위한 시간이었다. 넓게는 업계 지형을 영원히 바꿨고 좁게는 필리프브라더스에서 갈라져 나온, 리치의 제국에서 벌어진 싸움의 대미는 어떻게 장식됐을까? 새로운 구성원이 탄생했다. 바로 글렌코어와 트라피구라였다.

이로서 수십 년간 업계 최강자로 군림했던 리치 본인의 커리어도 끝났다. 리치의 시절이 끝난 것은 업계의 한 챕터가 끝났다는 신호이기도 했다. 상도덕과 관련된 모든 규칙과 기준을 무시할 수 있는 뻔뻔함과 자금력만 있다면 돈을 벌 수 있던 1970~1980년대 말이다. 물론 리치의 방식을 잇는 트레이더도 있었지만, 예전과 같은 절대적 위치는 얻지 못했다.

1992년 마크리치앤드코를 덮친 위기 상황에서 글렌코어와 트라피구라가 탄생했지만, 두 기업의 창업자에게는 친정인 마크리치앤드코를 무너뜨린 그 위기는 업계 전반에 엄청난 영향을 미쳤다. 다시 말해 그들의 향후 거래 방식은 물론이고 업계 전체의 거래 접근법이 그때를 바탕으로 결정됐다.

글렌코어와 트라피구라가 '리치 중개 사관학교'의 졸업생들에 의해 만들어진 사실은 바꿀 수 없는 진실이었지만, 리치의 '노망' 때문에 깊은 상처가 생겼다는 것 역시 부인할 수 없었다. 그로 인해 글렌코어와 트라피구라는 회사의 소유권과 통제력을 분배하는 데 노력했고, 그렇게 세대 간 긴밀하고 단결된 집단을 만들 수 있었다.

세상에서 가장 악명 높은 원자재 트레이더가 은퇴 수순을 밟자, 그가 배출한 후배 트레이더들은 선배가 물러난 뒤 만들어진 기회를 붙잡았다. 그리고 그들은 업계 자체를 아예 비밀의 장막으로 덮어 버렸다. 창업자와의 불명예스러운 연결 고리를 완전히 끊어 신분을 세탁하고 보다 광범위한 금융계에 깊숙이 침투했다. 리치의 모험심과 월스트리트의 경제적 화력을 결합하는 미래의 토대가 만들어지는 순간이었다.

———✣———

1990년대 초, 리치와 그린을 포함해 그들의 동업자는 모두 은퇴했다. 창업 초기 리치는 처가로부터 지원을 받았는데, 아내 데니즈 역시 해당 지분을 매각했다.[3] 그리고 얼마 지나지 않아 그 둘은 남남으로 갈라섰다. 하지만 리치는 회사 주주가 지분을 내놓을 때마다 조직적으로 이를 사들였고, 그렇게 창사 이래 처음으로 자신의 이름이 포함된 원자재 중개 업체의 지배지분(의결권 있는 주식의 50% 이상_옮긴이)을 확보했다. 회사의 경영만은 놓지 않은 셈이다.

그렇게 리치 아래에는 30~40대 트레이더 사인방이 포진했다. 건장한 체구의 독일인 스트로토테, 뉴욕 브루클린 출신에 말이 빠른 와이스, 프랑스인 도팽, 스위스 출신 다니엘 드레퓌스Daniel Dreyfuss였다. 회사가 미국 연방검찰 기소에 직면한 위기에서, 미국 자회사를 이끈 스트로토테가 금속과 광물 거래를 맡았다. 스트로토테와 힘을 합쳐 마크리치앤드코를 알루미늄 시장의 최강자로 만들었던 와이스는 런던을 책임졌다. 언제나 우아한 맞춤 정장으로 한껏 멋을 냈던 도팽은 석유 중개를 맡았고, 보수적이지만 수완이 뛰어났던 드레퓌스는 네덜란드에서 곡물 중개를 맡았다.

리치는 사생활에서도 압박을 받았다. 그의 결혼 생활은 처절한 부부싸움 끝에 그의 가족이 집을 나가는 것으로 끝났고, 그 와중에 딸은 암 선고를 받았다. 미국 사법 당국은 리치를 체포하려는 노력을 절대 멈추지 않았다. 리치와 관련이 있는 웨스트버지니아주의 한 알루미늄 제련소가 노동쟁의에 휘말린 뒤에는 노동조합이 리치를 상대로 여론전을 전개했다. 그들은 세계를 누비며 가는 곳마다 "Wanted: Marc Rich(지명 수배자: 마크 리치)"라고 쓰인 전단지를 배포했다.[4]

리치의 편은 아무도 없었다. 예전 동업자가 모두 떠나 버린 상황에서 그는 더욱 궁지에 몰렸다. 예전 동업자 중 하나였던 펠릭스의 아들이자 마크리치앤드코 모스크바 지사장이었던 대니얼의 말을 들어 보자.

"그가 미쳤다고는 생각하지 않습니다. 하지만 심경에 변화는 분명 있었으리라 생각합니다."[5]

1991년 초 리치는 회사 경영에 도움을 받고자, 미국에 있던 자신의 개인 변호사 로버트 토메이전Robert Thomajan을 추크로 불렀다. 텍사스주 오스틴 출생의 토메이전은 일에서의 성취감보다 삶의 즐거움을 중시하는 한량이었다. 자원 운송에 관련된 물류적 세부 사항을 다루기보다 그저 놀러 가서 제트스키 타는 것을 선택할 위인이란 소리다. 이런 사람을 불러들였다는 것은 리치의 상황이 그만큼 절박했다는 뜻이기도 했다. 지배주주로서 회사를 단독으로 운영하는 데다, 사내 트레이더들이 자신을 몰아내려 한다는 의심이 리치를 괴롭혔다. 토메이전을 자신의 총알받이로 쓰려 했던 것이다.

마크리치앤드코의 트레이더들은 대부분 짧게는 수년, 길게는 수십 년간 온갖 업무를 통해 경력을 쌓은 이들이었다. 그런데 갑자기 나타난 업계 비전문가로부터 지시를 받는 처지가 된 셈이다. 고위 석유 트레이더였던 크랜들의 말을 들어 보자.

"리치가 자기 집무실 바로 앞에 토메이전을 들어앉혔습니다. 만약 당신이 리치에게 만나고 싶다 했으면 리치는 토메이전에게 얘기하라 했을 걸요."[6]

밖에서 보기엔 마크리치앤드코는 아직 세계적인 업체였다. 하지만 내부는 완벽히 썩어 가고 있었다. 능수능란하게 위험을 무릅쓰고, 은밀한 거래도 마다하지 않던 트레이더들은 사내 정치에 휩쓸렸다. 보다 못한 와이스와 스트로토테를 비롯해 여러 직원이 리치에게 직언을 했다. 본인 지분 일부를 포기하고 직원들에게 배분하라는 내용이었다. 당연히 리치는 그 말을 귓등으로도 듣지 않았다. 후배를 위해 물러나겠다는 빈말마저도 없었다. 심지어 리치는 한 인터뷰에서 "저는 중개 산업을 사랑하며 이 일을 계속하고 싶습니다"라고 말했다.

"이젠 나도 위임하고 싶습니다. 하지만 중요한 결정과 특수한 위험이 따르는 일에서는 내가 최종 결정권자입니다."[7]

이제 내부에서는 언젠가 자신이 회사를 경영하는 날이 올 거라는 기대도, 짜릿한 모험을 함께한다는 동료 의식도 모두 사라졌다. 오히려 욕심쟁이 주인을 위해서만 일하는 노예라는 자조만이 있었다. 리치의 지난날을 돌아보면 이 상황은 참 역설적이다. 일하던 회사 대표가 수익에서 정당한 몫을 나눠 주지도, 거래상 권리도 허용하지도 않는다며 회사를 박차고 나온 게 바로 리치였기 때문이다. 그랬던 그가 똑같은 실수를 되풀이하는 셈이었다. 캔들의 말을 더 들어 보자.

"단지 돈 문제만이 아닙니다.…물론 돈과 무관치는 않지만요. 하지만 소속감, 경영 방식에 대한 발언권이 있다는 기분도 중요하죠. 그런데 리치는 토메이전이란 총알받이 뒤에 숨어서는 모두를 하수인으로 만들었습니다. 그는 회사 직원 모두에게 자신들이 앵벌이 일당과 같다는 기분을 안겨 줬습니다."[8]

그 결말은 너무나 뻔했다. 충돌을 피할 수 없었다. 첫 번째 충돌은 스트로토테와 리치 사이에서 벌어졌다. 스트로토테가 스위스 취리히의 한 대학교에 강연을 나갔다가 회사 사업에 대해 이야기한 적이 있었다. 갈수록 피해망상이 심해졌던 리치는 스트로토테의 강연을 자신에 대한 항명이자 반항으로 받아들였다. 사실 스트로토테가 리치에게 지분을 줄이라 촉구했을 때부터 의심의 싹은 트고 있었다. 그러던 차에 스트로토테가 회사에 대해 이러쿵저러쿵하자 리치는 이때다 싶어 스트로토테를 해고해 버렸다.[9] 이는 시작에 불과했다.

다음 충돌 주자는 도팽이었다. 이미 수년 전부터 리치의 경영에 넌더리를 느꼈던 도팽은 1992년 여름 부친의 사망으로 인해 인내심을 잃고 회사를 떠났다. 그는 회사를 떠나면서 자신은 프랑스로 돌아가 가족이 운영하던 고철 사업을 물려받을 계획이라 말했다.

이제 리치는 유일하게 남은 고위 트레이더인 와이스에게 구조를 요청한다. 런던에서 추크로 돌아와 사장직을 맡아 달라는 요청이었다. 하지만 와이스는 이를 단칼에 거절했다.[10] 곧 마흔인 데다, 이미 돈 걱정 없을 만큼 충분히 부자였으니 런던에 정착한 가족과 더 많은 시간을 보내고 싶다는 이유였다. 그렇게 와이스는 긴 안식 휴가를 가고 싶다면서, 그 결과는 달게 받겠다고 덧붙였다.

"떠날 거면 바로 지금이 좋겠어."[11]

와이스의 말에 대한 리치의 화답이었다. 그렇게 와이스도 도팽이 떠난 후 불과 며칠 뒤인 7월 8일에 퇴사했다. 고위급 트레이더의 사표 행렬로 마크리치앤드코는 위기의 한복판으로 내몰렸다. 아직 최악은 아니었지만 곧 최악이 시점이 다가오고 있었다.

1980년대 말과 1990년대 초는 원자재 중개 산업에서 고난의 시절이었다. 시장 전반이 어려웠던 데다 미국은 불황에 진입했고, 업계는 천문학적인 손실과 굴욕적 몰락이 겹쳐 세상의 입방아에 올랐다. 브렌트유 시장을 틀어쥐려던 데우스의 시도가 재앙으로 끝난 게 대표적이었다. 하지만 마크리치앤드코는 나름 상황이 괜찮았다. 남아공과의 석유 거래, 알루미늄 거래, 러시아 사업이 꾸준히 성장한 데 힘입은 덕분이었다. 하지만 그것도 한때의 아름다운 추억이 될 터였다.

회사가 공멸 위기에 휘말린 와중에도 정작 리치는 대규모인 데다 극히 위험하기까지 한 거래를 추진한다. 그 거래는 1991년부터 시작됐다. 런던의 금속 트레이더 데이비드 로젠버그David Rosenberg가 거래의 주인공이었는데, 그 계획이란 바로 아연 시장 매점이었다. 로젠버그는 자신의 계획을 지원해 달라며 리치를 꼬드겼다. 사실 리치에겐 대규모 롱 포지션을 취하는 것은 물론이고, 공급의 상당 부분을 통제해 시장을 매점하는 것은 전혀 새로운 일이 아니었다. 이미 1988년에 와이스가 그런 식의 거래로 크게 재미를 본 적도 있었다.

하지만 데우스의 실패를 생각하면, 아연 시장 매점은 자칫 엄청난 역풍을 여기저기서 맞을 가능성이 있었다. 시장을 매점해 가격을 억지로 올리면 구매 포기가 생겨 공급이 늘어나는 역효과를 불러올 수도 있었다. 게다가 점유율을 끌어올리는 것과 이익을 남기고 파는 것은 다른 문제였다. 전자는 쉽지만 후자에는 기술과 경험이 필요했다.

그래서 로젠버그는 외부 지원 세력을 미리 준비해 뒀다. 세계 최대 아연 생산 업체인 아스투리아나데징크Asturiana de Zinc와 독일의 메탈게젤샤프트였다. 로젠버그와 두 회사는 아연을 긁어모으기 시작했다. 특히 로젠버그는 옵션 계약을 대량으로 매수하면서 다른 트레이더가 아연을 사들이지 못하도록 옵션 계약을 협박 용도로 썼다. 이들이 가진 아연 재고가 런던금속거래소 재고의 90퍼센트 이상을 차지한 적도 있었다.[12]

런던금속거래소는 업계 거물로 구성된 이사회를 운영 중이었다. 이사회의 역할은 통제 불능 상태가 되기 전에 시장의 문제를 진화하는 것이다. 1992년 6월, 런던금속거래소 이사회는 아연 시장 개입을 결정한다. 그로 인해 아연을 팔았지만 거래소 창고에 현물을 인도할 수 없는 기업은 인도 지연에 따른 고정 수수료를 물 수 있다는 규정을 공시했다. 로젠버그 '일당'을 정확히 노린 조치였다.

로젠버그의 계획은 실패로 가고 있었다. 회사 내에서도 리치를 설득하려 애썼다. 하지만 걷잡을 수 없을 정도로 의심병이 커진 리치가 귀 기울일 리 없었다. 오히려 그는 자신이 퇴물이 아님을, 그 계획을 성공적으로 이끌 수 있음을 증명하려 결심한 것 같았다.

7월 중순, 마크리치앤드코 마드리드 지사장이자 아스투리아나데징크와 함께 '행동 대장' 역할을 맡았던 이사크 케루브Isaac Querub가 리치의 자택까지 찾아가 설득할 정도였다. 마침 요트 항해를 나갈 참이라던 리치는 케루브에게 수영복과 맥주를 주면서 같이 가자며 딴청을 피웠다.

"그래서 원하는 게 뭐야?"

케루브가 상황을 설명하자 리치는 버럭 화를 내며 퉁명스럽게 쏘아붙였다.

"맡은 일이나 잘하시게."[13]

아연 가격은 9월에 반등했고 2년 만에 최고가를 찍긴 했다. 하지만 이는 파티가 끝났음을 알리는 신호였다. 독일의 메탈게젤샤프트가 발을 빼면서 아연을 시장에 풀기 시작했기 때문이다. 아연 가격은 폭락했고, 단 2개월 만에 가격의 25퍼센트가 공중으로 사라졌다.[14]

로젠버그의 매점은 막대한 채무로 돌아왔다. 선물시장의 모든 트레이더가 그렇듯, 마크리치앤드코도 자사가 맺은 계약엔 대금을 모두 치르지 않았고 대출을 이용했다. 즉, 마크리치앤드코는 거래 은행과 중간상에 증거금을 예치하고, 은행과 중간상은 마크리치앤드코의 계약을 인수했다는 뜻이다. 이런 상황에서는 가격이 올라가야 모두가 행복하다. 가격이 떨어지면 은행과 중간상은 증거금을 늘리라고 요구하기 시작한다. 이러한 손실 보전 요구를 시장에서는 '마진콜Margin Call'이라고 한다.

마진콜이 잦아지자, 마크리치앤드코의 재무통은 회사 금고가 비어 간다는 잔인한 현실에 직면했다. 은행은 연일 추가 증거금으로 수백만 달러를 요구하니 자크는 어떻게든 돈을 마련해야 했다. 자크의 회상을 들어 보자.

"우리는 대놓고 말했습니다. '보세요, 이렇게들 나오시면 우리가 어떻게 감당합니까? 톡 까놓고 우리는 현금이 바닥입니다'라고요."[15]

리치가 막대한 아연 포지션을 털어 내는 데는 몇 달이란 시간이 걸렸다. 자신의 젊은 시절 성사시킨 찬란한 거래를 재현하려던 리치의 시도는 처참히 실패했다. 이 거래로 마크리치앤드코는 1억 7,200만 달러의 손해를 봤다.[16] 이 사건은 리치의 실패뿐 아니라 시장의 변화를 명백히 보여 주는 징후이기도 했다.

1990년대의 원자재 중개 업계의 성공 공식은 리치 때와는 달랐다. 패기와 인맥만으로는 충분하지 않았다. 이제 파생상품의 진화까지 이해해야 했다. 여기에 하나가 더 필요해졌는데, 거래 한 건에 회사를 거는 용기보다 위험을 관리하는 능력이었다. 이제 리치 같은 트레이더가 설 자리는 점점 줄어들기 시작했다.

마크리치앤드코의 분위기는 침울했다. 아직까지 회사를 지키던 직원들은 리치에게 압박을 가하기 시작했다. 리치에게 지분을 줄이고 스트로토테를 다시 불러들이라는 요구였다. 동시에 은밀한 움직임이 하나 더 있었다. 회사의 몰락에 대비하기 위한 작업이었다. 이미 자크와 알루미늄 자산 관리 책임자 크레이그 데이비스Craig Davis는 스트로토테와 손잡고 회사를 설립할 계획을 짰는데, 사무실 자리까지 알아본 상황이었다. 런던에서는 도팽이 예전 동료들에게 전화를 돌리며 자신과 같이 일하고 싶은지를 알아보고 있었다.

1993년 2월, 마크리치앤드코의 석유 팀이 무더기로 사표를 냈다. 마크리치앤드코의 거래 은행 입장에서 이것은 마지막 기회였다. 거래 은행은 대량 퇴사를 막기 위한 조치를 취하라고 리치에게 통보했다. 리치는 자신의 원년 파트너 중 한 명이자, 사표를 낸 트레이더 상당수를 뽑았던 하켈에게 중재 역할을 부탁했다.

1993년 초 겨울의 끝자락, 런던에서 석유 팀 트레이더들이 하켈과 마주 앉았다. 트레이더의 수장은 석유 부문 대표였던 도팽이었고, 도팽 퇴사 후 책임자로 승진했던 크랜들 그리고 그레이엄 샤프Graham Sharp, 뤼르켐이었다. 여기에 더해 먼저 퇴사했던 스트로토테와 와이스도 참석했다.

도팽과 그의 팀은 복귀 조건을 담은 한 쪽짜리 문안을 건넸다. 그 조건이란, 리치는 점진적으로 모든 지분을 매각하고, 리치의 퇴진과 더불어 사명을 변경하란 것이었다. 완벽한 쿠데타이자 무조건적인 항복 요구서에 가까운 문안이었다. 와이스는 그때를 회상하며 말했다.

"그 조건은 너무나 잔인했다고 생각합니다."[17]

리치는 처음엔 그 요구에 동의했지만, 그의 자존심은 상할 대로 상한 상태였다. 그렇게 그는 트레이더의 기질을 끝까지 발휘한다. 재협상 카드였다. 크랜들은 당시 리치의 반응에 대해 이렇게 평했다.

"리치에게 재협상 없는 거래는 없어요. 자기 자식과도 재협상할 위인입니다. 재협상의 DNA가 아예 새겨져 있을지도 몰라요."[18]

역시나 며칠 후, 리치는 도팽에게 전화를 걸었다. 당시 둘의 통화를 옆에서 직접 들었던 크랜들에 따르면 리치는 이렇게 운을 뗐다고 한다.

"자네들 요구가 좀 심했더군. 음, 일들이 말야. 뭔가 너무 빨리 진행된다는 생각이 들어."

그리고 리치는 본색을 드러내기 시작했다. 자신의 지분을 매수하자면 몇 년이 걸릴 테니 그 일이 마무리될 때까지 자신이 회사를 경영하겠다는 제안이었다. 당연히 도팽은 분노를 참지 못했다.

"이러다간, 우린 죽을 때까지 그와 협상해야 할 겁니다."[19]

도팽은 리치에게 복귀 협상은 없던 일로 하자 선언했고 다시 창업을 준비했다. 그런데 며칠 뒤 스트로토테가 도팽과 크랜들에게 전화를 걸어 자신이 협상해 보겠다며 양해를 구했다. 수완 좋은 협상가 스타일인 스트로토테는 성질을 꾹 눌렀다. 그렇게 자존심을 굽히고 리치가 내건 조건 일부를 수용했다.

몇 주 후인 1993년 3월 8일, 도팽과 리치와의 협상 결과가 공식 발표됐다. 전체적으로는 원안과 크게 다를 게 없었지만, 몇 가지 다른 점이 있었다. 리치는 지분을 '상당 부분' 매각해 몇 개월 내에 지배주주 자리에서 내려오는 것, 스트로토테가 최고경영자를 맡되 리치는 '회장직을 유지'한다는 것, 사명 변경은 하지 않는 것 등이었다.[20]

스트로토테는 기자들에게 "해당 조치가 급작스럽게 결정된 건 절대 아닙니다"라며 해당 사건에 큰 의미를 부여하지 않도록 에둘러 말했다.

"회사에 대한 통제권을 소액주주에게 양도하는 장기적인 계획이 이미 세워졌습니다."

협상 계약서에 서명하기 위해 스트로토테와 리치가 마크리치앤드코 본사 건너편 글라스호프Glashof의 한 별실에서 만났을 때, 별실에는 찬바람이 돌았다.[21] 의례적 인사도 나누지 않았고, 양측 변호사가 모든 절차가 끝났다 말했을 때 리치는 조용히 자리에서 일어나 나갔다. 물론 리치는 고이 떠나지 않았다. 문을 열기 전에 스트로토테를 쳐다보며 경고를 날렸다.

"난 여전히 지분을 소유한 주주야. 다시 잘 생각해 보시게."[22]

1993년 11월 29일 월요일, 리치의 지분 일부에 대한 매각 절차가 마무리되면서 그의 지분은 27.5퍼센트로 공식화됐다.[23] 매각된 지분은 200명 남짓한 직원에게 분배됐다. 이에 더해 리치의 27.5퍼센트 지분에 대한 매수권이 주어졌다. 단, 현금 매수 조건이었다.

"우리에게 그만한 돈이 생길 거라고 리치는 꿈에서도 생각하지 않았겠죠."[24]

마드리드 지사장이자 리치의 최측근 임원이었던 케루브의 말이다. 어쩌면 리치도 자신이 가진 소수 지분이 몇 년 후에 복귀의 구실이 될 거라 생각했던 모양이다.

하지만 스트로토테는 리치가 떠나면서 뱉은 독설이 내내 마음에 걸렸다. 그러다 리치와의 모든 관계를 완벽히 정리하자는 결론을 내렸다. 그렇게 리치의 나머지 지분을 매수할 자금을 찾았지만, 회사가 몇 년간 어려웠던 상황이라 기존 거래 은행은 추가 대출에 부정적이었다.

스트로토테와 몇몇 트레이더는 꾀를 냈다. 억만장자 마르틴 에브너Martin Ebner를 투자자로 끌어들이자는 것이었다. 스위스에서 기업 사냥꾼으로 명성이 자자했던 에브너는 기업 지분을 매수한 다음 변화를 요구하는 것이 전매특허였다. 즉, 에브너가 지분을 가지면 회사에 어떤 일이 벌어질지는 명확했다. 경영상 자신의 발언권을 요구할 게 틀림없었다. 리치와의 불화로 인해 고통스러웠던 스트로토테에겐 에브너는 영 못마땅한 선택이었다.[25]

그러면 뒤에는 어떻게 됐을까? 특유의 배타적인 스위스가 아니라면 불가능한 기업 쿠데타가 일어났다. 다름 아닌 스트로토테의 구세주는 이익 앞에 '날카로운 팔꿈치'를 휘두르는 펀드매니저도, 월스트리트도 아니었다. 오히려 스위스 최고 기업이었다. 마크리치앤드코의 새로운 투자자는 제약 업체 로슈Roche 였다.

로슈를 스트로토테의 사무실로 이끈 것은 신경안정제 바리움Valium이었다. 로슈가 1963년 출시한 노란색 작은 알약인 바리움은 얼마 지나지 않아 세상에서 가장 많이 처방되는 약품이 됐는데, 영국의 밴드 롤링스톤스Rolling Stones 의 1966년도 곡 '어머니의 작은 도우미Mother's Little Helper'에 언급돼 불후의 명성을 얻었다. 바리움은 그야말로 '돈 복사기'였고 가족 소유의 작은 로슈를 세계적인 제약 업체로 키웠다. 하지만 1985년 미국에서 바리움의 특허가 만료되자 로슈의 제약사업부 이익은 눈에 띄게 줄었다. 다른 제약 업체가 바리움의 제네릭 의약품을 생산할 수 있었기 때문이다.

하지만 로슈에겐 '총알'이 있었다. 그것도 어마어마하게. 1990년 대 초 로슈는 약 90억 달러를 보유했는데, 이는 바리움이 시장을 지배했던 시절에 긁어모은 돈이었다.[26]

로슈의 최고재무책임자CFO 헨리 B. 마이어Henri B. Meier 의 관리하에 로슈는 제약과 전혀 무관한 일련의 투자처에 '총알'을 묻어 뒀다. 1994년 리치의 재정 자문가 하인츠 파울리Heinz Pauli 가 가교를 놓은 덕분에 로슈가 스트로토테를 구원하러 나타난 것이다. 에브너와 달리 로슈는 회사 운영엔 전혀 관심이 없었다. 이익만 낸다면 문제없었다.

그렇게 스트로토테는 1억 5,000만 달러어치에 해당하는 회사 지분 15퍼센트를 로슈에 매각하기로 합의했다. 단, 조건이 있었다. 로슈에 얼마간의 투자 수익을 보장해 주는 것과 함께 언젠가 그 지분을 되사겠다는 약속이었다.

그렇게 리치는 자신이 세운 회사에서 영원히 추방됐다. 창업자가 사라졌으니 다음 수순은 뻔했다. 모두들 새로운 사명을 찾기 시작했고, 사명에 쓸 신의 이름이 있을까 싶어 그리스어 사전을 들출 정도로 다들 작명에 진심이었다. 그중 한 컨설턴트가 글렌코어라는 이름을 떠올렸다. 세계적Global, 에너지Energy, 원자재 상품Commodities, 자원Resources 이렇게 네 단어에서 앞의 두 철자를 조합해 나온 이름이었다. 1994년 9월 1일, 마크리치앤드코는 공식적으로 글렌코어인터내셔널Glencore International로 사명을 변경했고, 2개월 후엔 도망자 신세가 된 리치와의 모든 관계를 완벽히 정리했다고 발표했다.

리치는 충격에 빠졌다. 자신이 창업한 회사가 직원들로부터 1년

반 만에 넘어간 데다 사명에서 자신의 이름까지 빠졌다. 게다가 직원들은 '똥값' 수준으로 자신의 지분을 매수했다. 리치가 세운 회사가 가진 자원과 중개로 벌어들인 이익까지 지분 인수에 일부 이용됐다.

예전 파트너들 주장에 의하면, 마크리치앤드코의 장부상 가치는 리치의 지분 매입 비용과 아연 시장 매점 실패로 인해 크게 줄어들어 10억 달러에 조금 못 미치는 수준이었다고 한다. 즉, 약 70퍼센트의 지분을 가진 리치는 7억 달러 남짓한 돈을 받는 걸로 끝났다는 뜻이었다.[27] 리치는 훗날 자신의 전기 작가에게 이렇게 말했다.

"나는 퇴물 신세였고, 그들도 냄새를 맡고는 그 상황을 이용했습니다. 그것들이 내 목에 칼을 겨눴어요."[28]

한 시대를 장식한 트레이더는 그렇게 몰락했다. 하지만 돈이 된다면 어디든 달려가고, 위험을 무릅쓰고, 양심이나 도덕심 따위는 집에 두고 와도 좋다는 리치의 철학만은 계속됐다. 리치의 제국을 계승한 이들 모두가 그 철학을 신봉했고, 리치의 발자취를 이어 갈 준비를 마친 셈이었다.

다시 도팽의 이야기로 돌아오자. 리치와의 협상이 결렬되자 도팽은 바로 행동에 돌입했다. 다음 날 저녁, 런던 북부 레딩턴가에 있는 도팽의 집에 사람들이 하나둘 모이기 시작했다. 그렇게 최측근을 불러 모은 자리에서 도팽은 자신은 더 이상 리치와 일할 생각이 없다고 못을 박고서는, 모인 이들에게 공을 넘겼다.

"이제 여러분들도 결정을 해 주셔야겠습니다."[29]

번개처럼 한바탕 진행된 토론 끝에 다섯 명이 도팽과 함께하기로 했다. 회사 복귀 문제를 협상하는 모임에 참석했던 크랜들, 샤프, 튀르켐이 도팽과 손을 잡았다. 여기에 대니얼과 안토니오 코메티Antonio Commetti가 합류했는데, 이들은 금속 부문을 맡기로 했다.

창업은 꽤나 위험한 일이다. 무엇보다 리치가 만들었던 오랜 거래 관계를 버리고 바닥에서 새로 시작해야 한다는 뜻이기도 했다. 원자재 거래뿐만 아니라 금융 쪽 인맥과도 모든 관계를 새로 시작해야 했다.

그러한 위험에도 불구하고, 대부분이 30~40대였던 여섯 명은 창업을 선택했다. 이를 위해 각자 저축을 깼고, 도팽이 가장 많은 돈을 출자했다. 한편 그들은 모은 돈의 일부를 프랑스에 있는 도팽의 가족 회사에도 투자했다. 튀르켐은 그때를 이렇게 회상했다.

"초기 자본금은 1,200만 달러 정도? 당시로서는 굉장히 큰 액수였죠."[30]

이쯤 샤프가 첫 거래를 땄다. 루마니아 국영 석유 업체로부터 가솔린 1회 선적분을 사들이는 계약이었다. 루마니아는 가솔린을 팔고 싶었지만 거래 상대방이 누구인지 정확히 알아야 했다. 즉, 새 회사의 이름을 빨리 지어야 했다.

도팽은 리치처럼 회사에 자신의 이름 넣기를 거부했다. 리치의 실수를 되풀이할까 걱정스러웠던 탓이다. 하지만 그들은 설립 절차를 신속히 끝내야 했고, 네덜란드에 등록된 휴면회사 중 이름을 사들일 기회가 생겼다. 세 개의 선택지가 올라왔다. 스카이다이버Skydiver, 블랙하트Blackheart, 트라피구라였다.[31] 먼저 스카이다이버는 업종에 맞지 않는다며 애당초 탈락했고, 블랙하트는 뭔가 지나치게 속물 느낌이 났다. 그렇게 남은 이름이 트라피구라였다.

이제 트라피구라는 도팽에게 필생의 과업이 됐다. 가업이 고철 거래였으니 어쩌면 원자재 중개는 그의 숙명이기도 했다. 1977년 마크리치앤드코에 입사해 볼리비아 지사장을 지냈는데, 그때 도팽의 나이는 겨우 20대 중반이었다. 이후에도 고속 승진을 거듭해 납과 아연 부문 수장이 됐고, 그다음에는 석유 부문을 이끈다.

도팽은 지독한 워커홀릭에다 '옛날 스타일' 트레이더였다. 몸을 갈아 넣는 수준의 출장 일정에도 눈 하나 꿈쩍하지 않았다. 오죽하면 도팽은 트라피구라가 일요일 아침 제네바공항에서 가장 빠른 착륙 슬롯Slot(비행기 운항 시각_옮긴이)을 항상 쓸 수 있도록 했다. 그래야 일주일에 단 몇 시간이라도 더 일할 시간이 생겼기 때문이다. 그렇게 도팽이 옛날 시절 배웠던 업무 스타일과 시간관념은 트라피구라에서 진가를 톡톡히 발휘했다. 볼리비아의 보잘것없는 광산 사업자부터 아프리카의 대통령들까지 그 누구가 됐든 인간적 매력으로 휘어잡을 능력 말이다.

"그의 솜씨는 그저 감탄스러웠습니다."[32]

트라피구라 멕시코시티 지사에서 근무하다 훗날 중남미 총괄 관리자로 승진하는 에드문두 비달Edmundo Vidal은 도팽의 놀라운 기억력에 대해 감탄했다고 전했다. 도팽은 멕시코의 광산 거물을 만날 때마다 각자가 가장 좋아하는 선물이 무엇이었는지를 정확히 기억했다고 한다. 누구에게는 코냑, 누구에게는 초콜릿이 최상의 선물이었다. 이렇게 도팽은 앙골라와 나이지리아에서는 석유 공급 업자, 중남미에서는 석유 구매자와의 관계를 만들었다. 또한 페루와 멕시코의 영세한 광산 업체 수십 곳으로부터 광물을 사서 '진공청소기' 같은 중국 구매자에게 수출했다.

　회사 안에서는 어땠을까? 도팽은 매우 엄격하고 깐깐한 상사였다. 그의 속도를 따라가지 못한다면 그 누구든 불호령을 들어야만 했다. 옷차림, 고객 응대, 시간 관리와 관련해서도 도팽의 기준을 못 맞추면 엄청난 잔소리를 들어야 했다. 그렇다고 항상 엄격하기만 한 건 아니었다. 나름 엉뚱한 장난기도 있었다.

　트라피구라의 한 예전 직원이 해외 출장길에 있었던 재미있는 일화를 하나 들려줬다. 장거리 비행을 하던 날이었는데 이륙 후 몇 시간을 정신없이 일한 뒤, 도팽이 갑자기 벌떡 일어나더니 "신사 여러분, 술집이 문을 열었습니다"라고 말했다.[33]

　25년간 트라피구라를 진두지휘하면서 도팽은 세대를 초월해 모든 트레이더에게 멘토가 됐을 뿐 아니라, 근면한 직업윤리와 사적인 관계를 우선시하고 위험 앞에서 몸을 사리지 않는 트레이더를 키우는 '사관학교 교장' 같은 존재였다.

　도팽의 매력과 장점에도 불구하고, 새로운 회사를 정착시키는 것
은 다른 문제였다. 도팽과 그의 동료가 트라피구라를 건실한 업체로
키우기까진 수년이 걸렸다. 이는 사실상 무에서 유를 창조하는 과정
이었다.

　하지만 글렌코어의 출발은 비교적 수월했다. 처음부터 사업이 번
창했다. 리치라는 망령에서 자유로워지자 글렌코어는 새로운 기회를
적극 활용했다. 1983년 리치가 미국의 사법 당국을 피해 해외로 도피
했을 때부터 미국 은행은 마크리치앤드코의 대출을 완전히 끊었다.
일부 유럽 은행마저도 마크리치앤드코와의 거래를 회피했다. 그런데
지분이 정리되고 사명이 바뀌니 분위기는 한순간에 바뀌었다.

　"저 같은 재무 전문가에게 당시 상황은 천국이었습니다."[34]

　자크는 제이피모건J. P. Morgan으로부터 전화를 받았는데, 그 미국
최대 은행이 회사를 도울 방법을 알고 싶다며 먼저 걸어온 전화였다.
그다음엔 도이치은행Deutsche Bank, 또 그다음엔 골드만삭스에서 연락
이 왔다. 그렇게 온갖 종류의 기회가 찾아왔다.

　무엇보다 가장 큰 변곡점은 글렌코어가 신용등급을 받은 것이었
다. 즉, 월스트리트로부터 회사 존재를 승인받았다는 뜻이었다. 그러
자 여러 투자자로부터 온갖 새로운 방식의 자금이 밀려오기 시작했
다. 먼저 기업어음CP, Commercial Paper(어음 형식의 단기채권_옮긴이)으로 단
기자금을 조달했고, 회사 역사상 처음으로 1995년에는 신디케이트론

Syndicated loan(둘 이상의 금융기관이 연합해 특정 기업이나 국가에 대출하는 형태_
옮긴이)을 받고, 1996년에는 사모채권(정해진 개인 또는 기관만을 대상으로 발
행하는 채권_옮긴이)까지 발행했다. 글렌코어는 특히 사모채권을 통해 미
국의 연기금과 보험사에 자사 부채를 인수하게 했다.

글렌코어는 마크리치앤드코 시절인 1980년대 말부터 제련소와
광산 등에 투자하기 시작했다. 하지만 당시에는 그런 투자 재원을 장
기 차입으로 조달할 수 없었다. 그런데 이제 채무증서시장(일정 이자를
만기일까지 정기 지급할 것을 약속하고 발행한 채무 증서가 거래되는 시장. 기업어음,
양도성예금증서, 국채, 회사채, 금융채 시장 등이 포함된다_옮긴이)이 글렌코어를
향해 문을 열자 호주, 콜롬비아, 카자흐스탄, 러시아 자산에 마음껏
투자할 기회가 생겼다.

사명은 바뀌었지만, 글렌코어는 리치로부터 물려받은 (그리고 리치
가 필리프브라더스에서 배운) 조직 문화를 유지했다. 업무지상주의와 높은
기대치의 문화였다. 이탈리아 출신으로 1980년대 후반 마크리치앤드
코에 입사해 글렌코어의 모스크바 지사장을 지낸 루초 제노베세Lucio
Genovese는 "글렌코어는 마치 정글 같아요"라고 말했다.

"성과를 내야 합니다. 그것도 날마다, 해마다 높은 실적이어야 하
죠. 그렇게 못하면 회사에서 버티기 힘들 겁니다. 한마디로 죽어라 성
과를 내든가, 죽어 나가든가 둘 중 하나입니다."[35]

그렇다면 마크리치앤드코에서 '독재 체제'의 폐해를 경험했던 글
렌코어는 체제를 어떻게 꾸렸을까? 12명의 고위 트레이더로 집단 지
도 체제를 짰는데, 스트로토테가 우두머리였다. 일각에서는 이들을

'12인 그룹G12, Group of 12' 또는 '12사도'라고 불렀다. 이제 스트로토테는 국제적인 원자재 중개 제국의 최고사령관으로서 자신의 진가를 발휘할 기회를 가졌다.

그렇게 그는 세계를 제집처럼 누비면서 하루는 시베리아 알루미늄 재벌과 곰 사냥을, 다음 날에는 자신의 요트에 고객을 태워 카리브해를 항해하며 융숭하게 접대했다. 뒤에 나오겠지만, 글렌코어에서 떠오르는 신예 중 장차 제국 전체를 다스릴 차세대 지도자가 있었는데 그가 바로 글라센버그다.

기존 마크리치앤드코도 파트너를 위해 해마다 엄청난 부를 창출했지만 글렌코어는 한 단계 위였다. 유례없는 백만장자 제조기가 됐을 뿐 아니라, 350명에 가까운 트레이더 전원에게 지분이 신속하게 배분됐다. 당연한 말이지만 스트로토테와 드레퓌스 그리고 12사도의 나머지가 지분의 상당 부분을 가졌다(2000년대 전반기 12사도는 전체 지분의 26.7~44.4퍼센트를 보유했다). 각 트레이더는 급여 외에도 해마다 각자가 창출한 중개 이익의 10퍼센트에 달하는 성과급을 현금으로 받았다. 이에 더해 회사의 순이익에서 각자 지분에 비례한 몫을 받았고, 퇴사할 경우에는 누적된 이익을 5년에 걸쳐 지급받았다.

이 중에서 성과급 하나만으로도 엄청난 부자가 되기에 충분했다. 스트로토테의 임기 중 마지막 4년인 1998~2001년까지 수백 명에 이르는 사내 트레이더에게 매년 성과급으로 지급한 총액은 연평균 1억 1,000만 달러였다.[36] 회사 지분은 훨씬 더 높은 이익을 가져다줬다. 글렌코어는 1990년대 연평균 1억 5,000만~2억 달러의 이익을 달성했는데, 2000년대에 들어서는 연평균 이익이 10억 달러 단위로 올라섰다.[37] 아마도 스트로토테 혼자서 회사 이익의 10~15퍼센트를 수령했을 것으로 보인다.

　그리고 글렌코어의 주주명부를 보면 수백만 달러의 자산가들이 긴 줄을 이룬다. 이에 대한 단적인 사례 하나를 보자. 세금 분쟁 때문에 이미 널리 알려진 이야기다. 글렌코어에서 15년간 석탄 중개를 했지만 고위 관리직으로 승진하지 못했던 한 트레이더는 2006년에 퇴사하면서 자신의 지분을 회사에 양도하고 1억 6,000만 달러를 받아 갔다.[38] 아마도 글렌코어가 설립 이래 자산 1억 달러 이상의 억만장자를 족히 100명 이상은 배출했으리라 봐도 크게 틀리지 않을 것이다.

　이렇게 마크리치앤드코를 둘러싼 내분은 원자재 중개 산업의 지형을 다시 그렸다. 물론 리치를 압박해 업계에서 내쫓았기 때문만은 아니다. 앞에서 말했듯 업무에서 리치가 개발한 방법은 글렌코어와 트라피구라에서도 여전히 유용했다. 다만 오명으로 얼룩진 리치의 이름과 철저히 단절했고, 자신들의 이름이 신문지상에 오르내림까지 원천 봉쇄하면서 국제금융 시스템에 더욱 깊이 들어갔다.

　그렇게 글렌코어와 트라피구라는 세계 석유 및 금속 중개 시장을 지배하는 쌍두마차가 됨과 동시에 자원 개발의 돈줄 역할을 한다. 리치는 그저 꿈으로만 봤을 막대한 자본을 조달하고 주무르기도 했다.

　스트로토테와 그의 파트너가 '비교적 푼돈'으로 리치의 지분을 인수한 것은 쾌거였다. 크랜들은 "리치의 지분을 전량 매수한 건 스트로토테한테 평생 최고의 거래였습니다"라고 말하기도 했다.

"그러고 나자 돈벼락이 내렸습니다. 리치의 지분을 인수한 뒤 그들은 말 그대로 돈으로 만든 비를 맞았죠."[39]

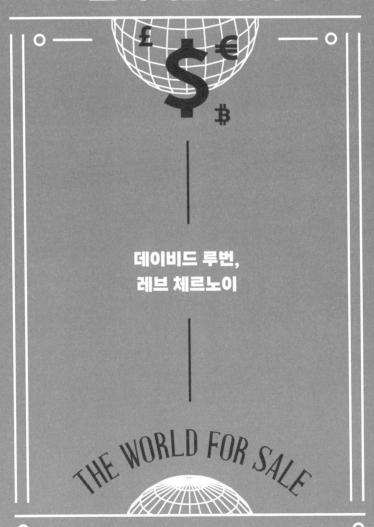

6장

쓰러지는 제국

데이비드 루번,
레브 체르노이

THE WORLD FOR SALE

웬 남자가 다리를 절뚝거리며 사무실 문을 열고 들어왔던 그날, 하루하루가 평범했던 데이비드 루번David Reuben의 하루가 바뀌는 순간이었다. 때는 소련이 무너지고 몇 달이 지난 1992년 5월, 모스크바였다. 데이비드 같은 알루미늄 트레이더에게 소련 붕괴는 날벼락 같은 사건이었다. 데이비드의 알루미늄 거래선은 소련 한 곳뿐이었기 때문이다.

　그런데 이제 소련이란 국가는 지구상에 없다. 하지만 한 가지는 확실했다. 세계에서 알루미늄이 가장 싼 곳이 구소련, 그러니 러시아 땅이라는 사실이었다. 러시아에서 신뢰할 만한 알루미늄 공급자를 확보해 물량을 확보하기만 한다면 돈벼락은 시간문제였다.

　그날 데이비드를 찾아온 남자가 그 열쇠를 쥔 사람이었다. 지금의 우즈베키스탄에서 태어나 어릴 적 소아마비로 장애를 겪었지만, 이전의 계획경제가 무너지고 찾아온 '야생'의 시대에서 번성할 능력을 두루 갖춘 이 중 하나였다. 강렬하고 푸른 눈동자에, 성미는 불같지만 수완만큼은 능한 그의 이름은 레브 체르노이Lev Chernoy였다.

데이비드와 체르노이가 마주 앉아 이야기를 나누던 그 시각, 러시아는 혼란의 연쇄 폭발 중이었다. 국가의 유일한 구매자였던 행정부의 수요가 없어진 까닭에 제조업은 모두 멈췄다. 정부는 생필품 가격 통제를 폐지했고, 통화가치가 폭락하면서 빵, 우유, 치즈 가격은 폭등했다. 과거 체제에서 평생 힘들게 모은 저축은 하룻밤 사이 휴지조각이 됐다. 한 끼를 먹기 위해 추운 거리마다 모두가 몸을 웅크린 채 팔 만한 모든 것을 내다 팔기 시작했다.

체르노이가 데이비드의 사무실을 찾아온 이유는 이런 '무정부 상황'의 연장선에 있었다. 예전에 체르노이는 데이비드의 회사인 트랜스월드Trans-World(데우스의 트랜스월드오일과는 무관하다)에 소량의 알루미늄을 팔기로 계약해 놓고 물건을 인도하지 않았었다. 소련에서는 이런 경우가 이상한 축에도 못 들었고 오히려 일상이었다. 체르노이가 사과하러 찾아왔다는 사실이 오히려 희한한 일이었다.

데이비드의 트랜스월드는 작은 파벌로 구성된 업계 사이에서 이미 당당한 주전 역할이었다. 데이비드는 둥글둥글한 얼굴에서 정직함을 드러냈고, 행동거지도 소탈해 순진하다는 느낌까지 풍겼다. 하지만 그의 내면에는 사업가적 야망이 컸고, 큰 목적이 있다면 세부적인 사항엔 관심을 두지 않았다. 그런 데이비드가 체르노이에게 계약 불이행에 대한 사과 '따위'를 바라는 건 아니었다.

지금 데이비드의 목적은 러시아 땅에서 알루미늄 찾기였다. 체르노이가 그 답을 아는 것처럼 보이니 데이비드는 자연적으로 구미가 당겼다. 그렇게 체르노이가 설명을 시작했는데, 데이비드는 그의 말을 자르고 본론을 꺼냈다.

"구질구질 입으로 그러지 마시고 실물을 보여 주시죠. 당신 돈벼락 맞게 해 드릴게."[1]

원자재 중개 업계 입장에서 소련 붕괴는 하늘과 땅이 뒤바뀌는 사건이었다. 1970년대 석유 시장이 세븐시스터스의 영향력에서 벗어난 사건 이래 업계 역사에서 벌어진 가장 중대한 변화였다. 원유와 금속, 곡물 부문에서 세계 최대 생산국 중 하나인 소련이 한순간에 폐쇄 체제에서 세계경제의 일원으로 통합된 사건이다. 문제는 그 통합 과정이 너무나 무계획적이었다는 것이다.

1990년대 초까지 외부 무역이 엄격히 통제됐다가 갑자기 러시아산 알루미늄, 구리, 아연, 석유, 석탄이 세계시장으로 봇물 터진 듯 쏟아져 나왔다. 그 과정에서 러시아는 수출 관련 기반이 전무하다시피 했다. 기반 시설도 없는데 원자재 수출에 대한 전문성이나, 금융계의 연결 고리를 기대하는 것은 그야말로 한가한 소리였다.

　결과적으로 데이비드 같은 원자재 트레이더가 러시아 원자재 수출에서 정부 역할을 대신했다. 그들은 러시아의 거대한 천연자원 시장을 외부 세상과 연결시켜 주고, 러시아에 귀중하디 귀중한 외화를 안겨 줬다.

　러시아에서 데이비드 같은 트레이더의 위상은 몰라보게 높아졌다. 원자재 트레이더는 러시아 입장에선 산업의 생명을 유지시켜 주는 은인이나 다름없었고, 국가 경제의 건전성에도 기여한 이들이었다. 당연히 경제적 혼란의 전리품이 누구 손으로 갈지에 대한 문제에서도 원자재 트레이더가 자연스레 열쇠를 쥐었다.

　원자재 중개 업체와 소련과의 거래는 소련이 무너지기 수십 년 전부터 시작됐다. 1954년에 석유를 사들이러 모스크바를 찾았던 바이서가 있었고, 카길을 비롯한 곡물 중개 업체는 1960~1970년대에 걸쳐 소련을 제집마냥 드나들었다. 필리프브라더스도 1973년 모스크바에 지사를 개설한 최초의 미국 기업에 포함됐었다. 물론 과거의 거래는 고도로 중앙 집중화된 모습이었다.

　소련의 경우 소수의 국가기관이 대외 교역을 마음대로 결정했다. 금속은 라즈노임포르트Raznoimport(수출도 관리했다), 곡물은 엑스포르트흘레브(1970년대 초반 '곡물 대탈취' 사건에서처럼 곡물 수입도 협상했다), 석유는 소유즈네프테엑스포르트가 장악한 모습이었다.

　원자재 중개 업체는 해당 기관의 관료에게 철저하고 완벽한 구애를 펼쳤다. 금속을 예로 들어 보자. 1970~1980년대 마크리치앤드코에서 활약했던 펠릭스는 라즈노임포르트 지도부와 밀착 관계를 쌓았

고, 그 관계에 힘입어 마크리치앤드코는 소련의 대외 금속 무역에서
주요 거래처가 됐다. 펠릭스는 라즈노임포르트의 수뇌부가 식사와 술
접대를 매우 좋아했다고 회고했다.[2]

1980년대 말, 중앙집권 체제의 소련에도 변화의 바람이 불기 시
작했다. 그간 삐걱거리던 소련 체제는 서기장 미하일 고르바초프
Mikhail Sergeyevich Gorbachev가 실시한 페레스트로이카Perestroika(개혁, 재건)
와 글라스노스트Glasnost(개방, 공개) 프로그램 주도로 민간 기업에 서서
히 문을 열었다.

그리고 1987년, 소련은 사업가적 재능을 가진 젊은이에게 소기
업을 운영할 권리를 부여했는데, 해당 기업을 협동조합이라 불렀다.
이들 중에서 훗날 러시아의 신흥 재벌, 일명 올리가르히Oligarch가 여
럿 탄생한다. 이 협동조합은 컴퓨터 제품 수입, 복권 운영, 공연 입장
권 판매처럼 행정부가 해소해 주지 못하는 필요를 충족시켰다. 또한
그들은 잉여 물자를 똥값으로 사들이고, 할당 예산을 집행할 방법을
찾아야 했던 관료에게 서비스를 제공하면서 무너지는 체제의 비능률
과 무능을 이용해 큰돈을 벌었다. 가끔은 이들 기업가가 어렵사리 원
자재를 확보하거나 원자재 수출 방법을 찾아낼 수도 있었다. 그렇게
소련 기업가와 원자재 중개 업체가 만난다.

이 만남에서도 원자재 중개 업체는 자신들의 최고 기술인 '설득'
을 유감없이 발휘했다. 소련의 신진 기업가 중에 아르템 타라소프Ar-
tem Tarasove도 있었다. 스스로를 '소련의 합법적인 최초 백만장자'라 선
언한 뒤 1980년대 후반 유명세를 얻은 타라소프는 많은 이가 그랬듯

소련 경제의 어두운 그림자 속에서 온갖 부를 쌓았다.

언젠가 타라소프가 연료유를 사들일 일이 있었다. 이 일은 소련 체제의 무능과 비능률을 한 번에 보여 주는 축소판과도 같다. 현 우크라이나 지역의 한 정유 공장이 지역 발전소에 공급할 연료유를 생산했었다. 그런데 겨울이 따뜻할 시기가 생겨 발전소가 연료유를 평소보다 덜 썼고, 정유 공장엔 연료유 재고가 쌓였다. 그런데 그 재고를 어떻게 처리하라는 지침이 없자, 공장 책임자는 인근 숲에 구덩이를 파서 연료유를 폐기하라 지시했다. 다른 정유 공장에서도 비슷한 상황이 벌어졌다.

하지만 타라소프는 그렇게 폐기할 연료유를 차곡차곡 사 모았고, 얼마 지나지 않아 팔 만큼의 양이 모였다. 때마침 마크리치앤드코가 소련 행정부의 통제권 바깥에서 소련산 석유를 구매할 방법을 찾는 중이었다. 그렇게 마크리치앤드코 눈에 타라소프가 들어온다. 타라소프는 자서전을 통해 처음 영국을 방문했던 '잊을 수 없는' 경험을 자세히 소개한다.

"원유와 석유 제품 구매를 담당하는 트레이더는 눈치가 최고였어요. 그들은 소련 행정부를 피하면서 아무런 제약과 보고 없이 가능한 환상적 뒷거래가 열린 걸 곧바로 알아차렸죠. 그들은 가장 중요한 고객인 내가 다른 구매자에 물건을 팔지 않도록 나를 엄청나게 챙겼습니다. 나를 절대 실망시키지 않겠다고 단단히 작정한 거죠."[3]

마크리치앤드코는 타라소프가 그야말로 '행복한 남자'가 되도록 최선을 다했다. 먼저 그들은 런던 피커딜리의 메리디앙호텔 스위트룸을 숙소로 예약했다. 여기에 템스강 유람선을 전체 임대해 오케스트라까지 불러 그를 즐겁게 해 줬다. 타라소프가 런던에서 보내는 저녁마다 모든 욕구가 충족되도록 빈틈없이 준비했다. 타라소프는 그때를 이렇게 회고한다.

"그들은 무도회장을 몇 곳이나 빌렸고, 내가 원하는 어떤 무용수도 데려오겠다고 말했어요. 뿐만 아니라 모든 비용은 회사에서 처리했더군요. …마음이 여리고 섬세한 소련 사람이 이런 접대에 깊은 인상을 받은 것이야 당연했죠. 얼마 지나지 않아 리치의 회사가 세상에서 가장 좋은 외국 기업이라 믿어 의심치 않았습니다. 그 며칠을 잘 먹고 잘 마시고 좋은 구경도 실컷 하고 낚시까지 즐겁게 했으니까요. 거기에 오직 나만을 위한 오케스트라라는 호사를 누렸습니다. 당연히 나는 계약서 서명으로 보답했죠."[4]

소련이 무너지던 시절엔 온갖 '인물'이 활개를 쳤다. 국가 경제가 수직 낙하 중이니 그 틈을 이용해 온갖 터무니없는 거래가 진행됐다. 그 예로 청량음료 브랜드 펩시코PepsiCo는 소련과의 거래로 한때 세계 최강의 해군력을 가진 강대국과 어깨를 나란히 했었다. 무슨 헛소린가 싶지만 사연은 아주 단순했다. 소련에 판 콜라의 대금으로 현금 대신 잠수함 17척과 순양함, 호위함, 구축함을 각각 한 척씩 받았기 때문이다. 그렇게 받은 잠수함과 배는 모두 고철로 팔려 해체됐다. 당시 도널드 켄들Donald Kendall 펩시코 회장은 미국 백악관을 향해 "소련의 무장해제는 정부보다 우리가 더 잘 시킬 겁니다"라고 허세 섞인 우스개를 부릴 정도였다.[5]

펠릭스와 라즈노임포르트 지도부와의 밀월 관계 덕에 마크리치앤드코는 수년간 소련의 금속 무역을 쓸어 담았다. 하지만 소련 국가보안위원회가 그들의 관계를 조사하기 시작했고, 그렇게 마크리치앤드코는 소련의 눈 밖에 나고 말았다.[6] 이제 그 자리를 차지하기 위해 다른 업체들이 이때다 싶어 득달같이 달려들었다. 그때 필리프브라더스는 니켈 수입 계약을 땄는데, 소련이 세계 니켈 생산의 25퍼센트를 차지했으니 엄청난 이득인 셈이었다. 라즈노임포르트와 필리프브라더스 간의 계약서에서 수출 물량 부분엔 이렇게 써 있었다.

"소련 수출 물량 전부."[7]

물론 데이비드도 그 아수라장에 뛰어들었다. 1938년생으로, 인도에 정착한 이라크인 집안에서 태어난 데이비드는 십 대 나이에 '몸뚱이만 가지고' 런던으로 이민 갔다.[8] 그렇게 금속 중개업에서 일하기 시작했고, 1958년엔 마운트스타메탈스Mountstar Metals라는 고철 매매 업체에 입사했다. 영국에서 성공하겠다고 다짐한 그는 동생 사이먼Simon과 함께 업계에 입문했다. 이미 부동산 투자 경험이 있던 사이먼은 데이비드가 가장 신뢰하는 사람이자 친구였다.

루번 형제는 서로 기질이 달랐지만 사업에선 환상의 호흡을 보였다. 동생 사이먼은 모든 사항을 직접 챙기고 알아야 직성이 풀렸지만, 형 데이비드는 큰 그림 말고는 관심이 없는 공상가였다. 데이비드의 아들은 이렇게 말했다.

"아버지는 큰 그림을 잘 그리시는데 디테일에는 약한 편이셨죠. 당신이 한마디 하면 아랫사람이 세부적인 계획을 짜는 걸 기대하는 식입니다."[9]

데이비드는 신입 시절에도 금속을 찾아 공산권인 소련, 중국, 북한을 포함해 세상 곳곳을 누볐다.[10] 그러다 1974년 투자은행 메릴린치Merrill Lynch가 지분을 소유한 한 업체에서 3년간 일하다가 창업을 결심하고 자신의 팀원들과 다 같이 퇴사했다. 그렇게 1977년 3월에 트랜스월드가 태어났다.

트랜스월드의 시작은 미미했다. 자본금이라야 200만 달러가 고작이었고, 사무실도 런던과 뉴욕 딱 두 곳뿐이었다. 데이비드는 알루미늄과 주석을 거래할 틈새시장을 직접 개척하는 등 초기 사업에 열정적이었지만 1980년대 말이 되자 금속에 대한 애정이 식었다. 여기엔 사연이 있다. 주석 가격을 통제하기 위한 여러 정부의 공동 노력이 실패한 이후, 그는 런던금속거래소에 닥친 위기에 대해 쓴소리를 아끼지 않았다. 그렇게 몇 달간 입씨름을 벌이던 중 동생인 사이먼은 암 진단을 받았다. 데이비드는 지칠 대로 지쳤고 자연히 업계와 거리를 두기 시작했다.

데이비드가 업계를 떠난 동안 소련은 어려움에 처했고, 이를 계기로 데이비드는 현업에 복귀했다. 트랜스월드는 1970년대부터 라즈노임포르트에 주석을 수출하고 알루미늄을 받으면서 소련에서 상당한 존재감을 발휘했다. 하지만 1992년 체르노이가 데이비드의 모스크바 사무실을 찾아왔을 때는 기존 거래 체계가 전체적으로 무너졌다. 연료유 트레이더인 타라소프 같은 이들이 1980년대 말부터 소련 기관의 지배력을 야금야금 잠식했기 때문이다. 그 후 무너진 소련은 원자재 '땡처리' 시장이나 다름없었다. 원유, 알루미늄, 크로뮴 같은 자원을 최저 시세의 4분의 1 가격으로 구입할 수도 있었다.[11] 원자재 중개 업체 입장에선 엄청난 횡재였고, 거부할 수 없는 조건이었다.

한편 원자재 중개 업체의 소련 시장 진입은 새로운 경제체제 형성에도 한몫했다. 예전 소련 체제에서는 정책 입안 및 설계자가 자국의 자원과 돈을 세계에서 어떻게 유통시킬지 결정했지만, 이젠 서방의 원자재 중개 업체가 그 역할을 인계받았기 때문이다.

소련의 거대 공업 기업은 충격에 휩싸였다. 무엇을 생산해서 어디에 공급하라고 지시했던 체제가, 원재료 그리고 노동자 급여를 제공했던 체제가 갑자기 사라졌다. 광산, 유전, 정유 공장, 제련소는 물론이고 심지어 정부 기관에까지 운영비가 고갈됐다. 절박한 마음에 그들은 유일해 보이는 기회를 잡을 수밖에 없었다. 자국의 장사꾼이나 외국의 원자재 중개 업체와 직접 거래하기였다. 라즈노임포르트 같은 정부 기관의 지배에 종말이 찾아오는 순간이었다.

경제가 수직 낙하한다는 것은 국내 수요가 폭락한다는 의미고, 즉 원자재 수출 물량이 더욱 많아진다는 뜻이었다. 그 사례가 있다. 몇 개월 전 라즈노임포르트에 금속을 수출했던 일부 업체가 수출한 금속을 되사는 경우도 있었다. 심지어 포장도 뜯지 않은 채 말이다.
이 사례는 러시아 정부의 관심이 국내 산업계에 물자를 공급하던 데
서, 수단과 방법을 가리지 않고 돈을 버는 것으로 옮아갔다는 증거이
기도 하다.

　정부와 업체 입장은 그렇고, 대다수 러시아 국민에게 이는 혹독
한 고난의 시기가 왔다는 뜻이었다. 한때는 막강한 소련의 국민이었
는데 이젠 당장 먹고 입을 것을 걱정해야 하는 처지가 됐고 돈도 부족
했다. 소련의 종말이 다가오던 시기 막대한 자본은 이미 해외로 빠져
나가는 중이었고, 그렇게 새로 세워진 러시아는 이중고의 늪에 빠졌
다. 물가는 한계 없이 치솟았고 통화가치는 급락했다.

　이러한 소련 붕괴가 서방 원자재 중개 업체에는 전혀 다른 느낌
의 그림이었다. 그저 막대한 이득을 만들 기회만이 보였다. 훗날 글렌
코어에서 합금철 사업의 총괄 책임자로 승진하는 트레이더 데이비드
이스로프**David Issroff**는 당시 상황을 이렇게 묘사한다.

　"가령 당신이 거대한 공장을 굴린다 칩시다. 그런데 판로가 완전
히 막혀 막막한 상황이죠. 이때 뭔가 되게 착해 보이는 서방 트레이더
몇몇이 와서는 물량을 모두 가져가겠다고, 운송도 알아서 하겠다면
안 넘어가겠어요? 우리는 그런 식으로 시작했습니다."[12]

　침몰하는 경제에서 거래를 성사시키려면 즉흥적인 임기응변은
필수다. 예컨대 원자재 중개 업체 중에는 시간당 20달러를 주고 항공
기를 통째로 빌려 담배와 조니워커 위스키를 가득 실었다. 각자도생
하는 시베리아 도시에 갔을 때, 연료유를 구입하려면 담배와 위스키

가 최고의 화폐였기 때문이다.[13] 그곳의 거대한 광산과 제련소에서는 소련 시절 관리자(일명 붉은 감독관Red Director)가 아침 회의를 시작하면서 보드카 한잔하는 것은 예사였다. 물론 여러 잔 들이켜는 것도 흔한 광경이었다.

데이비드는 1992년 5월 모스크바를 방문했다. 러시아의 새로운 질서를 이해하면서 자신의 역할을 찾아보기 위해서였다. 쉽게 말해 시장조사였다. 데이비드의 눈에는 러시아 경제 질서 재편이 확연했고, 엄청난 기회가 있음을 그는 깨달았다.

데이비드에게 걸림돌은 구소련의 산업 조직화 방식이었다. 필요 이상으로 비밀스럽고 복잡한 데다 전혀 직관적이지 않았다. 알루미늄 산업을 예로 들어 보자. 알루미늄은 항공 및 우주 산업에서 광범위하게 쓰는 원자재인 까닭에 냉전의 양 패권국 모두에 전략적으로 중요한 금속이었다.

소련은 미국에 이어 세계 2위 알루미늄 생산국이었지만 생산에 필요한 시설이 영토 여기저기에 흩어져 있었다. 가장 중요한 알루미나 제련소의 일부는 몽골과 가까운 동부 카자흐스탄, 우크라이나의 극서부 지역에 있다. 반면 알루미나에서 알루미늄을 뽑아내는 제련소는 동쪽 시베리아에 많다. 가장 가까운 항구와도 수천 킬로미터 떨어진 깊은 내륙이다. 거리도 워낙 먼데 새로 형성된 국경에까지 가로막히니 시베리아 제련소엔 알루미나 공급이 중단됐다. 이러한 무질서를 체르노이 같은 이들이 파고들었다.

체르노이가 유년을 보낸 타슈켄트는 거친 산으로 둘러싸였지만

번화한 대도시로서 소련 중앙아시아 지방의 중심지로 최적이었다. 1
세대 소련 기업가가 그랬듯 체르노이도 삐걱대는 체제의 어둠 속에서
기업가로서 첫발을 뗐고, 침몰하는 국가의 무능과 비능률을 이용해
돈을 벌었다.

　체르노이가 생애 처음으로 큰돈을 만진 계기는 형(우즈베키스탄에서
태어난 이스라엘 국적의 기업가로 널리 알려진 마이클 처니Michael Cherney)과 함께 신
발을 만드는 협동조합을 운영했을 때였다. 루번 형제는 한 공장의 노
는 공간과 장비를 빌리고, 공급과잉으로 폐기물 신세였던 폴리염화비
닐PVC과 가죽을 사들였다.[14] 이런 세상에서 사업을 하려면 중앙 관료
부터 지방 유력 인사까지 모든 관계망을 유지하는 게 필수였다.[15]

　소련이 무너진 이때는, 루번 형제가 신발 제조를 막 접고 목재와
알루미늄 같은 원자재 시장에 진출하고 얼마 지나지 않아서였다. 당
시 체르노이는 카자흐스탄 북부의 어떤 알루미나 공장에 납품 중이었
다. 그곳 사정도 다른 구소련의 기업과 다르지 않았다. 한마디로 '돈
이 없었'다. 체르노이는 대금 대신에 알루미나를 받아서 시베리아의
크라스노야르스크Krasnoyarsk에 있는 한 제련소에 납품했다. 제련소 역
시도 대금을 치를 돈이 없었고 알루미늄을 대신 받았다.

　이상은 1992년 5월에 체르노이가 왜 자신에게 알루미늄이 있는
지에 대해 데이비드에게 들려준 이야기였다. 하지만 데이비드는 설
명만으로는 만족할 수 없었다. 눈으로 직접 봐야 했다. 체르노이 역
시 한순간도 주저하지 않았으며, 아예 가장 빠른 비행기를 타고 가자
며 데이비드에게 제안했다. 하지만 데이비드는 그 제안을 거절했다.

마침 그날이 금요일이었고, 데이비드는 런던에서 주말을 보낼 계획이 었기 때문이다. 깨끗한 셔츠가 없다는 것도 이유 중 하나였다. 하지만 이번에는 체르노이가 고집을 피웠다.

실랑이 끝에 데이비드는 결국 생애 처음으로 크라스노야르스크 에 발을 들였다. 17세기 코사크Cossack(지금의 우크라이나, 남러시아 지방에 거주하던 종족_옮긴이) 파견 군대가 요새를 세웠던 크라스노야르스크는 소련 건국 이래로 주요 산업 중심지 중 하나였다. 뿐만 아니라 세상 어떤 지도에도 나오지 않는 광활한 비밀 군사기지가 있었는데 핵무기 연료가 바로 여기서 생산됐다.

하지만 엇비슷해 보이는 아파트 단지 행렬 사이에 정교한 옛 목 조 가옥이 점점이 박힌 인구 100만의 크라스노야르스크는 이젠 알루 미늄이 주요 산업이었다. 예니세이강Yenisei River이 굽어 흐르는 지점 에 있는 알루미늄 제련소엔 거대한 건물이 죽 늘어섰는데, 각 건물의 길이는 500미터에 이르렀고, 용융 금속을 담기 위한 용기가 빼곡히 들어찼다. 수백 킬로미터 떨어진 브라츠크Bratsk에 있는 공장과 함께 세계 최대 규모를 자랑했다.

크라스노야르스크 제련소는 데이비드에게 새로운 경험과 같았 다. 사실상 제련소가 도시를 먹여 살리는 상황인데, 직원들 임금을 지 급할 돈이 부족해 제련소 관리자의 시름이 컸다. 데이비드는 그 자리 에서 대금을 선불로 지급하기로 합의했다. 물론 대금은 추후 알루미 늄으로 갚는다는 조건이 붙었다.

그렇게 런던으로 돌아온 데이비드는 자신이 일생일대의 기회를 맞이했다고 확신했다. 그렇게 러시아에 투자하자며 동생을 꼬드기기 시작했다. 루번 형제는 제련소에 투자하기 위해 자신의 재산 대부분으로도 모자라 돈을 빌리기까지 했다. 이렇게 그들은 체르노이와 한배를 탔다. 훗날 데이비드는 당시를 이렇게 회상한다.

"체르노이가 구소련에서의 거래법을 명확히 알려 줬습니다."[16]

제련소에 필요한 알루미나를 공급하고 대금은 알루미늄으로 받는 거래는, 마크리치앤드코의 스트로토테와 와이스가 1980년대 자메이카와 미국에서 썼던 방식과 같았다. 이런 식의 '임가공', 즉 위탁 생산 거래는 얼마 지나지 않아 러시아 알루미늄 시장 전반으로 확산됐고 트랜스월드 같은 원자재 중개 업체가 그 흐름을 주도했다. 여기서 데이비드와 체르노이는 역할을 분담했다. 러시아산 알루미늄을 세계에 파는 일은 데이비드, 제련소 관련 업무는 체르노이가 맡기로 말이다. 데이비드는 그때를 이렇게 회상했다.

"공장에서 먹고 자는 한이 있더라도, 온갖 이들의 꽁무니를 쫓아서라도 알루미늄이 제때 인도되도록 하겠다고 약속했습니다."[17]

데이비드의 자본과 체르노이의 현지 영향력과 지명도는 그야말로 '환상의 호흡'이었다. 얼마 지나지 않아 트랜스월드는 러시아 알루미늄 산업에서 선두 주자로 올라섰다. 그렇다고 트랜스월드가 임가공 거래만 한 것은 아니었다. 러시아 정부가 자국의 주요 공업 기업을 매각하기 시작했을 때 트랜스월드는 무려 러시아의 3대 알루미늄 제련소 모두의 지분을 매입했다. 뿐만 아니라 호주에서 알루미나를 수입하기 위해 러시아 극동의 항구 한 곳을 포함해 새로운 기반 시설도 건설했다.

여기에 예상치 못한 호재도 있었다. 트랜스월드의 최대 라이벌 마크리치앤드코가 당시 내분에 휩싸였기 때문이다. 아무리 업계 공룡이라도 이런 중요한 시기에 주춤하는 것은 경영에 치명적이었다. 물론 후에 마크리치앤드코가 글렌코어로 사명을 바꾸고, 엄청난 근성으로 트랜스월드의 라이벌로 복귀하지만 그것은 몇 년 후에나 벌어질 이야기였다.

1992~1993년, 소련의 일명 '해체 쇼'가 벌어지던 이 중대한 기간 동안 마크리치앤드코는 나약했고 업무에 집중하지 못했다. 그렇게 실질적으로 트랜스월드의 유일한 라이벌이란 '영광'은 여러 소규모 업체가 차지했다. 혜성처럼 등장한 에이아이오시AIOC, 제럴드메탈스Gerald Metals, 마크리치앤드코의 전직 트레이더 몇몇과 비톨이 공동으로 출자한 합작사 유로민Euromin이 대표적이었다.

소련이 아닌 러시아에서 사업을 하는 데는 커다란 위험이 따랐다. 무엇보다 사유재산권에 관한 규칙이 아직도 명문화되는 과정이었고, 트랜스월드 같은 업체가 러시아의 천연자원 산업에서 지분을 계속 가지는 것이 허용될지 여부도 불투명했다. 그러나 데이비드는 트레이더 중에서 위험을 감수하려는 의지가 가장 강한 편이었다. 게다가 체르노이라는 든든한 '보험'까지 있었다.

"우리는 엄청난 손해를 감수했습니다. 애당초 러시아에 온 이유가 위험을 좇았기 때문이니까요. 알코아나 알칸 같은 거대 알루미늄 업체가 소련에서 보이지 않는 이유가 무엇인지 아세요? 우리가 위험을 피하지 않았기 때문입니다."

미국과 캐나다의 최대 알루미늄 생산 업체를 들먹이면서 데이비드가 말한 내용이다.

"그들은 우리처럼 위험을 감수하지 않습니다. 우리 같은 곳만 위험에 기꺼이 몸을 내던졌습니다."[18]

소련 붕괴로 시작된 혼란 속에서 알루미늄 산업엔 질서 비슷한 무언가가 다시 등장했다. 그것의 등장은 러시아가 자본주의사회로 변신한다는 명확한 징후이기도 했다. 러시아의 원자재 흐름을 통제하는 이들은 정부 주도의 계획위원회가 아니라 데이비드 같은 트레이더였다. 체르노이의 말을 들어 보자.

"우리가 트랜스월드와 손잡고 일했던 때는 러시아가 가장 어려웠던 때죠. 그때 여러모로 크게 기여했습니다. 국가의 알루미늄 산업을 부활시키고 기반 시설을 혁신하며, 공장 운영에 드는 자본은 물론이고 생산 역량을 확대하기 위한 돈을 제공하는 데도 앞장섰습니다. 그렇게 러시아의 알루미늄 산업이 무너지는 걸 막았습니다. 또한 러시아가 기존의 위상을 유지하고, 더 나아가 세계 알루미늄 시장의 지배자 중 하나가 되는 토대를 만들었죠."[19]

———∽———

  1994년, 러시아의 첫 번째 민영화 파고가 가라앉았을 때 트랜스
월드의 도전은 커다란 보상으로 돌아왔다. 러시아의 최대 알루미늄
제련소 모두에 대한 소유권을 인정받았고 기존의 거래 관계도 유지됐
다. 한 투자은행 추정치에 따르면, 트랜스월드는 미국 알코아에 이어
알루미늄 시장 세계 2위 업체로 발돋움했다.[20] 모든 임가공 계약을 합
치면 러시아 알루미늄 생산량의 절반 가까이가 트랜스월드 손에 있었
다. 어떨 때는 절반을 넘기기도 했을 것이다. 세계 기준으로 보면 트
랜스월드의 점유율은 5~10퍼센트 사이에 해당했다.[21]

  러시아에 대한 데이비드의 대담한 도박은 확실히 '최상의 선택'
이었다. 트랜스월드는 지중해 연안 모나코의 몬테카를로[22]부터 남태
평양의 사모아[23]에 이르기까지 다양한 지역에 설립된 수십 아니 수
백 곳의 기업으로 구성되는데, 여기서 공개된 재무 정보는 한 건도
없었다. 다만 업계 내와 전직 직원들의 추정에 따르면, 최전성기 시
절 트랜스월드의 연간 이익은 족히 수억 달러는 됐을 거라고 한다.
1992~1997년까지 트랜스월드에서 물류를 담당했던 게리 부시Gary
Busch는 임가공 사업의 수익성이 아주 좋았다면서, 1990년대 전반에
걸쳐 러시아 내 사업으로 트랜스월드가 약 30억 달러를 벌었다고 추
산했다.[24] 사업 초기에는 러시아 내 알루미늄 가격이 국제 시세의 몇
분의 1에 불과했는데, 루블화 가치가 하락한 것이 주된 이유였다.

  당시 서방에서는 알루미늄 중개 시 마진이 기껏해야 톤당 5달러

수준이었지만, 러시아에서는 원자재 중개 업체가 톤당 최소 200달러 이상을 벌었다. 알루미늄 제련소 입장에서는 공장을 돌리려면 알루미나가 필요했으니, 이는 임가공 계약을 협상할 때 원자재 중개 업체 마음대로 할 수 있었다는 뜻이다. 그러다 산업에 민영화 바람이 불자, 원자재 중개 업체는 알루미늄 산업의 주요 자산을 '똥값'에 얻었다. 데이비드는 한 인터뷰에서 "우리는 엄청난 행운을 캤습니다"라고 말했다.[25]

러시아발 알루미늄 파도는 세계시장을 덮쳤다. 1990~1994년 250만 톤 이상의 알루미늄이 런던금속거래소에 쇄도했다.[26] 1988년 와이스의 매점 때 톤당 4,000달러를 찍었던 알루미늄 가격이 1,000달러로 폭삭 주저앉았다. 런던금속거래소의 주요 인도·인수가 이뤄지는 로테르담으로 알루미늄이 너무 많이 들어온 바람에 거래소가 외부에 다른 공간을 찾기 시작할 정도였다.

원자재 중개 업체 입장에선 러시아 알루미늄은 수익성이 높아도 위험한 산업이었다.[27] 소련의 폐허에서 기회를 발견한 이들은 루번 형제 같은 국제적 사업가뿐만이 아니었다. 돈 냄새를 맡고 찾아든 범죄자를 포함해 온갖 '군상'이 날아들었다.

얼마 지나지 않아 트랜스월드를 포함한 업체들은 러시아의 재벌 그리고 폭력배들과 이권 싸움을 벌여야 하는 처지가 된다. 금속 중개 업계 전반에서 구소련은 일명 '황야의 동부Wild east'로 통한다. 용감하거나 무모하거나 둘 중 한 유형만이 모험을 불사하는 매우 위험한 지역이란 뜻이었다.

"금속 중개 산업에서는 사흘에 한 명꼴로 죽어 나갔습니다."²⁸

훗날 런던의 한 법정에서, 유명 올리가르히인 로만 아브라모비치 Roman Abramovich가 남긴 말이다. 1995년, 폭력은 모스크바 거리에까지 물들었다. 에이아이오시는 용감하고 믿음직하기로 소문난 펠릭스 르보브Felix Lvov를 앞세워 크라스노야르스크 제련소와의 거래를 확대하기 위해 노력 중이었다. 폭력은 그 용감한 르보브조차 생명의 위협을 느끼고 안위를 걱정할 정도였다. 1995년 가을 문턱에 선 어느 날, 카자흐스탄 출장 중이었던 르보브는 보디가드와 함께 모스크바 셰레메티예보공항으로 출발했다.

르보브의 보디가드는 공항 보안 검색대까지 동행했고, 르보브가 금속 탐지기를 통과하는 것까지 확인한 다음에야 모스크바로 돌아갔다. 하지만 르보브는 비행기에 탑승하지 못했다. 보안 검색대와 탑승 게이트 사이 어딘가에서 제복 차림의 남자 둘이 르보브에게 다가와서 자신을 따라오라고 말했다. 그리고 이튿날, 그는 총으로 난사당한 벌집으로 발견됐다.²⁹ 에이아이오시는 해당 사건의 충격을 극복하지 못했고, 르보브가 세상을 떠난 지 얼마 지나지 않아 파산했다.

에이아이오시가 사라진 러시아의 알루미늄 산업에서 트랜스월드의 주요 라이벌 자리는 글렌코어의 차지가 됐다. 크라스노야르스크 제련소 책임자는 스트로토테와 호흡이 척척 맞았고, 스트로토테와 그의 팀원을 사흘짜리 곰 사냥 여행에 초대하기도 했다. 사냥 목적지는 크라스노야르스크를 둘러싼 습지대의 침엽수림이었다.³⁰

　　하지만 글렌코어에 대한 위협은 곰만이 아니었다. 언젠가 이스로
프가 거래를 마치기 위해 카자흐스탄 알마티로 가려 공항에 나갔을
때 일이다. 그가 비행기에 탑승하기 직전, 알마티에 있던 글렌코어 대
리인으로부터 탑승하지 말라는 급한 연락이 왔다. 이스로프가 만나기
로 했던 상대가 알마티 외곽 한 호텔 객실에서 목을 매단 채로 발견됐
던 것이다. 그리고 이스로프는 이렇게 덧붙였다.

　　"나는 지금도 식당에 가면 항상 출입문을 향해 앉아요. 그 시절부
터 들인 습관입니다."[31]

　　그 지배권을 둘러싸고 가장 치열한 싸움이 벌어졌던 곳은 바로
크라스노야르스크 제련소였다. 그 제련소에서 트랜스월드는 1990년
대 중반 손을 뗄 수밖에 없었다. 데이비드는 "1994년 그들이 우리의
크라스노야르스크 제련소 지분을 빼앗았습니다"[32]라면서, 그 이유가
경영권 싸움 때문이었다고 주장했다.

　　"지배력에 공백이 생기자 수많은 라이벌이 몰려오더군요. 서로가
서로를 짓밟고 그 공백을 차지하려 혈안이 됐었습니다."[33]

　　러시아 언론은 알루미늄 산업과 관련해 수십 건의 살인 사건이
발생했다 추정하면서, 이를 '알루미늄 대조국전쟁 Great Patriotic Alumini-
um War'(대조국전쟁은 2차 세계 대전 중 독소전쟁을 의미한다_옮긴이)이라 명명했
다. 희생자 중에는 트랜스월드의 동지와 라이벌도 포함됐다.

　　하지만 데이비드는 "트랜스월드가 러시아에서 발생한 불법행위
에 연루됐다는 모든 주장에는 일말의 진실도 없습니다"라면서 본인이
나 자신의 파트너가 그 전쟁에서 모종의 역할을 했다는 의혹이 제기

될 때마다 부인으로 일관했다.

"분명히 말씀 드리죠. 트랜스월드에는 철칙이 하나 있습니다. 우리가 일하는 모든 곳에서 법적 원칙과 규범을 충실히 따른다는 겁니다. 오히려 우리가 불법행위의 피해자였던 게 한두 번이 아니었습니다."**34**

1990년대 말, 트랜스월드는 꼬리에 꼬리를 무는 문제에 빠졌다. 카자흐스탄에서는 세금 미납 문제로 파트너와의 갈등이 생겼는데 급기야 트랜스월드 자산이 압류됐다.**35** 러시아 정세도 트랜스월드에 불리하게 돌아갔다. 러시아 초대 대통령인 보리스 옐친Boris Nikolayevich Yeltsin은 고령에다가 레임덕을 겪는 중이었고, 푸틴이 그 권력을 흡수하면서 차기에 오를 날을 손꼽아 기다렸다.

트랜스월드에 잠재적 위협이 바로 푸틴의 측근들이었다. 러시아의 천연자원에서 나오는 부를 외국인이 가져가는 것에 반대하는 등 '강한 대국 러시아'를 부르짖는 이들 말이다. 더욱이 이쯤 알루미늄 산업에서 무시할 수 없는 세력이 부상하기 시작했다. 1990년대 초반엔 트랜스월드와 협력했지만, 그 후엔 단독으로 사업을 진행 중이었던 올레크 데리파스카Oleg Deripaska 였다.

루번 형제는 여기저기 알릴 거 없이 조용히 돈만 챙겨 러시아에서 퇴장하기로 결정했다. 일단 카자흐스탄 관련 소송 합의부터 진행했는데, 정확한 액수는 알려지지 않았지만 2억~2억 5,000만 달러 사이의 합의금을 받은 것으로 추정된다.[36] 또한 자신이 가진 러시아의 알루미늄 자산 일체와 트랜스월드 파트너를 아브라모비치 측에 매각하는 거래를 맺었다. 매각 대금은 5억 7,500만 달러였다.

　　루번 형제가 이제껏 러시아에서 벌어들인 이익에 합의금과 매각 대금을 전부 합치니 '꽤나 많은 현금'이 됐다고 했다.[37] 사이먼은 "최근 몇 년간 산업구조가 변했습니다"라며 매각에 대해 설명했다.

　　"새 얼굴이 속속 등장했죠. 우리는 자산 일부를 유리하게 털어 버릴 기회를 포착했고, 그 기회를 붙잡았습니다."[38]

　　하지만 루번 형제는 그들의 월계관을 그냥 장식품으로 두지 않았다. 이젠 편히 성공을 만끽하기는커녕 구소련에서의 모험으로 벌어들인 돈을 런던 부동산에 투자했다. 특히 메이페어 구역 부동산을 대량 매입해 일약 부동산 부자가 됐다. 이것은 1990년대 초반 러시아에 모든 자산을 몽땅 투자한 것보다 훨씬 '남는' 결정이었다.

　　경제 전문지 〈포브스Forbes〉는 2020년 기준으로 루번 형제 '각자'의 자산을 68억 달러로 추산하면서 이들을 영국의 네 번째와 다섯 번째 부자로 나란히 선정했다. 루번 형제는 보수당의 주요 기부자로서 총리와도 가깝게 교류했다.[39] 뿐만 아니라 2020년에 옥스퍼드대학교가 신설한 대학의 경우, 루번 형제의 가족 재단 기부금 8,000만 파운드를 기려 루번칼리지Reuben College로 명명됐다.[40]

　　한편 글렌코어는 루번 형제와는 다른 길을 걸었다. 즉, 러시아의 알루미늄 산업으로 깊숙이 들어갔다. 트랜스월드의 철수는 글렌코어 입장에서는 라이벌이 사라졌다는 뜻이었고, 골치 아픈 일을 손가락 하나 까딱 않고 해결한 격이었다.

그쯤 러시아 알루미늄 시장에서는 트랜스월드의 사업 파트너였던 데리파스카의 행보가 단연 두드러졌다. 크라스노야르스크에서 수백 킬로미터 떨어진 사야노고르스크Sayanogorsk의 알루미늄 제련소 지분을 확보하면서 사업을 시작한 데리파스카는 이제 러시아 알루미늄 산업의 다른 부문에서 지분을 공격적으로 매수하기 시작한다. 이제는 글렌코어가 데리파스카의 가장 긴밀한 동맹이 됐다.

루번 형제가 러시아에서 발을 완전히 뺐던 2000년, 데리파스카는 러시아의 알루미늄 자산 중 상당 부분을 통합해 루살Rusal이라는 이름의 회사를 세우는 거래를 맺었다. 덕분에 그의 제련소는 다시 알루미나와 현금이 필요했고, 그 필요는 글렌코어가 충족시켰다. 글렌코어의 모스크바 지사장을 역임한 이고르 비시넵스키Igor Vishnevskiy에 따르면, 글렌코어는 루살에 알루미나를 납품한 것은 물론 1억 달러의 자금까지 조성했다고 한다.

"우리는 루살의 구세주였죠. 우리는 루살에 첫 번째로 돈을 융통해 줬고, 거기에 알루미나도 공급해 줬기 때문입니다."**41**

당시 글렌코어의 최고경영자였던 글라센버그는 데리파스카의 잠재력을 알아봤다. 데리파스카가 러시아 알루미늄 산업에서 떠오르는 차세대 황제가 될 것이라는 생각에 글라센버그는 그의 환심을 샀고 그 둘은 친구가 됐다. 이들은 러시아의 또 다른 알루미늄 재벌 아브라모비치가 2003년에 인수한 축구팀 첼시FC의 홈구장인 스탬퍼드브리

지 귀빈석에서 경기를 함께 관람하기도 했다.[42] 그렇게 경기장 귀빈
석은 그들이 영국 상류층과 유명 인사와 어울리며 친분을 쌓는 사교
장이 됐다.

2007년, 글렌코어와 데리파스카는 각자가 가진 알루미늄 자산을
일단의 러시아 투자자와 합병하는 거래를 맺었다. 그렇게 루살은 러
시아 알루미늄 시장에 대한 실질적인 독점권을 획득했고, 글렌코어는
루살을 세상과 잇는 역할을 했다.

소련의 와해는 다수의 신생국뿐 아니라 올리가르히라는 이들도
탄생시켰다. 소련의 붕괴로 인해 세계지도는 다시 그려졌고, 이후 수
십 년간 세계 돈의 흐름도 바뀌었다.

한편 데이비드는 체르노이와의 약속을 성공적으로 지켰다. 두 남
자 모두 천문학적인 부자가 됐다. 하지만 데이비드의 영향력은 개인
적인 부를 훨씬 초월했다. 트랜스월드는 독립 경영을 하는 회사가 느
슨하게 연결된 형태의 거대한 복합기업이다. 그리고 러시아의 주니어
엘리트를 양성하는 일종의 교양 학교 역할까지 했다. 여기서 미래의
올리가르히가 나오는 셈이다. 체르노이가 2004년 한 인터뷰에서 자
랑스럽게 했던 말이 허풍만은 아니었다.

"러시아 재계 엘리트 중 거의 절반이 내 제자입니다."[43]

올리가르히의 '인큐베이터'는 트랜스월드 말고도 또 있었다.

1990년대에 글렌코어의 모스크바 지사장을 지낸 제노베세에 따르면, 글렌코어 역시도 여러 올리가르히를 후원했다면서 오늘날 러시아 갑부 리스트에 포함된 이름을 쭉 나열했다.

"그들이 몇몇 회사를 소유하기 시작했고, 우린 그들에게 돈을 댔습니다."[44]

원자재 중개 업체와 러시아의 지도층이 될 이들과의 만남은 거대한 결과를 가져왔다. 초기 올리가르히에게 원자재 중개 업체는 사업의 '멘토'이자 자신을 부자로 만들어 준 조력자였다. 자신의 상품을 수출하는 방법을 '친히' 보여 줬을 뿐 아니라 훗날 러시아 경제가 민영화됐을 때 경제의 상당 부분을 차지할 자본을 미리 준비하도록 도와줬으니 그렇다.

올리가르히와 서방 금융계를 잇는 가교 역할도 원자재 중개 업체의 몫이었다. 심지어 초기 올리가르히들은 가끔 조세피난처와 역외회사(조세피난처에 설립되는 회사_옮긴이)를 이용하는 편법을 '최고 전문가'에게 배울 수도 있었다. 원자재 중개 업체야 그런 수법을 수십 년 전부터 썼으니 말이다.

스위스 로잔에 있는 곡물 중개 업체 앙드레를 보자. 앙드레 트레이더는 당시 가장 강력한 올리가르히였던 보리스 베레좁스키Boris Berezovsky와 친분을 쌓았다. 명석한 두뇌만큼이나 콧대도 높고 활달했던 베레좁스키는 1990년대 러시아에선 재력과 영향력이 가장 강력한 사람이었다. 2004년 모스크바에서 암살된 미국의 유명 저널리스트 폴 클렙니코프Paul Klebnikov의 표현을 빌리면 '크렘린궁의 대부'였다.

앙드레의 트레이더는 베레좁스키에게 회사를 스위스 법인으로 전환하고 무기명 주식으로 소유하는 편법을 알려 줬다. 소유주의 이름이 주주명부나 주권 어디에도 명시되지 않는다는 뜻이다.[45] 그들의 조언대로 베레좁스키는 앙드레의 본사가 있는 로잔에서 온갖 사업체를 설립했다.

앙드레에 대한 베레좁스키의 보답은 자신이 관여하는 많은 사업에서의 파트너 자리였다. 베레좁스키가 지분을 가진 국영 항공사 아예로플로트의 외화 수입 대부분을 몇 년간 관리하는 것도 그 특혜 중 하나였다. 여기엔 러시아 영공을 통과하는 외국 항공사가 내는 비싼 통행료도 포함됐다.[46]

소련 붕괴 이후 러시아 정·재계의 특징을 한마디로 요약하면 '권력의 사유화'였다. 이 특징은 원자재 중개 업체와 결합해 환상의 호흡을 자랑했다. 비시넵스키의 말을 들어 보자.

"모두가 파트너를 찾는 데 혈안이 됐습니다. '누가 힘이 될까? 누가 돈이 될까? 누가 돈줄이 될까?' 하면서요. 이런 상황은 살아남은 모든 당사자에게 윈−윈이었습니다."[47]

이런 분위기는 원자재 중개 업체 입장에선 러시아판 '클론다이크 Klondike'(캐나다의 골드러시를 몰고 온 지방_옮긴이)였다. 구소련 '황야의 동부'에 자신과 자신의 돈을 기꺼이 쏟아부은 이에겐 막대한 이득이 따라왔다.

이렇게 원자재 트레이더가 활개 친 곳은 러시아의 금속 산업만이 아니었다. 구소련의 영향력이 사라진 모든 곳이 그들의 놀이터가 됐

다. 이렇게 소련 붕괴는 중남미부터 동아시아에 이르기까지 소련의
비호를 받으며 생존을 이어 왔던 수십 개 위성국과의 경제적 지형을
다시 그렸다.

7장

가장 자본주의적인 공산주의자

이안 테일러

THE WORLD FOR SALE

카리브해의 섬나라 쿠바에 위험이 닥쳤다. 혁명의 불꽃이 사그라질 위험이었다. 카스트로가 1959년 혁명으로 정권을 잡은 뒤부터 쿠바는 소련의 원조에 대폭 의존했다. 그런데 소련이 지구상에서 사라졌으니 당연히 쿠바에 대한 경제적 지원도 끊겼다. 미국 앞마당에 있는 공산주의 전초기지였던 그 섬나라는 가솔린부터 식량과 의약품까지 모든 것이 부족했다.

갑자기 사라진 길고양이가 누군가의 저녁 식탁에 올랐다. 도로에는 자동차 그림자도 얼씬거리지 않았는데 이유는 단순했다. 가솔린이 없어서였다. 생생하게 살아 숨 쉬는 쿠바 역사의 산증인인 수도 아바나는 문자 그대로 무너졌다.

그런데 항구도시 아바나의 폐허 가운데 번쩍이는 현대식 건물 하나가 등장했다. 유리에 이탈리아산 대리석으로 만든 옷을 입고, 옥상에는 야자수가 늘어선 수영장까지 있는 이 건물은 다름 아닌 파르케 센트럴호텔이었다. 호화로운 쾌락의 궁전인 동시에 공산주의의 선전물이었는데, 그 두 요소는 물과 기름처럼 겉돌았다. 신식민지풍의 아치형 외관 뒤로 호텔의 자랑거리인 네 개의 레스토랑과 다양한 상점 그리고 쿠바의 특산품인 시가 매장 한 곳이 뽐을 냈다. 줄지어 선 열대식물 사이 탁 트인 호텔 로비에서는 미국 관광객과 유럽 사업가가 사교에 한창이었고, 벽마다 한 줄로 내걸린 초상화들 속에서 쿠바혁명의 영웅들이 그들을 쏘아보고 있었다.

파르케센트럴호텔은 쿠바 경제를 구하기 위한 카스트로의 마지막 희망이 고스란히 담긴 결정체였다. 외국인 투자에 대한 제약을 완화하고 부유한 관광객에게 쿠바의 아름다운 백사장과 식민지풍 도시를 개방함으로써 쿠바혁명의 불꽃을 지키기 위한 절박한 몸짓이기도 했다. 281개 객실이 있는 그 호텔이 1999년에 개장했을 때, 카스트로의 최측근이자 사실상 총리였던 카를로스 라헤Carlos Lage는 총 3,100만 달러가 들어간 이 호텔이 쿠바 관광 산업의 모델이라 추켜세웠다.

이후 몇 년간 그 호텔은 나라 안팎으로 쿠바의 최초 5성급 호텔로 공식 인정받았다. 미국 하원 대표단과 아르헨티나 전설적인 축구선수 디에고 마라도나Diego Maradona를 비롯해 세계 각계각층의 다양한 지도자와 유명 인사가 그곳을 방문했고 최근에는 미국의 뮤지션 카녜이 웨스트Kanye West(현재 활동명은 예ye_옮긴이)와 미국의 배우이자 사교계의 명사 킴 카다시안Kim Kardashian도 방문했다.[1]

그렇다면 지구상 유일한 공산주의 전초기지인 쿠바에 들어선 이 고급 호텔은 누구 돈으로 세웠을까? 극심한 경제 위기로 휘청거리던 쿠바에, 그것도 미국의 제재 위협을 무시하고 기꺼이 돈을 투자한 이는 누굴까? 이익에 밝은 유럽의 호텔 개발 업자? 카스트로의 혁명 동지? 둘 다 아니다. 다름 아닌 비톨이었다.

기존 원자재 사업에 더해 이른바 환대 산업으로 사업 영역을 과감히 확장하겠다는 비톨의 다소 '비전통적인' 결정으로 인해 1994년에 그 호텔 프로젝트가 출범했었다. 야망 충만한 원유 트레이더 테일러가 해당 프로젝트를 강력하게 밀어붙인 결과, 비톨은 몇 년 전부터 쿠바에 연료유를 수출했다. 하지만 재정난에 허덕이던 쿠바는 연료유 대금을 지급하지 못해 비톨에 지급할 빚이 잔뜩 쌓였다. 쿠바에 물린 돈을 회수할 방법을 찾던 비톨 입장에선, 쿠바의 관광 산업이 최선의 선택지처럼 보였다.

"쿠바는 관광 산업을 발판으로 성장할 것입니다."[2]

아바나에서 비톨의 대리인 역할을 하던 엔리케 카스타뇨Enrique Castaño는 총 1억 달러를 투자해 쿠바에 호텔 여섯 곳을 건설할 계획이라고 발표했다.

비톨의 '호텔' 도박은 소련 붕괴가 세계에 미친 파급효과를 극명하게 보여 주는 대표적 사례였다. 교역과 경제 의존성이 뿌리 깊이 얽히고설킨 상호 관계가 한순간에 뿌리까지 뽑혔다. 얼마 전까지도 많은 해외 투자자는 소련 세력권 국가에 섣불리 들어갔다가 돈에다 평판까지 잃을까 주저했다. 하지만 원자재 중개 업체는 달랐다. 그들은 돈에 쪼들리는 국가에 석유와 식량을 '외상'으로 공급하는 등 한 국가의 생존을 지탱하는 생명줄이었다. 또한 구공산권 프로젝트에 막대한 돈을 투입했고 천연자원이 흐르는 방향을 바꿨다. 정책 입안자가 좋아하고 정치적으로도 편리한 공급망을 따라 흐르던 천연자원이 가격을 가장 높게 쳐주는 곳으로 흘러가기 시작한 것이다.

여기까지가 비톨이 쿠바에 고급 리조트를 세운 사연이다. 이제부터는 오직 시장의 논리만이 적용될 터였다. 원자재 중개 업체가 과연 얼마나, 어디까지 정치를 초월할지에 관한 가장 극단적 상황이었다. 비톨은 구소련 체제를 대신하기 위해 쿠바에 개입했고, 그 과정에서 카스트로의 쿠바 같은 공산주의 정권의 생명 연장을 도왔다. 그들의 비결은 런던과 뉴욕의 금융계와 공산주의 정권을 잇는 것이었다.

소련의 몰락으로 세계경제의 아주 커다란 부분이 재편됐고, 이는 원자재 중개 업체에는 하나의 선물과도 같았다. 자신들이 활약할 새롭고도 거대한 시장의 문이 열렸을 뿐 아니라 원자재를 사고팔 더 많은 기회가 만들어졌기 때문이다. 그 예로 1990년대 초 러시아에 모든 것을 쏟아 넣은 한 트레이더는 상당한 부를 거머쥐었다.

원유가 풍부한 아프리카 앙골라, 흑해 정유 산업의 중심지 루마니아 그리고 광물의 보고인 카자흐스탄에 이르기까지 공산권 전역에 이익의 행운을 캘 기회는 아직 '널리고 널렸'다. 소련의 몰락과 함께 냉전이 야기한 이념적·사상적 분열도 사라졌다. 이런 새 시대에서 중요한 것은 딱 하나, 오직 돈이었다.

———— ❧ ————

　　소련 붕괴와 함께 찾아온 탈냉전의 시대정신을 가장 완벽히 구현한 사람이 단연 테일러다. 그는 선배 트레이더들이 지녔던 대담하고 모험가적인 열정의 집합체였다. 카스트로를 만나러 쿠바 아바나로, 오만 술탄을 접견하러 오만 무스카트로, 반군과의 거래를 위해 전쟁으로 파괴된 리비아 벵가지로 당장 떠날 준비가 늘 됐다. 출발신호만 떨어지면 반사적으로 뛰쳐나가는 사람처럼 말이다. 동시에 테일러는 리치와 데우스보다 정치적 수완이 한 급 위인 데다 훨씬 사교적이었다. 석유 하나를 위해 위험이 도사리는 세상 곳곳으로 자신의 회사를 밀어 넣은 것은 틀림없는 사실이다. 하지만 비톨이 서방 '권력의 회랑 Corridors of power'(정부 상층부를 일컫는 말_옮긴이)에서 늘 환영받도록 만든 공로도 분명하다.

　　테일러는 1956년생으로 런던 남서 지역의 스코틀랜드계 가정에서 태어났다. 부친은 거대 화학 업체 아이시아이ICI의 고위 임원이었는데, 부친의 근무지를 따라 맨체스터로 이사해 그곳에서 유년을 보냈다. 그는 옥스퍼드대학교에서 철학과 정치학, 경제학을 공부했는데, 이 과정은 전형적인 정치 입문 코스로 유명하다. 하지만 정계 진출보다 돈을 벌고 싶었던 테일러는 여러 기업에 입사 지원서를 냈는데, 제안이 온 곳 중 연봉이 가장 많은 곳을 선택했다. 차이라야 겨우 200파운드였다. 어쨌든 테일러는 그 이유 하나만으로 그곳을 선택했고 그곳이 바로 석유 업체 쉘이었다. 그가 석유 중개 산업에 발을 들인 것은 순전히 우연이었다는 소리다.

어쩌면 원자재 트레이더가 테일러에겐 숙명이었는지도 모르겠다. 모험심이 남달랐으니 원자재 트레이더로서의 싹수도 보였다. 훗날 그 모험심은 그에게 커다란 자산이 됐다. 이란혁명 이전, 테일러의 가족은 이란으로 이주했고, 테일러는 방학마다 테헤란에서 시간을 보냈다. 피 끓는 젊은 시절엔 이란에서 아프가니스탄 수도 카불까지 무전여행을 한 적도 있었다.

쉘의 베네수엘라 카라카스 지사에 자리가 생겼을 때 테일러가 그 기회를 냉큼 붙잡은 데는 성격이 한몫했다. 스페인어는 한마디도 할 줄 모르면서 방랑벽만 넘쳤던 테일러가 카라카스에 도착했을 때는 2차 오일쇼크로 석유 시장이 격변에 휩싸였던 1979년이었다. 얼마 지나지 않아 그는 카라카스에 있는 한 고급 호텔 수영장에서 회의 참석차 그곳을 방문했던 오펙 회원국 장관과 맥주를 마셨다. 카라카스에서의 시간은 젊은 석유 트레이더에겐 그야말로 짜릿함의 연속이었다.

테일러는 중앙아메리카 전역을 여행했고 특히 아이티, 도미니카공화국, 바베이도스에서 석유 정제품을 사고팔았다. 위험했던 순간도 있었다. 수리남에 갔을 땐 하필 쿠데타가 터져 그날 밤을 어떤 성매매 업소에서 보내야 했다. 도시에서 유일한 2층짜리 건물인 데다 바깥에서 벌어지는 유혈 사태로부터 조금 더 안전하다는 이유에서였다. 자메이카를 방문했을 땐 회사가 그에게 심지어 총 한 자루를 줬다(하지만 총 쏘는 법을 가르쳐 주진 않았다고 한다).

"대단히 환상적인 시간이었고 정말로 즐거운 경험이었습니다."**3**

테일러는 카라카스에서의 시간을 이렇게 표현했다. 카라카스는 그 개인에게도 특별한 장소였다. 아내를 처음 만나 사랑을 키웠고, 간밤에 파티 후 이른 새벽 청혼한 곳이었기 때문이다.

테일러의 다음 행선지는 한창 성장 중이던 아시아 석유 시장의 최전방 싱가포르였다. 테일러는 이내 두각을 보였다. 에너지와 열정이 둘째가라면 서러울 정도였고, 그 에너지와 열정을 회사와 사교에 똑같이 쏟아부었기 때문이다. 여기에 테일러는 날카로운 지성과 '인간 자석' 같은 매력을 적절히 버무릴 줄 알았고, 그가 가는 곳마다 친구가 생겼다. 석유 중개 시장의 백전노장이자 모건스탠리 석유 사업 부문 최고 책임자로서 수년간 테일러의 가장 강력한 라이벌이었던 브라이스의 말을 들어 보자.

"테일러의 성공 비결은 말솜씨, 인맥과 사교술이었습니다. 그걸 다 갖춘 사람이 매우 드뭅니다. 그런데 테일러는 거기에 개인적 매력으로 돈을 버는 수완까지 가졌죠."[4]

테일러가 회사의 관심을 끌었던 이유는 바로 수완이었다. 비톨의 창립 멤버 중 하나인 데이비드 제이미슨David Jamison은 아시아 사업부를 이끌던 시절, 배급 업자에게 되팔 다량의 연료유를 싱가포르로 옮기는 중이었다. 제이미슨이 연료유를 거래했던 트레이더 중에서 테일러만이 거래에 들어간 제이미슨의 비용을 '최고재무책임자'처럼 정확하게 계산했다고 한다. 제이미슨은 "그 거래에서는 이익이 거의 남지 않았습니다"라고 회상했다.

"그런데 그때가 잊히지 않더군요. 그래서 그를 점심 식사에 초대했죠. 같이 일해 보자고 제안했습니다."[5]

고위급 트레이더 중엔 독단적이고 성격이 거친 경우가 많다. 하지만 테일러는 그런 류와는 차원이 달랐다. 오히려 사적 관계가 절대적으로 중요한 산업에서 성공하기 좋은 사회적 기술을 가진 인물이었다. 그는 어떤 모임에 가서든 정치인 수준으로 사람과 잘 어울렸고, 상대에게 호감을 얻는 방법을 본능적으로 잘 알았다. 만난 이들의 가정사를 시시콜콜한 부분까지 기억했고 자신의 약속은 반드시 지켰다.

그것도 모자라, 테일러는 천부적인 쇼맨십까지 있었다. 테일러의 한 동료에 의하면, 하루는 테일러가 만약 이 세상 누군가로 살아갈 수 있다면 프린스Prince가 되고 싶다 말했단다. 프린스는 미국 가수로 당시 세계 정상급 뮤지션 중 한 사람이었다. 그의 동료 트레이더는 테일러에 대해 이렇게 기억했다.

"그는 언제나 주목받는 것을 즐겼어요. 얌전 떨면서 뒤로 빠지는 스타일이 절대 아니었습니다."[6]

테일러의 성향은 시대를 아주 잘 만났다. 냉전 종식은 미국 단독의 패권 시대가 열렸다는 뜻이기도 했고, 과거의 리치처럼 미국 법망을 피해 달아나서는 원자재 중개 업체를 운영하는 것이 불가능해질 터였다. 또한 국제 원자재 무역이 확대되고 선물과 옵션의 등장으로 시장의 효율성이 늘어남에 따라 원자재 중개 업체의 성공 공식에도 변화가 있었다. '규모의 중요성'이 갈수록 커진 것이다.

그렇다면 원자재 중개 업체가 거래 규모를 키우려면 무엇이 필요할까? 금융계에 아무런 제약 없이 참여해야 했고, 미국과 영국의 은행으로부터 무제한적인 신용 한도를 보장받는 것도 필수였다. 무엇보다 널리 존경받는 회사가 되는 것이 관건이었다. 이런 모든 상황은 바로 테일러의 등장을 위한 준비 무대 같았다. 비톨이 영국과 미국 지도층과의 연결책을 확보하기 위해 테일러는 꼭 필요한 사람이었다. 테일러의 상냥한 매력과 거대한 인맥은 비톨에 시대가 요구하는 존경할 만한 회사라는 이미지를 덧칠했다.

수십 년의 석유 거래를 통해 엄청난 부를 쌓았으니, 테일러가 은색 애스턴마틴 스포츠카와 방대한 미술품 수집같이 탐닉적 취미에 재산을 쓴들 조금도 이상하지 않았다. 하지만 그가 진정으로 탐닉한 대상은 언제나 '거래'였다. 나중에 그가 식도암으로 투병하다 의식불명 상태에 빠진 적이 있었다. 당시 그가 경험한 환각은 어째서 그가 천생 트레이더인지를 여실히 증명한다. 다음은 그의 회상이다.

"내가… 우주를 떠돌며, 지구를 구하는 거래를 협상 중이었죠."7

수술이 끝나고 며칠 뒤 테일러가 업무에 복귀했을 때 비톨 트레이더 대부분은 그의 이른 복귀를 짐작이라도 했다는 듯 전혀 놀라지 않았다.

원자재 중개에 피가 끓는 사람이라면 1990년대 초 쿠바는 누구나 선망하는 곳이었다. 비톨에서 정상을 향해 질주하던 차세대 트레이더 테일러도 마찬가지였다. 그는 두 번도 생각하지 않고 쿠바에 발을 들였다. 그리고 얼마 지나지 않아 카스트로는 테일러를 충직한 동지로 여겼고, 비톨은 위기에 처한 쿠바 경제의 지갑이자 주요 채권자가 됐다.

하지만 쿠바가 제공할 잠재적 이익을 가장 먼저 알아봤던 업체는 비톨이 아니었다. 마크리치앤드코였다. 1960년대부터 소련은 석유와 설탕 맞교환으로 쿠바를 지원했다. 소련은 이런 구상무역을 통해 쿠바 석유 수입량의 90퍼센트 이상을 책임졌고, 그것도 대부분은 쿠바 정부의 부담을 덜어 주려 보조금 포함 가격으로 수출했다. 한마디로 쿠바는 소련산 석유를 저렴하게 수입해 썼단 소리다. 이에 대해, 당시 세계 최대 설탕 수출국이던 쿠바는 설탕 수확량의 거의 대부분을 러시아에 수출했다.[8] 이런 물물교환 방식은 정치적 측면에선 완벽했다. 하지만 상업적으로는 비논리적이었다. 소련의 석유는 지리적으로 유럽의 정유 공장과 훨씬 더 가까웠고, 쿠바도 인접국에서 석유를 공급받는 게 더 쉬울 수도 있었다. 설탕 교역도 똑같다.

1980년대 말 마크리치앤드코는 쿠바와 러시아 간 직접무역의 비효율성을 해소할 계획을 짰다. 한마디로 중개무역이었다. 즉, 마크리치앤드코가 베네수엘라와 멕시코산 석유를 쿠바에 수출하고 대신에 러시아산 석유는 이탈리아를 비롯해 지중해의 어딘가로 운송했다. 설탕도 비슷했다. 쿠바의 설탕은 아메리카 대륙에 수출하고 러시아와 동유럽의 설탕 수요는 쿠바보다 지리적으로 더 가까운 공급자가 충족하면 그만이었다. 이러면 쿠바도 소련도 수백만 달러의 운송비 절약이 가능해진다. 그렇다면 마크리치앤드코는? 당연히 그 거래의 수혜자다. 해당 프로젝트에 직접 관여했던 어떤 사람에 따르면 마크리치

앤드코는 단단히 '한몫' 챙겼다고 한다.**9**

　　소련이 와해되기 시작하자 쿠바엔 초비상이 걸렸다. 눈앞에 펼쳐진 위기에서 살아남기 위해 원자재 중개 업체에 대한 쿠바의 의존성은 갑자기 높아졌다. 카스트로는 석유도 설탕도 세계시장에서 형성된 가격을 고스란히 받아들일 수밖에 없었다. 더군다나 1990년 8월 후세인이 쿠웨이트를 침공했을 때 유가 급등의 여파까지 떠안아야 했다. 여기에 설탕 가격까지 하락했으니 이쯤 되면 마치 모든 시장이 쿠바를 무너뜨리려 음모를 꾸미는 수준이었다.

　　그 충격은 쿠바가 감내 가능한 수준을 훨씬 넘어섰다. 쿠바 경제는 고난의 터널에 진입했고 쿠바인은 그 시기를 '평화 시대의 특별 기간Special period in time of peace'이라 불렀다. 소련의 지원이 사라지자 쿠바엔 모든 생필품이 부족해졌다. 오죽했으면 카스트로는 1990년 1월 최악에 대비하라고 '경고'하는 대국민 담화를 발표했다.

　　"우리는 우리 자신을 속일 수 없습니다. 우리나라는 대규모 석유 송유관이나 가스관도, 송전선도, 철도망도 만들지 않았습니다. 우리는 기껏해야 원재료 조금, 식량 조금을 수출할 뿐입니다. 어떤 의미에서도 그것이 가치가 없다고 나는 생각하지 않지만 에너지와 같은 힘을 가지지는 못합니다."**10**

　　돈은 없는데 석유는 절실하고, 카스트로의 사방엔 적뿐이었다. 시시각각 선택지마저 줄어들자 그는 원자재 중개 업체와 손을 잡았다. 쿠바의 석유와 설탕 연계 거래에 가장 먼저 개입한 업체는 마크리치앤드코였지만 다른 업체도 기회를 찾아 날아들었다.

테일러는 이내 기회를 포착했다. 원유 거래가 처음도 아니었다. 1985년 비톨 입사 때, 마크리치앤드코와 피브로에너지 같은 중개 업체와 원유 시장에서 한판 붙어 보는 것도 그의 미션 중 하나였다. 쿠바는 분명 커다란 고객이 될 가능성이 있었다. 게다가 보이지 않게 도와주는 손도 있었다. 게다가 당시 마크리치앤드코는 내분으로 업무에 집중력이 떨어진 상태였다. 이를 놓치지 않고 테일러는 쿠바와의 원자재 거래에서 주요 당사자가 됐다. 어느새 그는 쿠바 국가평의회 의장이 주최하는 기나긴 저녁 만찬에 초대받는 단골손님이 됐다.

아바나에 있는 카스트로 집무실인 혁명궁전Palace of the Revolution에서 열렸던 만찬은 밤늦게까지 이어졌고, 쿠바의 지도자는 시가를 어적어적 씹으며 지정학부터 원자재 시장의 복잡함까지 일장 연설을 늘어놓았다. 참석자가 졸까 봐 중간중간 질문을 던지는 얕은수도 썼다. 한쪽은 세상에 마지막 남은 공산주의 지도자 중 한 명이었고, 또 한쪽은 가장 열성적인 자본주의자 중 하나였으니 둘의 관계는 물과 기름처럼 어울려 보이지 않는다. 하지만 어색해 보여도 중요한 관계임에는 틀림없었다. 아무런 꿈도 희망이 없어 보이던 순간에 원자재 트레이더가 카스트로에게 경제난을 타개할 동아줄을 던져 줬기 때문이다.

테일러를 비롯한 트레이더들의 계획은 냉전 시대 때 설탕과 석유를 교환하는 무역을 자본주의 시대에 맞도록 개조하는 것이었다. 한마디로 자신들이 소련 행정부 역할을 하자는 계획이었다. 새로운 무역은 세 단계로 이뤄질 예정이었다. 먼저, 쿠바가 사탕수수를 수확하기 몇 개월 전 원자재 중개 업체가 선구매 계약을 맺고 쿠바 정부에 차관을 제공한다. 그다음, 쿠바 정부는 차관으로 '차관을 제공한' 원자재 중개 업체로부터 원유와 연료유를 사들인다. 마지막으로 쿠바는 원자재 중개 업체에 설탕을 인도하면 된다.

이 중개무역의 한쪽에는 원자재 중개 업체와 그 계획에 돈을 댈유럽 쪽 은행이 있었고, 반대쪽에는 쿠바의 두 국영기업이 있다. 설탕무역을 관리하던 쿠바수카르Cubazucar, 금속과 석유 거래를 총괄하던 쿠바메탈레스Cunametals 였다.

많은 원자재 중개 업체가 탈냉전 시대 쿠바에 관심을 가졌지만 비톨이 그중 가장 적극적이었다. 1992년 비톨은 쿠바 정부와의 공동 투자로 스위스 기반의 설탕 중개 자회사 비톨슈거Vitol Sugar SA를 설립했고,[11] 전성기 때는 설탕의 세계 거래량 중 5퍼센트를 점유했다.[12] 잠깐이긴 했지만 키르기스스탄의 한 제당 공장에도 투자했고, 쿠바산 사탕수수 일부를 그곳에 납품했다.[13] 한편, 비톨이 1993년까지 쿠바메탈레스에 인도한 연료유는 3억 달러어치에 달했다.[14]

카스트로에게는 원자재 중개 업체가 은인이었다. 고위 관료들마저 돈 조달을 '하늘의 별 따기'로 여겼는데, 비톨 같은 업체 입장에서 돈을 조달하는 건 '땅 짚고 헤엄치기'처럼 보였다. 프랑스의 설탕 중개 업체 수크레에당리의 최고경영자 세르주 바르사노Serge Varsano 와의 회의가 끝난 뒤 카스트로는 "당신들이 10억 달러가 넘는 돈을 어떻게 빌렸는지 모르겠지만, 내 한 가지는 약속하리다. 무슨 일이 있어도 당신네 돈부터 갚을 것이오"라고 말했다.[15]

1990년대 초 쿠바 정부가 확보한 돈은 원자재 중개 업체가 없었

음 불가능했을 것이다. 그리고 비톨처럼 쿠바 정부의 신용도와 관련
하여 막대한 위험을 기꺼이 감수하겠다는 의지가 있었기에 가능했다.
특히 비톨은 회사 재정에 커다란 부담이 될 정도로 쿠바 경제에 깊이
관여했다. 당시 비톨 규모에 견주어 보면, 20여 년 후 리비아 반군과
의 거래에 버금가는 대담한 도박이었다. 비톨이 버뮤다에 설립한 한
자회사 대표로 쿠바 투자의 상당 부분을 책임졌던 프랜슨은 이렇게
말했다.

　"우리 회사 덩치에 비하면 엄청나게 위험한 거래였습니다."[16]

　쿠바의 잠재력을 알아본 원자재 중개 업체가 어디 비톨뿐이었을
까. 도팽은 마크리치앤드코의 석유 부문 총괄 때부터 쿠바와 거래를
시작했다. 그 초창기 이익의 달콤함을 잊지 못한 도팽은 트라피구라
를 창업하고 얼마 지나지 않아 다시 쿠바로 날아갔다. 그렇게 다수의
거래를 맺었는데, 쿠바가 원유와 정제품을 수입할 수 있도록 트라피
구라가 재정적으로 조력하는 것도 그중 하나였다.

　그렇지만 쿠바와의 거래가 원자재 중개 업체에 마냥 쉽지만은 않
았다. 쿠바의 부채 상환 능력은 세 가지 변수 사이의 미묘하고 불안정
한 균형에 좌우됐다. 설탕 가격과 사탕수수 수확량 그리고 국제 유가
였다. 1990년대 초반 비료와 살충제 부족으로 쿠바의 설탕 생산량이
폭락한 적이 있었다.[17] 그렇게 1989~1990년 800만 톤이었던 쿠바의
설탕 생산량이 5년 후인 1994~1995년에는 330만 톤으로 절반보다
훨씬 아래로 주저앉았다.[18]

　후에 설탕을 받는 조건으로 미리 석유를 수출한 원자재 중개 업

체 입장에서 설탕 생산량 감소는 무슨 뜻일까? 자신들의 돈을 전부 회수하기까지 수년, 아니 수십 년을 더 기다려야 한다는 뜻이었다. 원자재 중개 업체도 나름 자구책을 세우기 시작했다. 일단 쿠바에서 새로운 거래를 더 맺기보다는 기존 거래부터 무사히 끝내는 데 집중하는 경우가 많아졌다.

　그럼에도 쿠바의 설탕 생산량 감소가 이어지자 원자재 중개 업체는 더욱 창조적인 방법을 고안했다. 비톨의 경우는 쿠바의 호텔 산업 진출이었다. 1990년대 중반 카스트로도 더는 쿠바의 현실을 외면할 수 없었다. 외국인 투자에 빗장을 풀어야 했고, 설탕 말고 다른 돈줄을 찾아야 했다. 두 가지를 조합해 보니 관광업이 가장 실현성 높은 해결책처럼 보였다. 쿠바의 지도자는 자신의 (원자재 중개 업체) 친구를 위해 적절한 투자처를 찾기로 결심했다.

　카스트로는 파르케센트럴호텔에 이어 추가로 호텔을 건설할 택지를 찾기 위해 테일러를 포함한 비톨 팀 전원을 이끌고 쿠바의 구석구석을 안내했다. 한번은 카스트로 전용 헬리콥터를 타고 여러 백사장을 둘러봤는데, 헬기에 장착된 커다란 가죽 소파에 앉아 카리브 지역의 뜨거운 열기에 모두들 연신 땀을 흘렸다. 프랜슨은 그때를 회상하며 "우리는 석유를 수출하고 어떻게든 돈을 받아 내려 노력했습니다"라고 말한다.[19]

　1990년대 초반부터 미국은 원자재 중개 업체가 쿠바에서 전개하는 일에 대해 우려를 표명했다. 미국은 쿠바혁명 이래로 쿠바에 대한 금수 조치를 유지했고 1996년에는 의회가 "헬름스-버턴 법안

Helms-Burton Act"을 통과시켰다. 쿠바에 대한 봉쇄를 강화하는 동시에 쿠바에서 거래하는 외국 기업에 불이익을 주는 것이 골자였다(정식 명칭은 "쿠바 자유와 민주화를 위한 법 Cuban Liberty and Democratic Solidarity Act"_옮긴이).

미국의 눈 밖에 날 위험에 직면한 비톨은 미국의 영향력을 피해 쿠바와의 거래를 이을 방법을 찾았다. 스위스에서 버뮤다에 이르기까지 여러 기업을 설립해 연결시킨 것이다. 가령 쿠바 호텔에 대한 투자는 쿠바의 민간 기업 아마네세르홀딩 Amanecer Holding(아마네세르는 스페인어로 '일출'이라는 뜻이다)과 쿠바의 국영 관광 업체 쿠바나칸 Cubanacan 의 합작으로 진행됐다. 비톨은 버뮤다와 스위스에서 설립한 일련의 유령 회사를 통해 아마네세르홀딩 지분을 가졌다. 아마네세르홀딩의 지분을 가진 선라이즈(버뮤다)Sunrise(Bermuda) Ltd.는 비톨에너지(버뮤다)Vitol Energy(Bermuda) Ltd.가, 비톨에너지는 비톨의 스위스 지주회사 비톨홀딩 Vitol Holding Sarl이 각각 소유했다.[20]

그리고 비톨 트레이더는 쿠바 관련 사업을 논의할 때면 "섬나라 교환The Island Exchange"이라는 암호를 썼다.[21] 그리고 특별히 주의를 기울인 것이 또 있었다. 텍사스주 휴스턴이나 뉴욕 지사의 누구도 해당 거래에 관여하지 않도록 했다. 프랜슨은 "어떤 미국인도, 미국 기업도 관여하지 않았고요. 달러도 절대 쓰지 않았습니다. 그러니까 미국을 연상시킬 그 모든 것을 철저히 배제했습니다"라고 말한다.

그렇다면 비톨은 호텔 산업에 정말 진심이었을까? 요란하게 광고를 했음에도 비톨은 쿠바에서의 호텔 산업에 최선을 다할 생각이 '당연히' 없었다. 실제로 진출을 선언하고 몇 년 뒤, 비톨은 쿠바에 있는 호텔 관련 자산을 조용히 처분했다. 물론 쿠바에서 공들여 쌓은 관계 유지에는 열과 성을 다했다. 테일러는 비톨의 최고경영자가 되고 쿠바를 해마다 방문했다. 쿠바 정부로 하여금 자신이 쿠바를 도왔다는 사실을 영원히 기억하도록 만들기 위해서였다.

한번은 테일러가 아바나를 방문했다가 영국 통상산업부 장관과 우연히 마주치기도 했다. '두 영국인'은 카스트로의 만찬에 함께 참석해 새벽 4시까지 머물렀고 쿠바의 와인 저장고에 마지막 남은 1956년산 보르도산 와인 두 병을 비웠다. 그 와인은 프랑스 대통령 프랑수아 미테랑이 선물한 것이었다.[22]

이 셋은 참으로 기묘한 조합이었다. 석유 중개 산업의 거물, 영국의 정치인 그리고 마르크스주의 혁명을 주도한 게릴라 지도자의 조합이니 말이다. 기묘하지만 어쩌면 그 시대의 축소판 같기도 했다. 이념보다 돈이 중요해지고, 원자재 중개 업체가 세계 국가 지도자에게 영향력을 미치던 시대이지 않았는가. 파르케센트럴호텔의 초대 총지배인은 당시 상황을 한 문장으로 요약해 줬다.

"1959년 시작된 혁명이 자본가의 영향을 받아 현 시대에 적응하는 중이죠."[23]

소련 붕괴가 세계에서 반향을 불러일으키는 가운데, 원자재 중개 업체는 변화된 정치 지형을 이용하기 위한 출격 준비를 '이미' 마쳤다. 원자재 중개 업체에 의해 재편된 국제 정세는 기회의 행운을 만난 셈이었다. 더 많은 국가에서 더욱 대규모로 원자재를 사고팔아 성장할 판이 깔렸다. 발트해의 리투아니아에서 중앙아시아의 투르크메니스탄에 이르기까지 15개에 달하는 신생국이 탄생했다. 미국과 소련이 지원하는 돈과 무기가 세계에서 분쟁을 야기하는 일이 사라졌으니 많은 분쟁이 종식되는 데도 소련 붕괴가 한몫했다. 그렇게 아프리카 모잠비크와 앙골라에서는 물론이고 중남미 니카라과, 엘살바도르, 과테말라에서 오랫동안 이어지던 내전도 마침내 막을 내렸다.

그 변화의 강도는 러시아 외부에서 더 가혹하게 작용했다. 러시아를 제외한 구공산권은 자본주의 체제로의 변화를 스스로 해결해야 했다. 소련으로부터의 경제적 원조가 싹 사라졌기 때문이다. 중미에서부터 중앙아시아에 이르기까지, 그전까지 소련의 풍부한 원조에 기댔던 국가는 이제 시장에 직접 뛰어들어 '생계유지'를 해야 했다. 선택의 문제가 아니라 생존을 위한 필수였다. 그리고 짐작하겠지만, 거의 모든 경우 원자재 중개 업체가 '구공산권 구하기'에 돌입했다.

원자재 중개 업체가 이 세계의 변방에서 번성하려면 두 가지가 필요했다. 첫째, 온갖 위험이 도사려도 그 어디가 되더라도 거래하러 간다는 강인한 의지였다. 그 예로 아프가니스탄과 국경을 맞댄 신생국인 타지키스탄에서 엄청난 유혈 충돌이 벌어졌다. 해당 지방은 알루미늄이 최대 수출품인 곳이었는데, 마크리치앤드코는 알루미늄 하나만 보고 그 불구덩이에 뛰어들었다. 그 도전은 훗날 그 나라의 돈줄이 됐다. 그 돈줄은 글렌코어가 이어받았다.

훗날 글렌코어의 모스크바 지사장으로 승진하는 트레이더 비시넵스키는 "미친 짓이었죠. 말 그대로 내전 한가운데 가는 거였으니까요"라고 그때 상황을 전했다.

"굉장히 위험한 상황이었죠. 권력 투쟁이 어떻게 결론 날지, 어디로 불똥이 튈지 아무도 정확히 알 수 없는 상황이었습니다."[24]

원자재 중개 업체는 한마디로 대금을 치를 능력이 극히 낮은 국가와 거래를 하는 상황이니 수익을 낼 확실한 방법도 찾아야 했다. 즉, 원자재 중개 업체가 변방에서 번성하기 위한 두 번째 요소는 창조성이었다. 당시는 구상무역, 한마디로 물물교환의 시대였다. 그도 그럴 것이 국가든 기업이든 현금이 있는 경우가 거의 없었으니 말이다. 원자재 중개 업체는 그렇게 구상무역의 전문가가 된다.

1992년 마크리치앤드코 모스크바 지사장이었고, 이내 트라피구라의 공동 창업자가 되는 대니얼은 "뭔가를 절실하게 팔고 싶은데 어떻게 팔아야 할지 모르는 사람들이 있었습니다. 라즈노임포르트는 무너지는 상황이었고, 지불 방법을 아무도 몰랐기 때문입니다"라고 그당시 상황을 말한다.

"그러던 중에 깨달았죠. 꼭 돈으로 지불할 필요는 없다는 사실이요. 사람들에게 필요한 뭔가로 지불하는 방법이 있었던 걸 몰랐던 거죠."[25]

물론 마크리치앤드코만이 구상무역에 눈을 뜬 업체는 아니었다. 카길 역시 물물교환을 했다. 우즈베키스탄에서 면화를 사들이고, 또다른 구소련 국가인 우크라이나에서 생산한 옥수수로 갈음하는 식이었다.[26] 세계 5위의 곡물 중개 업체였던 앙드레도 마찬가지였다. 쿠바와는 분유와 시가, 북한과는 곡물과 금속을 맞교환했다.[27]

그럼에도 혼란스러운 구공산권과의 무역에서 가장 큰 수혜자는 비톨이었다. 비톨은 그 세상에서 거둔 이익으로 사실상 체급이 다른 회사가 됐다. 1990년대를 시작할 때 비톨은 석유 정제품을 주로 거래하는 '미들급' 회사였는데, 1990년대가 저물 때 비톨은 '헤비급' 그것도 세계 최대 석유 중개 업체가 됐다. 1990~1999년간 비톨의 거래량은 세 배로 불어났다.[28] 1990년대 말 비톨은 자사가 세계 1위 독립 석유 중개 업체일 뿐 아니라 세계 석유 시장에서 현물 중개 물량 점유율이 세계 1등이라고 자랑했다.[29]

비톨의 역사는 한마디로 '시작은 미약했으나 끝은 창대하다'고 할 만하다. 1966년 8월 네덜란드 출신의 30대 초반 젊은이 둘이 자신의 사업 운을 시험하기로 마음먹는다. 그렇게 헹크 비에토르Henk Viëtor와 자크 데티저Jacques Detiger는 라인강을 이용해 석유 정제품을 매매하는 회사를 창업했고, 비에토르와 '오일'을 합쳐 비톨이라는 이름을 붙였다. 초기 자본은 비에토르의 부친에게 빌린 1만 휠더(당시 미국 달러 가치로 2,800달러)가 전부였다. 데티저는 비에토르의 부친이 자신에게 했던 경고가 기억난다고 했다.

"딱 여섯 달만 시간을 주마. 그때까지 성과가 안 나오면 접어라."[30]

다행히 두 신입 트레이더에겐 '적시적지Right Time, Right Place'의 운이 따라 줬다. 그들이 사업에 뛰어든 때가 석유 시장의 반등 시점이었던 데다, 그들의 회사가 있는 로테르담이 얼마 지나지 않아 국제 석유 시장의 중심지가 됐기 때문이다. 1967년 말, 비톨은 첫 매출로 이익을 실현했는데 무려 240만 휠더(약 67만 달러)였다. 창업 후 17개월 만에 이룬 쾌거였다.[31]

　　이후에도 돈은 계속 들어왔다. 마침내 비톨은 네덜란드를 넘어 스위스와 런던, 바하마에 지사를 개설하는 등 사업을 확장했다. 1차 오일쇼크가 일어난 1973년, 비톨은 거의 2,000만 달러를 벌었다[32](같은 해 필리프브라더스의 세전 이익은 5,500만 달러였다).[33] 비톨은 그런 이익을 묻어 둘 새로운 투자처를 찾아 사방으로 눈을 돌렸고 심지어 미술품에 투자하기 위해 자회사를 설립하기도 했다. 비톨 연례보고서에서 투자 감각과 콜렉터의 취미를 합친 것이 장점이라고 소개한[34] 그 회사는 현대 미술품, 러시아 초상화, 중국 세밀화에 투자했다.

　　재미있는 점이 있는데, 두 창업자의 위험 감수 성향은 극과 극이었다. 좀 더 공격적인 비에토르는 이익금을 유전에 투자하고 싶어 했고, 좀 더 보수적인 데티저는 중개 자체에 집중하기를 원했다. 결국 동업 후 10년이 지난 1976년, 회사 지분 90퍼센트를 소유한 비에토르가 회사를 떠나면서 둘은 갈라섰다. 비에토르 지분 중 상당 부분(72퍼센트)은 비톨의 사장에 오른 데티저와 다른 세 명의 고위 직원들이 나눠 가졌다.[35]

　　운하의 도시 로테르담에 있는 비톨 본사는 전면을 유리로 마무리한 형식의 자그마한 건물이다. 그곳에서 데티저는 훗날 석유 정제품 시장을 좌지우지하는 회사를 키웠다. 멋진 맞춤복과 고급 시가를 즐기던 그 네덜란드인은 인맥 쌓기에서는 그 누구보다 열심이었다. 로테르담 석유 업계에서 어지간한 사람이라면 그에게 점심 접대를 받아 봤을 정도였다.[36]

　　그러나 비톨 내부에서는 일명 '두 집 살림'의 폐해가 터지기 시작했다. 그렇게 로테르담 본사와 런던 지사 간 싸움은 향후 20년간 이어진다. 그사이 석유 중개 시장엔 속칭 로테르담 '하우스'가 개장했고, 위험 감수와 투기는 석유 중개 시장의 대세가 됐다. 당시 비톨 런던 지사장으로 훗날 테일러를 영입하는 제이미슨의 말이다.

"투기 횟수도, 규모도 나날이 커졌습니다".[37]

하지만 보수적인 데티저는 가격이 불리하게 움직이면 다음 날 회사 문을 닫을 수도 있는 가능성에 여전히 적응이 되지 않았고 못내 불편해했다. 결과적으로 그의 신중함은 후에 보상으로 돌아온다. 초기의 많은 석유 중개 업체가 창업 후 몇 년 안에 문을 닫았지만 비톨은 살아남았기 때문이다.

1980년대 중반이 되자 비톨이 매일 거래하는 석유 정제품 물량은 45만 배럴 수준에 이르렀다. 그렇게 비톨은 발전소에 연료유를 공급하거나 유럽 대륙(보통 영국을 제외한 유럽을 가리킴_옮긴이) 전역에 바지선으로 경유를 운반하는 것 같은 틈새시장의 주요 업체로 자리 잡았다. 물론 최대 시장인 원유 부문에서는 이렇다 할 족적을 남기지 못했고 아직도 갈 길이 먼 상태였다.

비톨은 1970년대 초반 말 '원유 중개'라는 뜻의 크루드오일트레이딩Crude oil Trading이라는 스위스 자회사를 설립하는 등 원유 시장의 문을 두드렸다. 하지만 회사는 좀체 탄력을 받지 못했고 1970년 연례 보고서에도 이 같은 사실을 고백했다.

"크루드오일트레이딩이 열렬한 환영을 받으며 원유 시장에 진입했다고 말하는 것은 과장이다. 이는 공공연한 어떤 비밀 때문이다. 석유 메이저는 생산자와 소비자 사이를 비집고 들어오는 원자재 중개 업체를 절대로 곱게 여기지 않는다."[38]

석유 메이저로부터 미운털이 박힌 비톨은 1980년대 중반이 될 때까지 원유 시장에서 '없는 존재'로 취급당했다. 그나마 동구권의 여러 국영 무역 업체와 좋은 관계를 쌓은 것이 위안이었다. 마침내 소련에서 원유 생산량이 크게 늘었을 때 비톨에도 서광이 비추는 듯했다. 비톨은 석유 정제품에 더해 원유까지 팔아 달라는 소련 측 제안으로 중개를 시작했고 처음 몇 번의 거래에서 돈을 잃었다.

비톨 관리자는 원유에 대해 무언가를 아는 누군가를 고용하기로 결정했고, 쉘에서 일하는 어떤 젊은 트레이더에게 접근했다. 그 사람이 바로 테일러였다. 결과적으로 원유가 비톨의 미래 먹을거리가 됐으니 그때 결정은 미래를 내다본 것이었다. 공산권의 질서가 무너지는 것은 거대한 둑이 터진 것과 같았다. 사방에서 새로운 물량이 쏟아져 나왔고 비톨 같은 원자재 중개 업체는 즐거운 비명을 내질렀다.

1985년 비톨에 합류한 테일러는 그렇게 승진의 고속도로를 질주했다. 1990년 테일러를 포함해 40여 명 남짓한 트레이더는 경영자매수(경영진이 소속된 기업 및 사업 부문을 인수해 신설 법인으로 독립하는 일_옮긴이)를 단행했다. 그들은 네덜란드계 은행 에이비엔ABN(현재 ABN 암로_옮긴이)의 지원을 받아 데티저를 비롯한 기존 파트너의 지분을 2억 5,000만 휠더(1억 4,000만 달러)에 인수한 뒤, 신설 법인의 최고경영자는 네덜란드 출신 트레이더 톤 본크Ton Vonk가 맡았다. 그동안 테일러는 세계를 제집처럼 누비며 시장에서 회사의 존재감을 키웠다. 소련의 붕괴로 트인 변화의 물꼬는 파도로 변해 세계시장으로 쇄도했고, 비톨 입장에선 완벽하게 좋은 상황이었다.

테일러는 쿠바에 더해 러시아의 잠재력도 일찌감치 알아봤다. 비톨이 모스크바에 전초기지를 세우자 더 센 자극, 더 강한 흥분을 추구하는 트레이더 일당이 모스크바로 몰려들었다. 본사 고위 임원이 방문할 때면, 야간 투시경을 착용한 후 전조등을 끈 구소련 군용 지프에 임원을 태우고 모스크바의 붉은 광장 주변을 안내하는 트레이더도 있었다.[39] 러시아 이외에도 비톨은 카자흐스탄에서 투르크메니스탄에 이르기까지 구소련의 여타 공화국에도 진출했고 모든 곳에서 거래를 맺었다.

물론 그 '황야의 동부'에서 비톨이 성공의 길만 걸은 것은 아니었다. 트랜스월드와 마크리치앤드코에 막대한 이익을 안겼던 알루미늄 거래를 모방해 금속 시장에 진입했다가 호되게 당한 적이 있다. 돌이켜보면 그 시도는 실패할 수밖에 없는 운명이긴 했다. 1991년 비톨은 마크리치앤드코 출신 트레이더와 합작해 유로민이라는 업체를 설립했다. 출발은 좋았다. 러시아의 알루미늄 제련소와 임가공 계약을 성사시켰고 아연 공장 한 곳도 인수했다. 심지어 음침한 분위기가 감도는 산업도시 첼랴빈스크Chelyabinsk에서는 호텔에 투자했다. 무대만 러시아로 바뀌었을 뿐 쿠바 때 도박을 재탕한 것이었다.

그러나 유로민의 성장은 오래가지 않았다. 1995년부터 대량의 손실이 나기 시작했다. 가장 큰 화근은 유로민의 표현을 빌리면 '기준 미달의 알루미늄 판재 대량 수령'이었는데,[40] 한마디로 가짜 알루미늄으로 사기당한 것이었다. 수천만 달러어치나 사들인 알루미늄에 녹이 슬기 시작했다. 비톨은 유로민의 파산을 막기 위해 9,600만 스위스프 랑(약 8,500만 미국 달러)을 투입해야 했다.**41**

테일러의 무대는 구공산권에만 국한되지 않았다. 예전에 가족을 만나러 자주 갔던 이란에서는 비톨의 네덜란드 출신 파트너가 이미 쌓았던 관계를 더욱 공고히 했고, 리비아의 카다피 대령과 오만 술탄 한테서도 석유를 구입했다. 뿐만 아니라 성장하는 아프리카 석유 산 업의 중심부이자 부패의 온상인 나이지리아에도 과감히 뛰어들었다.

1995년 테일러의 전성시대가 본격적으로 열렸다. 초대 최고경영 자 본크가 은퇴하고 테일러가 그 뒤를 이었다. 로테르담과의 세력 다 툼에서 런던 지사가 승리했다는 뜻이기도 했다. 회사는 네덜란드식의 관리 위주에서 영국식 정서로 바뀌기 시작했다. 테일러는 "런던파가 힘을 얻었고, 네덜란드파는 점점 약해졌습니다"라고 말했다.

"그들의 실력은 출중했지만 나인 투 파이브만 고집했죠. 신속하게 도 태당한 이유입니다."42

그렇게 비톨은 더 열심히 일하는, 더 공격적인 회사가 됐다. 또한 세상에서 가장 불안정한 지역에서 석유를 매매할 때 피할 수 없는 위 험을 감수하려는 성향도 갈수록 강해졌다. 시간까지 비톨 편이었다. 구공산권이 세계경제의 나머지 지역과 통합한 당시 상황은 원자재 중 개 업체가 사업을 확장할 최고의 기회였다. 뿐만 아니라 휴대전화와 인터넷 같은 정보 기술에 대한 접근성이 늘어남으로써 물리적 거리와 시간대를 초월해 거래하기가 한결 쉬워졌다.

20세기 말이 되자 비톨이 글렌코어를 밀어내고 세계 1위 석유 중개 업체의 지위를 쟁취하는 것은 시간문제로 보였다. 그것도 아주 가까운 미래에 추월할 걸로 말이다.[43] 테일러 개인적으로도 원자재 중개 산업의 역사에서 한 자리를 예약한 상태였다.

1990년대 초 구공산권의 혼란스러운 지형엔 '두 가지 얼굴'이 있었다. 먼저 각오가 된 원자재 중개 업체 입장에서 구공산권은 젖과 꿀이 흐르는 축복의 땅이었다. 물론 사업을 펼치기에는 험지 중에서도 최고의 험지였다. 법규는 수시로 변하는 데다 가끔은 정면으로 모순됐고, 공장에서부터 대통령 관저에 이르기까지 모든 단계에 부정부패가 만연했다. 거리에 나가면 유혈 충돌은 일상이었고 잔인한 유력 실세만이 가득했다. 서방 기업은 구공산권을 회피하기 바빴지만 일부 원자재 중개 업체는 더럽혀진 평판과 이익을 맞바꿔 미어터질 듯한 금고를 구경할 수 있었다.

구유고슬라비아와 비톨이 대표적 사례다. 유엔은 보스니아에서 벌어진 유혈 충돌에 개입한 세르비아 대통령 슬로보단 밀로셰비치Slobodan Milosevic 정권에 제재를 가했다가, 1995년 말 양측이 평화협정을 맺었을 때 제재를 철회했다. 기다렸다는 듯이 비톨은 곧바로 세르비아에 연료유를 수출했다. 유고슬라비아는 일련의 잔인한 전쟁으로 심각하게 분열 중인 시기였다.

한번은 비톨이 대금 지급 문제로 분쟁에 휘말린 적이 있었다. 비톨은 상황을 해결하고자 세르비아의 악명 높은 한 군벌 지도자를 돈으로 꼬드겼다. 100만 달러였다. 테일러의 오른팔 밥 핀치Robert Finch가 '돈을 떼어먹은' 당사자와 담판을 지으러 세르비아 수도 베오그라드로 직접 날아갔고, 그들이 만나는 자리에 아르칸Arkan이라는 예명으로 일하던 그 군벌 지도자가 참석했다. 100만 달러에 대한 보답이었다. 우연이든 아니든 비톨은 '떼인 돈'을 신속하게 받았다.

1년 후인 1997년, 아르칸은 보스니아 국민 수십만 명이 희생된 '인종청소'를 포함해 반인륜적 전범으로 기소됐다.**44** 예전 '100만 달러' 문제가 공론화됐을 때 핀치는 "한 번 만났다"며 시인했고 "자신 생각에도 그런 만남이 좋게 보이지 않는다"라고 말했다.**45**(비톨 직원들은 그 만남이 있기 전엔 아르칸이 누구인지를 전혀 몰랐으며, 단지 안전 문제로 인해 돈을 지불했다고 주장한다.**46**)

글렌코어라고 구공산권에서 '신사'처럼 사업한 것은 아니었다. 리치가 떠났지만 글렌코어의 내부는 마크리치앤드코와 크게 다르지 않았다. 모험심 강하고 혁신적인데 기꺼이 규칙을 왜곡하고 악용하려는 의지까지 그대로였다.

사건의 시작은 리치가 쫓겨나고 몇 개월이 지난 후인 1995년 4월 28일이다. 글렌코어는 루마니아의 한 정부 기관과 석유 공급 계약을 맺었다. 거래상 특이한 점은 보이지 않는 계약이었다. 하지만 몇 년 후 법정 다툼으로 그 계약 내용이 수면 위로 떠올랐을 때 시커먼 내막이 드러났고, 글렌코어의 불편한 속살도 발가벗겨졌다. 글렌코어의 뻔뻔함은 새삼스러울 것도 없었다. 구공산권이 처한 혼란 속에서 탐닉했던 비윤리적인 행동 이상도 이하도 아니었다.

석유 중개 업체 입장에서 루마니아는 중요한 고객이었다. 흑해 연안 항구도시 콘스탄차 덕분에 루마니아는 중요한 교역 요충지이자 맹주가 됐다. 일일 원유 정제 역량이 50만 배럴에 달했던 루마니아에는 내수를 충당하고도 상당한 잉여 물량이 발생했고 가솔린, 경유 등을 이웃 내륙국에 수출했다. 글렌코어는 리치 시절부터 루마니아와 거래했고, 1995년 맺은 계약은 그의 연장선상이었다. 글렌코어는 사전에 합의된 특정 유종을 루마니아에 공급하기로 계약했다. 이란산 중질유, 이집트산 수에즈믹스 원유, 러시아 우랄산 원유 이렇게 세 종류였다.

실제로 원유는 유종마다 화학적 성분이 다르다. 중질유의 경우 색이 짙고 걸쭉하며 정제 후엔 중유가 많이 나오는 반면 가솔린, 경유는 거의 나오지 않는다. 상대적으로 경질유는 맑고 묽으며 가솔린과 나프타 등이 많이 나온다. 이뿐만 아니라 유황, 중금속 등 여타 불순물 함유량도, 가격도 상이하다. 글렌코어가 루마니아에 공급하기로 계약한 세 유종은 인기 있는 원유였다. 이는 각각의 시장가격이 이미 널리 알려졌다는 뜻이다. 보통 정유 공장 한 곳은 최대 40~50개의 유종을 정제한다.

그렇다면 계약에 무엇이 문제였을까? 글렌코어는 약속한 등급의 원유를 납품하지 않았다. 사전에 합의한 유종보다 훨씬 값싼 유종을 몇 년에 걸쳐 공급한 것도 모자라 서류까지 위조했다. 글렌코어는 예전에 리치가 개척한 에일라트–아쉬켈론 송유관을 이용해 아쉬켈론 항구까지 원유를 운송한 다음, 그곳에서 다양한 유종을 섞었다. 자신이 공급하기로 계약한 등급의 원유와 비슷해 보이게 말이다. 겉으로 보면 구분하기 힘들었지만 실제로는 예멘, 카자흐스탄, 나이지리아 등 온갖 원산지의 유종을 섞은 것에 지나지 않았다. 심지어 그런 가짜 혼합유조차 그 원료가 통일되지 못했는데 그때그때 원유가 있는 대로 색상만 비슷하게 대충 섞었기 때문이다.

역시나 글렌코어의 목표는 하나였다. 계약서에 명시된 원유 등급의 화학적 구성을 '모방'해 자사의 이익을 극대화하는 것이었다. 여러 유종을 섞은 것은 그나마 순진한 짓이었다. 언젠가 글렌코어는 훨씬 저렴한 정제유와 원유를 섞어 마치 원유인 양 공급하는 파렴치한 꼼수까지 서슴지 않았다.

글렌코어의 사례는 원자재 중개 업체가 구공산권을 상대로 부당이득을 취하기가 얼마나 쉬웠는지에 대한 단적인 증거였다. 구공산권엔 원자재 중개의 복잡함을 이해하는 관료가 거의 없었고, 행여 있더라도 푼돈으로 꼬드기기 쉬웠다. 그렇게 구공산권은 원자재 중개 업체의 좋은 먹잇감으로 전락했다. 영국 고등법원의 판결문을 보면, 재판관 줄리언 플럭스Julian Flaux는 글렌코어가 적하목록(화물명세서_옮긴이), 상업송장(구매자에게 매매계약 이행 사실을 알리는 문서_옮긴이), 보험계약서 등을 포함해 '일련의 위조 서류'를 생산했다고 결론 내렸다. 아울러

플럭스는 판결문을 마치면서 '글렌코어의 사기 행위에 분노와 불쾌감'
을 금할 수 없다며 강하게 질책했고 루마니아에 8,900만 달러를 배상
하라고 명령했다.⁴⁷

———— ✎ ————

소련의 붕괴와 함께 시작된 1990년대는 창조적인 일부 원자재
중개 업체 입장에선 기회의 시간이었을지언정 업계 전체엔 힘든 시기
였다. 세계경제는 쭉 뻗은 포장도로가 아닌 비포장 자갈길을 달렸고,
경제가 그 모양이니 원자재 가격은 약세였다. 한마디로 업계는 큰돈
을 만지기 쉽지 않았다. 게다가 원자재 중개 업체의 투자금이 많이 몰
린 몇몇 국가에 경제 위기가 연이어 들이닥쳤다. 1994년 멕시코를 필
두로 1997년부터는 동남아시아가 경제 위기에 휩싸였고 1998년에는
러시아가 디폴트Default(채무불이행) 사태에 직면했으며, 이듬해엔 브라
질이 재정 위기의 수렁에 빠졌다. 이런 와중에도 원자재 중개 업체 운
영비는 줄어들 줄 몰랐다. 왜 그랬을까?

1990년대 원자재 중개 시장의 특징은 크게 두 가지로 요약된다.
바로 연결성과 금융화다. 시간이 갈수록 서로 연결되고 금융화되는
업계 환경에서는 틈새시장 한 곳만을 공략하는 것으로는 이익을 올리
기 충분하지 않았다. 원자재 중개 업체는 세상 모든 곳에 진출해야만
했는데, 즉 더 많은 지사를 설립하고 직원을 뽑아야 한다는 의미였으
니 운영비는 더욱 늘어났다.

엎친 데 덮친 격으로 원자재 중개 업체의 자산 투자 실적도 좋지 못했다. 그동안 유전, 정유 공장, 축산 농장, 광산, 제련소 같은 자산에 투자했는데, 이머징 마켓의 위기로 원자재 수요가 직격탄을 맞은 탓이었다. 가령 1998년 평균 유가는 배럴당 고작 12달러였는데, 이는 이란혁명 이후 최저점이었다. 원자재 중개 시장에서 이 시기는 '찰스 다윈' 식으로 표현하면 가장 강한 자만이 살아남는 승자 독식의 시간이었다. 강한 자는 더욱 강해지고 약한 자는 더욱 약해지는 기간이기도 했다.

1993년, 이런 소용돌이의 한복판에서 첫발을 뗐던 트라피구라는 창사 이래 몇 해간 이어진 어두운 터널을 막 지났다. 트라피구라의 창업 멤버였던 샤프는 다음과 같이 회고했다.

"우리는 규모의 가치를 일구는, 막말로 맨땅에 헤딩하는 것이 얼마나 힘든지를 몰랐습니다."[48]

트라피구라의 창업 첫해 이익은 360만 달러였고, 2000년까지 해마다 2,000~3,000만 달러 사이의 이익을 달성했다. 많지도 적지도 않은 수준이었다. 글렌코어의 경우 1992년 아연 위기를 극복했지만 이익은 전성기 수준을 훨씬 밑돌았고 1998년 이익은 1억 9,200만 달러에 불과했다.

그사이 글렌코어는 마크리치앤드코 때부터 둥지를 튼 추크 본사를 떠나 바르로 이전했다. 바르는 추크에서 북쪽으로 겨우 몇 킬로미터 떨어진 바로 옆 동네니 본사 이전은 상징적 의미가 강했다. 석유 시장에서 몸집과 존재감을 키우던 비톨은 어땠을까? 비톨 역시 '피가 거꾸로 솟는' 아찔한 순간을 몇 번 맞이했다. 1997년엔 캐나다 뉴펀들랜드주의 정유 공장이 어려움에 처했는데 겨우 적자를 면하는 수준에서 해결을 했다.[49]

곡물 중개 업체의 상황은 더 나빴다. 기존의 강자 앙드레가 2001년 파산했다는 사실 하나가 업계의 어려움을 백 마디 말보다도 더 정확히 대변한다. 콘티넨털의 자산증권화(유동성을 위해 고정자산을 담보로 채권을 발행하는 작업_옮긴이) 자회사인 콘티파이낸셜ContiFinancial은 1998년 이머징 마켓을 강타한 채무 위기로 결국 파산했다. 이에 콘티넨털은 '눈물의 땡처리'에 나설 수밖에 없었다. 숙적 카길에 곡물 중개 부문을 4억 5,000만 달러에 매각했고, 창고의 재고는 시세로 넘겼다.[50]

원자재 중개 업계에서 업체 간 통합만큼 중요한 사건이 또 있었는데, 원자재 생산자 사이에 이뤄진 수평적 통합이다. 이 과정은 가뜩이나 협소한 업계 경쟁 지형을 더욱 좁게 만들었다. 세븐시스터스가 급성장하는 현물 석유 시장에 위기감을 느낀 1980년대 초반부터 석유 메이저는 주요한 트레이더 역할을 했다. 하지만 1990년대 후반 많은 석유 메이저가 시장에서 후퇴했다. 1998년 엑슨은 모빌을 인수했고, 2000년 쉐브론은 텍사코를 품에 안았다. 하지만 엑슨도 쉐브론도 피인수 회사만큼 뿌리 깊은 관행이 없었고, 한때 석유 시장에서 입김이 셌던 모빌과 텍사코의 영향력은 신속하게 위축됐다. 프랑스의 석유 메이저 토탈에너지스는 1998년과 1999년에 라이벌인 피나Fina와 엘프아키텐Elf Aquitaine과 차례로 합병해 중개 부문 세 곳이 하나로 통합됐다.

광산업에서도 비슷한 현상이 벌어졌다. 빌리턴Billiton과 페치니 Pechiney 같은 광산 기업은 본업인 광산과 제련에 더불어 중개업도 대규모로 운영했었는데, 연이은 인수와 합병이 이뤄진 뒤에는 중개 시장에서 철수하다시피 했다.

이런 미친 듯한 인수, 합병을 통해 석유 업체 두 곳이 부상했다. 브리티시페트롤리엄과 쉘이다. 기존의 중개 부문을 오히려 확대한 셈이다. 2000년에 진입할 무렵 이들은 각각 중개 부문의 조직을 중앙 집중화했으며, 결과적으로 비톨과 글렌코어와 트라피구라 같은 전문 원자재 중개 업체의 강력한 라이벌로 떠올랐다.

하지만 브리티시페트롤리엄과 쉘은 자사의 중개 부문에 대해 수년간 극도로 말을 아꼈고 외부에도 그 존재를 알린 적이 거의 없었다. 하지만 두 업체의 중개 부문에 대해 잘 아는 이들의 전언에 따르면, 각 회사의 중개 부문 일일 거래량은 1,000만 배럴을 넘는다고 한다. 자신들이 생산하는 석유보다 몇 배 더 많은 양이다. 독립 원자재 중개 업체와 마찬가지로 중개 업무는 브리티시페트롤리엄과 쉘에 거대한 수익원이 됐다. 브리티시페트롤리엄은 중개로 벌어들인 세전 이익으로 연평균 20~30억 달러를 보고했으며, 쉘이 중개 부문에서 목표로 하는 이익은 40억 달러다.

현물시장만이 아니라 파생상품 영역에서도 브리티시페트롤리엄과 쉘의 중개 부문은 독립 원자재 중개 업체만큼이나 혁신적이었다. 브리티시페트롤리엄은 1990년대 말부터 컴퓨터를 통한 자동 거래에 상당한 자금을 투입했다. 당시는 알고리즘 거래가 금융계의 지배적 기법으로 정착되기 한참 전이었다는 사실에 주목할 필요가 있다. 브리티시페트롤리엄은 사내 전문가 집단이 고안한 거래 전략인, 일명 '큐북Q Book'을 통해서 금과 옥수수를 포함한 수십 가지 원자재 선물을 거래하기도 했다.

뿐만 아니라 브리티시페트롤리엄과 쉘의 '마켓 인텔리전스'는 그 정확성이 독립 원자재 중개 업체와 비교해 조금도 뒤지지 않는다. 홀의 시대부터 오늘날까지, 브리티시페트롤리엄의 트레이더는 도박을 두려워하기는커녕 그 대범함이 역대 최고에 달했다. 그 좋은 사례가 있다. 2016년 최저점 기준으로 유가가 배럴당 30달러 선까지 무너졌을 때, 브리티시페트롤리엄은 선물시장에서 유가 상승에 엄청난 돈을 걸었다. 이는 매우 위험한 결정이었다. 이미 세계의 많은 유전을 소유한 까닭에 유가 움직임에 대한 위험 노출도가 높은 수준이었기 때문이다. 하지만 브리티시페트롤리엄의 판단은 달랐다. 유가가 이미 충분히 폭락했으니 상승만 남았다는 주장이었다. 결과적으로 그 논리가 옳았고, 그렇게 회사에 수억 달러가 굴러들어 왔다.

이런 식으로 브리티시페트롤리엄과 쉘은 1990년대의 업계 변화에 편승해 자사 중개 부문의 덩치와 영향력을 키웠다. 하지만 구공산권처럼 가장 위험한 시장에서 독립 원자재 중개 업체와 정면 승부하는 것은 전혀 다른 문제였다. 아직 브리티시페트롤리엄과 쉘은 이런 식의 경쟁엔 마음의 준비가 되지 않았다. 그렇게 브리티시페트롤리엄과 쉘은 가장 수익성이 좋으면서도 정치적으로 영향력 있는 다수의 거래를 원자재 독립 중개 업체에 넘겨주고 말았다. 자신들의 규모가 무색하게 말이다.

"지금보다 더 높은 수익을 창출할 기회가 있을까요? 당연히 있죠. 그러면 우린 그것을 위해 위험을 감수할 준비가 됐을까요? 어림도 없습니다. 정 원한다면 내가 국가 목록을 제공할 수도 있지만, 내가 제공하지 않아도 목록에 어디가 있을지는 당신도 잘 알 겁니다."[51]

2020년까지 브리티시페트롤리엄의 최고재무책임자를 지낸 브라이언 길버리Brian Gilvary 는 시장 관련 위험성 때문에 앞으로도 특정 국가와는 거래하지 않을 거라고 단언했다.

격동의 1990년대에서 회사를 운영한다는 것은 원자재 중개 업체 입장에선 양자택일과도 같았다. 도전이냐 안전이냐였다. 위험이 도사리는 더욱 모험적인 지역에서 승부수를 띄운 업체가 있었는가 하면 적당히 안전하면서 모호한 회색 지대를 선택한 업체도 있었다.

그런데 1990년대 단일 기업으로 가장 공격적으로 통합을 추진했던 회사가 하나 있었다. 지금까지 소개한 독립 원자재 중개 업체도, 석유 메이저도 아니었다. 평범한 송유관 업체로 출발했다가 가스와 전기 시장의 자유화 파도를 타고 세계 굴지의 원자재 중개 업체로 성장한 엔론Enron 이었다. 엔론은 1990년대 전반 업계의 '진공청소기'와 같았다. 젊고 똑똑한 트레이더를 무섭게 빨아들였고, 닥치는 대로 경쟁 업체를 인수했다. 그렇게 업계의 규칙과 지형을 다시 그렸다.

과거 금융 혁신이 석유 시장에서 혁명의 불씨가 됐던 현상을 엔론은 천연가스와 전기 부문에서 재현했다. 엔론 등장 이전까지 전기와 천연가스 시장은 엄격한 규제로 인해 시시할 정도로 고요했다. 그런데 엔론이 젊은 트레이더 군단을 전방에 배치한 후 막대한 로비를 지원하니, 두 시장은 눈 깜짝할 새에 '하우스'로 변했다.[52]

천연가스와 전기 부문을 석권한 엔론은 나머지 원자재 중개 산업까지 정복하고 싶은 욕심을 품었다. 그들 레이더에 가장 먼저 들어온 목표물은 독일 메탈게젤샤프트의 유서 깊은 자회사이자 당시 세계 최대 구리 중개 업체였던 엠지MG였다. 2000년 초 엔론은 부채를 떠안는 조건으로 4억 4,500만 달러에 엠지를 인수했고,[53] 그렇게 원자재 시장 정복에 다시 시동을 걸었다.

엔론의 거침없는 정복은 석유 중개 산업을 향했고 비톨에까지 인수 제안이 갔다. 하지만 테일러와 그의 파트너는 그 제안을 거절했다. 결과론적인 말이지만 그들은 하마터면 재앙의 문을 열 뻔했다. 엔론은 비톨 소유주에게 지분 인수 대금 대신 자사 주식을 제공하겠다 제안했는데, 얼마 지나지 않아 엔론 주식이 휴지 조각 신세가 됐기 때문이다.[54]

어쨌든 닷컴 열풍 시대에 엔론은 월스트리트의 사랑을 독차지한 총아였다. 사실 엔론은 굳이 석유 중개 시장에 들어가서 리치와 데우스 심지어는 홀 같은 트레이더와 직접 경쟁할 필요가 없었다. 오히려 새로운 시장을 창조하는 게 엔론 입장에선 편했다. 엔론은 천연가스와 전기 시장을 정복한 뒤 데이터 전송에 쓰는 광케이블에 대한 접근성을 매매하기 시작했다. 그들의 인터넷 플랫폼에서는 모든 것이 거래 대상이었다. 엔론의 한 전직 트레이더는 이렇게 말했었다.

"우리는 굳건한 의지만 있다면 새로운 시장을 창조한다고 믿었습니다."**55**

하지만 현실은 그렇게 아름답지 않았다. 엔론은 겉만 화려하고 속은 썩은 회사였다. 투자자와 규제자에게 부채를 감추고 이익은 크게 부풀리는 회계 부정으로 회사를 운영했기 때문이다. 게다가 엔론은 사내 트레이더에게 시장을 마음대로 조종하고 회사 지배력을 이용해 고객의 돈을 갈취하라고 부추겼다.**56** 그렇게 2001년 12월, 엔론은 파산을 신청했고 역사의 뒤안길로 사라졌다.**57** 엔론 최고경영자 제프리 스킬링Jeffrey Skilling과 회장 케네스 레이Kenneth Lay는 다양한 공모와 사기 혐의에 대해 유죄를 선고받았다. 엔론의 몰락은 '주식회사 미국' 역사에서 최대 규모 파산의 하나라는 오명이 됐다. 또한 엔론의 갈고리(사기꾼. 부정에 대한 은유적 표현_옮긴이) 모양 로고는 도덕적 해이의 상징으로 남았다.

엔론의 몰락은 원자재 중개 산업에도 시사하는 바가 있었다. 당시 원자재 중개 산업은 가장 힘든 시기를 보내는 중이었고, 그때는 가장 강한 자만이 살아남는 시기기도 했다. 엔론 제국의 붕괴는 바로 그시대의 정점을 알리는 사건이었다.

구공산권의 잔해 속에서 만들어진 원자재 중개 산업의 윤곽은 오늘날까지도 이어진다. 2000년대 초반이 되자 몇몇 거대 원자재 중개 업체는 석유와 금속, 곡물 중개에서 상당한 점유율을 장악했으며 이

구도는 지금까지 놀랄 정도로 변화가 없다. 가령 곡물 부문에서는 콘티넨탈을 흡수 합병한 카길이 미국 곡물 전체 수출의 약 40퍼센트를 차지 중이다.[58]

석유 부문에서는 비톨이 최대 업체의 대관식을 치렀고, 금속 부문에서는 글렌코어가 그 역할을 했다. 트라피구라는 고속 성장하면서 그들의 뒤를 바짝 추격했다. 하지만 각축전이 한창인 분야가 한 곳 있었다. 엔론이 사라진 북미의 천연가스와 전기 시장이었다. 월스트리트와 원자재 중개 업체는 이 자리를 차지하려 온갖 싸움을 벌인다.

원자재 중개 업체는 무모하고 위험한 거래로 얼룩진 1990년대를 무사히 빠져나왔다. 공산주의 정권의 쿠바에서부터 신속하게 성장하는 동유럽 자본주의 국가, 온갖 종류의 독재 정권과 실패한 국가까지 세상 곳곳 온갖 위험천만한 사업에 뛰어들었다. 또한 1990년대를 관통했던 잔인한 통합의 시간을 버틴 업체에 주어진 열매는 달콤했다. 그렇게 살아남은 업체는 원자재 거래 역사상 가장 크고 가장 국제화된 주역으로 성장했다.

얼마 지나지 않아 그들에겐 풍요와 부의 새 시대로 들어가는 입장권이 주어진다. 천연자원을 빨아들이는 새로운 블랙홀이 서서히 정체를 드러내기 시작했고, 그렇게 원자재 중개 산업은 빅뱅의 시간으로 들어간다. 그 빅뱅의 근원지는 바로 중국이었다.

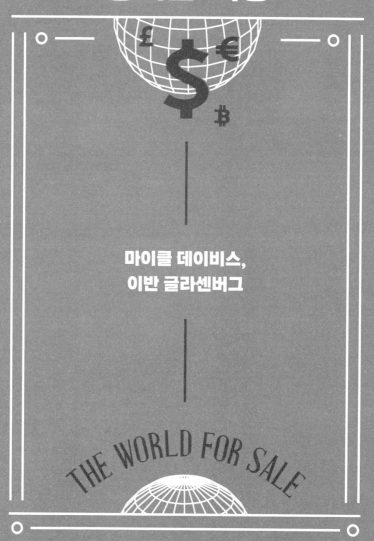

8장

중국발 빅뱅

마이클 데이비스,
이반 글라센버그

THE WORLD FOR SALE

2001년 6월 말, 덥고 습한 어느 아침이었다. 남아공 출신의 마이클 데이비스Michael Lawrence Davis 는 런던 북부 드넓은 햄프스테드히스공원의 녹음이 내려다보이는 자택에 있었다. 그는 서재 책상에 앉아 "EX-TRATA"로 시작하는 메모를 쓰고 있었다. 엑스트라타. 급등이란 뜻이다. 그렇게 그는 최측근에게 보내는 여섯 장짜리 메모를 통해 '엑스트라타' 계획에 대해 설명했다. 여기서 엑스트라타는 스위스 증시에 상장한 작은 지주회사로 사업상 한창 고전 중이었다. 그는 세상을 샅샅이 뒤져서 인수할 만한 광산 업체를 찾아오라는 특별 미션을 지시했다.[1]

짧은 수염에 올챙이배가 특징인 마흔세 살 마이클은 외모로만 보면 그저 사람 좋은 동네 아저씨 같다. 하지만 외모에 속으면 안 된다.

그는 확신과 야망의 화신이자, 타협을 모르는 저돌적인 기업 사냥꾼에 가까웠다.

몇 개월 전, 마이클은 당시 글렌코어의 차기 최고경영자였던 글라센버그로부터 흥미로운 제안을 받았다. 같은 남아공 출신이자 친구 사이였던 글라센버그의 요청은 꽤나 직접적이었다. 글렌코어가 39퍼센트의 지분을 소유한 엑스트라타를 맡아 회생시켜 달라는 것이었다. 마이클은 그 제안을 덥석 받아들여 메모를 쓰는 중이었다.

남아공에서 회계사로 커리어를 시작한 이래, 마이클은 마치 회오리바람 같은 인생을 살아왔다. 최근에는 광산업에서 커다란 족적을 남기기도 했다. 호주의 거대 철광석 생산 업체 비에이치피BHP, Broken Hill Proprietary Company와 런던 증시에 상장한 빌리턴의 합병 건이었다. 이는 당시 업계에선 최대 거래 중 하나였다. 하지만 그렇게 탄생한 비에이치피빌리턴BHP Billiton의 최고경영자 자리는 마이클의 차지가 아닌 듯했다. 그러던 차에 글라센버그가 엑스트라타를 맡아 달라 제안하자 그 제안을 기쁘게 받아들였던 것이다. 게다가 당시 그는 '강제' 휴가 중이라 남는 게 시간이었다. 마이클은 곧바로 엑스트라타를 세계 굴지의 업체로 변신시킬 계획을 세우기 시작한다.

그 계획이란 바로 '원자재 가격에 베팅하기'였다. 당시는 광산 업체와 그 투자자를 깊은 시름에 빠뜨렸던 초저가 시대의 끝이 보이기 시작했고, 서서히 반등의 기지개를 켜는 분위기였다. 자연히 마이클은 조만간 원자재 가격이 오름세로 돌아설 거란 확신을 가졌다. 나름대로의 근거도 있었다. 몇 개월 전 그는 빌리턴의 재무 담당 이사 자격으로 중국을 방문했다가, 중국의 경제가 폭발할 것임을 직감했기 때문이었다. 그에 눈엔 머잖아 중국이 본격적으로 산업화 및 공업화 단계에 접어들 것이 확실했다. 원자재 수요가 빗발칠 것은 아주 확실했다.

그렇게 마이클은 2001년 6월 27일 오전 11시 42분, 참모진에게 메모를 발송한다.

> "원자재 가격이 최저점 혹은 그에 가까워진 것이 확실합니다. 공급 쪽 제약은 날로 높아지는데 중국 수요가 터지면 앞으로 몇 년간 이익률이 엄청날 겁니다. 지금이 바로 적기입니다!"

다들 알겠지만 마이클의 예상은 적중했다. 아니, 그의 가장 터무니없는 예상을 완전히 뛰어넘을 정도로 수요가 터졌다. 이후 10년에 걸쳐 중국은 경이로운 성장기를 거쳤고, 이는 다시 원자재 관련 산업을 혁신시켰다. 그렇게 중국은 철강, 니켈, 콩, 양모, 고무 같은 원재료의 최대 소비국으로 등극했고 해당 품목의 가격을 서너 배로 끌어올렸다.

엑스트라타와 글렌코어는 중국과 함께 비상했다. 천덕꾸러기 취급당하던 엑스트라타는 글렌코어의 돈줄로 변신했고, 필리프브라더스와 마크리치앤드코의 스타일을 계승한 글렌코어는 원자재 중개 산업과 광산업을 병행하는 복합기업으로 탈바꿈했다. 이는 1970년대 이후 원자재 중개 산업이 한 번도 구경하지 못했던 행운이었다. 2000

년대 초 그런 장밋빛 미래가 자신들 코앞에 와 있음을 알아본 원자재 중개 업체는 자연히 극소수였다.

———— ❧ ————

중국은 부동의 세계 1위 인구 대국이지만(유엔 '세계인구전망'에 따르면 2023년 4월 기준 세계 1위 인구 대국은 인도이다_옮긴이), 원자재 중개 업체 입장에서 1990년대 말까지 중국은 늘 후순위였다. 필리프브라더스와 카길 그리고 마크리치앤드코의 아시아 사업 본부는 홍콩도 베이징도 상하이도 아닌 일본 도쿄에 있었다.

이러한 '중국 홀대'는 원자재 중개 산업이 중국에 대해 가진 전통적인 선입견과도 관련이 있었다. 원자재 중개 업체 입장에서 중국은 원재료 수출국이란 인식이 강했다. 그도 그럴 것이 중국산 원유는 미국 캘리포니아주의 자동차를 굴렸고, 중국산 석탄은 일본의 전기를 생산했으며, 중국산 쌀은 아시아 전역에서 사람들의 배를 채웠다. 이런 중국이 원재료의 구매자가 될 것임을 생각한 사람은 거의 없었다. 물론 엄청난 인구만 놓고 봐도 중국이 세계 원자재 수급에서 가장 중요한 변수 가운데 하나가 되리라는 것은 예측할 수 있었다. 다만 그 시기가 언제일지에 대해서는 아무도 정확히 알지 못했다.

중국 경제의 본격적 발전은 마이클이 대학생이었던 1978년에 시작됐다. 마오쩌둥 이후 중국공산당 최고 지도자가 된 덩샤오핑이 그해 베이징에서 열린 전체회의에서 새로운 국가 방향을 제시한 해다.

덩샤오핑은 마오쩌둥이 추진한 문화혁명의 혼란과 공포를 거부하면서, 개혁과 개방의 기치 아래 새로운 경제 시대를 열자고 촉구했다.

덩샤오핑이 설계한 경제의 중심은 자본주의를 제한적으로 수용하고 외부 세계와의 교류를 점진적으로 늘리는 것이었다. 덩샤오핑은 "현재 우리의 경제관리 체제는 권력이 지나치게 중앙 집중화됐고, 따라서 그 권력의 일부를 더 분배할 필요가 있습니다"고 말했다.

"그러지 않으면 우리 중국은 가난과 후진성에서 벗어나지도 선진국을 따라잡지도 못할 것입니다."[2]

이를 시작으로 중국은 30년에 걸쳐 경이로운 성장을 했고, 1980~2010년까지 연평균 10퍼센트씩 성장하면서 중국 경제는 새롭게 변신했다. 19세기 유럽과 미국에서 발생한 산업혁명 이후 최대 경제 변신이었고, 그렇게 중국은 세계의 모든 것을 생산하는 공장으로 다시 태어났다. 2008년 일일 수출량이 30년 전 1978년의 연간 총 수출량보다 더 많을 정도였다.[3]

중국의 산업화와 공업화는 인구의 도시화를 촉발했다. 덩샤오핑이 개혁 프로그램을 출범시켰을 때, 중국의 도시인구는 인구 전체의 20퍼센트가 채 되지 않았다. 그 이후 40년에 걸쳐 5억에 가까운 중국인이 도시로 이주해 중국의 도시인구는 폭발적으로 늘었고, 2017년 기준 중국 인구 중 약 60퍼센트가 도시에 거주 중이다.[4] 40년 만에 상주인구의 도시화율이 세 배 가까이 늘어난 것이다.

1978년 덩샤오핑이 경제 개혁 프로그램을 출범한 후 중국 경제는 거의 호황기로 직진했다. 하지만 중국 경제 호황의 여파가 원자재 시장에 중대한 영향을 미치는 것은 그로부터 오랜 세월이 지난 뒤였다. 이 간극의 이유를 이해하려면 한 국가의 부와 원자재 소비 간 상관관계부터 살펴볼 필요가 있다.

한 국가가 소비하는 원자재의 양은 크게 두 가지 변수와 관계가 있다. 바로 전체 인구와 국민소득이다. 다만 이 요소와 원자재 수요와의 관계는 완벽히 비례하지 않는다.[5] 가령 1인당 국내총생산이 4,000달러 이하인 상대적 빈국의 경우, 국민은 소득 대부분을 의식주에 소비한다. 정부는 발전소와 철도처럼 원자재 집약적인 공공 기반 시설에 대대적으로 투자할 여력이 없다. 빈국이 신속하게 성장하더라도 원자재 수요가 곧바로 크게 늘어나지 않는 이유다.

선진국도 마찬가지다. 1인당 국내총생산이 1만 8,000~2만 달러를 넘어서면 각 가정은 더 좋은 교육, 건강, 오락, 여가 등 원자재 소요량이 상대적으로 적은 서비스를 많이 소비한다. 게다가 공공 기반 시설이 대부분 완비된 상태이므로 원자재 집약적 프로젝트를 추진할 필요가 크지 않다.

이 극단 사이에 바로 원자재 수요의 최적 지점, 이른바 원자재 수요가 경제성장에 긍정적 역할을 하는 '스위트 스폿Sweet Spot'(모든 분야가 최적화된 상태_옮긴이)이 있다. 1인당 국내총생산으로 따지면 약 4,000달러를 초과한 상태다. 이 상황에서 국가의 산업화·공업화·도시화가 시작되며, 추가적 경제성장과 추가 원자재 수요 사이의 강력한 상관관계가 형성된다.

마이클이 엑스트라타 메모를 작성하던 즈음, 중국이 바로 이 스위트 스폿에 도달한 상태였다. 실제로 2001년 중국의 1인당 국내총생산은 3,959달러를 기록했다.[6] 물론 마이클이 정밀한 경제모형을 토대로 중국을 분석한 것은 아니었다. 그저 중국에 직접 갔던 경험을 통해 장차 원자재 시장을 과열시킬 수도 있는 대단한 무언가가 중국에서 벌어짐을 직감했을 뿐이다.

그렇게 중국 가정은 추가 소득으로 냉장고, 세탁기 등 가전제품 같은 소비재와 자전거를 대신할 자동차를 사들이기 시작했다. 돼지고기와 닭고기가 쌀밥 자리를 채우기 시작했다. 뿐만 아니라 중국의 중앙정부와 지방정부도 원자재 수요에 동참했다. 너나없이 공공 기반시설 확충에 팔을 걷어붙였는데 마치 2차 세계 대전이 끝난 유럽과 일본처럼 그 규모가 엄청났다. 수천 킬로미터의 고속도로와 철로가 개설·개통됐고, 수십 개의 발전소와 공항이 건설되면서 불과 몇 년 만에 병원과 학교와 쇼핑센터까지 완비된 도시가 여기저기 들어섰다.

중국이 원자재 수요의 변곡점을 지날 무렵, 여기에 강력한 추가 동력을 제공하는 기념비적인 사건이 벌어졌다. 2001년 12월 11일 중국이 세계무역기구WTO의 공식 회원이 된 것이다.[7] 세계무역기구 가입은 중국의 경제성장이 더욱 '뜨거운' 단계로 진입했음을 알리는 신호이기도 했다. 중국에 대한 외국인 투자가 급증했고 중국 경제도 '폭발'했다. 1980~1989년의 10년 사이엔 50퍼센트, 1990~1999년 사이엔 175퍼센트의 성장률을 보였는데, 세계무역기구 가입 이후 2000년대에는 그 성장률이 400퍼센트를 넘었다.[8]

경제성장이 중국 원자재 수요에 미친 영향력은 하늘과 땅이 뒤집힐 수준이었다. 1990년 중국의 연간 구리 소비량은 세계 소비량의 5퍼센트 이하로 이탈리아와 비슷한 수준이었다. 하지만 불과 10년 후 중국의 구리 소비량은 이탈리아보다 세 배 정도 많았고, 2017년에는 중국이 세계 구리 수요의 절반을 차지했는데, 이탈리아보다 20배 가까이 더 소비하는 수준이었다.[9]

석유 부문에서도 놀라운 현상이 벌어졌다. 1993년까지 중국은 엄연한 석유 수출국으로 오펙의 일부 회원국보다 수출량이 더 많았다. 하지만 얼마 지나지 않아 내수조차 충당할 수 없었고 1993년을 기점으로 중국은 실질적인 석유 수입국으로 돌아섰다. 중국 경제가 원자재 스위트 스폿에 도달하면서 석유 수요는 급증했다. 2001년 중국의 일일 석유 수입량은 150만 배럴이었는데 2009년에는 그 수치가 세 배로 뛰어올랐다. 급기야 2018년 중국은 사우디아라비아의 일일 생산량에 맞먹는 1,000만 배럴 가까이를 쓸어 담아 세계 최대 석유 수입국으로 올라섰다. 중국은 2위를 저만치 따돌린 세계 1위의 원자재 소비국이 됐다. 이 모든 변화가 불과 몇 년 사이 벌어진 일이었다.

중국이 원자재 스위트 스폿에 진입한 가장 중요한 국가이긴 했지만 그렇다고 유일한 국가는 아니었다. 북미, 유럽, 일본 같은 선진국을 제외한 세계 많은 국가가 모두 원자재 수요가 급증하는 경제 발전 단계에 도달했다. 이렇게 동시다발적이고 자원 집약적인 경제성장은 경제학자들이 원자재 '슈퍼사이클Supercycle'(공급을 초월하는 수요를 창출할 때 나타나는 장기적인 가격 상승 트렌드_옮긴이)이라 부르는 현상을 초래했다. 원자재 가격이 과거 가격 트렌드를 훨씬 뛰어넘고, 이런 상승세가 통

상적 경기변동보다 더욱 오래 지속되는데, 때로는 수십 년간 이어지는 현상을 말한다.[10]

흉작이나 광산 폐쇄 같은 단발성 공급충격(재화나 서비스의 수요나 공급이 일시적으로 급격히 변동하는 현상_옮긴이)으로 생기는 사이클은 대개 단기간에 해소된다. 가격 상승이 공급 확대를 부추기는 대신에 수요를 억제하면서 다시 균형을 찾기 때문이다.

하지만 수요 증가에서 비롯한 슈퍼사이클은 세계경제의 급속한 산업화·공업화·도시화와 맞물리는 경향이 있다. 예를 들어 근대 첫 번째 원자재 슈퍼사이클은 19세기 산업혁명에 의해, 두 번째 슈퍼사이클은 2차 세계 대전이 터지기 전의 군비 재무장으로 촉발됐다. 그리고 세 번째 슈퍼사이클은 1950년대 말과 1960년대 초 유럽과 일본의 전후 복구와 팍스 아메리카나에 따른 경제 호황의 결과로 나타났다. 2000년과 거의 때를 같이한 네 번째 슈퍼사이클은 중국과 여타 신흥 경제국이 원자재 스위트 스폿에 진입함으로써 시작됐다.[11]

이번 슈퍼사이클은 국제 원자재 시장의 구조를 근본적으로 바꿨다. 1998~2018년까지 7대 이머징 마켓(브라질, 러시아, 인도, 중국으로 구성되는 브릭스BRICs 4개국과 인도네시아, 멕시코, 튀르키예)은 세계 금속 소비 증가의 92퍼센트, 에너지 소비 증가의 67퍼센트, 식량 소비 증가의 39퍼센트를 각각 차지했다.[12]

하지만 당시 원자재 중개 산업은 이런 수요 증가를 충족시킬 준비가 부족했다. 1990년대 원자재 중개 시장의 최대 화두는 '저가'였고, 당시 광산과 석유 업체 그리고 농부들은 뼈를 깎는 비용 절감에 나설 수밖에 없었다. 소비가 급증함에도 곧바로 생산을 늘릴 재간이 없었던 이유다. 한마디로 소비 증가 속도가 생산 증가 속도를 추월한 것이다.

수요 폭증과 정체된 공급에 따른 수급 불안정은 원자재 가격에 폭발적 영향을 미쳤다. 원유의 경우 1998년 저점 기준으로 10달러 이하였는데 2004년 중반에는 50달러의 벽을 뚫었고, 같은 기간 니켈 가격은 네 배가 올랐으며 구리, 석탄, 철광석, 콩 가격도 급상승했다. 하지만 가격 빅뱅은 아직 시작도 안 된 상태였다. 2000년대 말이 되자 원자재 가격 모두는 그야말로 최고 기록을 갱신한다.

원자재 가격 빅뱅은 호주, 브라질, 칠레, 사우디아라비아, 나이지리아 같은 원자재 부국의 금고를 가득 채웠다. 이는 선순환으로 이어진다. 즉, 중국을 포함한 여타 원자재 소비국의 경제성장이 원자재 수요와 가격을 끌어올렸고, 이는 원자재 부국의 추가적 성장을 견인했으며, 마지막으로 중국산 공산품에 대한 원자재 부국의 수요 증가를 이끈 것이다. 이 선순환은 수치로도 증명됐다. 세계경제는 2004~2007년까지 연평균 5퍼센트 넘게 성장했고, 그중 이머징 마켓의 평균 경제성장률은 8퍼센트에 육박했다. 두 통계 모두 30년 이래 최고치였다.

마이클이 자신의 서재에 앉아 메모를 작성할 때 이 모든 상황을

예상한 것은 아니었다. 어쨌든 원자재 호황은 단 몇 년 만에 아주 많은 것을 바꿨다. 일단 엑스트라타는 글렌코어의 천덕꾸러기에서 돈줄로 변신했다. 그리고 업계의 거물 중 하나는 슈퍼사이클의 최대 수혜자 중 하나가 됐다. 그와 마이클은 원자재 중개 산업과 광산업을 이끄는 쌍두마차로 환상의 호흡을 자랑한다. 여기서의 '그'가 바로 글라센버그다.

글라센버그는 1957년 1월 7일, 남아공 요하네스버그의 한 유대인 중산층 가정에서 태어났다. 요하네스버그의 유대인 공동체 대다수가 발트해 연안 리투아니아 출신이었는데 글라센버그 집안도 예외가 아니었다. 가방류를 수입·유통하던 글라센버그의 부친은 리투아니아 출신이었고, 어머니는 남아공 토박이였지만 결혼 전의 성이 빌렌스키 Vilensky였다. 빌렌스키는 리투아니아의 수도 '빌뉴스Vilnius 출신'이란 뜻이다.

글라센버그는 요하네스버그 북부 외곽 중산층 동네에서 성장했는데, 도로마다 울창한 가로수가 즐비했고 커다란 주택의 경우 안전을 위해 콘크리트 벽과 철제 울타리로 둘러싸였다. 고교 시절 글라센버그는 평범한 학생이었지만 자신감이 넘쳤고 때에 따라 할 말은 하는 당찬 구석도 있었다. 그의 은사 중 한 명은 글라센버그에 대해 지나치게 수줍음 많은 내성적인 학생도, 선생님이 무조건 옳다고 생각하는 학생도 아니었다고 회상한다.[13]

다만 글라센버그에게 남다른 한 가지는 성공에 대한 강한 욕구였다. 형 마틴Martin은 부친의 사업을 물려받았지만 글라센버그는 군복

무를 마친 뒤 월급 200랜드(약 230달러)를 받는 하급 회계원으로 취업했다. 비트바테르스란트대학교에서 회계학을 공부한 그는 1982년 경영학 석사를 취득하기 위해 미국 로스앤젤레스 서던캘리포니아대학교 경영대학원에 진학했다.

글라센버그의 타고난 경쟁심은 커리어에만 국한되지 않았다. 어릴 적 육상 선수였던 그는 얼마 지나지 않아 경보 경기에 출전했는데, 두 발 중 하나가 항상 지면에 닿아야 하므로 엉덩이를 씰룩거리며 걷는 바로 그 종목이다. 글라센버그는 1984년 23회 로스앤젤레스 하계 올림픽에 출전하고 싶었지만 반아파르트헤이트 운동의 열기 속에서 남아공의 올림픽 참가가 금지되는 바람에 그 꿈을 접어야 했다.

하지만 글라센버그는 그 이후에도, 아니 생애 내내 운동광의 습관을 가져갔다. 아침 조깅이나 수영은 웬만하면 거르지 않았고, 글렌코어 내부에 운동하는 문화를 만들기까지 했다. 점심시간에 글렌코어 트레이더가 추크 주변의 언덕에서 달리기를 하거나 자전거를 타는 것은 흔한 풍경이었다. 하지만 오래지 않아 글라센버그에겐 생애 우선순위가 바뀌었다. 운동을 밀어내고 원자재 중개가 가장 중요한 일이 됐다. 그럼에도 불구하고 그는 서른일곱 살이던 1994년 뉴욕 마라톤에 출전해 3시간 34분대의 놀라운 기록으로 결승선을 통과했으며, 50대를 넘어서까지 스위스 철인 3종 경기에 계속 출전했다.[14]

경영대학원을 졸업한 글라센버그는 1984년 4월, 아직 미국 사법 당국의 요주의 기업에 올라 있던 마크리치앤드코에 입사한다. 그의 첫 근무지는 요하네스버그 지사였다. 요하네스버그 지사엔 문에 자물

쇠가 달린 별실이 하나 있었는데, 남아공의 석유 수입 업무가 은밀하게 이뤄지는 공간이었다. 아파르트헤이트가 시행되던 당시 남아공은 유엔의 금수 조치로 공식적인 석유 수입이 불가했다. 그리고 남아공의 석유 '밀수입'은 마크리치앤드코의 주요 영업 중 하나였다.

언젠가 글라센버그는 남아공이 유엔 제재를 피하도록 도운 일과 관련해 질문을 받았었다. 그는 껄껄 웃으며 마크리치앤드코는 어떤 법도 위반하지 않았고, 그저 석탄을 원하는 국가에 공급하는 평범한 업체일 뿐이라 대답했다.[15]

당시 글라센버그가 합류했던 석탄 부문은 마크리치앤드코에선 별 볼 일 없는 취급이었다. 잘해야 한 해에 수백만 달러를 버는 정도였으니 그럴 만도 했다. 그의 상사는 호르스트만이라는 독일 출신의 보수적인 트레이더로, 아프리카 토속 예술품 수집이 세상에서 가장 중요한 인물이었다. 글라센버그가 위험한 인물이라 여겼던 호르스트만은 당시 마크리치앤드코의 고위 파트너였던 펠릭스에게 남아공 출신의 애송이 하나가 석탄 사업을 망칠 거라 불평하기도 했다.[16]

결과부터 말하면 남아공의 그 '애송이'는 회사 입장에서 행운이었다. 당시 석탄의 경우 선물시장이 아예 없었고 정교한 중개 전략을 쓸 가능성도 없었다. 오히려 석탄 중개에서는 단순한 거래만이 필요했다. 남아공, 호주, 콜롬비아의 석탄 생산 업자와 그 석탄을 소비하는 일본, 대한민국, 독일의 발전소와 관계를 쌓아 그 사이에서 이득을 취하는 게 끝이었다. 글라센버그는 바로 그 거래에서 두각을 보였다.

글라센버그 채용에 관여했던 대니얼의 말마따나 발로 뛰는 '행동가'였던 글라센버그는 판매자든 구매자든 업계에서 알아 둘 가치가 있으면 가리지 않고 관계를 텄다. 게다가 석탄 시장은 흐름이 아주 느려서 일단 맺은 거래를 추적하는 것쯤은 일도 아니었다. 얼마 후 글라센버그는 호주 지사로 발령받아 석탄 사업 부문을 지휘했고 그다음에는 홍콩 지사장으로 승진했다. 그렇게 1990년에는 추크 본사에 입성해서, 호르스트만이 맡던 석탄 사업 부문 대표를 꿰찼다.[17]

그렇게 글라센버그는 회사 내 차세대 대표 주자 중 하나로 여겨졌으며, 실제로 몇 년 지나지 않아 미래 지도자로서의 입지를 공고히 한다. 1990년 입사해서 훗날 알루미늄 사업 부문을 책임지는 요제프 베르만Josef Bermann은 글라센버그에 대해 이렇게 회상했다.

"제가 입사할 때쯤 글라센버그가 추크 본사로 왔죠. 그때부터 그는 사내의 유명 인사였습니다."

트레이더로서의 커리어가 황혼기에 접어들었던 리치의 눈에도 그 젊은 석탄 트레이더의 목마름은 확연하게 보였다. 베르만의 말을 이어서 들어 보자.

"리치는 늘 말했죠. (글라센버그가) 사실상 글렌코어를 다음 단계로 올려놓을 주인공임을 일찌감치 알아봤다고 말이죠. 제가 퇴사한 뒤에도 입버릇처럼 말하더군요."[18]

1992년과 1993년, 마크리치앤드코가 회사의 존망을 둘러싸고 한창 내부에 휩싸였을 때, 글라센버그는 중립을 유지했다. 하지만 내분이 일단락되고 스트로토테가 그 싸움의 승자로 부상했을 때 글라센버그는 스트로토테에 줄을 섰고, 그렇게 회사의 상당 지분을 가진 12명의 사업 부문 수장 가운데 하나가 됐다.

그렇게 스트로토테와 글라센버그는 회사의 거물로서 존재감을
키우며 회사의 양대 기둥으로 자리 잡는다. 이 둘의 업무 스타일은 극
과 극이었는데, 서로 부족한 부분을 보완하는 역할을 했다. 독일 출신
에 점잖은 스트로토테는 글렌코어의 외부 업무를 주로 수행했다. 모
노그램 패턴의 맞춤 셔츠 차림으로 개인 전용기를 타고 세계를 돌아
다니면서, 6개국 언어를 유창하게 구사하며 공급자와 고객, 은행가와
한담을 주고받는 역할 말이다. 이를 봐도 스트로토테는 워커홀릭 스
타일은 아니었다. 취리히 인근 고급 골프장인 쇠넨베르크골프컨트리
클럽 회원이었던 그는 가끔 글렌코어 고위 경영진에게 전화를 걸어
오후 회의 대신 골프나 치러 가자고 말하곤 했다.[19]

글라센버그는 어땠을까? 부드러운 갈색 머리를 단정히 빗어 넘
긴 글라센버그는 단신에 왜소한 체격과는 달리 열정으로 똘똘 뭉친,
그야말로 하나의 발전소 같은 인물이었다. 회사 안팎에서 그의 에너
지를 따를 자는 거의 없었다. 남아공 사람 특유의 또박또박 끊는 말투
에다 욕설과 비속어를 섞은 거칠고 퉁명스러운 언사까지, 스트로토테
처럼 부드러운 면은 눈을 씻고 찾아봐도 없었다. 오죽하면 호주의 한
언론은 글라센버그를 "쉽게 흥분하는 테리어Terrier(사냥개로 개량된 견종.
경계심이 많고 쉽게 짖는 경향이 있다_옮긴이)"라고 묘사했었다.[20]

글라센버그에겐 자신의 지위와 돈에 따라오는 사치품은 전혀 매
력적이지 않았다. 오히려 회사를 향해 비용 절감의 칼날을 사정없이
휘둘렀는데, 회사에 전용기가 없다는 것이 그의 오랜 자랑거리였다(정

확히 말하면 스트로토테는 자신 소유의 전용기 한 대를 글렌코어에 임대했고, 글렌코어의 자회사 카징크Kazzinc 엔 전용기가 있었다.**21**). 그에겐 일이 세상의 전부였다. 주말에 심심하다면서 회의를 소집할 정도였다.

그렇다면 글라센버그와 리치의 궁합은 어땠을까? 이 둘은 성장 배경과 세대가 달랐지만 공통점도 많았다. 일에 대한 열정이 둘째가라면 서러울 정도였고, 삶의 다른 모든 측면은 뒷전이었다. 또한 스타하노프 운동Stakhanovite Movement(소련 국민경제 전반에서 전개된 노동생산성 향상 운동_옮긴이)에 버금가는 그들의 직업윤리는 다른 모든 사람을 무안하게 만들었고, 사적인 매력보다는 의지력과 정신력에 의존하는 업무 스타일까지 닮았다. 수십 년 전 리치가 필리프브라더스 뉴욕 본사 동료들에게 짓궂게 아침 인사를 했던 것처럼, '새벽형 인간'이었던 글라센버그 역시 아침 8시 30분에 정시 출근하는 동료에게 "좋은 오후입니다"는 비아냥거리는 인사말을 건네곤 했다.**22**

2002년 경영 일선에서 물러난 스트로토테의 배턴을 이어받아 최고경영자에 오른 글라센버그는 글렌코어를 자신의 스타일로 바꿨다. 모두가 자신처럼 빠른 속도로 일하고, 가족과 함께하기보다 도로 위에서 더 많은 시간을 보내야 하며, 한 푼이라도 더 벌기 위해 거래의 온갖 세부 사항을 흥정하고 또 흥정해야 하는 회사로 만들었다는 것이다. 또한 글라센버그는 권한과 힘을 중앙에 집중시켰고, 그렇게 각 지사가 누리던 자율권의 시대는 끝났다. 아울러 글라센버그는 고위 트레이더의 경우 글렌코어의 새 본사가 있는 바르에 거주해야 한다고 주장했다.

또한 글라센버그는 스트로토테가 수행하던 역할도 승계했다. 이제 회사의 가장 중요한 관계를 관리하고 지키는 역할도 맡아야 했다는 뜻이다. 그렇게 그는 카자흐스탄의 알렉산드르 마슈케비치_{Alexander} Mashkevich 같은 올리가르히와 친분을 다졌고, 시릴 라마포사_{Cyril Mata-} mela Ramaphosa 남아공 대통령과 더불어 정치인과도 가깝게 지냈다. 또한 계약상 문제를 해결하거나 계약을 맺을 필요가 있을 때면 언제라도 비행기에 탈 준비를 했다.

물론 글라센버그에게는 인간관계 자체가 목적이 아니었다. 그와 함께 일했던 이들 대부분이 입을 모아 말했듯 그에게 관계란 목적을 이루기 위한 수단일 뿐이었다. 이는 사내 관계에도 적용됐다. 누군가에게 원하는 것이 있으면 글라센버그는 자정이든 새벽이든 아무 시간이고 자신의 성이 찰 때까지 주구장창 전화를 걸었다. 직원의 사생활은 그에겐 알 바 아니었다.

회사의 목표에 자신의 전부를 바치지 않는 인물로 글라센버그의 눈에 들면, 그 상대가 누구든 그는 표정을 매몰차게 바꾸었다. 글렌코어의 한 전직 직원은 "글라센버그에겐 같은 편이거나 아니거나 둘 중 하나밖에 없었습니다"라며 "퇴사 의사를 밝힌 후로, 글라센버그는 나와 한마디도 섞지 않았습니다"[23]라고 밝혔다.

───── ⟆ ─────

1994년, 글라센버그는 석탄 광산을 매입하기 시작했다. 당시는 원자재 슈퍼사이클이 시작하기 몇 해 전으로 원자재 가격 상승을 기대하는 사람은 거의 없었다. 글라센버그 역시 가격 상승을 기대한 것은 아니었지만, 어쨌든 이런 일련의 거래는 중국의 경제성장 덕분에 글렌코어의 운명을 변화시킨다.

원자재를 소유하기보다 중개에 집중했던 글렌코어 입장에서 석탄 광산 매입은 새로운 방향이었다. 여기에 대단한 목적과 전략이 있었던 것은 아니었다. 석탄 가격이 바닥인 데다 광산의 경우 돈이 없다는 점을 노렸을 뿐이었다.

글라센버그가 처음으로 매입한 석탄 자산은 남아공에 있는 기존 거래처로, 가족 소유인 첼렌티스마이닝Tselentis Mining이었다. 그간 글렌코어는 첼렌티스마이닝의 석탄을 매입하는 구매자인 동시에 재정적 지원까지 하는 채권자였는데, 채권을 지분으로 바꿔 첼렌티스마이닝을 인수했다. 바로 그해에 호주 광산 업체 쿡콜리어리Cook Colliery의 지분도 인수했다. 다만 이 두 거래는 기껏해야 각각 500만 달러와 1,000만 달러의 돈이 들어간 소규모 거래였다. 당시 글렌코어는 리치의 그림자에서 완전히 벗어나기 전으로 꽤나 힘든 시기를 보내는 중이었다. 당연히 장기 대출은 불가능했고, 결국 인수 자금 전액을 회삿돈으로 충당해야 했다. 두 거래에 깊숙이 관여했던 그레그 제임스Greg James는 "자산을 인수할 때마다 리치가 글렌코어 주주가 아님을 증명해야 했습니다"라고 회상한다.

"어떤 은행도 우리에게 지원을 해 주지 않았습니다. 그들은 우리 일을 전혀 이해하지 못했죠."**24**

글라센버그가 석탄 광산을 매입한 데는 복합적인 이유가 있었다. 석탄의 미래를 낙관하기도 했고, 반면 원자재 중개 산업의 미래에 대해 비관적이었던 것도 인수 배경이었다. 몇몇 회사가 업계를 독점하던 시절은 끝났고 경쟁은 아주 치열해졌다. 게다가 통신과 인터넷이 보급된 세상에서 필리프브라더스의 방식을 고수했던 전통적 업체의 강점은 약화됐다. 수십 개 국가에 지사를 운영하는 데 돈이 많이 필요했고, 중개로 얻는 수익이 그 운영비를 충당할지에 대한 불확실성은 해가 갈수록 커졌다. 글라센버그의 광산 인수는 이런 문제를 해결하기 위한 노력의 일환이었다. 이는 글라센버그도 시인했다.

"나는 입버릇처럼 말했습니다. 자산 없는, 그러니까 순수한 원자재 중개는 매우 힘들다고 말이죠."[25]

이 거래로 인해 글렌코어는 안정적인 원자재 공급원을 손에 넣었다. 즉, 원자재를 확보하기 위해 라이벌보다 더 높은 가격을 제시할 필요가 없어졌다는 것이다. 석탄 광산 몇 곳을 인수해 가격경쟁을 피한 것은 확실히 장점이었다. 그런데 다수의 광산을 손에 넣는다면? 차원이 달라진다. 글렌코어가 석탄 가격 자체에 영향력을 미칠 힘이 생길 수도 있었다. 특히 일본 발전소와의 연례 협상 시 강력한 무기를 쥘 가능성이 컸다.

실제로 당시 세계 석탄 가격은 일본 발전소와의 협상에서 결정된다 봐도 무리가 없었다. 당시 석탄 산업의 구조상 호주의 석탄 산업은 협상에서 불리했다. 호주 석탄 산업의 경우 수십 개에 달하는 중소형 업체로 구성된 반면 일본은 몇몇 거대 기업이 대표로 협상에 참여했기 때문이다. 그렇게 일본 측은 힘들이지 않고 협상을 주도했다. 이 상황에서 글라센버그가 호주 석탄 산업에 지분을 충분히 매입한다면 글렌코어의 협상력이 커지고, 잘하면 협상의 무게중심까지 변화시킬 수 있었다.

1998년 석탄 시장은 더욱 침체에 접어들었는데, 글라센버그 입장에선 절호의 기회였다. 톤당 석탄 가격이 1980년대 중반 이래 최저 수준이었고,[26] 대부분이 돈을 잃으면서 죽는소리를 했다. 하지만 글라센버그는 석탄 가격이 이제 상승할 일만 남았다고 확신했다. 하지만 당시 석탄 산업에는 선물시장이 없던 터라 가격 상승에 돈을 걸 방법이 없었다. 방법은 딱 하나, 광산 인수였다. 이후 4년에 걸쳐 그는 호주와 남아공에서 12곳이 넘는 광산을 매입했고 콜롬비아에서도 광산을 인수했다.

1990년대 말, 글렌코어는 발전용 석탄의 세계 최대 판매자가 됐고 2000년 한 해에만 4,850만 톤을 거래했다. 해상 발전용 석탄 시장에서 거래되는 물량의 6분의 1을 글렌코어가 책임졌다는 뜻이다.[27] 여기에 예상치 못한 엄청난 호재도 있었다. 글라센버그가 석탄 광산에 투자하기로 결정했을 당시, 중국 경제의 호황 가능성은 전혀 계산에 들어가지 않았었다. 그런데 2000년 들어 중국 경제가 폭발적으로 성장했고 글라센버그의 투자는 이내 '돈 복사기'가 됐다. 심지어 중국이라는 엄청난 호재가 나타나기 전에도 석탄 광산 투자는 매우 성공적이었는데, 이 덕분에 글라센버그는 회사 내 여러 라이벌을 전부 제치고 단숨에 맨 앞으로 치고 나간다.

스트로토테가 은퇴 의사를 밝혔을 때 그의 자리를 대신할 유력한 후보는 사내에서 손에 꼽을 정도였다. 1970년대에 입사해 줄곧 한 우물만 팠고, 이제는 구리와 니켈 사업 부문을 이끌던 스위스 출신의 폴 와일러Paul Wyler, 알루미나 사업을 총괄하던 부드러운 성품의 영국인 이안 퍼킨스Ian Perkins, 글라센버그의 삼파전이었다. 스트로토테는 몇 주에 걸쳐 사업 부문 대표들을 개별적으로 만나 최고경영자 후보를 추천해 달라고 요청했다. 싱거운 승부였다. 글라센버그가 최고경영자 지명자로 선정됐다.

2001년, 글라센버그의 석탄 모험이 드디어 결실을 맺기 시작한다. 그해 중반 석탄 가격은 최저점에서 35퍼센트나 급등했다. "모두가 석탄에 그야말로 미쳐 날뛰었다"라고 글라센버그가 한 인터뷰에서 자랑했을 정도였다.[28] 수백만 톤의 석탄을 태우는 것이 기후에 미치는 영향에 대해 그는 털끝만큼이라도 걱정했을까? 그 답은 본인만이 알겠지만 최소한 겉으로 그런 마음을 드러내진 않았던 듯하다. 그해 다른 인터뷰에서 글라센버그는 글렌코어의 호주 광산이 '환경친화적'으로 석탄을 생산하다고 '떠벌리기'까지 했다.[29]

일명 '차이나 붐China Boom'이 석탄 시장에 혁신을 부르기 전에도 글렌코어의 석탄 사업은 이미 호황이었고 모두가 콧노래를 흥얼거렸었다. 하지만 글렌코어에는 다급한 문제가 하나 있었다. 1994년 경영자매수 당시 스트로토테가 제약 업체 로슈에 넘겨줬던 지분 15퍼센트를 되사야 하는 시점이 째깍째깍 다가왔기 때문이다. 그간 로슈는 투자수익률ROI 보장에 만족했고, 글렌코어 경영에 일절 개입하지 않았다. 철저히 침묵의 투자자 역할에 머무른 것이다. 하지만 이 모습이 영원히 지속될 순 없는 노릇이었다.

최초 계약서에 따르면 로슈는 1999년 11월 이후부터 글렌코어에 지분 환매를 언제든 강제할 권리를 가질 수 있었다. 금융 용어로는 '풋옵션 권리'라 한다. 그런데 11월이 지난 후에도 글렌코어가 해당 지분을 되살 여력이 될지가 불확실했다. 그렇게 양측은 타협안을 마련하기로 했다. 일단 로슈는 글렌코어에 시간적 여유를 주기 위해 풋옵션 권리를 2003년 1월까지 유예하기로 했다. 글렌코어는 한 사업설명서에서, 해당 날짜가 돼서도 글렌코어가 돈을 준비하지 못하면 로슈는 지분의 일부나 전부를 '일반 투자자 또는…다른 투자자'에게 처분할 권리를 가진다고 설명했다.[30] 글렌코어 입장에선 상상하기도 싫은 시나리오였다. 그 누가 됐든 새로운 투자자는 로슈보다 자신들의 사업에 더 많이 관여할 가능성이 있었기 때문이다.

그동안 리치의 영향력에서 벗어나려 힘들게 싸웠는데, 스트로토테는 어렵게 쟁취한 독립을 이제 와서 포기할 마음은 추호도 없었다. 로슈가 해당 지분을 증시에서 일반 투자자에게 매도하는 시나리오 역시 받아들이기 힘든 카드였다. 그렇게 되면 글렌코어는 사실상 상장회사가 되는 셈이고, 즉 글렌코어가 재무보고서를 의무적으로 발행해야 한다는 뜻이었다. 스트로토테는 재무보고서를 발행하는 것도, 경영에 대한 투자자 질문에 대답하는 것 모두 생각조차 하기 싫었다. 스트로토테는 한 언론과의 인터뷰에서 이렇게 말하기도 했다.

"그건 우리 문화와 맞지 않아요. 우리 일은 누군가의 감시를 받으면서 할 일이 아니죠. 기업의 자유가 보장돼야 한다는 게 제 소신입니다."[31]

　두 가지 선택지 모두가 마음에 안 든다면 글렌코어가 로슈의 지분을 인수하면 그만이었다. 문제는 돈이었다. 글렌코어는 다시 자금원을 찾아야 했다. 일단 양측이 합의한 지분 가격은 4억 9,430만 달러였다. 2000년대 초반 글렌코어 상황에서는 꽤나 큰 액수였다. 글렌코어의 1998~1999년 순이익을 전부 합친 것보다 더 많았다. "글렌코어의 재정이 허락하는 대로 그 투자자(로슈)의 지분을 조속히 인수하는 게 우리 목표"라고 글렌코어는 또 다른 사업설명서에서 말했다.[32]

　글라센버그는 고민 끝에 묘안을 냈다. 그간 차곡차곡 매입한 석탄 광산을 활용하는 것이었다. 석탄 광산 전부를 새로운 회사로 분리한 다음, 분리한 회사의 주식을 매각해 돈을 마련하면 됐다. 자사 지분을 매각할 필요가 없었고, 지분을 인수할 돈을 손에 쥐는 동시에 회사 전체가 아닌 석탄 광산 쪽 정보만 공개하면 되는 묘안이었다.

　사실 예전에 비슷한 사례가 있었다. 스위스 광산 업체 쥐텔렉트라Südelektra 건이었다. 엑스트라타의 모태인 쥐텔렉트라는 남미의 전력 프로젝트에 투자할 재원을 마련하기 위해 1926년에 설립됐다.[33] 1990년 리치가 대주주가 될 때까지 그 회사는 주로 익명의 투자 수단이었다. 그런데 미국 사법부의 지명 수배자인 리치가 대주주가 됨으로써 쥐텔렉트라의 운명은 바뀐다.

　당시 마크리치앤드코는 일명 '오너 리스크'로 인해 자산 매입에 필요한 장기자금을 조달하는 길이 거의 막힌 상태였다. 은행 입장에서 리치는 '악덕 채무자'였기 때문이다. 여기서 쥐텔레크트라는 이 난관을 해결할 열쇠를 쥔다. 결론부터 말해 마크리치앤드코 그리고 훗날 글렌코어는 쥐텔레크트라를 장기자금을 조달하는 수단으로 쓰면서 자사 자본을 최소한으로 낮춰 매입한다. 어떻게 이것이 가능했을까? 당시 쥐텔레크트라는 스위스 증시에 상장한 회사였고, 주식을 매도해 돈을 조달하기 쉽다는 점을 이용했던 것이다.

실제로 쥐텔레크트라의 이사회는 스위스 상류층 사교장을 방불케 했다. 그렇게 쥐텔레크트라는 리치의 조언을 받아 아르헨티나의 유전, 칠레의 임업 업체, 남아공의 페로크로뮴Ferrochrome(크로뮴 60~65퍼센트를 함유한 합금철_옮긴이) 생산 업체 각각 한 곳에 투자했다. 리치가 다수 지분을 확보한 이래로 쥐텔레크트라는 마크리치앤드코가 자산을 매입하는 역할을 한다. 그러다 1994년 리치가 경영에서 물러난 후, 글렌코어는 국제금융 시스템에 화려하게 복귀한다. 새로운 이름을 내건 글렌코어는 다양한 채권자를 활용하기 시작했다. 굳이 쥐텔레크트라를 이용할 필요가 없어졌다. 하지만 그들은 쥐텔레크트라가 얼마나 유익한 존재인지를 절대 잊지 않았다.

로슈의 지분을 되사야 하는 상황에 놓이자, 글라센버그는 쥐텔레크트라를 떠올렸다. 자신이 쌓은 석탄 자산을 기반으로 호주증권거래소ASE를 이용하려는 것이었다. 일단 글라센버그는 석탄 자산 전부를 한데 묶어 에넥스Enex라는 새로운 회사를 설립했다. 시나리오상으로는 완벽한 작전이었다. 필요한 돈을 조달하는 동시에 석탄 광산 지분을 3분의 1 정도는 유지함으로써 광산에서 나오는 석탄을 계속 거래할 수 있기 때문이었다.

시기 역시 거의 '완벽했'다. 대부분의 투자자가 생각하지 못한 미래가 현실화됐다. 중국의 석탄 수요가 폭발적으로 늘어났고, 세계 석탄 시장의 주요 수출국이었던 중국이 석탄 수입량을 지속적으로 늘리니 석탄 가격이 치솟았다. 글라센버그의 모험도 완벽히 전개될 것 같았다.

다만 결과적으로 시기는 거의 '완벽할 뻔'했다. 완벽하지는 않았다는 뜻이다. 글라센버그의 시나리오에 거대한 변수가 생겼기 때문이다. 바로 2001년 9월 11일 터진, 세상이 경악한 엄청난 사건이 그것이다. 테러범들이 민간 비행기 네 대를 공중 납치해 미국 심장부를 동시다발로 공격했다. 피랍 비행기 두 대는 뉴욕 세계무역센터, 또 다른 비행기는 펜타곤(미 국방부 청사)에 충돌했고 네 번째 납치 비행기는 펜실베이니아주의 한 시골에 추락했다. 미국 본토에 대한 역사상 최악의 테러 공격이었고 월스트리트 중심부를 강타했다. 금융계는 완전히 마비됐다.

테러가 발생하기 하루 전 9월 10일, 글라센버그는 에넥스 기업공개를 위해 팀원과 함께 뉴욕에서 예비 투자자를 만난 뒤 당일 밤 스위스로 돌아갔다. 미국 시간으로는 9월 11일 오전 9시경, 스위스 시간으로는 이른 오후 글라센버그는 바르의 사무실에 있었다. 별안간 전화가 울렸다.

"뉴스 특보 좀 보세요. 기업공개는 물 건너갔습니다."

글렌코어 석탄 사업 부문의 재무 전문가이자 호주 시드니에서 일련의 투자 설명회를 열었던 제임스의 전화였다. 이후 보름 동안 글렌코어 팀과 기업공개 주관 은행은 기업공개의 불씨를 살리려 최선을 다했지만 금융계 전체가 꽁꽁 얼어붙었다.

안 좋은 일은 한꺼번에 오는 법이다. 에넥스 기업공개 불발 말고도 다른 골칫거리가 생겼다. 1999년 쥐텔레크트라에서 엑스트라타로 사명을 바꾼 그 광산 업체도 난관에 부딪혔다. 2001년 초 엑스트라타는 세계 굴지의 아연 생산 업체인 아스투리아나데징크를 인수하기 위해 6억 유로를 대출받았다. 상환 자금은 신규 주식을 발행해 마련할 계획이었다. 이 계획 역시 9·11 테러로 인한 주가 폭락으로 어려워졌다. 주식 발행이 보류되니 엑스트라타는 자연히 채권자와의 계약을 이행할 수 없었고, 나중엔 글렌코어에 불똥이 튈 수도 있었다. 글렌코어가 엑스트라타에 자금을 지원해야 하는 가능성도 배제할 수 없었다.

"우리는 갚을 능력이 있었습니다. 다만 그에 따른 약정을 그대로 지킬 재간은 전혀 없었습니다."[34]

2001년 중반에 엑스트라타의 최고경영자가 된 마이클의 말이다. 즉, 엑스트라타는 자금 지원이 없으면 흑자도산할 수도 있었다.

마이클과 글라센버그의 첫 인연은 20여 년 전으로 거슬러 올라간다. 글라센버그가 비트바테르스란트대학교에서 회계학을 공부할 당시 마이클이 시간강사로 회계학을 가르쳤으니, 둘은 모르려야 모를 수 없는 사이였다. 이 둘은 20년이 지난 뒤 사업으로 재회했다. 콜롬비아와 남아공의 석탄 거래를 맺을 때였는데 둘은 거래 당사자로 마주했다. 그리고 2001년 글라센버그와 스트로토테가 엑스트라타의 새 최고경영자를 찾았을 때 마이클의 이름이 등장했다.

회생의 중책을 안고 엑스트라타의 최고경영자가 된 마이클 앞엔 두 가지 숙제가 주어졌다. 먼저 회사를 재정적으로 구출할 방법을 찾는 것이었다. 이에 더해 원자재 시장 호황을 활용할 방법까지 알아내야 했다. 그사이 글라센버그도 자신의 숙제를 해결하느라 고민 중이었다. 로슈가 가진 글렌코어 지분을 되살 돈을 조달하는 방법이었다.

9·11 테러 후 몇 주 뒤, 마이클은 스위스행 비행기에 몸을 실었다. 엑스트라타의 신임 최고재무책임자 트레버 리드Trevor Reid를 글라센버그와 스트로토테에게 인사시키기 위해서였다. 그리고 런던으로 돌아오는 비행기 안에서 리드와 함께 회사의 어려움에 대해 논의하던 중 마이클의 눈이 갑자기 번쩍 뜨였다. 엑스트라타 문제에 글렌코어 문제까지 한꺼번에 해결할 묘안이 떠올랐다. 마이클은 얼른 종이를 꺼내 계획을 정리하기 시작했다.

그 계획이란, 글렌코어가 상장하려다 물거품이 된 에넥스를 엑스트라타가 인수하자는 것이었다. 그런데 인수 대금은? 런던 증시에서 신주를 발행해 투자자를 모집하면 될 일이었다. 그렇게 마이클은 글렌코어에 지불할 인수 대금을 마련하기 위해 엑스트라타가 신규 조달해야 하는 액수 등을 포함해 중요한 숫자 몇 개를 적었다.[35]

런던에 착륙하자마자 마이클은 글라센버그와 스트로토테에게 전화를 걸어 바르로 돌아가겠다고 알렸다. 이후 마이클의 계획은 빠르게 진행됐다. 마이클은 런던의 펀드매니저 몇몇으로부터 권리주(Potential Share(신주 취득 권리 매매 시 대상이 되는 주식_옮긴이) 판매를 돕겠다는 약속을 받았고, 그들의 도움을 받아 에넥스 인수 협상을 시작했다.

하지만 글라센버그와 마이클은 이 협상이 어떤 사태를 불러올지 몰랐다. 11년에 걸쳐 살벌한 공방을 주고받는 협상 전쟁이 시작되는 순간이었다. 이 둘의 분쟁은 런던 증시 역사상 최대 규모이자 가장 치열하게 대립한 인수, 합병 사건이 된다. 안을 살펴보니 글렌코어와 엑스트라타의 관계는 보기보다 매우 복잡했다. 엑스트라타는 독립 회사였지만 글렌코어가 대주주였고, 따라서 글렌코어의 최고경영자 글라센버그가 사실상 최종 승인권자였다.

일단 협상에서 인수 대금을 결정해야 했는데 쉽게 결론이 나지 않았다. 글라센버그는 협상의 우위를 점하려 에넥스를 호주 증시에 상장시킬 수도 있다며 마이클을 은근히 압박했다. 보다 못한 스트로토테가 개입하고 나서야 싸움이 끝났다.

2002년 3월 19일, 엑스트라타는 런던 증시에서 신주를 발행해 14억 달러를 조달했고, 그 돈에 주식까지 추가로 얹어 에넥스를 인수했다. 인수 대금은 총 25억 7,000만 달러였다. 한동안은 글라센버그의 판정승처럼 보였다. 글렌코어는 엑스트라타로부터 받은 돈으로 로슈의 지분을 매입해 로슈와의 거래를 완전히 정리했다. 여기에 석탄 가격이 하락하는 바람에 글렌코어의 석탄 광산을 엑스트라타가 터무니없이 비싸게 인수한 것처럼 보였다.

하지만 이내 전세가 역전됐다. 원자재 호황이 곧 오리라는 마이클의 낙관론은 현실화됐다. 2002년 중반 톤당 25달러도 안 되던 석탄 가격이 2003년 말에는 40달러를 위협했다. 마이클은 돈벼락을 맞았다. 글라센버그는 석탄 자산을 똥값에 판 셈이 됐다. 중국발 원자재 슈퍼사이클은 엑스트라타와 글렌코어만이 아니라 원자재 중개 산업 전체의 운명까지 바꾼다.

이쯤에서 마이클이 2001년 6월에 작성한 메모 이야기로 돌아가자. 마이클은 메모에서 "우리는 엑스트라타를 '빅뱅' 영역에 들여놓을 필요가 있습니다"라고 적었다. 그다음 엑스트라타를 업계의 상위 리그로 승격시킬 2단계 계획에 대해 설명했다. 첫째, '빅뱅' 거래를 감당할 만한 덩치를 키우기 위해 회사의 투자자 기반을 확대하고 회사 가치를 20~25억 달러로 끌어올려야 한다는 것. 최종 목표는 향후 3년 내 자산 규모 '50억 달러 클럽'에 가입하는 것이었다.

중국 시장에 대한 마이클의 낙관적 전망에 고무된 엑스트라타 팀은 본격적으로 기업 사냥에 나섰다. 2002~2003년 원자재 가격이 상승 기류를 타기 시작했음에도 불구하고, 가격 폭락에 대한 아픈 기억이 생생한 광산업의 경영자 대부분은 시장 호황에 돈을 거는 데 여전히 조심스러워했다. 이런 분위기를 반영하듯 구리 같은 금속의 경우 선물이 현물가보다 낮은 '백워데이션Backwardation' 현상이 벌어졌다. 광산업 경영자들은 사실상 가격 하락을 전제로 움직였고, 엑스트라타 팀도 그랬었다. 다만 엑스트라타는 하락세가 '덜' 가파를 거라고 내다봤을 뿐이다. 마이클은 원자재 강세장이 좀 더 오래갈 거라 예상했다며 당시를 회상한다.

"그렇다고 장기적인 가격 동향을 낙관적으로 확신하진 않았어요.

원자재 산업에 팽배했던 백워데이션은 원자재 가격이 현물시장 시세에서 폭락할 거라는 가정에 기반을 두죠. 우리는 하락 시점을 좀 뒤로 봤고, 가격은 좀 더 느리게 평균 수준으로 돌아올 거라 가정했습니다."[36]

에넥스 인수 계약을 맺고 몇 달도 지나지 않아 마이클은 구리, 납, 아연을 생산하던 호주 광산 업체 마운트아이자마인스Mount Isa Mines에 인수 제안을 넣었고, 마침내 20억 달러가 조금 넘는 가격으로 업체를 품에 안았다. 다른 광산 업체 역시 높은 가격을 내려 했지만 마이클의 호가를 맞출 수는 없었다.

글렌코어의 일부 경영진은 원자재 호황 시작 후 몇 년간에도 시장 전망에 대해 마이클보다 좀 더 신중했다. 그들의 재산이 회사 주식에 묶여 있으니 그럴 만도 했다. 글렌코어 창업 멤버로 은퇴 시점을 저울질하던 스트로토테도 그들 중 하나였다. 그는 마운트아이자마인스 인수에 대해 걱정과 불안한 마음을 감추지 못했고, 글라센버그가 나서서 안심시켜야 했다. 구리 사업 부문 대표의 불안감은 더했다. 말보다 행동이 앞서던 그리스 출신의 텔리스 미스타키디스Telis Mistakidis는 글렌코어 구리 생산량의 일부에 대해 헤지 거래를 맺기까지 했다. 자신은 가격 강세가 꺾인다에 돈을 건다는 뜻이었다.

하지만 이런 의심과 신중함이 없어지는 데는 오랜 시간이 필요하지 않았다. 2003년 말, 마이클은 3년 안에 엑스트라타를 50억 달러짜리 기업으로 키우겠다는 목표를 초과 달성했다. 2001년 중반 가치가 4억 5,000만에 불과했던 엑스트라타는 70억 달러의 거인으로 성장했다. 2008년 정점이었을 때 엑스트라타의 시장가치는 무려 842억 달러, 시가총액 기준 세계 5위 광산 업체가 됐다.[37]

10년 전 자산 인수에 돈을 걸었던 글라센버그의 도박에 힘입어, 글렌코어는 마크리치앤드코의 황금기를 훨씬 웃도는 이익을 달성했다. 2003년 글렌코어의 순수익은 사상 처음으로 10억 달러를 돌파했고 이듬해에는 20억 달러 고지를 가뿐히 넘어서 2007년에는 61억 달러를 기록했다.[38]

중국발 빅뱅에 눈을 뜬 건 글렌코어만이 아니었다. 2003년경부터 원자재 모든 부문에서 원자재 중개 업체는 중국이 가진 영향력에 눈을 뜨기 시작한다.

당시 홀은 코네티컷주의 석유 중개에 대한 열정이 점점 사그라지는 중이었고, 피브로에너지는 일련의 인수, 합병 결과로 1998년에 씨티그룹Citigroup의 일원이 된다. 1990년대 초 걸프전쟁으로 유가가 반짝 상승한 뒤 오랫동안 호재가 없자, 홀은 경영에 흥미를 잃고 조정 경기에 참여하거나 미술품을 수집하는 데 더 많은 시간을 쏟는다.

그 후 홀은 미국 재무부장관에서 퇴임한 뒤 1999년에 씨티그룹의 회장으로 취임한 로버트 루빈Robert Rubin에 이끌려 현업에 복귀한다. 루빈은 홀에게 씨티그룹 고위 트레이더를 위해 석유 산업 전망에 관한 프레젠테이션을 해 달라고 요청했다. 당시 캘리포니아주 조정

경기에 참가 중이던 홀은 향후 몇 년간의 석유 수급 전망치를 계산하기 시작했다. 그 당시를 떠올린 홀은 "너무나 충격적이었습니다"라고 말했다.

"중국 수입의 증가 속도를 보고 제 눈을 의심했습니다. 그래서 공급 쪽 모든 데이터를 샅샅이 확인해 봤습니다. 석유 업체가 물량을 확보하기 위해 무엇을 어떻게 하는지도 조사했죠. 그런데 정말 어이없는 상황이 벌어지지 뭡니까."[39]

업계에서 마이클이 그랬듯 홀도 업계가 선물시장에서 완전히 전망을 잘못 짚었다고 확신했다. 2003년 중반 현물시장에서 유가는 1998년 저점에서 세 배가 늘어나 배럴당 30달러 언저리에서 거래됐다. 그런데 선물 가격은 여전히 25달러 아래에 머물러 있었다.

홀은 승부를 걸어 보기로 결정했다. 그는 위험노출가치$_{VaR}$ (특정 포트폴리오의 일정 기간 변동률을 기반으로 향후 생길 최대 손실 가능 금액과 확률을 나타냄_옮긴이)를 계산해 자금 지원을 늘려 달라고 요청했다. 다행히 월스트리트에 돈이 넘쳐 나던 때라 홀의 요청은 신속하게 접수됐다. 그렇게 '총알'을 든든히 지원받은 홀은 석유 장기 선물에 도박을 건다.

그 시각, 런던에서도 은퇴를 고심하던 한 사람이 있었다. 백전노장의 트레이더 마이클 파머$_{Michael\ Farmer}$였다. 처음에는 필리프브라더스의 구리 사업 부문, 그다음에는 메탈게젤샤프트의 금속 현물 중개 자회사 엠지의 수장으로서 10년이 넘도록 세계 구리 시장을 지배한 인물이다. 그런데 엠지를 인수한 엔론이 파산하는 바람에 그는 하루아침에 야인 신세가 됐다.

　　누구 목소리가 더 큰지 시합하듯 크게 가격을 외치는 공개호가의 공간, 즉 런던금속거래소에서 커리어를 시작했던 파머는 엔론의 파산이 부른 여파 때문에 신학 공부를 시작했다. 이참에 정식 과정을 밟아 목회자가 되는 것도 진지하게 고려했었다. 하지만 오랜 동료이자 자신처럼 독실한 크리스천이었던 데이비드 릴리David Lilley의 설득으로 그는 시장에 복귀했다. 얼마 지나지 않아 이 둘(이들을 '하느님 특공대'라고도 불렀다)은 어떤 문제에 봉착했는데, 이는 더 큰 성공의 예고였다. 다음은 파머의 회상이다.

> "정말 사방에 전화를 돌렸는데, 시장에서 구리가 완전히 사라졌습니다. 이유를 알기까진 시간이 좀 필요했죠. 알고 보니 중국의 급성장 때문이었더군요."[40]

　　이제 그들에게는 시장이 조만간 급등할 거라는 추가적 징후 따위는 중요하지 않았다. 파머와 릴리는 레드카이트Red Kite라는 구리 중개업체를 공동으로 설립했고, 구리 가격이 상승할 거라는 데에 돈을 걸기 시작했기 때문이다. 그렇게 둘 다 수백만 달러의 자산가가 됐다.

　　홍콩에서는 오래전부터 중국 전도사를 자처했던 한 영국인도 중국발 빅뱅의 덕을 봤다. 고등학교 중퇴에 한때 히피였던 리처드 엘먼Richard Elman은 영국 뉴캐슬, 미국 샌프란시스코, 일본 도쿄에서 고철을 사고팔면서 중개 업무를 익혔다. 그러다 필리프브라더스의 홍콩 지사장 자리를 박차고 나와 1986년 노블그룹Noble Group을 창업했다.

엘먼에 따르면, 자신이 친구들에게 노블의 청사진에 대해 말할 때마다 친구들은 끈기 있게 듣긴 하면서도 약간은 갸웃댔다고 한다.[41] 하지만 2001년 중국의 세계무역기구 가입 때, 엘먼은 자신의 꿈을 이룰 시간이 됐음을 직감했다.

"난 그것이 그동안 국제무역에서 일어난 가장 중요한 사건 중 하나라고 생각했습니다."[42]

오래지 않아 원자재 중개 산업 전체가 원자재 산업의 지형을 혁명적으로 변화시키는 중국의 성장에 눈을 떴다. 고도성장을 앞세운 중국의 부상에 눈독을 들이는 이는 원자재 중개 업체만이 아니었다. 광산 업체, 석유 시추 업체, 농장주, 금융가 등은 물론이고 이내 일반 대중까지 원자재 가격의 변동에 주목하기 시작했다. 슈퍼사이클이라는 단어는 2005년의 월스트리트 유행어가 됐고 각계각층의 다양한 투자자를 원자재 시장으로 끌어들이는 역할을 했다.

그렇게 원자재 골드러시가 본격적으로 불붙었다. 원자재를 안정적으로 공급한다면 누구든 부자가 되는 보증수표를 손에 쥔 것이나 다름없는 시대 말이다.

9장

검은 황금, 검은 거래

머큐리아,
군보르에너지

THE WORLD FOR SALE

봄기운이 완연했던 2002년 5월 15일, 파키스탄 출신 사업가 무르타
자 라카니Murtaza Lakhani가 글렌코어 바르 본사 현관에 나타났다. 마침
말쑥하게 차려 입은 글렌코어 직원들이 유리 상자 모양 건물로 우르
르 들어가는 중이었다. 보석처럼 빛나는 눈동자에 두 가지 색상이 섞
인 셔츠를 즐겨 입는 재담꾼 라카니도 그 행렬에 끼어들었지만 아무
도 그를 의식하지 않았다.

　세계 최대 원자재 중개 업체의 근거지인 글렌코어 로비는 평범했
다. 하지만 원자재 호황의 초창기, 이곳을 드나드는 이들은 한구석마
저 평범하지 않았다. 러시아 올리가르히, 아프리카 재계 거물, 단정한
수트 차림의 세계 최고 은행가 등 온갖 인물이 매일 드나들었다. 그중
에서도 라카니는 '단골'이었다. 자랑스러운 톤의 목소리로 글렌코어의

'바그다드 남자'를 자칭하는 그는 이번을 포함해 2002년 상반기에 글렌코어를 자주 방문했다. 공식적 횟수만 최소 네 번이었다.

라카니는 작은 로비를 지나 한 사무실로 직행했다. 그가 누구를 만나 얼마나 대화했는지에 관한 기록은 없다. 다만 그가 그 사무실을 나올 때 무엇을 가지고 나왔는지는 알 수 있었다. 글렌코어의 공식 영수증에 정확히 기재됐기 때문이다. 담당자 서명까지 날인된 7,165번 소액 현금영수증이었다. 하지만 그 영수증에 기재된 액수는 결코 소액이 아니었다. 41만 5,000달러 어치였다. 영수증 무게만 해도 4킬로그램, 부피로는 작은 서류 가방을 가득 채울 정도다.

라카니의 다음 행선지는 스위스 북동부 바르에서 자동차로 세 시간 남짓 걸리는 서쪽 끄트머리 도시 제네바였다. 글렌코어를 방문하고 이틀 뒤 그는 제네바 주재 이라크 공관으로 들어갔다. 그는 그곳에 현금을 예치했다. 총 금액은 40만 달러였다. 이라크 공식 기록에 따르면 그 돈은 최종 수익자가 글렌코어인 석유 거래에 대한 대가로, 바그다드에 지불하는 '할증금'이었다. 유엔은 이 돈을 불법이라 여겼다. 이 코스는 라카니가 그해 여러 번 반복했던 여정이었고 매번 비슷한 '화물'을 운반했다.

라카니는 1월 24일 글렌코어 본사를 나올 때 17만 850유로를 들고 있었으며, 4월 24일에는 23만 유로, 6월 10일에는 19만 달러가 그의 손에 들려 나왔다. 유엔이 의뢰한 어떤 조사에 따르면, 글렌코어가 개발비를 지원하고 생산한 석유에 대한 할증금 명목으로 라카니가 지불한 금액은 도합 100만 달러가 조금 넘었다.

글렌코어는 예나 지금이나 불법적인 현금 수수에 대해서는 철저히 모르쇠로 일관한다. 그렇다고 라카니에게 찔러 준 현금의 존재까지 부인할 수는 없었다. 몇 년 후 유엔 조사에서 글렌코어의 이라크산 석유 담당자였다가 나중에 원유 중개 책임자가 되는 루이스 아바레스Luis Alvarez는 이른바 '성공 보수' 명목으로 라카니에게 30만 달러나 40만 달러를 지급하자고 구두로 제안했을 뿐이라고 선을 그었다. 한편 글렌코어의 원유 사업 부문 수장이자 고위 경영자였던 누군가는 적어도 자신이 아는 한 글렌코어가 그만한 현금을 성공 보수로 지불한 적이 없다고 유엔 조사관에게 항변까지 했다.

그렇다면 라카니는 유엔 조사관에게 무슨 말을 했을까? 글렌코어로부터 할증금 지급 명목으로 현금을 정기적으로 챙겼다고 했다.[1] 석유 거래에서 라카니는 '물 만난 물고기'였다. 석유 부국의 과대망상증 지도자가 있는 대통령궁도, 고상함과 신중함으로 무장한 스위스 금융계도 마치 제집 거실처럼 드나들었다.

파키스탄 카라치 출생의 라카니는 런던과 캐나다 밴쿠버에서 성장했다.[2] 접대가 천성에 맞던 라카니는 바그다드 부촌에 있는 자신의 저택에 이라크 주재 외교관을 수시로 초대해 음악회를 열곤 했다.[3] 훗날에는 이라크 북부 쿠르드 자치 지역에 있는 도시 에르빌Erbil에서는 두바이에서 공수한 해산물과 샴페인이 넘쳐 나는 호화로운 파티를 열었고, 손님들은 라카니가 수집한 살바도르 달리Salvador Dali의 그림에 눈이 휘둥그레졌다.

라카니는 수완 좋은 사업가와 외교관을 합친 캐릭터를 수행했

다. 라카니 같은 캐릭터는 중간자, 대리자, 해결사(참고로 라카니는 컨설
턴트라는 이름을 가장 좋아한다) 등 다양한 이름으로 불린다. 호칭이야 무
엇이 됐든 원자재 중개 업체는 공식 지사를 운영하기가 곤란한 지역
에서 이들을 고용한다. 이들이 업체 직원이 아니라 보수를 받는 외부
용역 계약자라는 것도 원자재 중개 업체에 도움이 된다. 행여 거래상
문제가 생기면 총알받이로 쓸 수 있기 때문이다. 언젠가 라카니는 자
신의 역할에 대해 '제 손을 더럽히는 일'이라 단순 명료하게 정리한 적
이 있다.[4] 10년간 정체된 유가가 꿈틀대기 시작했던 2000년대 초, 월
5,000달러의 수수료를 받던 라카니는 글렌코어를 대신해 이라크산
원유 확보에 총대를 멨다.[5]

중국 호황을 타고 석유 시장이 상승세인 상황에서, 글렌코어 같
은 업체가 성공의 문을 여는 열쇠는 바로 석유 물량 확보였다. 유가가
상승하니 석유를 손에 쥔 이의 금고로 돈이 쇄도했고, 결과적으로 새
로운 세대의 석유 재벌과 부패 관료의 권세는 날로 높아졌다. 스위스
호숫가 일대 호텔은 물론이고 런던 메이페어, 나이츠브리지 지역 호
텔과 무도회장은 아랍 왕자, 콩고민주공화국 지방자치단체장, 러시아
올리가르히, 카자흐스탄 정치인으로 발 디딜 틈이 없었다. 수백만 달
러의 신흥 자산가로 부상한 이들을 고객으로 잡으려 변호사, 회계사,
은행가들은 혈안이 됐다.

하지만 새로운 자산가들의 부상에 공헌한 일등공신은 따로 있었
다. 원자재 중개 업체였다. 아무리 석유가 있어도 팔아야 돈이 된다.
그 파는 일을 원자재 중개 업체가 해결해 줬기 때문이다. 그러나 원자

재 중개 업체의 역할은 거기서 끝나지 않았다. 오일머니가 주인의 계좌로 송금되도록 완벽히 교통정리하는 것도 원자재 중개 업체의 몫이었다. 이처럼 보이지 않는 곳에서 원자재 중개 업체가 열심히 일한 덕분에 러시아, 오만, 베네수엘라 같은 석유 부국의 지도자는 국제사회에서 목소리를 더욱 높였다.

석유를 가진 자와 원자재 중개 업체의 관계는 상호 의존적이었다. 수년 이래 처음으로 석유 공급이 모자르자 원자재 중개 업체는 새로운 현실에 직면한다. 석유를 한 방울이라도 더 확보하기 위해 세계 곳곳을 이 잡듯 뒤져야 했고, 어디든 가야 했고, 누구와도 거래해야 하는 상황이었다. 눈치 빠르기로는 세계 최고 수준인, 교활한 이라크 지도자 후세인이 그 기회를 놓칠 리 없었다.

1991년 걸프전쟁의 포성이 멎은 뒤 미국을 대표로 한 연합국은 후세인을 억제하기 위해 이라크산 석유 금수 조치를 유지해야 한다고 유엔을 꼬드겼다. 오일머니가 없어지면 후세인이 쿠웨이트 침공 같은 군사작전을 재현할 수 없을 거라는 계산에서였다. 하지만 실제로 오일머니가 끊기면서 이라크는 경제 전반에 커다란 타격을 받았고, 그 결과 이라크 국민은 가난과 영양실조로 고통받았다. 급기야 1995년 이라크는 국가적 위기에 빠졌고, 이에 미국과 연합국은 제재의 고삐를 약간 늦췄다. 그리고 유엔은 '석유·식량 교환 프로그램'이라는 카드를 꺼냈다.

그렇게 이라크는 세계시장에서 원유를 팔되, 대금의 1달러까지도 유엔이 통제하는 계좌에 입금해야 했다. 그리고 그 돈은 식량과 의

약품을 포함해 몇몇 생필품을 구입하는 데만 쓸 수 있었다. 이 프로그램은 후세인에 대한 억제력을 유지하는 동시에 경제제재가 이라크 국민에게 미치는 영향을 완화하기 위해 나온 하나의 대안이었다.

　이라크산 석유 수출의 문이 개방된다는 소식에 가장 먼저 달려와 줄을 선 이는 원자재 중개 업체였다. 1996년 금수 조치가 해제됐을 때 일명 '오픈 런'에 성공한 영광의 첫 주자는 코스털코퍼레이션의 창업자 와이엇이었다. 와이엇은 일명 '이라크통'이었다. 1990년 걸프전쟁이 한창일 때 후세인이 억류했던 미국인 포로를 구하러 바그다드로 달려간 인물도 와이엇이었다. 1990년대 후반이 되자 석유는 더욱 귀한 몸이 됐고 더 저렴한 원유 공급원이 필요했던 다른 원자재 중개 업체와 석유 메이저도 이라크 석유 수출에 동참했다.

　석유·식량 교환 프로그램은 처음 4년간까진 매우 순조롭게 진행됐다. 이라크는 유엔의 제재 정책에 공개적으로 반대했던 정치적 동맹국엔 석유로 화답했다. 가령 이라크에 대한 제재 철회를 지지했던 프랑스의 몇몇 정치인과 러시아의 공산당이 이라크산 석유의 일정량을 할당받았다. 이라크산 원유는 시세보다 약간 저렴하게 거래됐고, 덕분에 이라크로부터 원유를 할당받은 이들은 약간의 프리미엄을 얹어 원자재 중개 업체에 되팔았다. 하지만 오일머니는 당초 계획대로 유엔이 관리하는 계좌로 입금됐다.

　그렇게 고난의 시기를 보내던 이라크 정부에 유엔의 손을 피할 기회가 찾아왔다. 중국의 엄청난 석유 수요로 2000년 유가가 연일 고가 행진을 이어 가자, 그해 가을 오스트리아 비엔나에선 오펙 회의가 열렸다. 회의에서 이라크 관리들은 석유 구매자들에게 의도적으로 소문을 흘렸다. 이라크와 계속 거래하고 싶다면 이라크의 대사관, 정부가 관리하는 해외 계좌, 즉 '비자금 계좌'를 통해 이라크 정부에 직접 '할증금'을 내야 한다는 것이었다. 할증금이라 해 봤자 배럴당 몇 센트에 불과했지만, 유엔은 액수를 떠나 그런 행위 자체가 불법이라고 원자재 중개 업체에 경고했다.[6]

유엔의 경고 때문인지 대부분 원자재 중개 업체는 이라크의 제안을 거부했고, 그렇게 더는 이라크산 석유를 구경하지 못했다. 하지만 몇몇 업체는 이라크산 석유를 계속 사들일 수 있는 꼼수를 찾아냈다. 그 이후 벌어진 사태는 훗날 유엔의 광범위한 조사 대상이 됐고, 미국 연방준비제도이사회FRB 의장을 지냈던 폴 볼커Paul Volcker가 그 조사팀을 이끈다.

2005년, 유엔은 볼커 팀의 조사 결과가 담긴 623쪽짜리 보고서를 공개했다. 고유가와 잭폿 시대에서 번창했던 석유 중개 산업에 대한 가장 포괄적인 통찰 중 하나가 여기에 있다. 쉽게 말해 그들의 불편하고 비밀스러운 속살이 드러났다.[7] 유엔 조사관은 트레이더, 정치인, 은행가를 직접 면담했고 계좌 간 이체내역서, 계약서, 이메일 등의 사본을 확보했다. 그중에서도 가장 결정적인 증거는 이라크 정부의 '비밀장부'였다. 이라크 정부가 원자재 중개 업체로부터 받은 할증금 내역이 하나도 빠짐없이 세세하게 기록된 그 장부는 하마터면 세상에 나오지 못할 뻔했다. 유엔 조사관은 2003년 미국이 이라크를 침공해서 후세인을 사로잡은 뒤에야 그 내역을 얻을 수 있었다. 이 보고서를 통해 이라크가 할증금을 요구하기 시작한 후 이라크산 석유가 어떻게 거래됐고 계좌 간 자금 흐름이 어떻게 이뤄졌는지가 낱낱이 공개됐다.

일단 이라크산 석유는 조세피난처에 세운 정체불명의 회사를 통해 소유가 세탁됐다. 예컨대 트라피구라는 바하마에 있는 셸프컴퍼니 Off-the-Shelf(매각 목적으로 설립된 회사_옮긴이)인 라운드헤드Roundhead를 이용했고, 비톨은 영국령버진아일랜드British Virgin Islands의 피크빌Peakville Limited을 통해 이라크에 돈을 보냈다. 피크빌의 송금신청서에는 비톨의 제네바 본사 소속의 고위 회계사 이름이 적혀 있었으니 의심을 사기에 충분했다. 한편 와이엇은 이라크가 할증금을 매기기 시작한 직후엔 지중해 사이프러스Republic of Cyprus에 설립된 두 회사를 통해 대금을 지급했다.

꼼수 면에서 글렌코어는 경쟁 업체보다 한발 앞섰다. 글렌코어는 파나마에 등록된 인컴드트레이딩코퍼레이션Incomed Trading Corporation을 통해 이라크 정부로부터 할당받은 원유를 사들이는 치밀함을 보였다. 글렌코어는 이라크산 석유 구입 거래에 잘못된 점이 하나도 없다고 잡아뗐다. 자사 변호인을 통해서도 거래의 무고함을 주장했다.

"이라크 정권이 정치적 친구와 동맹에 석유를 할당한다는 건 이미 국제사회가 아는 사실이고, 용인한 부분이죠. 이라크의 석유 쿼터는 할증금을 지불해서가 아니라 이라크 정권에 대한 의리와 정치적 지지를 보임에 대한 나름의 보답이라는 공감대가 있었습니다."[8]

명백한 사실은 인컴드트레이딩코퍼레이션이 이라크보다 글렌코

어, 구체적으로 말하면 글렌코어의 이라크산 석유 거래의 주요 담당
자였던 루이스 알바레스Luis Alvarez와 연관이 깊다는 것이다. 또한 알
바레스는 라카니에게 건넨 40만 달러의 성공 보수에 대해 유엔 조사
에서 고백하기도 했다. 한편 인컴드트레이딩코퍼레이션은 알바레스
의 가족회사로 그의 아버지가 대주주고, 어머니가 회장이었다.[9]

　인컴드트레이딩이 이라크 정권과 맺은 두 건의 계약에 대해, 유
엔 조사관은 라카니가 100만 달러에 가까운 할증금을 지불했다고 결
론 내렸다. 할증금 중 약 71만 달러는 라카니가 글렌코어에서 직접
수령해 유엔 제네바 사무소 주재 이라크 대표부에 예치했다. 〈두얼퍼
보고서Duelfer Report〉는 이라크산 석유의 '가장 적극적인 구매자' 중 하
나로 글렌코어를 지목했다. 아울러 이라크의 공식 기록을 보면 석유·
식량 교환 프로그램 실행 기간 동안 글렌코어가 322만 2,780달러의
할증금을 지급한 걸로 명시된다고 주장했다.[10]

　그렇다면 이라크 정권은 할증금 꼼수를 통해 원자재 중개 업체와
석유 업체로부터 얼마의 비자금을 조성했을까? 2000~2002년까지
도합 2억 2,880만 달러였다. 심지어 후세인은 원자재 중개 업체가 할
증금을 더욱 쉽게 조성하도록 유가를 가능한 낮게 유지하는 '센스'까
지 보였다.[11]

　하지만 글렌코어는 이라크 정부에 불법 자금을 지급했다거나 지
급을 승인했다는 의혹에 대해 지금까지도 전면 부인 중이다. 실제로
석유·식량 교환 프로그램과 관련해 불법을 저지른 혐의로 법의 심판
대에 오르지도 않았다. 알바레스든 라카니든 글렌코어의 어떤 직원이

나 대리인도 법정에 서지 않았다. 유엔 보고서 내용을 토대로 법적 행동을 취하는 관할권은 글렌코어 본사가 있는 스위스에 있었는데, 스위스 사법 당국은 이 사건에 대해 손을 놓고 있었다.

몇 년 후, 라카니는 자신의 역할에 대한 질의를 받자 대변인을 통해 "미국 정부로부터 조사를 도와 달라는 면담 요청을 받았고, 자발적으로 성실하게 도움을 줬습니다"라는 입장을 밝혔다. 아울러 그 대변인은 "2006년 이후 라카니는 해당 문제에 일절 관여하지 않았습니다"라고 주장했다.[12] 어쨌거나 알바레스가 자신의 가족회사를 통해 이라크산 석유를 사들인 것은 사실이었다.

글렌코어는 알바레스의 행위를 어떻게 생각했을까? 훗날 알바레스를 원유 중개 부문 대표로 승진시킨 것을 보면 그에겐 잘못이 없다고 생각한 것 같다. 심지어 2011년 5월 글렌코어가 런던 증시에 상장했을 때 알바레스는 글렌코어의 최대 주주 중 하나로 떠올랐고, 2012년 기준 그의 지분 가치는 자그마치 5억 5,000만 달러에 달했다.[13]

다른 원자재 중개 업체도 처음엔 글렌코어와 다르지 않았다. 모두가 사전에 입이라도 맞춘 듯 모든 혐의를 전면 부인했다. 하지만 결국에는 석유·식량 교환 프로그램과 관련된 불법행위를 시인했다. 가령 비톨은 볼커의 조사가 있은 뒤 미국에서 중절도죄 혐의에 대해 유죄를 시인했고 벌금과 배상금으로 1,750만 달러를 물었다.[14]

하지만 그들 역시 글렌코어처럼 관련 직원에 대해서는 징계 등 명백한 불쾌감을 드러내기는커녕 한없는 아량을 보여 줬다. 이라크산 석유를 담당했던 트레이더와 보고서에 이름이 언급된 회계사는 그 이

후에도 오랫동안 비톨 또는 비톨의 관계사에서 계속 근무했다. 트라
피구라는 자신이 미국에서 판 석유가 석유·식량 교환 프로그램을 준
수했다는 허위 진술 혐의에 대해 유죄를 시인했다.[15] 하지만 미국의
원자재 중개 업체는 엄벌을 피하지 못했다. 코스털코퍼레이션의 소유
주 와이엇은 1년 징역형을, 그의 친구이자 베이오일의 소유주 차머슨
은 2년 징역형을 선고받았다.[16]

　이렇듯 불미스러운 석유·식량 교환 프로그램 스캔들은 원자재 중
개 산업에 불어닥친 새로운 원자재 부족 시대를 보여 주는 상징이었
다. 이후 10년간 '저렴한 원자재'는 점차 먼 기억으로 사라졌고 중국
을 비롯한 여타 이머징 마켓의 원자재에 대한 식욕은 '고삐가 풀린' 상
태였다. 원자재 중개 업체는 그들의 식욕을 채울 원자재를 확보하기
위해 치열히 경쟁했다. 그렇게 모든 원자재가 귀한 몸이 됐지만 그중
석유 몸값이 단연 최고였다.

　원자재 호황은 2003년 하반기부터 불붙기 시작해 2004년 내내
활활 타올랐다. 석유 산업은 이미 생산능력을 거의 최대치까지 끌어
올렸다. 지난 20년 가까이 국제 유가가 약세를 벗어나지 못하는 바람
에 그동안의 유전, 송유관, 정유 시설에 대한 투자는 극히 적었다. 그
러니 아무리 공급량을 늘려도 세계에서 급증하는 수요를 충족하는 데
는 역부족이었다. 2004년 세계 석유 수요는 1978년 이래 최대 증가

폭을 기록했고[17] 유가는 걸프전쟁 이후 처음으로 배럴당 40달러를 돌파하더니 사상 처음으로 50달러 고지까지 뚫었다(자료 4 참고).

많은 점에서 이 현상은 1970년대의 '속편'이었다. 오펙이 권력을 다시 장악하자 많은 석유 소비국의 정치인은 1970년대 때와 똑같은 불안감을 감추지 못했다. 가솔린 가격은 언론 보도의 주요 소재가 됐고 석유 고갈에 대한 종말론적 경고가 잇따랐다.

반면 원자재 중개 업체 입장에서 석유 쟁탈전은 새로운 부와 풍요의 시대를 의미했다. 중국의 수요가 늘어남으로써 수입이 급증할 수밖에 없었고, 이는 세계 물동량 증가로 이어졌다. 2000~2008년 사이 세계 석유 무역량은 27.2퍼센트가 불어났는데, 동기간 석유 수요 증가율의 두 배가 넘는 상승폭이었다.[18] 한마디로 원자재의 국제 운송이 주 업무인 업체의 일감이 더 많아졌다는 소리다.

뿐만 아니라 유가 폭등은 원자재 중개 업체의 포트폴리오도 바꿨다. 당시는 말 그대로 투기가 먹히던 시절이었다. 누가 봐도 시장은 상승세였다. 1970년대와 달리 선물시장에서 유가에 '판돈'을 거는 게 가능해졌고 실제로 많은 이들이 그랬다. 2001~2008년까지 브렌트유의 연평균 가격은 7년 연속 상승했는데, 이것은 1861년 이래 석유 산업에서 최장 기간 상승 기록이다.[19]

치솟는 원자재 가격에 편승해 원자재 중개 산업이 많은 이익을 창출한 것이 비단 투기뿐이었을까? 예전에 맺었던 장기 구매 계약이 갑자기 황금알을 낳는 거위가 되기도 했다. 가령 글렌코어는 2000년 당시 자메이카와 알루미나 장기 구매 계약을 재협상하면서 가격을 고정했다. 후에 원자재 호황으로 알루미나 가격이 급등하니, 글렌코어는 시세의 절반도 안 되는 낮은 가격으로 자메이카 알루미나를 손에 넣을 수 있었다.[20]

심지어 시세로 맺은 거래조차도 강세장에서는 상당한 수익원이 됐다. 대부분의 원자재 계약이 통상적으로 다소간의 '물량 과부족'을 허용했기 때문이다. 한마디로 원자재 중개 업체가 실제로 구매·공급하는 물량이 계약상 물량보다 많거나 적다는 뜻이다. 이런 관행(업계 용어로는 '임의성') 덕분에 어느 정도의 물량 차이는 계약 불이행이 아니었다. 대규모 물류 산업에서는 용인되는 일이었다.

하지만 원자재 가격이 상승하니 그 물량 차이가 엄청나게 귀중한 의미를 가졌다. 과거 트레이더는 수요가 많을 땐 공급자로부터 원자재를 '조금 더 많이' 사들였었다. 그러나 기꺼이 프리미엄을 지불하려는 매수자가 있을 때는 계약상 매수자에게 물량을 '조금 더 적게' 인도할 수도 있었다. 이 임의성을 통해 원자재 중개 업체는 공급자와 매수자 사이에서 이익을 취했다.

여기서 시나리오를 하나 써 보자. 한 트레이더가 석유 생산자에게 매달 100만 배럴을 사들여 구매자에게 매달 100만 배럴을 공급하는 장기 계약을 맺는다 치자. 여기서 매수와 매도 가격은 같다(여기선 해당 월의 평균 가격이라고 치겠다). 그동안 업계 관행상 두 계약에서는 트레이더에게 10퍼센트의 과부족을 허용한다. 그러니 유가 변동이 없다면 트레이더에겐 이익이 나지 않는다. 사들인 가격 그대로 팔아야하니 중간에서 이익을 얻지 못한다. 실제로 운송비와 금융 비용을 감안한다면 결국 손해다.

그렇지만 유가가 상승한다면 어떨까? 여기서는 계약의 임의성을 이용해 이익을 볼 여지가 생긴다. 생산자로부터는 계약상 최대 물량, 즉 계약 물량에 10퍼센트를 더한 110만 배럴을 사들이겠지만 소비자에게는 계약이 보장하는 최소 물량, 즉 계약 물량에서 10퍼센트를 뺀 90만 배럴을 공급해도 문제가 되지 않는다. 그렇게 트레이더가 되팔 수 있는 원유 20만 배럴이 생긴다. 만약 시장이 상승세라면 월말 가격이 월평균보다 높을 테고, 트레이더는 그 20만 배럴을 팔아 이익을 본다.

그런데 2000년대까지 원자재 공급자나 구매자 그 누구도 이런 관행이 트레이더에게 어떤 이득을 주는지 이해하지 못했다. 슈퍼사이클로 원자재 가격이 급등하기 전까지 임의성의 의미는 있으나마나였다. 하지만 원자재 가격이 반등하니 그 임의성은 돈 복사기가 됐다. 카길과 골드만삭스에서 석유 트레이더로 일했던 톤 클롬프Ton Klomp에 의하면, 과거 원자재 중개 업체는 상당한 폭의 임의성을 활용해 돈을 벌었다고 한다.

일례로 석유화학 산업에서 많이 쓰는 정제품인 나프타Naphtha의 표준 계약은 1만 7,000~2만 5,000톤 사이에서 원자재 중개 업체가 원하는 만큼 인도하는 것이 가능했다. 슈퍼사이클 시대에 등장한 신생 원자재 중개 업체의 하나인 머큐리아Mercuria가 탄생하는 데 산파 역할을 했던 클롬프가 그 이익에 마침표를 찍는다.

"오, 빌어먹을. 임의성을 최대한 이용할 줄 안다면 엄청난 공돈을 만난 것과 같습니다."[21]

원자재 호황기에는 원자재 중개 업체에 유리한 요인이 또 있었다. 이때 원자재 구매자는 가격에 우선순위를 두지 않는다. 가격보다 원자재 확보가 제일 중요해진다. 정유 공장이 고객들의 빗발치는 수요를 계속 충족시키려면 무엇이 필요할까? 바로 원자재인 원유다. 그들은 수요를 충족하기 위해 원유에 기꺼이 프리미엄을 지불했다. 원자재 중개 업체에는 이러한 상황이 출발신호였다.

원자재 중개 업체는 그야말로 원자재 '사냥'에 나섰고 지구상에 그들의 발길이 닿지 않은 나라가 없었다. 아프리카 차드와 수단처럼 역사상 처음으로 원유를 수출하는 신흥 산유국부터 러시아, 아제르바이잔, 카자흐스탄, 예멘, 브라질, 서아프리카의 적도기니, 앙골라 등 원유 증산에 돌입하는 기존 산유국까지 원자재 중개 업체는 원유가 있는 곳이라면 어디든 달려갔다.

원자재 호황으로 나날이 금고가 불어나던 올리가르히, 폭군 그리고 독재자와 원자재 중개 업체 사이는 더욱 가까워졌다. 트레이더는 현지 실세와 동맹을 형성했고 합작사를 세우기도 했다. 또한 석유·식량 교환 프로그램에 얽힌 사기극이 보여 줬듯 위법도 서슴지 않는 트레이더도 있었고 전쟁, 쿠데타, 부패한 정부, 혼란한 국가 등 온갖 종류의 위험한 상황에 뛰어드는 트레이더도 있었다. 어떤 모양이 됐든 그들의 목표는 하나였다. 원자재 확보였다. 2000년대 비톨의 주요 멤버 중 하나로 활약하다가 2015년에 은퇴한 핀치는 "불안정한 국가일수록 보상이 더 컸습니다"라고 말했다.[22]

이 시기 원자재에 접근 가능했다면 그 누가 됐든 중국발 수요 광풍에 힘입어 하루아침에 특권층으로 올라섰다. 예전엔 업계 조연에 머물렀던 원자재 중개 업체가 갑자기 연간 수백억 달러어치의 원자재를 주무르는 주연 자리를 꿰차기도 했다. 이들은 원자재로 이익을 챙기는 것에 그치지 않고 원자재가 계속 유통되도록 하는 능력까지 부렸다. 안 그래도 원자재가 부족한 데다 중국의 원자재 식탐이 무한해 보이는 세상에서 그런 마법을 부리니, 그들이 세계경제라는 톱니바퀴에서 가장 큰 톱니가 된 것은 너무나도 자연스러운 일이었다.

이 상황이 다가 아니었다. 막대한 오일머니와 석유의 전략적 중요성이 합쳐지자 원자재 중개 업체는 세계 곳곳에서 정치적으로도 매우 중요한 역할을 했다. 그 예로 산유국 통치자의 금고를 오일머니로 계속 채워 주는 능력을 앞세워 통치자와 강력한 동맹을 맺는다. 이라크의 후세인이 이런 유착 관계를 바로 알아채고, 원자재 중개 업체에 할증금을 요구하기 시작한 것도 이 때문이었다. 물론 후세인만 그랬던 건 아니다. 국제사회에서 갈수록 목소리가 커지던 러시아도 똑같았다. 러시아 입장에서는 정치적 긴장이 고조된 상황에서도 석유 구매를 보장해 주는 우호 세력이 필요했다. 러시아의 이 가려운 곳을 긁어 준 '친구'가 바로 원자재 중개 업체였다.

———✂———

　이렇게 세계 한쪽에는 석유가 간절한 국가가, 다른 쪽에는 현금이 간절한 석유국가가 있었다. 이 '간절한' 두 세상이 만나면 강력한 융합 반응이 일어날 수밖에 없다. 이들 사이에서 새로운 원자재 중개 업체 두 곳이 급부상했다. 이 두 곳은 양쪽의 간절함을 충족시킴으로써 단 몇 년 만에 국제 석유 중개 산업의 상위 리그로 당당히 입성했다. 또한 이들은 2000년대 석유 시장을 규정하는 세 가지 특징을 두루 갖춘 상징적 존재이기도 했다. 그 특징이란 기회주의적 성향, 탄탄한 네트워크, 급성장하는 신흥 석유 생산국과 중국 간의 연결이었다.

　이 두 업체가 바로 머큐리아와 군보르에너지다. 이 둘은 데이비드가 트랜스월드를 세계 최대 알루미늄 중개 업체로 키울 때와 거의 비슷한 시기에 태어났다. 1990년대 소련 붕괴로 야기된 무한 경쟁 시대, 비유해 '깃발 먼저 꽂으면 임자'가 되던 시대의 산물이기도 했다. 하지만 머큐리아와 군보르에너지에 대성공을 안긴 진정한 변곡점은 1990년대가 아닌 2000년대에 찾아왔다. 두 업체는 러시아의 석유 수출 통로가 됐을 뿐 아니라 '크렘린궁' 금고에 수십억 달러가 계속 유입되도록 도왔다. 그 크렘린궁의 금고는 금고 주인인 젊은 푸틴이 국제 사회에서 더욱 대담해지도록 하는 자신감의 원천이 됐다.

　머큐리아의 뿌리는 소련 붕괴 이후인 1990년대로 거슬러 올라간다. 기타 그리고 피아노를 연주하던 소련 출신 두 음악가가 우연찮게 석유를 중개하는 행운을 잡은 데서 머큐리아가 시작됐다. 그들의 이

름은 뱌체슬라프 스몰로코프스키Wiaczeslaw Smolokowski, 그레고리 얀킬
레비치Gregory Jankilevitsch다. 식당과 클럽을 전전하며 연주로 생계를 잇
던 둘은 이후 폴란드로 이주해 컴퓨터 장비 및 가전제품을 매매하는
작은 사업체를 운영했다. 그러던 어느 날, 저 멀리 시베리아 한 유전
도시에 거주하던 고객이 생뚱맞게도 석유 중개를 권유했다. 그 고객
은 1990년대 당시 구경하기도 힘든 수출면허증을 소지했는데, 귀한
만큼 가치가 있는 자격이었다. 그럼에도 둘은 그 제안을 선뜻 받아들
이기 주저했다. 이유가 있는 게 그 둘은 석유에 관해 아는 게 없었기
때문이다. 훗날 얀킬레비치가 회상하길, 그 고객은 '일단 배우면 된다'
면서 끈질기게 꼬드겼다고 한다.[23]

　　마침내 가전제품과 결별하고 석유 세상에 입성한 둘은 각자의 성
에서 글자를 따 제이앤드에스J&S라는 회사를 설립했다. 제이앤드에
스는 폴란드에서 경영난을 겪던 정유 공장과 거래를 맺었고, 소련이
1964년 건설한 당시 세계 최장 길이였던 드루즈바 송유관Druzhba Pipe-
line을 통해 폴란드로 운송되는 러시아산 석유의 주요 화주가 됐다.
1990년대 중반 제이앤드에스는 폴란드 원유 공급의 60퍼센트를 차지
하기까지 한다. 그렇다면, 소련에서 폴란드로 온 '이민자' 둘이 1990
년대 러시아의 '황야의 동부'에서 어떻게 그토록 지배적 위치를 쌓았
을까? 얀킬레비치의 말에 답이 있다.

　　"우린 양측(생산자와 소비자)의 조건을 무조건 들어 줬습니다. 그만
큼 위험을 감수했다는 뜻이죠. 우린 폴란드 측 파트너를 단 한 번도
실망시키지 않았습니다."[24]

스몰로코프스키와 얀킬레비치가 스스로를 어떻게 생각했든, 그들의 역할에 대한 업계의 시선은 다소 의심스러웠다. 일부 강력한 올리가르히도 그들을 곱게 보지 않았다. 어떤 올리가르히가 자사의 석유 판매 담당 직원 두 명을 뇌물 수수 혐의로 고소했던 재판에서, 그 둘은 피의자인 제이앤드에스로부터 170만 달러의 돈을 받은 것으로 드러났다. 판결문에 따르면 그 돈은 일회성으로 건넨 것이 아니었다. 판사는 그 170만 달러에 대해 스몰로코프스키와 얀킬레비치가 몇 번에 걸쳐 수수한 '비밀 수수료 또는 뇌물' 중 하나라고 판결했다.[25](우리가 얀킬레비치와 스몰로코프스키에게 이것에 관한 해명을 요구했을 때, 그들은 한 번도 불법행위 혐의로 고소되지 않았고 행여 어떤 혐의가 제기됐더라도 '강력하게 변호'했을 거라는 답변을 보내왔다.[26])

얀킬레비치와 스몰로코프스키가 폴란드에서 가전제품 매매 사업을 시작했을 즈음, 러시아산 석유 거래를 시작한 두 사람이 또 있었다. 한 사람은 온화한 성품에 자신감 넘치는 30대의 전기 엔지니어 겐나디 팀첸코Gennady Timchenko 였다. 레닌그라드(현재의 상트페테르부르크 Saint Petersburg_옮긴이)에서 일하던 팀첸코는 어느 날 한 친구에게 석유 중개에 관심이 있는지 묻는 전화를 받고 곧장 그 기회를 붙잡았다.[27] 또 다른 이는 자신의 회사를 통해 에스토니아를 거쳐 러시아산 석유 정제품을 수출하던, 스웨덴 출신의 퇴른크비스트였다. 결과부터 말하면 라이벌로 만난 팀첸코와 퇴른크비스트는 나중에 손을 잡았고 석유 중개 분야에서 가장 성공적인 '결혼' 모델이 된다.

러시아 원자재 부문에서 일하는 모두에게 1990년대는 위험한 시기였다. 알루미늄 전쟁이 가장 유명했지만 석유 트레이더 역시 위험하기는 마찬가지였다. 하루는 퇴른크비스트의 사업 파트너가 갑자기 실종됐는데, 살해당한 것으로 추정됐다. 퇴른트비스트 역시 자신의 안전이 몹시 걱정됐다고 했다.

"그와 저는 매우 가까운 사이였죠. 그래서 저도 최소 1년은 러시아를 떠나 있기로 했습니다. 한동안 조심하고 또 조심했습니다."[28]

퇴른크비스트는 에스토니아의 터미널을 통해 연료유를 수출했고 그렇게 팀첸코와 경쟁하는 처지가 됐다. 앞에서 말했지만 이 둘은 피터지는 경쟁 대신에 공생을 선택했다. 이 둘이 새롭게 세운 회사가 바로 군보르에너지다(군보르는 '전쟁'이란 뜻의 'Gunnr'와 '경계한다'는 뜻인 'Vigilant'을 뜻하는 'Vor'의 결합어다_옮긴이)라는 뜻이다.[29] 후에 군보르에너지의 일부 파트너가 퇴른크비스트와 사이가 틀어졌을 때, 팀첸코는 자신의 예전 동료가 아닌 퇴른크비스트와 손을 잡고 해당 파트너를 회사에서 쫓아냈다. 그다음 둘은 2000년 군보르인터내셔널Gunvor International이라는 새 회사를 설립했다.

이때까지도 머큐리아와 군보르에너지 모두 흑자를 기록했지만 그 액수는 크지 않았다. 연간 이익이 미국 달러 기준 억 단위도 아니었고 천만 단위 정도에 그쳤다. 하지만 진정한 기회가 그들 눈앞에 와 있었다. 중국 경제가 뜨겁게 달아오르는 중이었고 석유만 공급할 수 있다면 누구든 잭팟을 만날 수 있었다. 후세인이 석유·식량 교환 프로그램을 악용해 원자재 중개 업체로부터 할증금을 챙겼던 것이 가능했던 이유다. 머큐리아와 군보르에너지가 그 잭팟을 만난다. 적절한 순간, 적절한 장소에 그들이 있었기 때문인데 이에 더해 석유의 보고에 접근할 적절한 네트워크까지 가졌기 때문이다.

당시 러시아의 석유 생산은 호황이었다. 1990년대 초 소련 붕괴의 여파로 경제가 휘청거렸을 때 석유 생산이 폭락했지만, 2000년대 초부터 러시아의 석유 부문은 아주 신속히 회복됐다. 그동안 자신의 지분을 지키는 데 집중하던 올리가르히는 러시아 석유 산업의 지배력이 자신들의 손아귀에 들어왔다는 확신이 서자, 외형 확장을 위해 바깥으로 눈을 돌린다. 1999~2005년 러시아의 석유 생산량은 50퍼센트 이상 성장했고,[30] 수출 역시 급증했다.

러시아의 석유 생산자와 국제금융 시스템을 잇는 역할을 하던 머큐리아와 군보르에너지는 러시아를 위해 정치적으로 매우 중요한 새로운 미션을 맡는다. 러시아의 새 대통령 푸틴은 석유가 곧 돈이자 권력임을 깨달았고, 이에 푸틴 정부는 석유 부문에 대한 통제력을 강화하기 위해 노력했다. 이 움직임에 맞춰 머큐리아와 군보르에너지는 러시아 석유 수출의 새로운 시대를 열었다. 서로의 방법은 달라도 목표는 같았다. 러시아로 계속 오일머니를 주입하는 것이었다. 머큐리아 입장에서 이 미션은 2000년대 들어 지정학적으로 가장 중요한 두 국가 사이의 석유 교역로 개척을 의미했다. 바로 러시아와 중국이다.

2000년대 초 러시아의 석유 생산량이 늘어나자 제이앤드에스는 폴란드에서 판매 가능한 물량 이상으로 석유를 사들이기 시작했고 본격적인 수출에 나섰다. 시베리아에서 발트해 연안의 항구도시 그단스크까지 석유를 운송한 다음, 유조선에 석유를 실어 세계로 수출하는 방식이었다.

하지만 현재 규모만으로는 국제적 중개를 성공시키기 역부족이라는 사실을 잘 알던 얀킬레비치와 스몰로코프스키는 마르코 두난드Marco Dunand와 다니얼 재기Daniel Jaeggi에게 손을 내민다. 제네바대학교에서부터 일련의 유명 원자재 중개 업체에 이르기까지 늘 함께했던 두난드와 재기는 뛰어난 실력에다가 냉혹한 야망까지 갖춘 환상의 짝꿍으로 업계에서 유명했다.

그렇게 2004년, 재기와 두난드는 제이앤드에스와 협상을 마무리하고 제이앤드에스의 새로운 지주회사인 제이앤드에스홀딩J&S Holding을 사이프러스에 설립한다. 얀킬레비치와 스몰로코프스키는 자신들의 지분을 62퍼센트로 줄였으며 나머지 지분은 두난드와 재기가 각각 15퍼센트, 제이앤드에스 소속의 바딤 리네츠키Vadim Linetskiy와 파벨 포이들Pavel Pojdl이 각각 7퍼센트, 1퍼센트씩 가지기로 했다.[31]

두난드는 자신과 재기가 지분을 획득하기 위해 '가진 돈의 대부분'을 투자했다고 말했다. 그것도 모자라 훗날 나올 회사 이익을 배당금으로 갈음한다는 조건을 달아 얀킬레비치와 스몰로코프스키로부터 상당한 자금을 빌려 지분을 사들였다. 초기 자본금이 2억 5,000만 달러인 회사에서 두난드와 재기 두 사람의 총 지분만 해도 7,500만 달러에 달했다. 제이앤드에스와의 계약에 따라 두난드와 재기는 운영

전권을 행사하고, 얀킬레비치와 스몰로코프스키는 점진적으로 지분을 줄이기로 했다. 이에 대해 두난드는 이렇게 말했다.

"그들은 우리에게 열쇠를 맡겼고, 운영에서 손을 뗐습니다."[32]

결과부터 말하면 이는 현명한 결정이었다. 두난드는 오래전부터 중국의 성장이 석유 시장에 혁명을 불러일으킬 거라는 확실한 신념을 가졌다. 오래지 않아 그들의 새 지주회사는 그단스크를 거쳐 러시아산 석유를 중국으로 운송했다.그들이 개척한 이 교역로는 향후 몇 년에 걸쳐 다른 업체도 참여함에 따라 중요성이 커졌고, 오늘날 러시아는 중국의 최대 석유 수입국 중 하나로 성장한다.

제이앤드에스홀딩은 경이로운 속도로 성장했다. 2009년 회사 순이익 4억 5,400만 달러라는 기록을 세웠다.[33] 제이앤드에스홀딩이란 이름은 이미 5년 전에 머큐리아로 바뀌었지만 얀킬레비치와 스몰로코프스키는 여전히 지배주주 역할을 했다.[34] 그들은 머큐리아의 사내 파티에도 참석했고 트레이더를 위해 록 음악을 연주해 흥을 돋우기도 했다.

머큐리아의 초창기 성공 비결은 시장의 활황기에서 러시아의 석유 공급을 중국의 수요와 연결시킨 데 있었다. 이 과정에서 머큐리아의 원년 파트너 모두가 돈벼락을 맞았다. 2007~2018년간 머큐리아의 총 누적 이익은 세후 기준 39억 달러에 이르렀다. 애초 계약대로 원년 파트너가 줄인 지분 자리는 중국 정부가 차지했다. 중국화공집단공사가 머큐리아에 투자해 지분을 획득한 것이다.

———— ✌ ————

  머큐리아가 러시아산 석유를 중국에 공급함으로써 수익을 창출하는 방법을 보여 줬다면, 그들의 경쟁사 군보르에너지의 성공 비법은 달랐다. 바로 정치적 네트워크였다. 팀첸코와 퇴른크비스트는 오래전부터 러시아 정·재계 주요 인사와 관계를 쌓는 데 많은 공을 들였고, 그중 한 명이 결정적 역할을 한다. 바로 푸틴이 1999년 12월 31일 러시아 대통령에 오르면서 군보르에 서광이 비추기 시작한 것이다.

  팀첸코와 그의 파트너가 푸틴과 처음 거래한 것은 1990년대 초반 때였다. 당시 푸틴은 상트페테르부르크의 대외경제관계위원장이었다. 시간이 흘러 1990년대 말, 푸틴이 차기 대통령에 오르는 것은 시간문제일 뿐이었고 팀첸코는 석유 트레이더로서 확실하게 자리를 잡고 있었다. 그때까지 팀첸코와 푸틴은 계속 관계를 이어 왔다. 1998년에 팀첸코를 비롯한 몇몇이 한 유도 클럽을 후원하면서 푸틴을 그 클럽의 명예회장으로 추대했었다. 참고로 유도는 푸틴의 취미이자 장기이기도 하다.

  푸틴과 팀첸코의 유착 관계를 두고 주변에서 말이 많았다. 그러다 2014년, 푸틴은 팀첸코에 대해 '내 최측근이자 친구 중 하나'라고 당당하게 밝혀 그 논란에 종지부를 찍었다.[35] 그동안 둘이 친구라는 주장이 나올 때마다 발끈하며 부정했던 팀첸코도 그제야 둘 사이를 고백했다. 그리고는 자신의 반려견이 푸틴의 래브라도Labrador와 모녀 관계인데, 2004년 푸틴에게 선물로 받은 것임을 인정했다.[36]

팀첸코가 인생 최고의 잭폿을 터뜨린 것은 푸틴이 러시아 대통령에 오르고 난 뒤였다. 1990년대 혼란의 시대를 보낸 후 푸틴은 러시아 국민에게 질서와 안정, 강력한 리더십을 약속했다. 러시아의 많은 국민과 마찬가지로 푸틴도 올리가르히 계층에 반감이 컸다. 뿐만 아니라 옐친이 통치하던 1991~1999년까지 나라가 힘없는 틈을 악용해 사리사욕을 채우러 국내 자원을 터무니없이 똥값에 차지한 올리가르히의 방식에 치를 떨었다.

2000년이 시작되고 러시아의 권좌에 올랐을 때, 푸틴은 올리가르히에게 암묵적 거래를 제안한다. 그들의 치부 수단이었던 사유화 계약을 무효화하지 않는 대신에 정치판에 얼씬하지 말라는 것이었다. 하지만 푸틴과 올리가르히 사이의 긴장은 좀체 잦아들지 않았다. 여기에 푸틴의 강력한 정적으로 떠오른 인물이 있었다. 석유 업체 유코스Yukos의 소유주 미하일 호도르콥스키Mikhail Khodorkovsky였다. 그는 이곳 저곳에서 푸틴의 심기를 건드렸다. 마치 인내심을 시험하듯 말이다.

호도르콥스키는 2003년 마흔 살의 나이에 러시아 최고 갑부이자 가장 영향력 있는 올리가르히가 된 인물이다. 독서광에 총명하고 야망이 컸던 그는 1980년대 후반 민간 기업 설립이 허용되자마자 기다렸다는 듯 메나테프Menatep라는 협동조합을 세웠고, 얼마 지나지 않아 메나테프는 은행으로 변신했다. 메나테프는 급성장을 거듭해 마침내 러시아 최대 민간 기업 중 하나로 발돋움했다. 호도르콥스키의 정부 내 인맥도 단연 두터웠다.

1995년, 호도르콥스키에게 또 다른 기회가 찾아온다. 무능하고 나약한 옐친 정부가 이른바 주식담보대출Loan-for-Share 프로그램을 출범시킨 것이다. 즉, 3년간 100여 곳의 국영기업을 민영화하기 위해 금융기관에 대출을 받는 대가로 주요 국영기업의 정부 지분을 양도한다는 일종의 '출자전환' 계획이었다. 프로그램 자체는 어차피 실패할 운명이었지만 호도르콥스키는 그 기회를 놓치지 않고 단돈 3억 900만 달러로 유코스의 지배지분을 확보한다.[37] 그로부터 10년 후, 시장 가치가 무려 200억 달러가 넘는 메이저 회사가 된 유코스는 러시아 석유 산업의 총아로 확실하게 자리매김한다.

그러나 유코스엔 또 다른 면이 있었다. 다름 아니라 유코스는 푸틴과 그의 측근들이 1990년대의 올리가르히에게 품었던 적개심의 결정체와도 같았기 때문이다. 무엇보다 유코스는 역외회사는 물론 세율이 낮은 경제특구를 가장 공격적으로 활용한 기업에 포함됐다. 심지어 유코스는 절세도 모자라 정부를 상대로 가장 노골적인 로비를 전개한 기업 리스트에도 이름을 올렸다.

호도르콥스키는 갈수록 대담해졌고 도발적으로 행동했다. 한번은 대통령궁에서 열린 회의에 참석했다가 정부의 부패와 관련해 호도르콥스키와 푸틴이 날을 세운 적이 있었는데, 마침 그 회의가 텔레비전으로 생중계되는 상황이라 푸틴과 호도르콥스키의 설전이 전국에 그대로 방송됐다. 또한 호도르콥스키는 2007년에 유코스 경영에서 손을 떼겠다 선언했는데, 이는 곧 정계 진출에 뜻이 있다고 판단할 만한 발언이었다.[38](당시 푸틴은 헌법에 의거해 1년 후인 2008년 대통령 임기가 끝나는 상황이었는데, 2021년 4월에 가서 푸틴의 임기를 2036년까지 보장하는 선거법

개정안이 통과됐다_옮긴이) 뿐만 아니라 호도르콥스키는 유코스 지분을 매각하기 위해 쉐브론, 엑슨모빌과 협상을 시작했는데, 심지어 유코스와 쉐브론이 합병 직전까지 간 적도 있었다. 만약 그랬더라면 세계 최대 석유 업체가 탄생했을 것이다.[39]

　2003년 10월 25일, 호도르콥스키를 태운 비행기가 시베리아 상공을 비행하다가 급유를 위해 착륙했을 때, 한 무리의 특수부대원이 그 비행기를 포위했다. 그렇게 러시아 최고 갑부 올리가르히는 현장에서 체포돼 조세 포탈, 횡령 등의 혐의로 10년간 정치범 수용소에 갇혔다. 유코스는 어떻게 됐을까? 호도르콥스키가 체포되고 1년 후, 세금 문제가 불거졌을 때 주요 자회사로 시베리아 한복판에 있던 이 거대한 석유 생산 업체는 국영 석유 업체 로스네프로 넘어갔다(유코스는 2007년 11월 완전히 해체된다_옮긴이).

　이는 푸틴의 대통령 임기 중 결정적인 순간 가운데 하나이자 일종의 경고였다. 어떤 올리가르히도 '크렘린궁'보다 강력해지지 말 것, 개인적인 부는 대통령의 심기를 건드리지 않는 한도 내에서 추구할 것, 러시아의 천연자원은 국가 소유라는 것이다. 또한 이 사건은 러시아 안팎에서 제기되는 푸틴에 대한 비판을 모두 흡수하는 피뢰침 역할을 했다. 또한 유코스의 기존 주주들이 정부를 상대로 제기한 수십억 달러의 손해배상 소송의 주요 쟁점이기도 했으며, 후에 양측은 수년에 걸쳐 엎치락뒤치락 공방을 주고받는다.

　물론 유코스 사태로 이익을 얻은 회사도 있었다. 당시 거의 무명에 가까웠던 군보르에너지였다. 유코스가 크렘린궁의 압박으로 무너지는 사이 군보르에너지는 푸틴의 호출을 기다리는 '24시간 대기조' 역할을 자처했다. 결국 누군가는 러시아의 석유 수출을 유지하도록 도와야 했으니 말이다. 만반의 준비를 하고 기다린 자에게 보람이 있었다. 푸틴이 석유 산업에 대한 정부 지배력을 재건하려는 움직임을 시작함에 따라 군보르에너지가 부상했기 때문이다.

오늘날까지도 군보르에너지는 유코스 사태에 대해 모르쇠로 일관한다. 언론에 좀체 등장하지 않는 팀첸코가 매우 드물게 응했던 어떤 인터뷰에서 유코스 사태에 관한 질문이 나왔었는데 역시 원하는 대답은 나오지 않았다.

"저와는 어떤 식으로도 관련 없던 회사에 대해서는 말하고 싶지 않습니다."[40]

하지만 퇴른크비스트는 호도르콥스키의 몰락은 물론이고 러시아 정부가 그 여파를 관리하는 데서 군보르에너지가 무엇을 제공했는지에 대해 기꺼이 입을 열었다. 게다가 유코스가 망할 거라는 사실을 사전에 알았다는 것 역시 시인했다.

"정확히 어떤 일이 벌어질진 몰랐습니다. 하지만 뭔가 벌어질 거라는 말은 분명히 들었죠."

물론 그 정보원의 정체에 대해서는 입을 열지 않았다.

"그저 조만간 대규모 거래가 있을 테니 준비하라는 말만 들었을 뿐입니다."[41]

그러면서 퇴른크비스트는 호도르콥스키가 두 가지 실수를 저질렀다고 지적한다. 정치판에 기웃거리지 말라는 푸틴의 경고를 무시한 것이 첫 번째였고, 미국 업체에 회사를 매각하기 위한 협상을 시도한 것이 두 번째 실수였다는 것이다.

"푸틴이 얼마나 격분했을지 상상이 될 겁니다. 그 작자는 회사를 공짜 수준으로 차지한 것도 모자라 정당한 대가를 지불하지 않았습니다. 하늘에서 뚝 떨어진 걸 얻었을 뿐이었죠. 그런데 이제 와서 감히 미국에 회사를 매각한다고요?"

퇴른크비스트의 말을 계속 들어 보자.

"그들이 호도르콥스키를 무너뜨리기로 결심한 것이 그때였을 겁니다. 그들 입장은 아주 분명했습니다.…만약 이런 일을 눈감아 준다면 러시아는 갈가리 찢길 상황이었죠. 러시아의 재산이 세계로 흩어질 것이고 국민들은 빈털터리가 됐겠죠."

유코스의 유전 자산을 압류한 뒤, 러시아 정부는 그곳에서 생산되는 원유를 팔기 위해 누군가의 도움이 필요했다. 군보르에너지는 만반의 준비를 하고 대기 중이었다. 하지만 그때만 해도 군보르에너지는 원유를 거래한 경험이 거의 없었던 데다 원유보다는 정제품 중개에 주력했었다. 퇴른크비스트는 원유를 거래하겠느냐는 갑작스러운 요청을 받았다. 매달 팔아야 하는 양도 엄청났다. 하지만 그는 "이게 일생일대의 기회임을 직감했습니다"라고 말했다.

"바로 회사 재무 담당에게 전화했습니다. 무슨 수를 써도 좋으니 비엔피파리바에 연락해서 신용 한도를 받아 내라고요. 그것도 지금 당장!"

퇴른크비스트는 자신뿐만이 아니라 다른 트레이더에게도 '동원령'이 내려졌다고 말했다. 하지만 군보르에너지는 머잖아 러시아산 석유의 최대 수출 업체가 된다. 수출 물량이 정점이었을 때 로스네프트 해상 수출 물량의 60퍼센트를 군보르에너지가 처리했다고 추정된다. 이를 시작으로 거래가 줄지어 성사됐고 세계 석유 시장에서 단역에 불과하던 군보르에너지는 일약 주연으로 올라선다. 유가가 배럴당 100달러를 돌파함으로써 석유 확보가 성공의 열쇠가 됐던 2008년, 군보르에너지는 단일 업체 기준으로 러시아산 석유를 가장 많이 거래했고, 한때 러시아의 해상 수출 석유 물량의 30퍼센트를 담당했다.[42]

나라 안팎에서 푸틴의 행보가 대담해지는 동안, 군보르에너지는 푸틴 뒤에서 러시아 석유 수출을 책임지는 중요 기업의 하나가 됐다. 군보르에너지는 그 역할로 이익을 그야말로 쓸어 담았다. 군보르에너지가 러시아의 석유 중개를 시작한 초창기에 얼마를 벌었는지에 대해서는 추측만이 난무했다. 이에 군보르에너지는 2005~2009년간 연평균 이익이 3억 4,700만 달러였음을 정식 공개했다.[43] 군보르에너지의 자산 가치는 2005년 기준 2억 5,400만 달러였는데, 2009년에는 14억 달러에 육박했다. 슈퍼사이클 시대의 원자재 중개 산업 기준으로도 놀라운 성장이었다.

'어느 날 갑자기 튀어나온' 업체가 어떻게 그토록 많은 돈을 벌었을까? 그저 러시아에 '초대형 빨대'를 꽂은 것일까? 퇴른크비스트가 답한다.

"하루아침에 로스네프트는 러시아 최대 석유 업체 주인이 됐습니다.…그런데 회사에 수출 담당 조직이 없었죠. 정말로요. 만약 당신이

트레이더라면 어떤 상황으로 보이겠습니까? 그야말로 최고의 상황이
잖아요. 그 상황을 이용 안 하겠어요? 당연히 하죠."

퇴른크비스트의 말을 계속 들어 보자.

"원래 트레이더 일이 다 그렇습니다. 그런 상황을 원하고, 이용하고
싶어 하죠. 저는요. 우리가 로스네프트를 이용했다고 생각하지 않습
니다. 우리가 기회를 찾은 건 분명하지만 말입니다."

하지만 군보르에너지가 어떻게 러시아의 석유 부문에서 중요한
위치로 어떻게 그리 빨리 올라갔는지에 관한 의문은 남는다. 군보르
에너지는 어떻게 러시아 권력의 행동 대장이 됐을까? 러시아 대통령
과의 친분 덕일까? 팀첸코는 푸틴과의 관계 덕분에 어떤 식으로든 특
혜를 받았다는 의혹에 대해서는 한사코 부인했다.[44] 물론 그 둘의 정
경 유착에 관한 의심은 이후에도 오랫동안 꼬리표처럼 군보르에너지
를 끊임없이 따라다녔다.

2000년대도 1990년대의 상황이 '재탕'됐다. 러시아와 구소련 국
가는 원자재 중개 업체의 금고를 가득 채워 줬다. 물론 다른 점도 있
었다. 2000년대의 부는 체제 붕괴의 혼란이 가져다준 부가 아니었다.
오히려 중국과 다른 이머징 마켓의 석유 수요가 폭발한 것에 맞춰 러
시아를 포함한 구소련 국가의 석유 생산량 증가 덕이었다. 그 수혜자
는 머큐리아와 군보르에너지였다.

2000년대 끄트머리에서 머큐리아와 군보르에너지는 세계 석유

중개 업체 중 4, 5위로 확실하게 자리매김했다. 2018년까지 약 10년 간 두 회사의 이익을 합치면 자그마치 66억 달러에 육박했고, 그 66 억 달러는 단 여섯 명의 개인 주머니로 배분됐다. 얀킬레비치, 스몰로 코프스키, 두난드, 재기, 팀첸코, 퇴른크비스트였다.[45]

이라크의 석유·식량 교환 프로그램과 마찬가지로 머큐리아와 군 보르에너지의 성공 신화는 유가 급등이 세계경제의 윤곽을 어떻게 다 시 그리는지를 명확히 보여 줬다. 유가 강세는 산유국 독재자에게 칼 자루를 쥐어 줬고, 그들의 석유를 시장에 공급하는 원자재 중개 업체 의 위상을 드높였다.

하지만 원자재 호황이 커짐에 따라 구소련의 자원만으로는 부족 해졌다. 자연히 원자재 중개 업체는 새로운 변방으로 눈을 돌렸다. 세 계 최대의 원자재 공급처 중 하나이자 일하기 가장 힘든 대륙 말이다. 바로 아프리카다.

10장

원자재 식민지, 아프리카

글렌코어,
트라피구라

THE WORLD FOR SALE

아침 7시, 아프리카 중부 콩고민주공화국의 도시 콜웨지를 빠져나가는 도로가 자동차와 인파로 꽉 막히는 시간이다. 도시를 벗어나는 동안 먼지를 뒤집어쓴 콜웨지의 정체성을 보여 주는 무언의 증거는 사방에 있다.

　이 고원 도시는 광산업이 발달했다. 도로 주변에는 조잡한 망치와 곡괭이가 줄을 지어 새로운 주인을 기다린다. 매일 아침 다양한 나이대의 남자가 이곳을 터벅터벅 지나간다. 어른, 소년 할 것 없이 모두가 흙투성이 옷을 걸치고 도시 변두리까지 걸어가 손으로 흙을 파기 시작한다. 도시의 도로는 1906년 처음으로 지역 광산을 개발하기 시작한 벨기에 식민주의자가 세운 위풍당당한 건물을 지나친다. 건물을 지나치고 나면 좀 더 현대적인 광산업의 결과가 보인다. 영어와 프랑스어, 중국어 간판을 내건 카지노와 식당이다. 잭폿을 꿈꾸며 콜웨지로 달려온 이들에게 긴 밤의 여흥을 제공하고 주머니 속 돈뭉치를 노리는 곳이다.

도시에 어둠이 내려앉으면 자동차는 자취를 감춘다. 텅 빈 도로는 폭력배들의 모터사이클이 점령한다. 다시 동이 트기 시작하면 도시도 깨어나고, 모두가 어딘가를 향해 발걸음을 재촉한다. 금속과 광석을 가득 실은 화물차, 연료유나 산성 물질을 운송하는 유조차, 외국에서 온 기업 임원과 컨설턴트를 태운 오프로드용 자동차 등등.

콜웨지를 벗어나면 도로는 중앙아프리카의 젖줄 콩고강에서 가장 큰 지류인 루알라바강을 가로지르고, 마침내 우리가 갈 목적지가 뚜렷히 눈에 들어온다. 혼자 솟아오른 언덕이 보이는데 많은 화물차의 최종 목적지이기도 하다. 이 언덕이 바로 세계 최대 광물 부국 중 하나인 콩고민주공화국에 있는 무탄다Mutanda 광산이다. 언덕 안에는 깊이가 150미터에 이르는 거대한 구덩이 세 개가 있는데, 굽이치는 길을 따라 구리 광석을 가득 실은 화물차가 마치 개미 떼처럼 언덕을 오르내린다. 세상에서 가장 외진 곳에 있는, 광산 중 환경이 나쁘기로 악명 높은 이 광산의 주인은 다름 아닌 글렌코어다.

이 무탄다 광산은 2000년대 원자재 산업을 휩쓸었던 아프리카판 골드러시의 상징이기도 하다. 원자재 슈퍼사이클이 맹위를 떨침에 따라, 원자재 중개 업체는 아프리카의 풍부한 자원을 더는 무시할 수 없었다. 사실 수십 년간 아프리카는 서방의 거대 기업으로부터 완전히 외면당했었다. 거리상으로 먼 데다 지나치게 낙후됐고 정치가 심각하게 부패했다는 이유에서였다.

　그런데 이제는 상황이 180도 달라졌다. 원자재 중개 업체가 앞다퉈 아프리카에 투자하면서 본격적인 투자 경쟁에 불이 붙었다. 특히 글렌코어 같은 원자재 중개 업체가 그 경쟁을 선도했다. 그들은 아프리카 원자재를 사들였고 무탄다 같은 광산에 투자했으며, 아프리카 정부가 차관을 조달하는 일까지 도왔다. 자연스레 나라 안팎에서 외면받는 많은 독재자를 떠받치는 버팀목 역할까지 했다. 뿐만 아니라 그들은 두 건의 '중매'를 성사시켰다. 아프리카산 원자재와 중국 공장, 아프리카 부패 관료와 런던과 스위스 은행 계좌와의 관계 말이다.

　무탄다의 소유주로서 치열한 자원 경쟁의 승자가 된 글렌코어 입장에서 아프리카판 골드러시는 양날의 칼이었다. 골드러시의 바람을 타고 회사 부의 상당 부분을 쌓은 면에서는 축복이었고, 글렌코어의 미래에 드리워질 가장 짙은 먹구름의 원천이었으니 저주이기도 했다.

　아프리카 국가 대부분은 원자재를 제외하면 거의 빈손이다.[1] 즉, 아프리카의 경제 운명은 원자재 시장의 등락에 좌우된다는 뜻이기도 하다. 많은 아프리카 국가가 유럽 제국주의로부터 독립을 쟁취했던 1950~1960년대는 아프리카 대륙의 황금기였다. 2차 세계 대전 이후 유럽과 아시아는 전후 복구를 위한 원자재가 필요했고, 많은 원자재 중개 업체가 구리 등의 금속을 구하러 아프리카로 날아들었다.

그러나 오래지 않아 자원 의존성은 고스란히 부채로 바뀌었다. 1980~1990년대 전반에 걸쳐 아프리카 대륙은 낮은 원자재 가격, 관리 부실, 부패, 내전, 식민주의의 유산 등에 발목이 잡혀 제대로 발전하지 못했다. 그렇게 잃어버린 20여 년을 보내고 난 2001년, 사하라 사막 이남 아프리카의 전체 경제 규모는 다시 1981년 수준으로 주저앉았다.[2]

아프리카 대륙의 원자재 생산도 거의 모든 면에서 줄었다. 낮은 가격은 투자를 위축시켰고 노후화된 기반 시설은 교체되지 않았으며 내전은 광산과 유전, 농장을 파괴했다. 이에 더해 부패한 독재 정권은 외국 자본가를 쫓아냈다. 콩고민주공화국은 한때 세계 최대 구리 생산국 중 하나였고 1975년에는 세계 구리 공급의 7퍼센트 이상까지 책임졌었다. 하지만 20년 후엔 구리 생산량이 급감해서 세계 생산량의 0.3퍼센트에 불과했다.[3] 커다란 '빵 바구니'였던 짐바브웨는 먼지만 가득한 바구니로 전락했으며, 수십 년을 통치한 부패 군부 정권을 종식하고 겨우 민주주의 정부가 들어선 나이지리아의 경우 1999년 석유 생산량이 1979년 생산량보다 낮았다.[4] 많은 외국 투자자 눈에 아프리카가 '희망 없는 대륙'으로 보일 법했다.[5]

하지만 이런 암울한 시기에도 원자재 중개 업체는 아프리카에서 돈을 벌었다. 리치와 데우스가 유엔의 금수 조치를 위반하면서 남아공에 연료유를 댔던 시기가 '아프리카의 잃어버린 20년 기간'이었다. 물론 아프리카는 그때만 해도 원자재 중개 업체의 주목을 끌진 않았다. 당연히 돈벌이가 되지 않아서였다. 1980~1990년대 원자재 생산이 줄자 아프리카에서 사들일 원자재가 많지 않았고, 아프리카 경제 마저 위축되니 아프리카에 팔 것도 많지 않았기 때문이다.

그런데 2000년대 초반부터 분위기가 바뀌었다. 중국 주도의 호황이 원자재 시장을 뒤집어엎었고 아프리카 대륙의 운명도 뒤집혔다. 세상의 수요를 감당하기에는 미국, 캐나다, 호주, 중동, 중남미 같은 전통적인 원자재 공급국으로는 한계가 있었다. 세계가 원자재를 더 많이 필요로 한다면 원자재 중개 업체의 선택은 하나였다. 더 멀리 가야 했다. 그 해답은 아프리카였다.

그렇게 원자재 중개 업체는 아프리카를 향해 봇물처럼 쇄도했다. 국가 간 거래는 물론이고 광산, 유전, 곡물 가공업 등에도 투자했다. 1960~1970년대 황금기가 그랬듯 원자재는 또다시 아프리카 경제에 축복이 됐다. 2001~2011년간 원자재가 강세장을 잇던 10년간, 사하라 사막 이남 아프리카의 경제는 덩치가 네 배로 커졌다.[6]

원자재 판매에 따른 달러 유입은 당대 아프리카 지도자의 금고를 꽉 채워 줬고, 그들이 노골적으로 부패를 저지르든 인기가 없든 기존의 정치적 입지를 더욱 공고하게 만들었다. 또한 원자재 중개 업체는 국제금융 시스템에서 새로운 역할을 자청했다. 아프리카 정부와 정치인이 서방 자본에 접근하도록 하는 가교 역할이었다. 그렇게 아프리카의 많은 기득권 세력은 얼마 지나지 않아 서방 금융 시스템을 통해 든든한 뒷주머니를 찼을 뿐 아니라, 원자재 거래의 세부 사항이 타결된 날이면 런던이나 파리 유흥가에서 뜨거운 밤을 보냈다.

미국 법무부가 배포한 어떤 반부패 소송의 언론 보도문을 보면 이런 검은 유착 관계가 적나라하게 드러난다. 나이지리아 석유부 장관 디에자니 앨리슨-마두에케Diezani Alison-Madueke는 2011~2015년까지 자국 사업가 두 명에게 석유 계약을 몰아줬다는 혐의를 받았다. 두 사업가는 특혜의 대가로 장관과 장관 가족에게 뒷돈을 댔다. 런던 시내와 외곽 다수의 부동산을 포함해 많은 선물을 안겨 줬으며 수백만 달러어치의 가구와 미술품으로 장관의 집을 채워 줬다. 문제는 석유 계약을 수주한 두 사업가는 석유를 세계시장에서 직접 중개하는 데 관심이 없었다. 해당 석유는 원자재 중개 업체에 몽땅 넘겼다. 그들의 최대 거래처는 총 8억 달러어치를 사들인 글렌코어였다. 미국 법무부는 글렌코어가 불법행위를 저질렀다고 단정하지는 않았다. 하지만 굳이 말로 해야만 진실인 건 아니다. 원자재 중개 업체의 개입이 없었다면 그들이 무슨 돈이 있어서 장관에게 뇌물을 줬겠는가?[7]

한편, 세계경제엔 중국발 새로운 역학이 등장한다. 이머징 마켓 사이에서 서방을 거치지 않는 무역 흐름의 증가였다. 이러한 역학에서도 원자재 중개 업체는 중요한 역할을 한다. 원자재 호황이 중국에서 시작된 만큼 원자재 중개 업체가 아프리카에서 사들인 원자재 대부분의 종착지가 어디인지는 너무나 뻔했다. 그런데 얼마 지나지 않아 중국은 원자재 중개 업체의 발자국을 그대로 따라간다. 아프리카에 대한 직접투자였다. 이로써 중국 투자는 새로운 단계로 접어들었다. 그리고 그 단계의 끝에서 중국은 아프리카 대륙의 수많은 지역에서 가장 중요한 투자 세력에 포함됐다.

원자재 중개 업체 입장에서 아프리카에서의 사업은 어려움의 '결정판'이었다. 아프리카에서 거래한다는 것은 잔인한 독재자, 부패한 정치인, 탐욕스러운 거물과 상대해야 한다는 뜻이었다. 이런 상황을 헤쳐 가기 위해 원자재 중개 업체가 찾은 비장의 카드는 일종의 '외주'였다. 각양각색의 대리인, 해결사, 컨설턴트에게 현지 유력 인사와의 관계 맺기를 맡겼다. 아프리카에서 가장 유명한 '해결사' 중에 엘리 칼릴Ely Calil이라는 사람이 있었는데, 그의 인맥은 나이지리아에서부터 콩고민주공화국, 세네갈에서부터 차드까지 뻗어 있었다.

　이런 해결사의 역할은 어찌 보면 지극히 단순했다. 석유와 금속을 계속 거래하기 위해 필요한 뇌물 등의 검은돈을 처리하면서, 원자재 중개 업체와의 연관성을 차단하는 것이었다. 원자재 중개 업체가 검은돈과의 관련성을 부인하고 미리 빠져나갈 여지를 만들어 놓기 위함이었다. 칼릴은 아프리카 통치자에게 뇌물을 건네는 관행의 '변천사'까지 들려줬다.

　"윗사람들 배를 불려 주지 않으면 거래 자체가 안 됩니다."

　"예전에는 달러로 가득 채운 가방을 줬어요. 당연히 요즘은 안 그러죠. 그들이 투자한 주식에 대한 정보만 주면 됩니다. 아니면 그들 삼촌이나 어머니 부동산을 시세의 10배로 사 주면 됩니다. 참 쉽죠?"[8]

　해결사의 또 다른 역할이 있는데 이것 역시 평범하다. 아프리카 국가 특유의 성가신 물류상 절차와 문제를 처리하는 것이다. 이를 맡는 이유는 원자재 중개 업체보다 현지에서의 관련 경험이 더 많기 때문이다. 관료주의적인 서류 작업과 장애물을 다루기 위해 자신의 촘촘한 네트워크를 만들기도 한다.

글렌코어는 어땠을까? 콩고민주공화국 관련 사업에선 이스라엘 출신의 다이아몬드 상인에게 해결사 역할을 맡겼다. 실제로 그는 과거 어려운 일들을 맡았던 능력자였다. 그리고 콩고민주공화국의 젊은 대통령과 친구가 된 남자, 불가능을 가능으로 바꾼 남자였다. 그의 이름은 단 거틀러Dan Gertler였다.

국토가 서유럽 면적의 3분의 2에 맞먹는 콩고민주공화국은 광물의 세계 최대 보고 가운데 하나다. 과거엔 벨기에령 콩고, 자이르로 불렸던 콩고민주공화국은 한 세기 동안 국제 광물 시장에서 가장 중요한 공급국 하나로 군림했다. 무탄다 광산로부터 약 80킬로미터 떨어진 곳에서 채굴된 우라늄은 맨해튼계획Manhattan Plan(미국 주도하에 영국과 캐나다가 공동으로 참여한, 2차 세계 대전 중 핵폭탄 개발 프로그램_옮긴이)에 사용돼, 일본 히로시마에 투하된 인류 최초 원자폭탄 '리틀보이'의 재료가 됐다. 또한 이곳에서 나온 구리는 2차 세계 대전 후 일본과 유럽의 전후 복구에 사용됐다. 지금도 콩고민주공화국에는 현대인의 삶을 윤택하게 해 주는 광물이 풍부하다. 일례로 전기 자동차 배터리에 필요한 코발트와 휴대전화에 없어서는 안 되는 탄탈럼Tantalum이 대표적이다.

1965년, 군인 모부투 세세 세코Mobutu Sese Seko가 쿠데타를 일으켜 콩고민주공화국의 권력을 잡는다. 부패한 독재자 모부투는 대통령이

되자마자 광산업을 국유화했고 이후 30년이 넘는 기간 동안 도둑 정
치를 일삼았다. 풍부한 광물은 고스란히 모부투의 비밀 금고 역할을
했다. 그는 자신의 생가가 있던 마을 카웰레Kawele에 대저택을 세웠
고, 심지어 그곳에 초음속 콩코드Concorde 여객기가 이착륙할수 있게
활주로까지 건설했다. 하지만 1980~1990년대 원자재 암흑기에 금
속 가격이 하락하자 콩고민주공화국의 광산업도 덩달아 황폐해졌다.
굳이 아프리카가 아니어도 금속 공급이 넘치니 국제적인 광산 업자와
원자재 중개 업체는 사업 환경이 더 좋은 곳으로 옮겨 갔다.

　거틀러는 부유한 집안에서 태어난 다이아몬드 상인이었다. 그의
조부는 이스라엘다이아몬드거래소Israel Diamond Exchange 설립자이기
도 했다. 20대 초반의 거틀러가 콩고민주공화국 땅을 처음 밟았을 때
는 1997년, 모부투가 권좌에서 쫓겨난 직후였다.[9] 자이르에서 콩고민
주공화국으로 국가 이름을 바꾸고 새 대통령이 된 로랑-데지레 카빌
라Laurent-Désiré Kabila는 권력을 강화하기 위한 전쟁을 치르는 중이었는
데, 전쟁을 위해 돈이 절실히 필요한 상태였다.[10] 거틀러는 여기서 기
회를 포착했다. 2000년 8월, 거틀러의 회사는 콩고민주공화국 정부
에 2,000만 달러를 차관으로 제공하고, 그 대가로 콩고민주공화국의
다이아몬드 판매에 대한 독점권을 가졌다.[11]

　2001년 카빌라가 자신의 보디가드 손에 암살된 뒤, 그의 아들 조
지프 카빌라Joseph Kabila가 대통령을 세습했고 거틀러의 영향력은 더욱
커졌다. 머지않아 거틀러는 자신과 또래인 젊은 대통령의 측근이 돼
매주 이스라엘에서 콩고민주공화국으로 친구를 만나러 날아갔다.

거틀러는 정치적으로나 사업적으로나 대통령인 친구를 도울 준비가 돼 있었다. 2000년대 중반엔 국제사회에서 겉돌던 카빌라와 당시 미국의 국가안보보좌관 콘돌리자 라이스Condoleezza Rice 사이에 가교를 놓기도 했다.[12] 이 노력이 결실을 맺어 2007년 미국의 조지 W. 부시George Walker Bush 대통령이 카빌라를 백악관으로 초청했다.[13] 오늘날 콩고민주공화국의 재외공관 역할까지 겸하는 거틀러의 텔아비브Tel Aviv 사무실에는, 그와 카빌라가 20대 시절 함께 찍은 여러 사진 그리고 그가 글렌코어와 공동으로 개발한 구리와 코발트 광산의 항공 사진들이 걸렸다.[14]

거틀러가 관계에 공을 들인 사람은 카빌라만이 아니었다. 광물이 풍부한 카탕가Katanga 주(현재의 샤바Shaba 주_옮긴이) 주지사를 지낸 오귀스탱 카툼바 므완케Augustin Katumba Mwanke 와도 가까워졌다. 여담이지만 글렌코어의 무탄다 광산이 바로 카탕가주에 있다. 미국 외교계는 카빌라의 똘마니나 마찬가지인 므완케를 '사악한 비선 실세'이자 카빌라의 금고지기라고 믿었다.[15]

므완케의 자서전에 따르면, 거틀러는 므완케 부부를 홍해 요트 여행에 데려갔고 숟가락 구부리기가 주특기인 이스라엘의 마술사 유리 겔러Uri Geller를 초빙해 마술 공연을 보여 주기도 했다고 한다. 또한 거틀러가 의사를 직접 고용해 자신의 생명을 구한 사연도 자세히 설명했다. 그의 자서전에 보면 "그때부터 그의 아이디어가 곧 내 아이디어였다", "거틀러와 나는 쌍둥이 형제나 마찬가지였다. 아무나 가질 수 없는 그런 형제를 둔 것이 난 매우 자랑스럽다"[16]는 구절이 나온다.

중국 경제의 호황으로 콩고민주공화국 금속에 대한 수요가 늘면서 거틀러의 입지는 더 올라갈 수 없을 정도였다. 1970년대 이후 세계는 처음으로 원자재 부족 사태에 직면했고 거틀러는 콩고민주공화국의 광물을 지키는 문지기가 됐다. 그는 다이아몬드 산업 너머로 사업을 확장해 구리, 코발트, 석유 등 여러 원자재에 투자하기 시작했다. 다음은 거틀러가 2008년 한 사업 파트너에게 보낸 이메일에서 콩고민주공화국에 대해 '떠벌린' 내용이다.

"여전히 그림은 미완성이고, 그 누구도 아닌 내가 그걸 완성하겠습니다."

그 이메일에서 거틀러는 자신의 힘도 과시했다.

"당신이라면 이 모든 것에서 더 큰 그림을 볼 거라 믿습니다. 그래서 적절한 시기에 유리한 가격으로 진입하도록 미끼를 깔았죠. 더 큰그림이 정확히 어떤 모습일지는 결정되지 않았지만, 그 결정은 바로 당신의 파트너가 합니다. 파트너십의 이익을 극대화하기 위해 제게 필요한 건 딱 하나입니다. 흰 도화지 위에서 약간의 유연함을 발휘하는 것이죠."[17]

거틀러는 2011년 11월 콩고민주공화국 대통령 선거를 앞두고 그 나라의 광산업 지형을 다시 그릴 기회를 맞는다. 재선에 도전하는 카빌라에겐 선거비용이 부족했고, 그의 오른팔 므완케는 재선 승리를 위해 발에 불이 나도록 뛰어다녔다.[18] 선거비용을 마련하는 것이 므완케의 급선무였다. 훗날 밝혀진 사실에 따르면, 당시 카빌라 정부는 주요 광물에 대한 지분을 매각하는 일련의 거래를 맺기 시작한다. 그 구매자는 역외회사들로 그중에는 므완케의 '쌍둥이 형제'와도 같은 거틀러와의 관련성이 드러난 기업도 다수 포함됐다. 유엔 사무총장을 지낸 코피 아난Kofi Annan이 이끌던 아프리카발전패널Africa Progress Panel 은 2010년부터 2012년까지 콩고민주공화국이 광산 지분을 똥값에 매각함으로써 13억 6,000만 달러를 손해 봤다고 추정했다.[19]

하지만 거틀러는 시세보다 낮은 가격에 광산 거래가 됐다는 주장을 정면으로 반박하면서, 자신이 콩고민주공화국에 끼친 공로로 따지면 노벨상을 받아야 한다며 큰소리쳤다.[20]

"우리는 초창기에 투자를 들어갔습니다. 당시엔 투자하려는 사람이 아무도 없었어요. 콩고민주공화국은 한창 전쟁 중이었고 구리와 코발트 가격은 그야말로 바닥이었죠."[21]

미국 정부는 거틀러의 주장을 받아들이지 않았고, 오히려 2017년 그에게 제재를 내렸다. 그가 카빌라와의 친분을 악용해 콩고민주공화국의 광산 자산 매각의 통로 역할을 했으며, 일부 다국적기업과 거래를 맺을 때도 '반드시' 자신을 거치도록 했다는 이유에서였다. 그 결과로 콩고민주공화국의 광산과 석유 부문에서 수억 달러어치에 달하는 불투명하고 부패한 검은 거래가 맺어졌다고 미국은 결론 내렸다.[22]

물론 거틀러는 지금까지도 해당 의혹을 일체 부인한다. 그의 대변인은 거틀러가 콩고민주공화국에서 맺었던 모든 계약이 합법적이고 정직했다고 주장할 뿐 아니라 거틀러에게 제기된 어떤 혐의도 법

정에서 입증되지 못했다고 지적하기까지 했다.[23]

———— ❦ ————

거틀러가 받은 일련의 제재는 글렌코어의 글라센버그가 구리를 찾아 콩고민주공화국에 첫발을 들이고 10년도 훨씬 지난 뒤에 벌어진 일이었다. 글라센버그는 그저 이익을 좇아 콩고민주공화국에 관심을 가졌지만, 결국 거틀러와 얽힌 그의 관계는 나중에 글렌코어의 최대 골칫거리가 된다.

녹색 암맥이 묻힌 무탄다 언덕은 원자재 산업의 거인이 마수를 뻗치기 오래전부터 지역 주민 수백 명에겐 삶의 터전이었다. 하지만 맨손이나 다름없는 허접한 도구로 광물을 캐던 이들에겐 힘을 합쳐 회사를 설립할 여력도 없었다. 안전 장비는 고사하고 그들을 관리·감독할 사람도 없었다. 오늘날 비정부기구NGO, Non-Governmental Organization의 용어로 말하자면 이들은 수공광부ASM, Artisan Miner라고 불린다. 그들의 도구는 망치, 끌, 곡괭이, 삽 등이 전부다. 그 장비를 가지고 그들은 광물이 가장 풍부하면서 값어치 있는 광맥을 찾아 최장 70미터 깊이의 지하 갱도를 팠다.[24] 당연히 그 작업은 위험했고, 실제로 전역에서 비슷한 작업으로 매년 수십 명이 목숨을 잃었다. 하지만 세계 최빈국 중 하나인 콩고민주공화국에선 그 일에 주어지는 보상은 어마어마했다. 운이 좋으면 일주일치 교사 급여보다 더 많은 돈을 일당으로 만질 수도 있었다. 수공광부에게 구리와 코발트 광맥은 다른 일거리를 찾을 수 없는 절망적인 상황에서 유일한 수입원이었다.

이들이 어렵사리 채취한 광물은 처음엔 인도와 레바논의 소규모 트레이더, 나중엔 영세한 중국 중개상을 통해 세계시장으로 흘러갔다. 매일 작업을 마친 수공광부는 콜웨지 외곽 번화가로 모여들었고, 그곳에서 광부를 기다리던 트레이더에게 하루치 작업량을 팔았다. 2000년대 초 가장 성공한 중간상 중에 레바논 출신의 알렉스 하이삼 함제Alex Hayssam Hamze 라는 인물이 있었다. 함제의 트레이더가 무탄다에서 채취한 녹색 암석, 즉 말라카이트Malachite 를 구입해 화물차에 높다랗게 쌓으면, 화물차는 울퉁불퉁한 비포장도로를 달려 가장 가까운 제련소로 갔고, 그 제련소에서 말라카이트는 순수한 구리로 변신했다.

글렌코어도 무탄다에서 500킬로미터 남짓 떨어진 잠비아에 제련소 하나를 부분적으로 소유했다. 자사 소유의 잠비아 광산에서 생산한 광석과 시장에서 저렴하게 사들인 여타 광물이 그 제련소로 들어갔다. 잠비아산 광석도 품질이 최상급이었지만, 글렌코어 트레이더가 국경 너머 콩고민주공화국에서 넘어온 광석을 봤을 때 눈을 의심할 정도였다. 그 정도로 콩고민주공화국 광석의 품질은 최상급이었다. 구리 광석만이 아니라 코발트 광석도 마찬가지였다. 구리 광산의 경우 세계 평균 광석 등급은 부피 기준으로 약 0.6퍼센트다. 칠레와 페루에서는 평균 광석 등급이 1퍼센트를 초과하는 광산은 '행운'으로 여겨진다. 그런데 초창기 시절 무탄다 광산에서 채취되는 구리 광석의 평균 등급은 무려 3퍼센트가 넘었다.[25]

글렌코어의 트레이더는 그처럼 품질 좋은 말라카이트 산지를 직접 보여 달라고 함제에게 요청했다.**26** 그렇게 글라센버그는 2006년에 콜웨지를 처음 찾아 무탄다 언덕까지 방문했다. 앞서 말했듯 글라센버그를 글렌코어의 최고경영자로 만든 가장 큰 공로는 10여 년 전 그가 매입한 일련의 석탄 광산이었다. 그 경험으로 인해 글라센버그는 글렌코어의 미래 성장이 자사의 전통적인 중개 지식과 광산 제국을 결합하는 것에 달렸다고 믿었다. 그러던 차에 무탄다를 방문했고 그는 자신이 애타게 기다렸던 그 기회가 콩고민주공화국에 있다고 확신했다.

함제는 평범한 중간상에서 광산 투자자로 변신한 인물로, 무탄다 언덕 인근 지역에 대한 개발권을 획득했다. 그렇게 그는 2001년 5월 무탄다마이닝Mutanda Mining 을 설립했는데 창업 시기가 더할 나위 없을 정도로 좋았다. 원자재 가격이 바닥을 찍었고 이제 상승하는 일만 남았다는 취지의 메모를 마이클이 작성하기 불과 몇 주 전이었던 것이다. 글라센버그가 무탄다를 방문했을 즈음, 함제에겐 광산을 개발하기 위해 자금력과 전문성을 갖춘 파트너가 필요했다. 글라센버그는 한순간도 허투루 보내지 않는 인물이었다.

2007년 중반, 글라센버그는 약 1억 5,000만 달러를 투자해 무탄다 광산의 지분 40퍼센트를 매입하면서 운영권까지 확보했다.**27** 글라센버그가 거틀러를 처음 만났을 때가 이즈음으로, 그 둘이 콜웨지 인근 또 다른 광산의 주요 주주가 됐을 때이기도 하다. 이것은 콩고민주공화국 경제에 강력한 변화를 몰고 오는 관계의 시작이었다.

이때만 해도 콩고민주공화국의 광산 부문에서 거틀러의 영향력

은 매우 지배적이라고 말할 수준까지는 아니었다. 아직 콩고민주공화
국의 막후 실세, 사업가와 경쟁해야 하는 처지였다. 하지만 거틀러와
글렌코어가 손을 잡으니 '드림 팀'이 만들어졌다. 거대 원자재 중개 업
체의 재정과 시장 장악력이 콩고민주공화국의 권력층으로 이어지는
거틀러의 네트워크와 만나니 강력한 시너지가 발생했다.

2011년, 므완케가 카빌라의 재선을 위한 선거비용을 얻으려 사
방팔방으로 뛰어다니던 무렵, 거틀러는 무탄다에서 글라센버그와 한
배를 탔다. 그해 3월, 거틀러는 자신의 회사 하나를 통해 콩고민주공
화국의 국영 광산 업체 제카민스Gecamines로부터 무탄다 광산의 지분
20퍼센트를 매입했다. 인수 가격은 누가 보더라도 터무니없이 낮은 1
억 2,000만 달러였다.[28]

계산을 해 보자. 당시 구리 가격은 고공 행진 중이었고, 거틀러가
무탄다 광산 지분을 인수한 때와 거의 비슷한 시점에 글렌코어가 고
용한 어떤 광산 컨설턴트는 무탄다 광산의 총 가치를 31억 달러 내외
로 추정했다. 즉, 거틀러가 인수한 지분 20퍼센트의 진짜 가격은 6억
2,000만 달러라는 말이 된다.[29] 한마디로 거틀러는 5분의 1도 안 되
는 똥값으로 글렌코어에 이어 무탄다 광산 주주가 된 셈이다. 어쨌든
글렌코어는 불과 몇 개월 뒤 자사의 무탄다 광산 지분을 늘렸는데, 거
틀러가 지불한 금액의 네 배에 해당하는 가격이었다.[30]

10년이 넘는 세월 동안, 거틀러와 글렌코어 사이에서는 십여 건
의 거래가 오갔는데 가치로 따지면 10억 달러가 넘었다. 글렌코어는
거틀러로부터 여러 광산의 지분을 인수했고 그에게 수억 달러를 지원

했다. 뿐만 아니라 콩고민주공화국 정부에 지급해야 하는 구리와 코발트 광산 이용료를 거틀러에게 지불했다. 해당 특혜에 대한 보답으로 거틀러는 콩고민주공화국에서 글렌코어의 사업 파트너이자 고문, 해결사라는 1인 3역을 소화했다. 실제로 수년간 글렌코어는 콩고민주공화국 수도 킨샤사에 지사나 대표부를 운영하지 않았고, 현지 정부와의 관계는 거틀러와 그의 팀에 맡겼다.[31]

그렇다면 글렌코어는 거틀러와 손을 잡은 것에 대해 의심하지 않았을까? 속사정이야 모르겠지만 최소한 의심을 입 밖에 낸 적은 없었다. 오히려 글라센버그는 2012년에 "콩고민주공화국은 외국 투자가 절실했고, 그의 개입은 투자 유치에 분명 도움이 됐습니다"라고 말했었다.[32] 하지만 글라센버그의 이 발언은 궁색하기 짝이 없었다. 글렌코어가 거틀러와 연이어 거래하는 동안에도 거틀러가 콩고민주공화국에서 수상한 사업 거래에 관여한다는 것은 공공연한 비밀이었기 때문이다. 해당 의혹에 대한 명백한 증거도 있다.

2008년 초, 콩고민주공화국 광산에 투자한 한 금융기관이 실사 전문 회사에 거틀러에 관한 정보 수집을 의뢰했다. 그 금융기관은 수십억 달러의 자금을 운용하는 미국 헤지펀드 오크지프캐피털매니지먼트Och-Ziff Capital Management였다. 훗날 법정 기록물로 공개된 보고서를 보면 경고의 내용이 있었다. 거틀러가 '명백히 수상한 사업 파트너'와 교류한다고 말이다. 또한 그 보고서는 거틀러가 콩고민주공화국에서 '자신의 막대한 정치적 영향력'을 앞세워 누군가의 인수 거래를 도우면서 분쟁을 해결하며, 라이벌을 좌절시킨다고 주장했다.[33]

결국 2016년 9월, 오크지프캐피털매니지먼트는 미국 규제 당국이 제기한 소송에서 4억 달러가 넘는 합의금을 지불하고 해당 사건을 끝낸다. 오크지프캐피털매니지먼트에 제기된 혐의에는 콩고민주공화국에서 거틀러와 맺었던 거래도 포함됐다.[34] 미국 정부는 오크지프캐피털매니지먼트의 기소유예 합의문DPA, Deferred Prosecution Agreement에서 거틀러의 영향력을 하나하나 까발렸고, 거틀러가 다른 이들과 공동으로 콩고민주공화국 공직자들을 대상으로 1억 달러가 넘는 뇌물을 건넸다고 주장했다.[35]

2017년 2월, 오크지프캐피털매니지먼트 소송의 세부 사항이 낱낱이 공개된 몇 개월 후 거틀러는 자신의 투자금을 회수한다. 특히 글렌코어는 콩고민주공화국의 자사 소유 광산 두 곳에서 거틀러의 지분을 인수했는데 총 금액은 자그마치 9억 6,000만 달러였다.[36]

콩고민주공화국에서의 거래들로 글라센버그는 화려한 성적표를 받은 것처럼 보였다. 그는 다른 거대 기업이 투자를 꺼리는 틈을 이용해 선수를 쳤고, 콩고민주공화국을 통해 글렌코어가 비상하기 위한 발판을 놓았다. 그렇게 글렌코어는 글라센버그가 놓은 발판을 딛고 전기 자동차 배터리의 필수재로 전망이 밝아 보인 구리와 코발트의 주요 공급자로 우뚝 섰다. 카빌라 입장에서도 글렌코어의 도박은 횡재였다. 글렌코어가 콩고민주공화국 광산에 대한 투자 열풍을 주도했고, 얼마 지나지 않아 콩고민주공화국의 최고액 납세자의 하나가 됐기 때문이다.

하지만 2018년 7월 3일, 그 환희의 시간은 끝났다. 글렌코어는

미국 법무부로부터 부패와 돈세탁에 대한 전방위 조사에 자료를 제출
하라는 소환장을 받았다고 발표했다. 조사 대상에는 2007년으로 거
슬러 올라가 콩고민주공화국에서 이뤄진 거래까지 포함됐다. 2007년
은 글렌코어가 무탄다 광산에 처음으로 투자했고, 거틀러와의 거래를
시작했던 해이기도 하다.

　　이 소식에 글렌코어 주가는 곤두박질쳤다.**37** 글라센버그의 아프
리카 모험은 더 이상 영리한 투자의 모델이 아니었다. 최고경영자로
서의 업적에서 지울 수 없는 오점이 되는 순간이었다.

　　수많은 위험에도 불구하고 아프리카의 풍부한 원자재는 여러 원
자재 중개 업체를 끌어들였다. 트라피구라는 창업 후 한동안 중남미
와 동유럽에 집중했지만 아프리카 대륙이 호황을 누리자 그쪽으로 초
점을 돌렸다. 그리고 앙골라에서 '디누 장군General Dino'으로 널리 알
려진 전직 장성 레우폴디누 프라구수 두 나시멘투Leopoldino Fragoso do
Nascimento와 손을 잡았다.

　　앙골라 대통령 조제 에두아르두 두스 산투스José Eduardo dos Santos
의 최측근이었던 디누는 그렇게 트라피구라의 가장 중요한 자회사 가
운데 두 곳의 주주가 됐다. 하나는 아프리카와 중남미 전역에서 수많
은 석유 터미널과 주유소를 운영하는 퓨마에너지Puma Energy였고, 다
른 하나는 앙골라 시장에 주력하는 디티그룹DT Group이었다.**38** 트라피

구라와 디누는 디티그룹을 통해 앙골라 연료유 수입의 상당 부분을 점유했고 2018년까지 불과 6년간 5억 달러 이상을 긁어모았다.[39]

원자재 중개 업체는 자신들이 지구상에서 가장 영리하고 지능적인 투자자라는 환상에 빠져 있었다. 하지만 아프리카로 달려가도록 동기를 부여한 가장 큰 요인은 누구에게나 익숙한 감정이었다. 바로 누구에게 제외되거나 기회를 놓치는 것에 대한 공포였다. 훗날 아프리카에 발을 들인 것을 뒤늦게 후회한 퇴른크비스트는 당시에 대해 이렇게 회상한다.

"모두가 아프리카에 있었죠. 그래서 우리도 달려갔습니다."[40]

다른 업체는 어땠을까? 심지어 관습을 중요시하고 보수적 성향이 큰 미국 중서부에 뿌리를 두고, 업계 기준으로 봐도 신중함이 지나쳤던 카길마저도 아프리카의 유혹을 떨치지 못했다. 유서 깊은 그 곡물 중개 업체는 외국 어느 국가 중앙은행의 역할을 대신할 후보로는 전혀 어울리지 않아 보였다. 하지만 짐바브웨Zimbabwe에서 정확히 그 역할을 수행한다.

2003년 중반, 짐바브웨는 금융과 경제를 강타한 위기로 극심한 고통을 겪는 중이었다. 수도 하라레Harare의 슈퍼마켓엔 선반 절반 이상이 텅 비었고 인플레이션은 통제 불능 상태였다. 중앙은행이 화폐를 찍는 속도보다 통화가치 떨어지는 속도가 더 빨랐고, 이는 화폐 부족 사태로 이어졌다. 바로 뱅크런이다. 은행마다 예금을 인출하려는 긴 줄이 몇 블록 길이로 생겼고, 가끔은 예금주가 폭력을 행사하기도 했다.[41]

1996년부터 짐바브웨 면화 산업에 진출했던 카길 입장에서 짐바브웨 상황은 지독한 골칫거리였다. 게다가 카길은 짐바브웨에 깊숙이 발을 담근 상태였다. 면화에서 씨를 분리하는 공장도 여럿 돌리는 중이었고, 짐바브웨 전역에 대규모 면화 농장을 매입해 2만 명의 농민과 계약을 맺는 등 벌인 사업 규모가 어마어마했다.[42] 게다가 중국의 면직물 수요가 급증하자 카길은 가능한 모든 공급 물량을 확보해야 했는데, 짐바브웨 상황이 카길의 발목을 잡았다. 국가에 화폐가 부족하다는 것은 카길이 농민에게 대금을 지불할 수 없다는 뜻이었다. 농민에게 현금이 아닌 대가는 아무 소용이 없었다.

화폐가 없어 면화 구입이 불가능해진 상황에 직면한 카길은 기발한 해결책을 떠올렸다. 자신들이 직접 화폐를 찍기로 한 것이다. 그렇게 카길은 현지의 한 회사에 액면가 5,000달러와 1만 달러 지폐로 총 75억 짐바브웨달러를 인쇄해 달라 요청했고, 그 금액은 약 220만 달러에 해당했다. 글렌코어는 그런 화폐에 대한 보증금으로 현지 한 은행에 자금을 예탁하기도 했다.[43]

당연히 카길이 찍은 화폐는 가짜였다. 생긴 건 수표와 비슷했는데 카길코튼Cargill Cotton 로고와 카길 지사 경영자 두 사람의 서명이 찍혔다. 하지만 짐바브웨 중앙은행 총재의 서명이 없어도, 공식 통화 대부분에 인쇄된 짐바브웨 풍경이 없어도 전혀 문제되지 않았다. 그 '카길권'은 하라레 전역의 상점에서 공식 통화와 똑같이 사용되기 시작했다. 일개 외국 회사가 한 국가의 조폐청과 중앙은행 역할을 수행한 셈이다. 심지어 카길은 현지 신문에 자신들의 화폐가 공식 통화와

똑같이 취급돼야 한다는 광고까지 내보냈다.[44] 그렇게 카길은 2004년
에 화폐를 추가로 찍었는데 그때는 액면가가 10만 달러인 고액권까지
찍었다.

미니애폴리스주 외곽 카길 본사의 재무 담당 직원들은 그 돈을
가리켜 당시 최고경영자였던 워런 스테일리Warren Staley의 이름을 따
서 '스테일리달러Staley Buck'라는 우스개를 던지기도 했다.

"우리 회사가 찍은 돈이 짐바브웨 공식 통화보다 신뢰성이 더 높아
보였습니다."[45]

스테일리의 후임인 그레고리 페이지Gregory Page에게 2013년 최고
경영자 자리를 이어받은 매클레넌의 말이다. 누가 뭐라 해도 카길 입
장에서 그 가짜 돈은 절대 장난이 아니었다.

그렇다면 짐바브웨 정부는 카길의 '사설 조폐청'을 어떻게 생각했
을까? 짐바브웨 정부는 카길이 알리기 전까지 그 사실을 몰랐다. 오
히려 카길은 화폐 부족 문제를 덜어 줬으니 짐바브웨를 도운 것이라
주장했다. 하지만 '큰돈이 다발로 굴러왔다고' 나중에 미국 외교관에
게 떠벌릴 정도로 카길의 사설 조폐청은 매우 쏠쏠한 사업이었다.

카길이 가짜 돈을 찍었던 이유는 바로 짐바브웨의 살인적 인플레
이션 덕분이었다. 소비자 물가가 1년 만에 약 365퍼센트가 뛰어올랐
으니 매일 1퍼센트씩 오른 셈이다. 여기에 화폐 물량마저 부족해지자
카길의 가짜 돈을 받은 이들은 그 돈을 짐바브웨달러로 바꾸는 대신

직접 물건을 사는 데 쓰는 경향이 있었다. 그리고 그 스테일리달러가 은행으로 들어올 즈음이면 이미 인플레이션이 그 가치를 크게 잠식해 카길이 미국 달러로 은행에 실제 지급해야 할 액수가 크게 줄어든 상태였다. 주짐바브웨미국대사관의 부대사는 한 외교 전문에서 이 때문에 이 나라의 괴짜 경제에선 면화 사업보다 돈 찍어 내는 사업의 수익성이 더 좋다고 보고했다.[46]

원자재 슈퍼사이클이 성숙 단계에 이르렀어도 아프리카엔 또 다른 기회가 있었다. 원자재 시장의 호황에 힘입어 아프리카 대륙 전반에 경제성장이 촉진되면서 자동차, 텔레비전, 휴대전화를 구입할 경제적 여력을 갖춘 중산층이 확대됐기 때문이다. 이는 다시 세계 원자재 거래에서 아프리카의 역할을 다시 정의하는 계기가 된다.

그동안 원자재 중개 업체는 '원자재를 구해서 수출하기 위해'서만 아프리카로 달려왔다. 이제까지 아프리카가 하던 역할 그대로였다. 업계 용어로 말하면 아프리카 사업은 '출발지' 사업이었다. 아프리카는 세계시장에 원자재를 공급하는 원산지라는 뜻이다. 금은 남아공, 커피는 에티오피아, 원유는 나이지리아, 카카오는 코트디부아르, 구리는 잠비아에서 출발하는 식이다.

하지만 출발지 사업이 호황을 누리던 시기에 '목적지' 사업도 아프리카에 등장한다. 아프리카 경제가 활발해짐에 따라 아프리카 내부의 원자재 수요도 늘어나 새로운 수요가 공급망을 재편했다. 예를 들어 사우디아라비아 석유가 케냐 발전소에 공급됐고, 미국산 밀이 탄자니아 제분소에 도착했으며, 페루산 구리가 나미비아에 등장하고, 태국산 쌀이 나이지리아의 주식이 되는 식이었다.**47**

많은 아프리카 국가가 목적지 사업의 매력적인 무대가 됐던 이유 하나는 선진국에 비해 품질 규제가 턱없이 부실했던 까닭이었다. 즉, 서방에서는 기준 이하인 제품을 '털어 낼' 시장이 생겼다는 뜻이다. 경유를 예로 들어 보자. 유럽에서는 경유의 유황 함량이 10피피엠ppm, Parts Per Million을 초과할 경우 판매가 금지된다. 하지만 일부 아프리카 국가에서는 유황 함량이 최대 1만 피피엠이 넘는 경유도 판매 가능하다.**48** 중남미와 러시아의 후진적인 정유 공장에서 저급한 석유 제품이 원자재 중개 업체를 통해 아프리카에 공급되는 이유다.

구리도 사정은 비슷하다. 구리 광석 대부분엔 독성 물질인 비소 Arsenic가 소량 존재한다. 많은 국가에서는 구리 제련에서 배출되는 비소의 위험을 줄이기 위해 엄격한 규제를 도입했다. 일례로 중국 정부는 비소 함량이 0.5퍼센트를 초과하는 구리 광석의 수입을 금지 중이다. 하지만 나미비아에는 관련 규제가 일절 없다. 아프리카의 이런 사정에 통달한 원자재 중개 업체 입장에서 아프리카는 유익한 '목적지'인 셈이다.

2000년대 중반 아프리카는 모두가 기피하는 원자재를 털어 버리는 시장과도 같았다. 최후의 공급처이자 마지막 소비자인 셈이다. 그리고 최악의 양심 불량자에겐 쓰레기장과 같았다.

———— ✣ ————

2006년 8월 19일, 코트비부아르 수도 아비장Abidjan에 저녁 어스름이 내려앉았다. 화물차 한 대가 도시 외곽의 한 노천 쓰레기장을 향해 달린다. 썩은 내가 진동하는 그곳은 수십 년 전부터 아비장 시민이 쓰레기 매립지로 이용하는 아코우에도Akouédo다. 그리고 이 쓰레기장 꼭대기는 돈이 될 만한 고물을 찾는 극빈자로 매일 북적인다.

그 화물차는 매립지 입구에서 잠깐 멈춘 다음, 차량 무게를 재고는 안으로 들어갔다(결과는 36.2톤이었다). 그리고 '어떤' 쓰레기만 취급하는 한 구역으로 곧장 달려갔다. 그때가 늦은 7시 6분, 다른 화물차도 똑같은 경로로 속속 도착했다.[49]

아코우에도 인근엔 다 쓰러져 가는 판자촌이 있다. 화물차들이 매립지를 다녀간 다음 날, 판자촌 주민들은 썩은 달걀 냄새 같은 메스꺼운 악취에 잠을 깼다.[50] 오래지 않아 인근 주민 수천 명이 감기와 비슷한 증상을 호소하기 시작했다. 도대체 무슨 일이 있었던 걸까? 바로 전날 밤, 매립지에 들어간 화물차에는 유독성 폐기물이 실렸고, 그 폐기물은 워낙 맹독성이라 유럽에서는 처리를 맡으려는 기업조차 없을 정도였다. 그 유독성 폐기물을 코트디부아르로 가져온 주인공은 바로 트라피구라였다.

아코우에도 폐기물 투기로 국제사회의 원성이 높아지자 트라피구라는 언론의 비난을 받았고 런던과 네덜란드 암스테르담 법정에까지 서야 했다. 불미스러운 이 사건으로 트라피구라는 2억 달러가 넘는 벌금을 물었고, 회사 평판에도 심각한 손상이 갔다. 이 사건 이후 공개된 수천 쪽에 달하는 조사보고서와 소송 행렬은 원자재 중개 산업의 불편한 내막을 유례없이 까발렸고, 비도덕적인 데다 독선적이기까지 한 업계 이미지를 더욱 안 좋은 쪽으로 굳혔다.

이번 트라피구라 사건은 또 다른 진실도 드러냈다. 어떻게 해서 아프리카가 가장 비양심적인 원자재 중개 업체의 쓰레기장, 좀 더 교양 있는 말로 '규제가 거의 없고 행여 있더라도 쉽게 피하는 게 가능한 주인 없는 땅'이 됐는지를 극명하게 보여 줬기 때문이다.

트라피구라가 아프리카에 진출한 시기는 업계 상위 리그에 진입한 때와 같다. 2000년대 초 원자재 호황이 시작됐을 때 트라피구라는 고전 중이었지만, 원자재 수요가 급증하자 상황이 달라졌다. 이익이 급상승해 2005년엔 3억 달러 근방까지 올라갔고 2006년에는 역사상 처음으로 5억 달러 벽을 깼다.

트라피구라는 무서운 신예가 되어 석유와 금속 중개 부문에서 비톨과 글렌코어와 어깨를 견줄 정도로 성장했다.[51] 하지만 선두 업체와 어깨를 견주기 시작한 그때조차도 트라피구라는 그저 '몇 푼' 아끼려 언제든 폐기물을 무단 투기하거나 비전통적인 거래를 하는 식으로 약자의 생존 전략을 철저히 유지했다. 아코우에도 폐기물 투기는 이런 대서사극의 출발점이자 대미를 장식한 사건이었다.

2005년 말, 멕시코의 국영 석유 업체 페멕스Pemex가 특이한 화물을 똥값에 팔겠다고 했다. 코커 가솔린Coker Gasoline이라는 이름의 물질이었는데, 유황 및 불순물의 함량이 높은 연료유 종류다. 트라피구라는 여기서 돈 냄새를 맡는다. 미국 휴스턴에서부터 런던과 제네바에 이르기까지 트라피구라 사내에서 오간 이메일 내용을 보면 그들이 '코커'에 얼마나 열광했는지 고스란히 담겨 있다.

"상상을 초월할 정도로 쌉니다. 큰돈이 될 게 확실합니다."[52]

사실 페멕스 입장에서는 이번 거래가 절박했다. 코커를 저장할 공간이 없는데 사겠다는 곳은 거의 없었다. 처치해 줄 누군가가 절실했다. 트라피구라는 한 트레이더의 말마따나 코커를 똥값으로 손에 넣겠다 생각했고,[53] 계획대로면 건당 700만 달러의 이득이 날 터였다.[54] 엄청난 액수는 아니어도 쏠쏠한 장사임에는 분명했다. 그렇게 트라피구라는 행동에 돌입했다.

페멕스가 코커를 더욱 싼값에 처분하는 데도 이유가 있었다. 코커를 사용 가능한 수준으로 정제하려면 유황 성분을 제거하는 탈황 처리가 필수다. 이를 위해 전문 탈황 시설이 필요한데, 즉 탈황 처리에 비용이 많이 든다는 뜻이다. 물론 정유 공장을 거치지 않고도 탈황 처리가 불가능한 것은 아니다. 가성소다를 쓰면 되는데, 이 방법은 원시적인 방법인 데다 처리 시 나오는 유독성 잔류물이 치명적 단점이다. 대부분의 서방에서 가성소다 세정법을 금지하는 이유다.

애당초 트라피구라의 계획은 가성소다 사용이었다. 하지만 예상보다 실행이 훨씬 어려웠다. 처음에는 작업이 가능한 항구를 찾아보려고 했는데 전부 거절당했다. 각국에서 가성소다 탈황 후 나오는 유독성 잔류물 폐기를 금지한 탓에, 가성소다 탈황 자체가 불가능했기 때문이다.

선택지가 하나둘 사라지니 트라피구라는 궁지에 몰린다. 계획대로 가성소다 세정법이 불가능하다면 결국 코커를 정유 공장에 되팔 수밖에 없으니 당연히 예상했던 이익은 포기해야 했다. 하지만 포기를 몰랐던 최고경영자 도팽은 창의성을 발휘하라고 구성원을 들들 볶았다.[56]

몇 주가 지나고 마침내 트라피구라는 '기막힌' 방법을 찾아냈다. 발상의 전환이었다. 탈황을 굳이 육지에서 해야 한다는 법이 있을까? 항해 중인 유조선 내에서 가성소다 세정법을 쓰자는 방법이었다. 그렇다면 유독성 잔류물은? 폐기물을 받아 줄 상대는 이제 찾을 생각이었다.

실제로 가성소다 세정법은 이래저래 골치 아픈 공정이다. 악취를 풍기는 잔류물 배출은 물론이고 가성소다 자체는 매우 부식성이 강한 물질이다. 트라피구라의 어떤 트레이더가 낸 아이디어는 폐선 직전의 유조선을 구해 서아프리카 해상에 정박해 진행하자는 것이었다. 정말로 가능한 방법이었을까? 계획대로 '싸게' 처리했을까? 트라피구라가 주고받은 이메일 중 해당 일을 맡은 업자의 대답이 담겨 있었다.

"그것은 귀사가 보험에 가입하고 싶지 않다는…즉, 유조선이 침몰해도 상관없다는 뜻으로 알겠습니다."[57]

그렇게 '희생양'으로 찾은 유조선은 프로보코알라호Probo Koala였다. 1989년에 건조됐고, 182미터에 달하는 선체 사방엔 칠이 벗겨져 녹슨 부분이 드러난 노후 유조선이었다. 배가 낡긴 했지만 트라피구라의 작전을 수행할 정도는 됐다. 4월 15일, 선장으로부터 가성소다 세정이 완료됐다는 통신을 받자 트라피구라는 유독성 잔류물을 일단 유조선 내 슬롭탱크Slop Tank에 보관하라는 지시를 내렸다. 슬롭탱크의 원래 용도는 내부 탱크를 청소하고 생긴 기름, 바닷물, 여타 화학물질을 보관하는 공간이다.

이때쯤 프로보코알라호는 지브롤터 인근을 지나는 중이었다. 이제 유조선에는 탈황된 코커 외에도 '역겨운 화물'도 같이 있었다. 부피만 해도 528세제곱미터였다. 문제는 트라피구라가 그 폐기물을 처리할 방법을 아직 찾지 못했다는 것이었다. 방법을 찾을 때까지는 그 화물의 존재를 숨길 필요가 있었다. 선장에겐 "그것에 대해서는 입도 벙긋 마십시오"라는 함구령이 전해졌다.[58]

그리고 트라피구라는 해결책을 찾았다. 암스테르담의 한 터미널이 폐기물 처리에 적극적으로 나섰기 때문이다. 하지만 프로보코알라호는 아프리카로 뱃머리를 돌릴 수밖에 없었다. 처리비가 너무 비쌌기 때문이다. 아쉬운 대로 나이지리아 라고스Lagos에서 폐기물 처리를 또다시 시도했지만 이번에도 실패했다.[59]

폐기물 처리가 가능한 곳이 몇 달이 지나도록 나오지 않자 트라피구라 내부 분위기는 갈수록 험악해졌다. 트라피구라 지사 간에 오간 이메일에는 이번 거래에 대해 낙관론만 가득하지는 않았다. 도팽 이하 석유 사업 부문의 모든 트레이더가 해결책을 찾으려 노력했다. 하지만 어떤 아이디어도 성공하지 못했고, 결국 8월 중순에 프로보코알라호는 아비장 인근에 도착한다. 이곳에서 트라피구라가 폐기물을 털어 버린다. 콩파니토미Compagnie Tommy라는 회사가 그 처리를 도맡았다. 아코우에도의 악취는 그렇게 생겨났다.

　이 사건이 세상에 알려지고 후폭풍이 거세지자, 트라피구라는 책임을 콩파니토미 측에 떠넘겼다. 현지 업체인 콩파니토미는 폐기물 처리 용역 업체 면허를 취득했고, 그 폐기물은 '적절하고 합법적으로 처리할 필요'가 있었음을 인정했다고 주장했다.[60]

　하지만 콩파니토미는 그다지 신뢰감이 느껴지지 않는 회사였고 실제로도 그랬다. 콩파니토미가 아비장에서의 폐기물 처리 허가를 취득한 일자는 8월 9일이었다. 트라피구라와 계약을 맺기 약 일주일 전쯤이었다.[61] 코트디부아르 정부도 자체 조사를 통해 콩파니토미가 그토록 빠르게 허가를 취득한 것은 "문제의 소지가 다분하며 부정한 공모 행위가 의심된다"라고 결론 내렸을 정도다.[62]

　트라피구라가 이 사실을 알았지만 미처 위험성을 감지하지 못했다 치자. 하지만 그들이 경고로 받아들여야 했던 다른 신호도 분명 있었다. 콩파니토미가 요구한 가격이었다. 암스테르담의 폐기물 처리 업체는 70만 달러에 가까운 금액을 요구한 반면, 콩파니토미는 단돈 2만 달러에 응했다.[63] 유독성 폐기물 처리는 의뢰하는 곳과 처리하는 곳 양측 법률 전문가가 세부적인 법적 계약서를 작성해야 할 정도로 특수한 작업이다. 그런데 트라피구라와 콩파니토미가 8월 18일에 맺은 계약서는 한 장이 전부였고, 총 글자 수는 고작 108자에 그것도 휘갈긴 손글씨였다. 계약서 시작은 '이 화물은 악취가 심하기' 때문에 '귀사의 화학 폐기물은 모든 종류의 화학제품을 적절히 처리할 설비를 갖춘 도시 외곽 아코우에도에 매립'할 계획이라고 시작한다.[64] 문제는 아코우에도가 쓰레기장이라는 사실이다. 유독성 폐기물을 처리하기 적당한 곳이 아니었다. 하지만 계약서의 잉크도 채 마르지 않은 불과 몇 시간 만에 첫 번째 화물차가 아코우에도에 도착했다. 그리고 몇 시간 뒤 아비장 시민은 악취로 아침잠을 깨야 했다.

아코우에도 사건은 폭발력이 대단했다. 이내 트라피구라의 존립까지 위협하는 문제로 격화됐다. 건강 이상을 호소하는 피해자만도 9만 5,000명이 넘었다. 코트디부아르 정부는 유독성 폐기물 처리를 위해 국제사회에 도움을 요청하기까지 했다. 그제야 도팽은 회사가 위협에 직면했음을 감지하고 아비장으로 직접 날아간다. 하지만 사태를 해결하기는커녕 도팽은 미결구금 상태로 5개월 동안 투옥됐다.

이듬해 트라피구라는 도팽을 구하기 위해 코트디부아르 정부에 1억 9,800만 달러를 지불한다. 오염 정화 비용과 피해자에 대한 위자료 명목으로 건넨 돈이었다. 훗날 트라피구라는 영국에서 제기된 소송에 합의하기 위해 3,000만 파운드를 추가로 지급했다.[65] 하지만 폐기물 불법 폐기자라는 낙인은 씻기지 않았다.

"지구에서 가장 바보 같은 짓이었습니다."

트라피구라의 공동 창업자로 아코우에도 사건이 터지기 직전 회사를 떠난 크랜들의 말이다. 한때 몸담은 곳이라 그는 트라피구라 옹호부터 했다. 콩파니토미가 폐기물을 대도시 지역에 무단 투기할 거라는 사실을 트리피구라의 그 누구도 몰랐을 거라는 말이었다. 하지만 모른다고 죄가 없어지는 건 아니다. 크랜들은 "틀림없이 누군가가 말했을 겁니다.…모든 게 의심스럽지만 우리가 그것에 대해 모르는 한 우리 책임은 없다고 말이죠"라면서 다음과 같은 말을 덧붙였다.

"어떤 회사가 '당신 생각보다 훨씬 싸게 폐기물을 처리해 주겠다' 말했다면, 아마 나는…폐기물을 바지선에 실어다 바다에 투기하겠지 정도로만 의심했을 겁니다."[66]

결국 트라피구라는 성명서를 발표하고 고개를 숙인다.

"우리의 입장은 지금도 같습니다. 해당 사건이 미친 실질적 영향과 인지된 영향 모두에 대해 깊이 유감스럽게 생각함을 거듭 말씀 드립니다."[67]

하지만 트라피구라 내부자의 말을 들어 보면 그 성명서의 진정성이 의심된다. 트라피구라는 이번 사태로 귀중한 교훈을 얻었다고 한다. 해당 사건에 깊이 관여한 인물로 지금은 트라피구라 고위 트로이카 중 하나인 호세 라로카José Larocca가 그 교훈을 들려준다.

"언론에서 사건을 들쑤시고 상대를 마구 부추겼습니다. 언론은 그야말로 마피아 같은 놈들이죠."[68]

그는 정작 사건이 터진 이후 언론의 부정적 관심에 대한 대응 방식을 실수로 지목했다. 폐기물을 노천에 불법으로 매립한 것이 아니라.

11장

배고픔도 돈이 된다

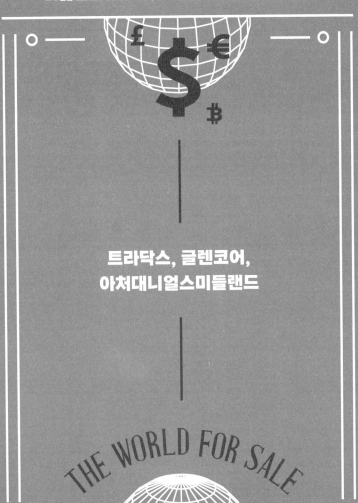

트라닥스, 글렌코어,
아처대니얼스미들랜드

THE WORLD FOR SALE

2008년 4월, 원자바오 중국 국무원 총리는 차분한 목소리를 내려 애쓰는 중이었다. 지난 5년간 그는 세상에서 가장 빠르게 성장하는 권력의 정점에 있었다. 그러나 어느 날 베이징 인근 후베이성의 밀 경작지로 시찰을 나갔을 때, 그는 자신의 지도력을 총동원해야만 했다. 지역 농부들과 현지 관리가 참석한 소규모 모임에서 그는 말했다.

"우리 곡물 재고를 보면, 두려워할 이유가 전혀 없습니다."[1]

당시 중국 정부는 식량 부족에 대한 공포를 진정하기 위한 캠페인을 한창 전개 중이었고, 그 노력은 갈수록 필사적이었다. 몇 주에 걸쳐 냉동육, 곡물, 식용유가 높다랗게 쌓인 국내 물류 창고 사진이 언론을 도배했다. 그날 시찰 현장에서 원자바오는 중국의 곡물 재고가 충분하기 때문에 내수 감당이 가능하다고 강변한 것이다.

"우리 중국은 자급자족의 능력을 갖췄습니다."**2**

물론 이는 어디까지나 공식적 발언일 뿐, 속을 들여다보면 사정이 전혀 달랐다. 중국공산당 지도부는 내심 공포에 휩싸였다. 중국과여타 이머징 마켓의 수요 증가로 인해 주요 식료품 가격은 2006년부터 꾸준히 오름세였다. 세계 인구가 급속하게 늘어날 뿐만 아니라 급격히 부유해지니 이는 자연히 식량 소비 증가로 이어졌다. 그렇게 수십 년 만에 처음으로 식량의 소비 증가 속도가 증산 속도를 추월했다.

게다가 2008년 초부터는 기후마저 도와주지 않았다. 아르헨티나부터 캐나다, 베트남부터 러시아까지 기후는 마치 청개구리 같았다. 작물 생장기에 맞춰 기후가 온화해야 할 때는 불볕더위가 기승을 부렸고, 비가 내려야 할 때는 가뭄이 내렸다.

작황이 나빠지니 곡물 가격은 한계를 모르고 치솟았다. 2006년 중반 부셸당 5.4달러에 불과하던 콩 가격은 원자바오가 후베이성을 방문했을 즈음 두 배 이상 상승했다. 전망은 더 암울했다. 월스트리트 금융 위기가 점차 가시화되는 데다, 방글라데시 다카Dhaka와 이집트 카이로Cairo 그리고 멕시코시티Mexico City에서 식량 위기의 싹이 자라는 중이었다.

치솟는 식량 가격은 10년간 이어진 원자재 슈퍼사이클의 정점이었다. 비단 식량만이 아니었다. 급격한 원자재 수요 증가는 세계 석유 흐름의 판을 새로 짰을 뿐 아니라 아프리카의 광물에 대한 새로운 투자 열풍을 일으켰고, 세계 원자재 생산자와 트레이더의 배를 불려 줬다. 중국발 슈퍼사이클이 일어나고 처음 몇 년간, 사람들 대부분은 원자재 시장을 급습한 그 변화의 폭을 정확히 알지 못했다.

하지만 생필품 가격이 급등하면서 원자재 중개의 세계가 보통 시민의 세계와 충돌하기 시작했다. 게다가 극빈자의 경우 그 영향을 바로 피부로 느꼈다. 가뜩이나 배 채우기도 쉽지 않은 이들인데 생명을 이어 나가기도 힘든 상황으로 내몰렸다. 배고픔으로 고통받는 이들을 지원하는 유엔 세계식량계획WFP, World Food Programme은 기금이 바닥을 드러내기 일보 직전에 처했고, 자연히 난민에게 제공하던 일일 배급량도 줄어들 수밖에 없었다.[3]

원자재 중개 업체는 그 폭풍의 바로 중앙에 있었다. 원자바오는 식량 문제에 대해 문제가 없다고 장담했지만, 중국이 외부 도움 없이 자력으로 식량 위기를 극복할지는 미지수였다. 무엇보다도 콩이 문제였다. 오랫동안 중국 정부는 농업 부문의 완전한 자급자족을 줄기차게 주장했다. 하지만 1990년대 중반 도시인구가 날로 늘어나는 데다 그들이 갈수록 부유해지면서 육류 수요가 늘었고, 이에 정부는 정책을 바꿔 사료용 콩 수입을 허용했다.

중국의 콩 수입 허용이 처음에는 세계시장에 특별한 영향을 미치지는 않았다. 하지만 곧 콩에서 슈퍼사이클 현상이 벌어졌다. 중국발 콩 수요 폭발로 2008년 기준 중국은 세계 콩 거래량의 절반 이상을 쓸어 담았다. 그렇게 원자바오는 식량 부족에 대한 공포와 가격 급등이라는 이중고에 직면했고, 외부 요인과 상관없이 식량을 안정적으로 댈 누군가를 원했다. 바로 원자재 중개 업체였다. 그렇게 원자바오는 원자재 중개 업체에 손을 내민다.

　　중국 정부는 많은 곳에 전화할 필요가 없었다. 비톨과 글렌코어, 트라피구라가 석유와 금속 중개 부문의 최강자였다면 곡물 중개 부문은 일명 '에이비시디ABCD'의 세상이었다. 바로 아처대니얼스미들랜드(이하 에이디엠), 벙기, 카길, 루이드레퓌스 각각의 머리글자다. 당시 벙기 최고경영자였던 알베르토 바이서Alberto Weisser의 회고다.

　　"저는 중국에 가야 했죠. 그쪽과의 협력은 마치 무착륙 비행 같았습니다."[4]

　　물론 식량 위기는 중국만의 문제가 아니었다. 식량 인플레이션의 파도가 세상을 덮침에 따라 선진국이나 개도국이나 사정은 거의 같았다. 식량 가격 상승이 국가 발전을 위협하는 것을 넘어 안보 차원의 문제라는 사실을 모두들 깨닫기 시작했다.

　　"대규모 기아는 정부와 사회, 국경 안정에 위협이 됩니다. 식량 안보는 식량 관련 문제에만 그치지 않습니다. 모든 안보와 직결됩니다. 경제 안보, 환경 안보, 심지어 국가 안보와도 관련 있습니다."[5]

　　2009~2013년 미국 국무부 장관을 지낸 힐러리 클린턴Hillary Diane Rodham Clinton이 취임 첫 해 남겼던 말에서 그 위기감이 묻어난다.

　　대부분이 빵을 먹고 살아가는 중동과 북아프리카 전역의 국가 원수는 밀 가격에 촉각을 곤두세우며 마음을 졸이기 바빴다. 세계 최대 보리 수입국인 사우디아라비아의 국왕과 측근은 낙타 사료에 쓸 보리 확보에 걱정이 컸다. 아시아에서는 필리핀과 베트남이 쌀 가격 급등으로 비상사태였다.

　　원자재 중개 업체는 세계로 곡물을 운송함으로써 불안해하는 정치인의 필요만 충족시키진 않았다. 그들은 이미 국제무역의 상석을 차지했고, 그 지위 덕분에 갈수록 취약해지는 세계경제 상태에 대해 누구보다 예리한 통찰을 얻었다. 그 우위는 이윤 추구에 철저히 활용됐다. 정부에 조언을 제공하고 세계에 원자재를 공급하는 것과 동시에 시장 전망에 막대한 돈을 걸었고, 그 수익률은 어마어마했다.

그렇게 세계의 기아 인구는 수백만 명이나 늘었다. 은행발 위기는 금융계를 혼란의 소용돌이에 빠뜨렸다. 세계는 간만에 가장 깊은 불황을 경험했다. 하지만 누구에게는 최고의 시간이었다.

제네바의 한 이면 도로로 가 보자. 나무가 울창한 도로변에 있는 한 사무실에서는 세계경제를 집어삼키는 대혼란을 흥미롭게 지켜보는 이들이 있었다. 맥밀런 주니어가 1956년 해외 전초기지로 제네바에 지사를 설립한 이래 트라닥스는 카길의 중추신경계 역할을 했다. 세계 70개국 카길 지사가 얻은 정보가 모두 트라닥스에 모였고, 그 정보를 활용해 카길은 원자재 중개 시장에서 가격 변동에 돈을 걸었다.

우리가 1장에서 본 1973년 곡물 대탈취 사건은 카길에 중요한 교훈이 됐다. 현물 중개에서 얻은 통찰이 바로 돈이 된다는 사실이었다. 사건 당시 카길은 소련의 농간으로 돈을 잃었다. 다만 손해액 자체는 크지 않았던 데다 다른 곳에서 잭풋이 터졌다. 제네바에서 가격 상승에 돈을 걸었는데 여기서 떼돈을 긁어모았기 때문이다. 이때부터 소

런이 거래 주문을 넣을 때면 제네바의 거래장은 '바늘 떨어지는 소리
가 들릴 만큼' 고요해졌다. 트레이더끼리 귓속말로 속삭였다.

"곰한테 전화 왔어요."

곰, 그러니까 소련의 주문은 그들 모두에게 행동 개시 신호였다.
곡물 가격이 상승하는 쪽으로 선물을 매수할 시간이었다.[6]

2008년의 트라닥스는 마치 기름칠 잘된 기계와도 같았다. 고급
정보를 취합하고 거래 포지션을 조정하는 손길에서 극상의 경험치가
묻어났다. 카길의 고위 경영자가 식량 수급 상황에 걱정하는 각국 정
부를 안심시키러 세계를 누비는 사이, 제네바에서는 그 정보를 토대
로 세계경제 건전성을 파악하기 위한 큰 그림을 그리는 중이었다.

얼마 지나지 않아 이들은 세계경제의 엔진이 멈춘 상태고, 지금
은 남은 동력으로 움직인다는 사실을 깨달았다. 지난 10년간의 고도
성장은 원자재 가격을 최고점으로 끌어올렸지만 이제는 원자재 가격
이 되레 성장의 발목을 잡는 상황이었다. 치솟는 가솔린 가격으로 사
람들은 집에만 있기 시작했고 식료품 가격이 오르자 사람들은 지갑을
닫았으며, 비싸진 금속 가격이 제조업 이익률을 갉아먹기 시작했다.
결정적으로 2008년발 금융 위기가 세계 금융 산업을 위험에 빠뜨렸
고 경제 호황은 급속도로 꺼졌다.

카길은 과거 홀의 거래법을 따랐다. 카길의 트레이더는 침착하고
겸손했지만, 회삿돈으로 도박을 감행할 정도의 자신감과 배짱도 있었

다. 그들의 상당수가 네덜란드나 영국 출신이었기 때문에 이들은 '네덜란드 마피아Dutch Mafia' 혹은 '영국 마피아British Mafia'로 불렸다. 이들은 곧 경제 침체가 오리라는 확신을 굳혔고, 유가와 운임이 동반 하락할 거라는 쪽으로 선물시장에 판돈을 걸기 시작했다. 다만 처음엔 가격이 상승세를 이어 가는 바람에 그들의 쇼트 포지션Short Position은 손해였다. 하지만 그들의 판단이 옳았음이 증명되는 데는 오랜 시간이 걸리지 않았다. 2008년 9월, 미국 굴지의 투자은행 리먼브라더스Lehman Brothers 파산 신청은 금융계에 대한 신뢰가 꺾이는 결과를 가져왔다. 그해 여름 최고가를 찍은 원자재 가격은 불황의 징후가 분명해지자 일제히 하락했다. 7월 초 배럴당 147.5달러에 거래되던 석유는 그해 말 36.20달러까지 급락했다. 부셸당 16달러도 넘어갔던 콩 가격도 절반 아래로 주저앉았다.

현재까지도 카길은 자신들의 투기성 거래에 대해 절대 외부에 언급한 적이 없다. 당연히 해당 거래로 창출한 이익이 얼마였는지도 알려지지 않았다. 다만 해당 정보에 대해 알던 두 사람에 따르면, 카길은 2008년 말부터 2009년 초 사이 석유와 운임에 대한 쇼트 포지션으로 10억 달러 이상을 벌었다고 한다.[7] 세계 최대 곡물 중개 업체가 세계시장을 뒤흔드는 혼란을 틈타 얼마나 쉽게 돈을 벌었는지 단적으로 보여 주는 사례다.

원자재 중개 산업에서 투기는 언제나 주요 사업이었다. 물론 예나 지금이나 많은 원자재 중개 업체는 가격 등락에 대한 도박이 사업의 일부임을 강하게 부인한다. 원자재 중개 업체 중에서도 투기 의존성이 가장 큰 포트폴리오를 따르는 쪽은 곡물이다. 그도 당연한 게 곡물 중개 업체는 19세기에 설립된 시카고 선물시장에서 거래를 했던 베테랑이니 말이다. 그들은 석유 같은 여타 원자재 선물시장이 등장하기 수십 년 전부터 선물을 적극적으로 활용했다.

곡물 중개 시장의 독특한 구조도 곡물 중개 업체를 선물의 귀재로 만드는 데에 한몫했다. 석유나 금속 중개 시장에서는 소수의 큰손이 있다. 산유국의 정부 기관, 석유 메이저, 대형 광산 업체 등이다. 이것의 의미는 무엇일까? 그런 큰손과 대규모로 유리한 계약을 맺는 게 성공의 열쇠라는 뜻이다. 또한 트레이더라고 대단한 정보의 우위를 저절로 얻지는 못한다는 뜻이다.

반면 곡물 중개 업체는? 수많은 농민과 개별 거래를 한다. 개별 거래를 해야 하니 업무 강도가 높다. 하지만 이것이 기회가 되기도 한다. 수많은 농민과 거래함으로써 귀중한 정보를 얻기 때문이다. '빅데이터'라는 개념이 유행하기 오래전부터 곡물 중개 업체는 수많은 곡물 재배자로부터 빅데이터를 얻었고, 이를 통해 시장 상황을 실시간으로 통찰했다. 이렇게 곡물 트레이더는 자신의 선택에 확신을 가지고 시장 동향에 돈을 걸었다. 1970년대 중반부터 미국 농무부가 발표하는 세계 주요 농작물에 대한 월간 정보는 그들의 선택이 옳았음을 확인해 줬다.

대부분의 원자재 중개 업체엔 회삿돈으로 투기하는 업무, 이른바 자기자본거래(수익 창출을 위해 금융기관이 자신의 돈으로 금융 상품을 거래하는 것_옮긴이)만 전담하는 트레이더가 있다. 현물거래가 목적이 아니라

이익 자체가 목적이다. 곡물 트레이더로 루이드레퓌스를 거쳐 노블그룹 최고경영자에까지 올랐고, 훗날 엥겔하트코모디티스트레이딩파트너스Engelhart Commodities Trading Partners의 창업자 겸 최고경영자를 지낸 브라질 출신의 히카르두 레이만Ricardo Leiman은 이렇게 말한다.

"내가 몸담던 모든 회사는 자기자본거래로 대부분의 이익을 냈습니다."[8]

다만 오해하지 마라. 2008~2009년 사이 원자재 가격이 급등락했던 시기에 곡물 중개 업체만이 돈을 번 건 아니었다. 정도의 차이는 있을지언정 모든 업체가 투기를 했다. 자기자본거래 전담 부서를 운영하는 업체도 있었고, 자신이 확보한 원자재에 내재된 위험을 언제 어떻게 헤지할지 선택하는 업체도 있었다. 예상대로 가격이 움직일 경우 차익을 실현하도록 현물시장 거래를 하는 업체도 있었다. 콩코드리소시스Concord Resources의 최고경영자이자 금속 트레이더인 한센은 "우리는 투기자입니다"라고 말했다.

"투기성 거래에 대해서는 사과도 변명도 않겠습니다. 다만 원자재 산업 역사상 최악의 상황은, 트레이더가 자신의 거래에 투기 요소가 전혀 없다는 식으로 행동했을 때 발생했음을 말해 둡니다."[9]

물론 이런 투기성 거래가 모두 성공한 것은 아니다. 2008년 원자재 가격이 폭락했을 때 글렌코어는 알루미늄 시장 투기에 실패했다.[10] 제아무리 세계 최대 금속 중개 업체라도 신이 아닌 이상 시장을 매번 정확히 예측할 수는 없다.

다만 2000년대 말이 투기의 호황기임은 확실했다. 원자재 중개 업체의 질주는 2009년에서 끝나지 않았다. 일부 금융기관의 파산으로 세계경제는 막심한 피해를 입었지만, 원자재 슈퍼사이클을 견인하던 주요 동력은 중국의 경기 부양에 힘입어 이내 회복됐다. 원자재 가격은 급속도로 반등했고 2010년에는 고점을 새로 찍었다.

한편 식량 시장은 또다시 공습을 받는다. 이번 위기의 최대 수혜자는 글렌코어였다. 글렌코어는 정치적으로 민감한 원자재 흐름에서 거점 역할을 수행했고, 그 지위를 이용해 돈을 벌었다. 석유와 금속 거래를 주로 하던 글렌코어는 1981년 마크리치앤드코가 네덜란드의 중개 업체 그라나리아Granaria를 인수한 이래 곡물 중개도 시작했다. 글렌코어의 전신인 마크리치앤드코는 이미 1980년대 공산권의 주요 곡물 공급자였다. 하지만 소련 붕괴 이후 구소련 국가는 곡물, 특히 밀의 주요 수출국으로 변신한다. 카자흐스탄 스텝 지역과 러시아의 볼가분지에서 생산된 밀은 흑해 연안 항구를 통해 세계로 수출됐다.

소련 붕괴 후에도 러시아와 관계가 좋았던 글렌코어는 2000년대 말 러시아산 밀의 최대 수출 업자가 됐고, 러시아 전역의 농민으로부터 밀을 사들였다. 덕분에 2010년 여름 러시아 가뭄으로 빵 바구니가 초토화됐을 때 글렌코어는 발 빠르게 대응할 수 있었다. 밀 시장은 2008년 사태를 떠올리며 공포심에 휩싸이기 시작했다. 그때처럼 러시아 정부가 곡물 수출을 제한할 수도 있다는 공포였다. 글렌코어는 이때를 놓치지 않고 개입했다.

2010년 8월 3일, 글렌코어의 러시아 곡물 사업을 총괄하던 유리 오그네프Yury Ognev가 텔레비전에 출연해 곡물 수출 제한을 공개적으로 부추겼다. 심지어 단순히 부분적 규제를 요청한 게 아니라 전면 수출 금지를 촉구했다. 오그네프는 "러시아 정부가 수출을 전면 중단해야 하는 이유가 있다고 생각합니다"[11]라고 말했고, 그의 보좌관은 기자들에게 같은 내용이 담긴 이메일을 발송했다.[12]

러시아 정부 입장에서는 울고 싶은데 뺨 때려 준 격이었다. 곡물 위기를 극복하기 위해 극단적인 카드를 꺼내기에 망설일 만했는데, 글렌코어가 알아서 총알받이를 제공한 셈이다. 이틀 후인 8월 5일, 러시아 정부는 오그네프의 조언을 받아들여 밀 수출 전면 금지를 단행했고, 밀 가격은 단 이틀 만에 15퍼센트 급등했다.

여기서 한 가지만 짚어 보자. 글렌코어의 사업 목표는 세계에서 규제와 제약이 없는 거래를 확대함으로써 막대한 이익을 창출하는 것이었다. 그러던 글렌코어가 난데없이 그동안의 방침과 반대되는 조치를 러시아에 촉구한 이유는 무엇이었을까? 글렌코어는 오그네프의 발언과 철저히 선을 그었고, 오그네프와 그의 보좌관의 주장이 공식 입장이 아니라고 발뺌했다. 업계에서는 글렌코어가 부담스러운 계약에서 발을 빼기 위한 작전일 거라 추측했다.

하지만 이 상황엔 업계에서도 알아채지 못한 내막이 있었다. 오그네프와 그의 보좌관이 나서기 몇 주 전부터 작전이 시작됐기 때문이다. 글렌코어는 곡물 가격이 상승할 거라는 데 '아주 조용히' 판돈을 걸었다. 러시아의 상황이 심각한 것을 간파한 글렌코어는 시카고상품거래소에서 옥수수와 밀 선물을 매수(고잉 롱 Going Long)했다. 즉, 옥수수와 밀 가격이 상승할 경우 이익을 얻는 포지션을 취했다.

이 거래의 존재는 영원히 묻힐 뻔했다. 이듬해 어떤 일만 없었다면 말이다. 그 '어떤 일'은 글렌코어가 런던 증시 상장을 결정한 일이었다. 글렌코어는 상장 관련 투자 설명회를 가지면서 자사의 우월한 통찰력에 대해 '떠벌렸'다.

그렇게 글렌코어 경영진과의 회의를 바탕으로 작성된 한 은행의 보고서에 따르면 글렌코어는 가뭄이 시작되던 2010년 봄과 여름, 러시아 농장에서 작황 상태가 갑자기 나빠졌다는 보고를 '매우 적절한 시기에' 받았다고 한다. 이 덕분에 글렌코어는 밀과 옥수수에 대해 자기자본거래로 '고잉 롱'을 했다.[13] 2010년 6월부터 2011년 2월 사이 밀 가격은 배 이상 뛰었고, 글렌코어는 자사가 한몫한 이번 위기에서 이익을 실현하는 위치에 있었다. 글렌코어의 곡물 사업은 2010년 6억 5,900만 달러의 이익을 보고했다. 글렌코어 곡물 거래 역사상 최고 기록이었고, 자사의 석유와 석탄 부문을 합친 이익보다 더 많았다.[14]

물론 글렌코어의 공개 발언이 없었어도, 러시아 정부가 수출 금지를 하지 않았어도 러시아의 곡물 작황은 나빴을 것이다. 하지만 수출 금지의 여파는 러시아산 밀에 대한 의존도가 가장 높은 지역으로 불똥을 튀겼고 광범위한 영향을 미쳤다. 그곳은 바로 중동이었다. 중동과 북아프리카 국가는 주식이 빵이다 보니 러시아산 밀의 가장 중요한 고객이었다. 그 예로 이집트가 2010년 수입한 밀의 절반이 러시아산이었다. 그런데 러시아의 밀 수출이 금지되니 중동은 한순간에 공황 상태에 빠진다.

이 상황에서 원자재 중개 업체는 프랑스와 미국산 밀을 대량으로 공급하는 등 중동 국가를 안심시키기 위해 최선을 다했다. 그럼에도 불구하고 공포에 휩싸인 중동 국가는 밀 구입량을 두 배로 늘렸고, 가뜩이나 공급이 크게 부족한 와중에 사재기까지 일어나니 수요가 더욱 늘어났다. 이른바 공황구매(공포로 인한 과도한 구매를 뜻함_옮긴이)가 밀 가격을 더욱 끌어올렸고 수년 전부터 중동과 북아프리카 전역에서 부글거리던 불만에 기름을 붓는 상황이 됐다. 중동과 북아프리카는 높은 실업률, 부패, 정치적 자유 억압의 삼중고로 이미 만신창이 상태였고, 젊은 세대는 개혁의 목소리를 높이기 시작했다.

2010년 12월, 튀니지에서 과일을 팔던 한 청년이 부패한 관료 사회에 대한 항의로 자신의 몸에 가솔린을 붓고 불을 댕겼다. 그의 극단적 선택은 연쇄반응이 되어 중동 역사를 다시 쓰는 계기가 된다. 그 사건으로부터 몇 개월 지나지 않아 커진 항의 운동은 튀니지와 이집트, 예멘에서 종신 독재자를 쫓아낸다. 리비아에서는 카다피를 끌어내리는 내전이 터졌고, 시리아에서도 민주화 운동에 불이 붙었다. 특히 시리아의 민주화 운동은 북아프리카 역사상 가장 길고 가장 잔인한 유혈 충돌 가운데 하나로 기록됐다. 이 일련의 혁명은 머지않아 아랍의 봄으로 완성된다.

결과적으로 보면, 2010년 맹위를 떨쳤던 식량 인플레이션은 아랍의 봄을 일으킨 여러 불씨 중 하나였다. 2020년까지 루이드레퓌스의 최고경영자를 지낸 이안 매킨토시Ian McIntosh는 "식량이 아랍의 봄을 촉발한 직접적 원인이라 말할 수는 없지만, 하나의 변수였음은 분명하죠"라며 다음과 같이 덧붙였다.

"**정치적 문제를 일으키려면 사람을 배고프게 만들면 됩니다. 제일 쉬운 방법이죠.**"[15]

식량 가격 급등은 그렇게 잔인한 두 얼굴을 드러냈다. 세계에서 가장 가난한 이들의 삶을 혼란에 빠뜨린 반면, 원자재 중개 업체에는 '늘 그랬듯' 투기로 떼돈을 벌 기회를 줬다.

슈퍼사이클의 정점에서 원자재 중개 업체는 막대한 이익을 쓸어 담았다. 당시 곡물 중개에서 독보적인 일인자였던 카길이 그 완벽한 사례였다. 2000년 카길의 순이익은 5억 달러에 약간 못 미쳤다. 그런데 슈퍼사이클이 속도를 내기 시작한 2003년, 카길의 순이익은 역사상 처음으로 10억 달러를 돌파했고 2년 뒤에는 20억 달러 고지마저 뛰어넘었다. 제네바 트레이더가 세계경제 침체에 돈을 걸었던 2008년에는 이익이 무려 40억 달러에 근접하는 신기원이 열렸다.

카길뿐 아니라 원자재 중개 산업 전반에서 원자재 슈퍼사이클 시기엔 돈뭉치 굴러가는 소리가 끊이지 않았다. 2000~2011년까지 12년간, 석유와 금속과 곡물 각 부문의 세계 최대 중개 업체(비톨, 글렌코어, 카길)의 순이익을 전부 합치면 763억 달러에 이르렀다. 아주 경이로운 액수였고 1990년대 그들이 번 이익의 10배에 해당한다.[16] 쉽게 비교하면 애플이나 코카콜라의 같은 기간 총 누적 이익보다 더 많았

고,[17] 보잉이나 골드만삭스 같은 '주식회사 미국'의 거인을 통째로 집어삼킬 정도였다.[18]

물가 상승률을 감안해도 슈퍼사이클은 현대 역사를 통틀어 원자재 중개 산업 입장에선 가장 행복한 시절임이 분명했다. 필리프브라더스와 마크리치앤드코가 석유 중개에서, 카길과 콘티넨탈이 곡물 중개에서 각각 수억 달러를 긁어모은 1970년대의 이익을 훨씬 초월했다. 그 많은 돈은 극소수의 주머니로 고스란히 들어갔다.

카길은 여전히 카길과 맥밀런 두 집안이 지분을 100퍼센트 소유한 가족회사다. 이 두 집안을 합쳐 억만장자가 14명이 나왔으니 세계의 왕족을 제외하고 억만장자 가족 수로는 세계 1위였다.[19] 글렌코어, 비톨, 트라피구라도 비슷했다. 이들 업체 모두 직원들이 지분을 소유했는데 이는 몇몇 고위급이 고스란히 갑부가 됐다는 뜻이다.

그렇다고 그 기간 동안 원자재 중개 업체가 달성한 이익이 투기만으로 생긴 것은 아니다. 그들이 광산, 정유 공장, 농장 등 자산에 투자했던 돈 역시 막대한 이익을 안겨 줬다. 게다가 변동이 심했던 당시의 불안정한 시장은 원자재에서 돈을 뽑아낼 온갖 종류의 편법을 만들었다. 쉬운 예를 보자. 금융 위기 여파로 원자재 수요가 급감했을 때, 비톨 같은 업체는 남아도는 석유를 닥치는 대로 사들여 쟁였다가 떼돈을 벌었다. 거의 20년 전 홀이 했던 거래의 속편이었다. 이때뿐만 아니라 원자재 중개 업체는 시장에서 공급과잉일 때마다 이런 사재기로 돈을 긁어모았다. 코로나19 팬데믹이 일어난 2020년 역시 예외가 아니었다. 알루미늄 중개 업체 역시 사재기로 벌어들인 막대한 이익으로 즐거운 비명을 질렀다.

"우린 매일 젖소에서 우유를 짰습니다."[20]

최고 실력의 어떤 알루미늄 트레이더가 그 시절 나날이 불어나던 금고를 떠올리며 말한 내용이다(젖소 비유는 있는 상황에서 이익을 최대한 빼 낸다는 뜻이다_옮긴이).

원자재 중개 업체가 돈 잔치에 환호성을 지른 반면, 배고픔과 불 황으로 고통받는 세계 입장에서 그들의 돈과 환호성은 상처에 소금을 뿌리는 모욕과도 같았다. 분노를 돌릴 제물을 찾던 정치인이 원자재 중개 업체를 그냥 놔둘 리 없었다. 어차피 원자재 중개 업체의 막대한 이익은 정치인의 목표물이었기 때문이다. 시기의 문제였을 뿐.

정치인에겐 생필품 가격 급등락에 대해 책임질 누군가가 필요했 고, 이내 그들은 원자재 중개 업체에 분노의 화살을 돌렸다. 다음은 미국 하원 의장 낸시 펠로시Nancy Pelosi의 발언이다.

"투기 세력이 미국 운전자에게 불리한 쪽에 돈을 걸어 이익을 냅 니다".[21]

옥스팜Oxfam(옥스퍼드기근구제위원회Oxford Committee for Famine Relief_옮긴이)의 제러미 홉스Jeremy Hobbs 사무총장은 이렇게 주장했다.

"원자재 중개 업체가 세계 식량 체계에 미치는 지속적이고 막대 한 영향력으로 볼 때, 그들은 책임감 있는 주체로서 책무를 반드시 져야 합니다."[22]

이렇듯 원자재 중개 업체가 정치인의 주목을 끌었던 것은 이번이 처음은 아니었다. 1970년대 곡물과 유가가 급등했을 때도 이랬다. 당시 정치권의 첫 번째 반응은 원자재 중개 시장에 관한 더 많은 정보를 업체에 요구하는 것이었다. 당시에는 그쪽 시장의 생리를 원자재 중개 업체 말고는 누구도 이해하기 힘들었다. 정치권이 더 정확한 정보를 요구하니 원자재 중개 업체 태도엔 변화가 있었을까? 그야말로 희망 사항일 뿐이었다. 원자재 중개 업체를 실질적으로 규제하는 효과는 미미했다.

두 번째 압박은 1990년대 중반에 나왔다. 일본 스미토모상사의 구리 트레이더인 하마나카 야스오가 일련의 부정 거래로 20억 달러의 손해를 낸 때였다. 스미토모상사 경영진은 하마나카가 회사 승인을 받지 않고 독단적으로 거래 일체를 맺었다고 주장했다.[23] 이 스캔들은 구리 중개 시장 전체를 집어삼켰고 일련의 법적 소송이 발생했다. 뿐만 아니라 원자재 시장을 더욱 효과적으로 규제할 방법을 찾기 위해 16개국이 다자간 협의체까지 구성하는 단초가 됐다. 1997년 도쿄 회의Tokyo Conference 이후 참석자들은 "원자재의 가격 결정, 생산, 저장, 인도·인수 등이 갈수록 세계화되는 경향과, 해당 시장을 규제하기 위한 다양한 접근법은 오히려 시장의 무결성과 신뢰성에 문제가 된다"면서 다음과 같이 발표했다.

"공급이 정해진 현물 인도·인수 시장에서 정보는 공정하고 질서 있는 시장을 유지하고 시장 무결성을 보장하는 중요한 도구다."[24]

하지만 2008년 식량 위기 중에 원자재 중개 업체의 투기가 잘 보여 주듯 최상의 정보는 여전히 그들만의 전유물이었다. 그들이 현물시장의 중요성을 인지하기 시작하는데도 각국 정부는 그들의 경영을 규제하려는 노력을 기울이지 않았다. 여기서 영국의 사례가 실로 절묘하다. 원자재 호황이 절정이었을 때, 영국 국회의원들은 관련 규제기관인 금융감독청FSA, Financial Service Authority에 원자재 가격이 급등한 이유 및 관련 시장을 어떻게 관리·감독하는지에 대해 질의했다. 금융감독청이 의회에 제출한 답변서 내용 중 일부 문장은 뻔뻔할 만큼 직설적이었다.

"우리는 기초 원자재 상품의 실물(현물)거래를 규제하지 않습니다."[25]

그렇다면 원자재 중개 업체의 투기가 원자재 가격을 폭등시킨 '주범'일까? 대답부터 하면 억측이라 봐도 좋다. 물론 원자재 중개 업체가 원자재 가격에 영향을 미치는 것은 사실이다. 원자재 중개 업체는 시장에서 최후의 매도자이자 매수자다. 그 역할 때문에 석유나 밀의 가격이 결정되는 한계 물량을 사고파는 거래에 종종 관여한다. 게다가 생산자든 소비자든 '큰손'은 주로 장기 계약을 이용하는 경향이 강했지만, 원자재 중개 업체의 경우는 모든 시장 참여자가 잣대로 삼는 기준가격이 결정되는 현물시장에서 주로 움직였다.

원자재 중개 업체가 가격을 '조작'하는 것 역시 사실이다. 앞에서도 말했듯 가격 상승을 노리고 현물을 대량 구입해 쟁이는 방법이 가장 애용됐다. 금속 중개 시장에서 사재기가 처음 등장한 건 런던금속

거래소가 설립되고(1877년 개설하여 1881년부터 정기시장이 됐으며, 1882년부터 선물거래를 시작했다_옮긴이) 불과 몇 해 후인 1887년이었고, 한 세기가 지난 1980년대에는 매점 행위가 꽤나 규칙적으로 일어났다.[26] 다만 규모를 떠나, 특정 업체가 시장과의 정반대 방향으로 장기간 가격을 유도하기란 매우 어려운 것도 사실이다. 그 대단한 리치도 1992년 아연 시장에서 실패하지 않았는가.

2000년대 들어 원자재 시장은 규모도 참가자도 더욱 많아졌다. 제아무리 큰 업체라도 물량의 상당 부분을 독점하는 게 어려워졌다는 뜻이기도 하다. 시장 조작 행위가 완전히 사라지진 않았지만 특정 지역이나 하위 범주 제품에서만 단발성으로 일어날 뿐이다. 예컨대 2010년, 한 트레이더가 거의 모든 카카오 재고를 싹쓸이해 카카오 가격이 33년래 최고가를 기록한 적이 있다.[27] 그러나 작황까지 조종할 순 없었고, 카카오 주요 생산국인 코트디부아르의 작황이 생각만큼 나쁘지 않아 시장은 이내 안정을 되찾았다.

하지만, 식량 위기의 책임을 원자재 중개 업체에 떠넘기고 싶은 것은 정치권 입장에선 꽤나 거절하기 힘든 유혹이었다. 그 유명한 로마 황제 가이우스 아우렐리우스 발레리우스 디오클레티아누스Gaius Aurelius Valerius Diocletianus는 '광포하고 불타오르고 절제할 줄 모르는 탐욕'을 억제하기 위해 수백 가지 제품 가격에 상한선을 매겼다.[28] 1897년 독일 제국의회Reichstag는 극심한 흉작으로 밀 가격이 치솟자 밀 선물거래를 금지했다.[29] 1950년대 미국 정치계는 양파의 선물거래를 금지했는데, 지금도 불법이다.[30]

2007~2011년 원자재 가격이 롤러코스터를 탔을 때도 원자재 시장에선 투기꾼의 역할에 대한 뜨거운 논쟁이 벌어졌다. 학자, 연구 집단, 원자재 중개 업체, 금융기관 등은 투기 세력의 책임론에 대해 열띤 찬반 논쟁을 했다. 금융 투기꾼이 단기적인 가격 급등락을 증폭시켰고, 심지어 일부 품목의 가격을 부풀리는 데 한몫했다는 데는 이견이 거의 없었다.[31]

하지만 그들이 지목한 주범은 수급 요인이었다.[32] 학자들은 이 결론을 뒷받침하는 증거를 세계경제의 모호한 틈새에서 찾아냈다. 황마, 가죽, 수지 등 금융계에서 거래되지 않는 일부 상품의 가격이 거래소에서 거래되는 상품의 가격과 동시에 상승했다는 사실을 바탕으로, 금융 투자가 원자재 상품 가격에 미치는 영향은 극히 미미하다는 논리다.[33] 국제통화기금 역시 "최근 연구에서는 원자재 시장의 금융화가 시장의 불안정을 야기하는 명백한 요인이라는 확실한 증거가 없다"고 결론 내렸다.[34]

그러나 원자재 중개 업체의 변명이 통하지 않는 지점도 있다. 2008년과 2010년 식량 가격 급등 때 이야기다. 당시 어떤 업체는 향후 수십 년간 식량 공급 압박을 심화시켰던 한 정책을 촉진했다. 또한 원자재 중개 업체가 정치적 영향력을 행사하는 능력이 어디까지 가능한지도 이때 드러났다. 한마디로 미국 백악관조차 그들의 영향권 안에 있었다. 그렇게 세계의 수백만 명이 기아로 내몰렸으며 중동 지역 전반으로 사회적 불안이 확산됐다.

다름 아닌 식량 공급을 압박한 그 정책은 바로 에탄올을 자동차 연료로 쓰는 것이었다. 에탄올 연료가 그때 나온 아이디어는 아니었다. 처음으로 자동차가 발명된 이후 에탄올이 한동안 연료로 사용된 적도 있다. 독일 발명가 니콜라우스 아우구스트 오토Nikolaus August Otto 가 개발한 내연기관은 에탄올로 작동했다. 그리고 '자동차 왕' 헨리 포드Henry Ford가 1908년 야심차게 출시해 큰 인기를 끌었던 모델-T도 에탄올을 연료로 쓸 수 있었다.[35] 물론 가솔린과 경유가 곧 자동차 연료로 정착된다.

어쨌든 옥수수에서 뽑아낸 에탄올을 자동차 연료로 '의무화'하자는 아이디어는 1970년대 오일쇼크로 불붙기 시작했는데 이후 40년에 걸쳐 그 아이디어는 점점 더 힘을 얻었다. 일부 원자재 중개 업체는 세계 식량 공급 물량의 상당 부분을 자동차 연료로 쓰는 데서 생길 악영향에 대해 걱정했다. 2007년까지 카길 최고경영자를 지낸 스테일리는 알코올을 자동차 연료로 쓰는 것은 사람들이 먹을 식량을 뺏는 결과가 될 수도 있다 주장했다.

"우리 세상은 이제 선택의 기로에 설 수밖에 없을 겁니다."[36]

그런데 한 업체의 생각은 달랐다. 오히려 에탄올을 40년간 경영 전략의 중심에 놓기까지 했다. 바로 '에이비시디' 가운데 '에이'인 에이디엠이었다. 에이디엠의 이야기는 원자재 중개 업체가 개발도상국 세상에서만이 아니라 가끔은 서방 선진국에도 커다란 영향을 미친다는 확실한 증거다.

에이디엠은 원래 중간급의 곡물 가공 업체였다가 1970년에 전환기를 맞이했다. 드웨인 안드레아스Dwayne Andreas라는 인물이 최고경영자가 되면서였다. 카길을 통해 곡물 중개 커리어를 시작한 안드레아스는 마치 발전소 같은 인물이었다. 승마 기수 같이 왜소한 체구에 짙은 눈썹과 반짝이는 두 눈에선 에너지가 흘러넘쳤다. 조종과 운영 능력이 좋아 업계의 마키아벨리Niccolò Machiavelli라 불리기도 했다. 별명처럼 그는 정치인과 정부를 체스의 '말'처럼 생각했다.[37]

그렇게 안드레아스는 에이디엠의 경영권을 쥔 다음, 그간의 정치적 네트워크를 총동원해 에탄올 산업에 대한 로비를 시작한다. 에탄올 산업에 대한 세제 혜택과 대출 보증을 찬성하는 정치인에게 집중적으로 로비를 했다. 그 대상에는 1996년 대통령 선거에 출마했던 밥 돌Robert Joseph Dole 공화당 의원도 들어갔다. 심지어 닉슨 대통령까지. 1971년에 안드레아스는 대통령 보좌관에게 현금 10만 달러를 직접 전달한다. 그로부터 1년 뒤, 미국 정부가 익명의 선거 기부금을 불법화했지만 안드레아스는 눈도 깜짝하지 않았다.

1972년, 워싱턴 D.C. 워터게이트Watergate 빌딩에 입주한 민주당 전국위원회 본부에 잠입했다 체포된 다섯 명의 괴한 가운데 한 명의 은행 계좌에서 수상한 돈이 발견됐다. 안드레아스 이름으로 빠져나간 2만 5,000달러가 선거비용 모금책을 통해 해당 계좌로 흘러간 것이었다. 이것이 그 유명한 워터게이트 사건으로, 닉슨은 대통령직을 중도 사임한다.[38]

안드레아스는 로비에 대한 보답을 확실하게 받았다. 미국 정부는 가솔린과 에탄올을 섞은 혼합유의 세금을 깎았고, 수입 에탄올엔 관세를 매겼으며, 에탄올 공장 건설비에 대한 대출 보증까지 제공했다. 1990년대 중반 미국 내 옥수수 에탄올 생산량의 80퍼센트 가까이를 점유했던 에이디엠은 정부의 관대한 지원책으로 가장 큰 수혜를 입었다. 1990년대 말 은퇴 전까지 안드레아스는 에이디엠을 곡물 가공과 에탄올 생산을 넘어 중개까지 진출시킨 거대 업체로 키웠다. 오죽했으면 에이디엠이 스스로를 '세상의 만물상'이라 칭할 정도였다.[39]

안드레아스가 은퇴한 뒤에도 에이디엠의 경영 스타일이나 전략은 별반 달라지지 않았다. 에탄올 산업에 계속 투자했을 뿐 아니라 에탄올 사업에 도움을 주는 정치인에게 다양한 방식으로 꾸준히 후원했다. 그리고 새로운 최고경영자를 석유 업계에서 영입한다. 에이디엠이 식량보다 연료 생산에 주력하겠다는 생각을 가장 명백히 보여 주는 징후이기도 하다. 그렇게 쉐브론에서 정유 부문을 이끌던 퍼트리샤 웰츠Patricia Woertz가 2006년 에이디엠 최고경영자에 오른다.

업계 최초이자 오늘날까지도 유일한 여성 최고경영자라는 칭호를 유지하는 웰츠는 투지 측면에서 안드레아스에 절대 뒤지지 않는 열혈 스타일이다. 강인하고 극성스러운 성격에 야망까지 하늘을 찔렀던 웰츠는 자신의 꿈이 무엇인지 한시도 잊지 않고 살아왔다. 바로 최고경영자 자리였다. 그렇게 웰츠는 1980~1990년대 업계의 성차별과 유리천장을 뚫고 쉐브론의 고위 경영자가 됐고, 에이디엠의 최고경영자가 된 뒤에도 특유의 기질을 고수했다. 다음은 그가 남긴 말이다.

"회사에서, 산업에서, 가정에서 나는 이방인일 뿐입니다. 성 역할에 관한 고정관념에도 부합하지 않습니다."[40]

웰츠는 쉐브론 시절 에탄올 사용 의무화로 인해 생길 '의도치 않은 결과'에 대해 경고한 적이 있다.[41] 하지만 에이디엠에 와서 그의 입장은 180도 달라졌다. 개종한 자의 신앙심이 더욱 깊은 만큼 에탄올에 대한 투철한 믿음으로 무장한 그는 미국 정부의 에탄올 관련 정책을 칭송한다.

"바이오 연료는 환경, 에너지 안보, 미국 경제 모두에 유익합니다."[42]

웰츠의 리더십 아래서 에이디엠은 에탄올 생산능력을 늘리기 위해 미국 중서부 전역에 거대한 공장을 세웠다. 로비 지출도 크게 늘렸는데 2006년 기준 약 30만 달러였던 금액이 2008년에는 210만 달러까지 육박했다.[43]

웰츠와 에이디엠의 이런 노력은 헛되지 않았다. 2000년대 초 유가가 오름세로 돌아서자 에탄올 산업 육성이란 이름으로 여러 이해집단이 헤쳐 모였다. 중동 원유에 대한 미국의 의존성을 우려하고 안보 우선주의를 주장하는 매파Hawk (경제에서는 긴축 재정과 금리 인상을 주장하면 매파, 양적 완화와 금리 인하를 주장하면 비둘기파다_옮긴이), 옥수수 가격 상승을 기대하는 농민, 화석연료에 대한 대안을 요구하는 환경운동가 등이 모두 모였다.

성분과 목적은 달라도 이들은 강력한 지지 세력을 형성했고, 에탄올을 정치적으로 거부할 수 없는 정책으로 만들었다. 2005년 부시 미국 대통령은 정유 공장이 수십억 갤런의 에탄올을 가솔린과 혼합하는 것을 의무화하는 법안에 서명했으며, 미국의 에탄올 생산은 급증했다. 2000년 기준 미국은 옥수수에서 대략 20억 갤런의 에탄올을 뽑아냈는데, 부시가 서명한 법안에 따르면 2006년 한 해에만 최소 40억 갤런의 에탄올이 의무적으로 소비돼야 했다.

　유가가 배럴당 100달러를 돌파하면서, 미국 정부는 에너지 산업의 에탄올 소비량을 더욱 늘리도록 강제하는 새로운 규제까지 시행했다. 2011년, 아랍의 봄이 중동을 집어삼킬 시간, 그때 미국의 에탄올 산업은 세계 옥수수 생산량의 6분의 1을 쓸어 담았다.[44]

　여기서 확실히 말하겠다. 오직 에탄올 때문에 곡물 가격이 상승한 것은 아니라는 사실 말이다. 물론 곡물 가격 상승에 기여는 했다. 다만 에이디엠도 이젠 에탄올과 '결별'했고 자사의 에탄올 공장을 매물로 내놓았다. 에이디엠은 이에 대해 '확인 사살'을 했다.

　"에탄올이 우리의 미래 전략에서 주력 영역이 아니라는 게 명확하고 일관된 입장입니다."[45]

　하지만 에이디엠이 에탄올에서 발을 뺐을 때부터 그들이 수십 년간 뿌렸던 로비 자금이 세계에서 그 날카로운 이빨로 드러나기 시작했다. 2008년과 2010년에 일어난 두 번의 식량 위기가 그것이다. 책임의 전부를 물을 순 없어도 원자재 중개 업체의 영향력을 보여 주는 명백하고 가시적인 사건이었다. 특정 업체가 밀어붙인 정책 하나가 세계시장에서 혼란을 야기하는 것도 사실이다. 이는 다시 세계 식량 공급에서 원자재 중개 업체의 영향력을 키우는 데 한몫했다. 이 흐름에서 원자재 중개 업체는 곡물 시장 역사상 최대 이익을 가져갔다. 이런 일련의 사건 전체가 원자재 슈퍼사이클의 정점이었다.

이렇게 원자재 중개 업체의 세계와 일반 세계가 충돌한 것은 원자재 중개 산업에 장기적인 영향을 끼친다. 먼저, 숨어 있던 원자재 중개 업체가 세상에 나오는 발단이 됐다. 그리고 원자재 중개 업체의 경영과 천문학적인 부에 대해 세상이 훨씬 더 깊고 더 넓은 통찰을 얻기 시작했다는 뜻이다.

억만장자 제조기

글렌코어,
카길

THE WORLD FOR SALE

새벽 어스름부터 스위스의 한적한 도시 바르가 북적였다. 북적임의 진원지는 글렌코어 본사였다. 동이 트기 전부터 직원들이 속속 본사에 도착했다. 세계적으로 유명한 기업인 몇몇도 모습을 드러냈다. 글라센버그가 비싼 자동차를 좋아하지 않는 관계로 대부분의 직원은 비싼 자가용을 집에 두고 나왔다.

아침 6시 6분, 바르를 둘러싼 언덕 너머로 태양이 얼굴을 드러냈을 때, 글렌코어 본사 지하 주차장엔 주차할 공간이 없었다. 자가용을 두고 온 직원들이 많았음에도! 예전부터 글렌코어의 업무 강도가 높긴 했지만 아침 6시는 출근하기에 아주 이른 시간임은 확실하다. 새벽 댓바람부터 직원들이 출근을 서두른 이유는 아주 단순했다. 2011년 5월 첫 번째 수요일 아침, 원자재 중개 업계의 가장 큰 비밀 하나

가 공개될 예정이었기 때문이다. 바로 글렌코어의 주인이 결정되는 날이었다.[1]

그날로부터 1년 전, 글렌코어의 최고경영자 글라센버그과 그의 팀, 갈수록 인원이 늘어나던 은행가 집단은 글렌코어의 기업공개를 준비했다. 금융계에서 기업공개란 왕족 결혼식에 버금가는 행사다. 그만큼 많은 준비가 필요하고 온갖 화려함과 격식이 동원되는 큰 행사다. 일반적으로 대중에게 회사 주식을 팔기 위해서는 일련의 통과의식이 있다. 먼저 주관사를 선정하고 투자자와 만나 협상해야 하며, 이를 위해 업체 연혁과 경영진, 재무 상황에 관한 방대한 정보를 준비해야 한다.

지난 몇 달간 글렌코어의 전담 팀은 1,600쪽이 넘는 사업설명서를 작성했다. 여느 백과사전보다도 두꺼운 그 설명서엔 세계 원자재 중개 시장에서 남긴 글렌코어의 흔적을 아주 상세하게 소개했다. 요약하면 글렌코어가 세계 아연과 구리 중개 물량의 절반 이상, 석탄 수출의 25퍼센트, 보리 수출의 24퍼센트를 차지한다는 내용이었다. 이에 더해 콩고민주공화국, 콜롬비아, 카자흐스탄에서 소유한 자산에서 생산되는 광물에 관한 세부 정보가 담긴 자료도 첨부됐다. 통상적인 법률 조항만도 수십 쪽에 이르렀다.

그렇게 글렌코어의 사업설명서는 수많은 작성과 수정을 거쳤고, 관련자가 돌려보며 검토를 했지만 여전히 채우지 않은 항목이 있었다. 바로 '주주명부'였다. 사실 글렌코어의 지분율은 20여 년 리치와 결별 후부터 지금까지 꺼내선 안 되는 주제였다. 주주 구성은 물론 주주의 정체조차 비밀 취급을 당했다. 주주에겐 해마다 하얀 봉투가 전달됐는데, 그 봉투 안에는 지분 가치가 어떻게 달라졌는지가 적혀 있었다. 몇몇 오지랖 넓은 직원들은 누가 봉투를 받고 안 받았는지를 알아내러 온 회사를 들쑤시기까지 했다.

어떤 전직 직원은 재직 당시 동료에게 자신의 지분을 무심코 언급한 적이 있다고 했다. 그러자 회사 회계 담당자이자 '비밀지기'였던 에베르하르트 크뇌헬Eberhard Knoechel에게 호출을 받았다고 하는데, 그때 상황을 지금도 생생히 기억한다 했다. 크뇌헬은 지분 언급에 대해 질책하면서 다음과 같이 못을 박았다고 한다.

"우리 회사에서 입 밖에 내선 안 되는 게 딱 하나 있어요. 바로 지분 얘기입니다."[2]

고위 경영진도 예외가 아니었다. 글라센버그의 최측근이자 부문 수장들인 '12사도'조차도 자신과 부문 직속 트레이더들의 지분만 알 뿐이었다. 글렌코어의 지분 현황 전체에 대해 아는 사람은 딱 세 명이었다. 크뇌헬, 글라센버그, 스트로토테 당시 회장이었다.

글렌코어의 최종 사업설명서는 2011년 5월 첫 번째 수요일 아침에 공개될 예정이었다. 이게 직원들의 조기 출근 이유였다. 자신의 동료 가운데 누가 주요 주주인지 드러나는 날이었으니 말이다.

그렇게 공개된 글렌코어의 지분 가치는 글렌코어의 트레이더를 충격에 빠뜨릴 정도였다. 글라센버그가 전체 지분의 18.1퍼센트를 소유 중이었고, 기업공개 당일 그의 지분 가치가 93억 달러를 기록해 글라센버그는 단숨에 세계 부자 100위 안에 들어갔다.[3] 돈벼락을 맞은 이는 글라센버그만이 아니었다. 기업공개로 인해 최소 일곱 명의 억만장자가 탄생했다.

자세히 살펴보자. 먼저 구리, 납, 아연 사업 부문의 공동 대표 둘이 각각 35억 달러에 해당하는 지분을 소유 중이었다. 지나치게 활발한 그리스인 미스타키디스와 스페인 출신에 분석력이 뛰어났던 다니엘 마테Daniel Maté였다. 그다음은 석탄 사업 부문 수장이자 입이 걸걸했던 미국인 토르 피터슨Tor Peterson이 31억 달러, 석유 부문을 이끌던 자신감의 화신 영국인 알렉스 비어드Alex Beard가 27억 달러의 자산가가 됐다. 그 외에도 곡물과 알루미늄 부문을 각각 총괄하던 크리스 마호니Chris Mahoney와 게리 페겔Gary Fegel도 억만장자 클럽에 이름을 올렸다.[4]

즉, 기업공개 이전엔 글라센버그와 12사도가 글렌코어의 전체 지분 중 56.6퍼센트를 가졌는데, 기업공개 후 그들의 주식 자산을 전부 합치면 290억 달러가 됐다. 그들 아래로 수억 또는 수천만 달러의 주식 부자 수십 명이 글렌코어 주주명부에 이름을 올렸다.

2011년 글렌코어의 기업공개는 원자재 호황기가 내린 돈벼락의 정수를 보여 주는 결정판이었다. 원자재 중개 업체가 무명 배우에서 일약 주연으로 발돋움하는 10년의 시간 중 정점이기도 했다. 중국이 경이로운 성장을 보인 지난 10년은 글렌코어를 비롯한 원자재 중개 업체를 세계경제에서 대체 불가한 존재로 만들었을 뿐 아니라, 글렌코어의 트레이더를 세계 최고 부자의 반열에 올려놓기까지 했다.

　　또한 글렌코어의 기업공개는 그동안 가려진 세계경제의 한 축을 대중에게 노출하는 계기가 됐다. 글렌코어의 기업공개 전까지 원자재 중개 업체의 세계는 사실상 보이지 않는 영역이었다. 분명 그들은 우리의 삶에서 필수적인 원자재인 에너지와 금속과 식량을 공급했고, 세계 70억 명의 인구 가운데 그들의 서비스를 이용하지 않은 사람은 찾기 힘들 것이다. 하지만 그들의 존재, 이름을 아는 사람은 극소수에 불과했던 게 사실이다. 즉, 글렌코어의 사업설명서는 자신의 업계 전체를 환하게 밝히는 전등 스위치라 봐도 된다.

　　물론 글렌코어가 자신들의 세계를 보여 주기 위해 기업공개를 하진 않았겠지만 지난 수십 년간 굳이 무대로 나오지 않으려 온갖 노력을 했던 글렌코어는 무대로 나왔고, 그렇게 글렌코어는 물론이고 원자재 중개 산업 전체에 대중의 이목이 집중됐다.

　　그렇게 언론부터 사회운동가, 원자재 생산 업체와 정부 기관에 이르기까지 모두가 원자재 중개 업계를 들여다볼 수 있었다. 여기에 글렌코어의 실적은 업계 규모와 수익을 가늠할 기준이 될 터였다. 이제 원자재 중개 업체는 자신이 행사한 막강한 자금력과 금융 권력을 예전처럼 마음대로 휘두를 순 없었다. 또한 원자재 중개 업체가 외부로부터의 변화를 인정하는 것의 시작이기도 했다.

　　예전의 원자재 중개 업체는 이익의 원천인 동시에 경영상 방해가 될 장기적 요소를 차단하는 게 가능했다. '정보'라는 경쟁 우위가 있었기 때문이다. 그런데 이제는 누구나 신속하고 저렴하게 시장 정보를 얻는 게 가능해졌고, 정보의 가용성도 갈수록 커졌다. 과거에 누린 정보 우위의 강점이 줄어든다는 뜻이다. 절차와 정보가 투명해지는 세상에서 예전처럼 부패나 뇌물을 통해 돈을 벌기가 더욱 어려워졌다. 주요 원자재 공급망에서도 변화가 있었다. 광산 업체와 석유 메이저가 인수, 합병을 거쳐 재탄생하면서 원자재 중개 업체의 도움을 받을 필요가 없어졌기 때문이다.

원자재 중개 업체의 전통적인 포트폴리오는 사실 단순하다. 특정 지역에서 원자재를 구입해 다른 지역에다 웃돈을 붙여 파는 차익 거래였다. 그 방법도 점점 설 자리를 잃어 갔다. 또한 트레이더가 원한다면 회사 수익에서 각자의 몫을 챙기는 것은 그들에게 맞는 방식이 아니었다. 대신 원자재 중개 업체 대부분은 선두 업체였던 글렌코어와 카길의 개척 방식을 그대로 따랐다. 바로 자산에 재투자하는 것이었다. 거래로 생긴 수익을 광산, 유조선, 창고, 제분소 등 자신들의 공급망을 보완하는 데 다시 투입했다.

글라센버그 역시 1990년대부터 석탄 광산을 '수집'하기 시작한 이래로 줄기차게 수익의 재투자를 고수했다. 그는 "딱 맞는 사례가 있습니다. 알루미늄과 철광석 부문에서 우린 자산을 하나도 가지지 않았습니다"라면서 광산 같은 자산을 가지지 않은 업체엔 갈수록 기회가 줄어들 거라 주장했다. 그리고 회사 내에서 실적이 만년 꼴찌인 두 원자재를 거론하면서 말한다.

"이런 식으로는 잭폿을 보지 못합니다. 싸게 많이 파는 재미야 보겠지만 큰돈은 포기해야죠."[5]

여타 업체 역시 글라센버그의 접근법을 모방했고 갈수록 그 규모가 커졌다. 결과적으로 원자재 중개 업체는 과거 생산자와 소비자를 잇는 역할을 넘어 국제무역에서 중요한 기반 시설을 가진 작은 '제국'으로 재탄생한다. 특히 이머징 마켓의 기반 시설 장악이 눈에 띄었다. 2011년 기준 비톨은 남아공을 제외한 아프리카 전역의 주유소 시설에 투자했고, 아프리카 대륙 2위의 석유 소매 업체로 올라섰다.[6] 카길도 베트남에서부터 러시아에 이르기까지 다수의 공장을 거느린 세계 굴지의 사료 업체를 인수했다. 1950년대 마바나프트란 이름으로 소련산 석유 수출을 개척했던 바이서의 후손들 역시 세계 최다 저유 탱크를 운영하는 회사 중 하나의 주인이 됐다.

글렌코어의 기업공개 후 2015년, 석유 시장의 큰 변화가 일어난다. 바로 셰일Shale 암석층에서 뽑아낸 석유의 존재다. 이로 인해 미국은 40년 만에 처음으로 원유 수출국으로 변신했다. 그다음 벌어질 일은? 원자재 중개 업체가 미국산 셰일 석유를 사들이기 위해 가장 먼저 달려갔고, 미국 셰일 유전과 나머지 세상을 연결하는 일에도 끼어들었다.[7] 트라피구라는 10억 달러를 들여 텍사스주에 유조선 터미널을 세웠다.[8] 머큐리아도 미국의 항만 시설에 투자했는데, 이곳을 통해 노스다코타주에서 생산된 원유가 세계 곳곳으로 흘러갔다.

이렇듯 자산의 재투자는 사업적으로 매우 합리적 접근법일진 몰라도 잊지 말아야 할 교훈도 하나 알려 준다. 글렌코어의 광산 인수때 얻은 교훈과 같다. 자산 매입에 많은 돈이 들고, 시간이 오래 걸리는 투자라는 사실이다. 당시 글렌코어의 라이벌도 장기자금을 조달할

방법을 찾아 바삐 뛰어다녔다. 이를 해결할 방법 역시 글렌코어가 제
공했다. 바로 주식 매각이었다. 그렇다고 글렌코어처럼 기업공개를
진행한 업체는 없었다(다만 에이디엠, 벙기, 노블그룹 등 몇몇은 수년 전부터 이
미 기업공개를 했다). 하지만 기업공개 말고도 공개시장에서 돈을 조달하
는 방법이 있었다. 방법은? 채권이었다.

　　2010~2013년에 걸쳐 트라피구라와 루이드레퓌스, 군보르에너
지는 창업 후 처음으로 채권을 발행했다. 이들 외의 업체는 국부펀드
SWF, Sovereign Wealth Fund(정부가 외환보유고 등의 자산을 통해 주식, 채권 등에 출
자하는 투자펀드_옮긴이)나 사모펀드 같은 외부 투자자를 활용하는 여러
대안을 찾아냈다. 비톨은 조지 소로스George Soros, 아랍에미리트 국부
펀드, 부유한 사우디아라비아 왕족에게 조달한 돈과 자기자본을 합쳐
자산을 투자하기 위한 법인을 설립했다. 노블그룹은 중국의 국부펀드
인 중국투자공사에 일부 지분을 넘겼고, 머큐리아는 중국의 한 국영
기업에 일부 지분을 넘겼다. 이렇게 유입된 자본은 원자재 중개 업체
가 대규모로 사업을 추진할 '총알'을 제공했다.

　　하지만 자본 이용에 대한 대가 역시 냉혹했다. 내부 정보를 이전
보다 더 많이 공개해야 함이었다. 안 그래도 은밀하게 돌아가던 업계
에 무관심 혹은 달갑지 않은 시선을 보내던 대중의 관심은 대번에 원
자재 중개 업계로 쏠렸다. 그간 인지도가 무명에 가까웠던 글렌코어
는 신문 톱기사를 장식하는 단골이 됐다. 그동안 업무로 세계를 종횡
무진해도 거리낌이 없었지만 이젠 자택 바깥에 사진기자들이 등장하
기 시작했다. 기업공개 대신 채권 발행이란 차선을 선택했던 업체의

처지도 크게 다르지 않았다. 채권 소유자에게 정보 공개 의무를 지켜야 했기 때문이다.

이런 변화가 당시엔 최선이었는지는 몰라도, 훗날 일부 업체는 그때의 행동을 뒤늦게 후회한다. 존재가 더 많이 노출되고 유명해짐으로써 자신들을 바라보는 대중의 인식까지 엄격해졌기 때문이다. 글렌코어의 기업공개가 그 변화의 시작이었다. 그만큼 원자재 중개 업체는 투자자, 언론, 각국 정부 모두가 더는 무시할 수 없는 막강한 세력임이 다시 확인됐다.

글렌코어의 기업공개 열차는 4년 전, 그러니 2007년에 출발했다. 글라센버그는 고위급 트레이더 몇몇을 모아 놓고 자신의 딜레마를 털어놓았다. 비상장 회사로서 글렌코어가 예전 같은 성장세를 유지하기엔 재정적 한계에 부딪혔다는 것이었다. 곧이어 그는 스스로 방안을 제시했다. 글렌코어가 계속 성장할 유일한 방법은 바로 기업공개라는 것이었다.

원자재 가격이 폭등한다는 것은 자산(특히 광산)에 투자했던 글라센버그의 오랜 전략을 고수하기 불가능하다는 뜻과도 같았다. 한마디로 오른 원자재 가격만큼 자산을 계속 사들일 '총알'이 부족했다. 그렇다고 상장회사처럼 주식을 이용해 재원을 마련할 수도 없었다. 최악의 경우 그간 이룩했던 성공이 부메랑으로 돌아올 위험도 있었다.

또한 지난 두 해 글렌코어가 엄청난 이익을 달성한 덕분에, 만약 고위 트레이더 몇몇이 한꺼번에 퇴사할 경우 회사가 재정적 어려움에 빠질 가능성도 배제할 수 없었다. 지분을 가진 트레이더가 퇴사할 경우 회사는 그들의 지분을 매수해야 했고, 그다음 5년에 걸쳐 지분에 대한 이익을 퇴사자에게 지급해야 했기 때문이다.[9] 글렌코어에서 주주가 떠난다는 것은 자기자본 감소와 부채 증가라는 뜻과 같았다. 당연히 재무제표에는 이중의 타격이 된다.

회사의 누적 이익 규모가 크지 않았을 때는 주주 이탈이 큰 문제가 되지 않았다. 퇴사자의 지분 대금과 누적 이익을 지불할 정도로 돈이 있었기 때문이다. 하지만 중국발 원자재 호황과 함께 회사의 수익성이 덩달아 치솟았다. 2006~2007년, 단 2년간 글렌코어는 지난 8년의 이익을 전부 합친 것보다 더 많은 돈을 벌었다.[10] 번 돈이 많아진 만큼 대주주 몇몇이 회사를 떠난다면 그만큼을 뱉어야 했기에 회사 입장에선 부채가 수십억 달러로 늘어날 가능성도 있었다.

글라센버그가 고위급 트레이더들에게 제시한 해결책은 간단했다. 기업공개를 할지 말지 선택하란 것이었다. 기업공개를 하지 않을 경우 더 이상 자산을 늘리지 말고 퇴사 대비 준비금으로 현금을 확보해야 했다.

사실 글라센버그가 기업공개를 고민하게 만든 또 다른 요인도 있었다. 글렌코어와 엑스트라타의 관계 때문이었다. 엑스트라타는 경이로운 속도로 성장해 세계 최대 광산 업체에 올랐다. 글렌코어 역시 콩고민주공화국 진출을 포함해 광산을 지속적으로 인수했고 거래 규모도 갈수록 커졌다. 이 둘이 자매회사이긴 했지만 나중에 충돌할 것은 시간문제일 뿐이었다. 실제로 호주의 철광석 중개 업체인 비에이치피 빌리턴이 페루의 구리 광산을 매각하려 했을 때 두 회사 모두가 관심을 보였었다.

엑스트라타와의 관계를 정리하기 위해 글라센버그가 생각한 해결책은 합병이었다. 글라센버그는 엑스트라타 최고경영자인 마이클과 합병에 관한 의견을 나눴다. 글렌코어 입장에서는 엑스트라타와의 합병이 최적의 해결책이었다. 이미 엑스트라타는 런던과 스위스에 상장된 회사이니, 글렌코어는 복잡하고 까다로운 기업공개 과정을 거치지 않고도 기업공개와 같은 결과를 얻을 수 있다. 내부 의견만 정리된다면, 즉 기업공개를 한다면 엑스트라타와의 합병이 그 목표를 달성하기 위한 우선적 방법이었다.

이런 분위기를 보고 글렌코어의 직원들은 엑스트라타의 이름을 두고 글렌코어의 '출구 전략'을 의미하는 게 아니냐는 우스개를 주고받았다. '추출'이라는 뜻을 가진 엑스트랙션Extraction과 '지층'을 의미하는 스트라타Strata를 결합해 만들었다는 데서 나온 우스개였다.

"2007년 우리는 합병에 원칙적으로 합의했습니다."[11]

그렇게 글라센버그는 합병 추진을 선언한다. 엑스트라타가 자사지분의 약 34퍼센트를 소유한 비상장 회사 글렌코어를 흡수하는 형식이었다. 그리고 글렌코어 주주는 각자 소유한 지분과 엑스트라타 주식을 맞교환하기로 했다. 계획대로만 된다면 글라센버그는 그간의 두가지 고민을 한 번에 해결할 수 있었다. 먼저, 큰 자산을 인수할 새로운 방법이 생긴다. 인수할 회사의 주주에게 현금 대신 자사 주식을 주면 될 일이었다. 또한 주주가 퇴사하더라도 해당 지분은 원할 때마다 시장에 내다팔면 됐기 때문에 지분 인수금 문제도 해결된다. 엑스트라타의 최고경영자 마이클 역시 합병의 필요성에 동의했다.

"두 회사의 합병은 논리적으로 타당했습니다."**12**

하지만 합병에 대한 세부 협상은 험난했다. 합병에 대해 서로 원칙적인 합의를 봤지만, 가치 평가액에서 접점을 찾지 못했다.

글라센버그와 마이클이 이견을 좁힐 시간도 없이 협상은 원점으로 돌아갈 위기에 처했다. 2007년 11월, 마이클에게 접근한 한 남자 때문이었다. 그는 바로 발레Vale의 최고경영자 호제르 아그넬리Roger Agnelli였다. 발레는 브라질 굴지의 국영 광산 업체로 철광석 생산 세계 1위였다. 아그넬리는 엑스트라타를 인수해 세계 최대 광산 업체를 만들고 싶었다. 마이클 입장에서 발레와의 짝짓기는 자신의 커리어에 정점을 찍을 최고의 기회였다. 엑스트라타는 지난 6년간 슈퍼사이클에 편승해 '광란의 시간'을 보냈다. 만약 발레가 엑스트라타를 인수한다면 자신은 물론이고 회사 주주들이 주식을 매각해 벼락부자가 될 터였다.

하지만 발레와의 짝짓기엔 넘어야 하는 큰 산이 있었다. 글렌코어가 가진 회사 지분이었다. 당시 글렌코어는 엑스트라타의 전체 지분 중 3분의 1 이상을 소유한 대주주였다. 글렌코어가 엑스트라타의 모든 거래에 실질적인 거부권을 행사할 수 있다는 뜻이다. 글라센버그와 마이클 그리고 아그넬리는 세부 사항을 두고 몇 달간 논쟁을 벌였다. 세계 최고 연봉을 자랑하는 일단의 투자 은행가들이 이들을 중재하기까지 했다.

물론 글라센버그는 엑스트라타와 발레에 대해 비협조적이었다. 글라센버그는 사소해 보이는 세부 사항을 몇 주 동안이나 물고 늘어졌다. 예컨대 합병 회사가 생산할 니켈을 글렌코어가 거래할 수 있는 기간 같은 문제들이었다. 물론 마이클 입장에서 이런 문제는 그저 발목 잡기일 뿐이었다. 참다 못한 마이클은 "협상은 결렬됐습니다. 글라센버그가 그렇게 되기를 원했기 때문이죠"라고 말했다. 좌절감과 분노에 휩싸인 마이클은 엑스트라타를 떠나기로 했다.

"글라센버그는 가치보다 통제력을 더 중요히 여겼습니다."[13]

그러던 중에 세계 금융 위기가 몰아닥쳤다. 갑자기 이 둘은 합병은 고사하고 각자 생존에 집중해야 하는 상황에 처했다. 엑스트라타가 글렌코어보다 상황이 더 안 좋았다. 엑스트라타는 광산 업체인 탓에 원자재 가격 폭락이 광산의 이익 감소과 직결됐기 때문이다. 반면 원자재 중개 업체인 글렌코어는 가격 등락에 돈을 잘 걸기만 하면 됐으니, 이런 식으로 이익을 계속 창출했다. 더욱이 원자재 가격이 떨어지면 대출의 필요성도 그만큼 줄어들었다. 다만 이는 어디까지나 원론적인 이야기였다. 실제로는 두 회사의 운명은 공동 운명체와도 같았다.

그동안 글렌코어는 자산 인수를 위해 대출을 받으면서 자신들이 가진 엑스트라타 주식을 담보로 걸었다. 그런데 2008년 말부터 2009년 초 사이 엑스트라타 주가가 급락하면서 문제가 생겼다. 자칫하면 자신들의 엑스트라타 지분을 은행에 넘겨야 하는 최악의 상황이 생길 수도 있었다. 실제로 그 위험이 갈수록 커졌다. 게다가 헤지펀드들이 엑스트라타에 불리한 쪽으로 돈을 걸기 시작했다. 악순환이었다. 엑스트라타의 주주인 글렌코어에 대한 압박이 더욱 커지면 결국 엑스트라타 주식을 급매로 처분해야 할 가능성이 높아지기 때문이었다.

그렇게 글렌코어가 써야 할 비용은 한계를 모르고 치솟았다. 당시는 리먼브라더스 파산 여파 속에서 그다음 망할 곳이 어디인지에 대해 모두가 촉각을 기울이던 터였다. 글렌코어의 주거래은행과 계약 당사자의 속은 타들어 갔다.

원자재 중개에서 신용은 생명이다. 매번 대량의 원자재를 후불로 매입해야 하기 때문이다. 신용이 없으면 원자재 중개 업체는 경영 자체가 불가하다. 그런데 갑자기 글렌코어에 골드만삭스가 정중하되 일방적인 '결별' 통보를 했다. 앞으로 원자재를 거래하려면 다른 은행을 알아보는 게 양측 모두에게 이로울 거라면서. 골드만삭스의 결별 선언은 시작에 불과했다. 일부 금속 제조 업체도 '선지급 후선적'을 요구하면서 글렌코어를 압박하기 시작했다.

회사 상황이 이러하니 글렌코어 내부에서도 회사의 미래에 대한 우려가 생기는 건 당연했다. 당시 글렌코어의 고위 경영자였고 2011년 글렌코어 상장 시 억만장자 클럽에 이름을 올린 누군가는 그때를 회상하면서 "그땐 결코 유쾌한 시절이 아니었습니다"라고 말할 정도였다.

"만약 2008년 9월 때 내 지분의 가치가 얼마냐는 질문을 받았다면, 저는 휴지 조각이라고 답했을 겁니다.”[14]

하지만 글렌코어의 목줄을 쥔 끔찍한 공포는 금세 가라앉았다. 중국이 기반 시설에 대대적으로 투자함으로써 세계경제 회복을 주도한 덕분이었다. 하지만 글렌코어는 그간의 혹독한 경험으로 인해 몰라보게 달라졌다. 2008년 말 위기가 클라이막스였을 당시, 글라센버그는 신용평가사 한 곳으로부터 질문을 받는다. 회사의 ‘12사도’가 한꺼번에 퇴사한다면 어떻게 대처할 것이냐는 질문이었다.[15] 이에 대한 답으로 글라센버그는 12명 모두에게 차례차례 전화를 걸었다. 채 하루도 지나지 않아 12명 모두 ‘최소 3년 안에는’ 회사를 떠나지 않기로 합의했다. 글라센버그 개인으로서는 매우 굴욕스러운 경험이었다.

그만큼 금융 위기 당시 글렌코어는 사방에서 압박을 받았고, 글라센버그는 최측근에게 아쉬운 소리를 할 수밖에 없었다. 행여 한 사람이라도 이를 이용해 협상을 시도했다면 글라센버그는 군말 없이 들어 줘야 했을 정도였다. 나름 유쾌하고 유대감 있던 사내 분위기는 더욱 험악해졌다. 예전에는 동료끼리 곧잘 짓궂은 장난도 치고, 몸을 갈아 넣는 수준의 출장도 마다하지 않았는데 서로 의심이 많아지고 뻑뻑해졌다.

글라센버그는 위기의 회사를 살리기 위해 싸우면서 두 가지 교훈을 얻는다. 최고위 트레이더의 이탈을 막고, 회사 성장을 방해하는 잠재적 요소를 해결해야 함이었다. 두 교훈은 글렌코어가 한눈팔지 않고 기업공개의 길을 가도록 만든 동력이기도 했다.

얼마 지나지 않아 글렌코어는 세계 최대 국부펀드와 금융계 큰손

몇 곳에 회사를 홍보하는 데 열을 올린다. 그렇게 2009년 12월 글렌코어는 특정 상황에서 회사채를 주식으로 바꿀 수 있는 조건으로 22억 달러를 조달했다. 한마디로 전환사채CB, Convertible Bond를 발행했다. 1994년 로슈의 투자 이래 처음으로 외부 투자자가 글렌코어의 가치를 평가한 일대 사건이 일어난 것이었다. 이번 평가에서 글렌코어의 가치는 350억 달러로 나왔다.[16] 그러면서 글라센버그는 마이클에게 합병을 계속 종용했지만, 글렌코어의 가치를 어떻게 평가할지에 대해서는 합의가 되지 않았다.

결국 2010년 5월부터 글렌코어는 독자 행보에 나선다. 사내 재무통, 변호인, 회계사 등으로 팀을 구성해 기업공개를 본격적으로 준비하기 시작했고 공개 기업으로서의 새 삶을 향해 거침없이 나아갔다. 글라센버그가 기업공개를 위해 해결해야 할 문제 중 하나는 이사회 재구성이었다. 지금까지의 이사회는 글라센버그와 내부자 몇몇으로만 구성됐으니 이름뿐이었다. 매년 실적에 도장을 찍고 몇몇 중요한 의사 결정을 승인하는 것이 전부였다. 상황이 이러니 이사회 회의 시간은 대개 10분을 넘기지 않았다. 글라센버그 개인으로서는 기존 이사회가 훨씬 편했다.

하지만 외부 투자가가 있으려면 이사회가 달라져야 함을 글라센버그는 잘 알았다. 더 전문적이고 '일하는' 이사회 말이다. 이를 위해 그는 업계와 금융계에서 신망이 두터운 이들과 일일이 접촉해 신임 이사 몇 명을 영입했다. 그다음 숙제는 이사회 의장(회장) 선임이었다. 현직 회장인 스트로토테는 회사와 너무 관계가 깊어 유임시키기 힘들었다. 그렇게 예비 후보를 추려 간단히 명단을 꾸몄다.

2011년 4월 초, 글렌코어가 공개 기업이 될 준비를 거의 마쳤을 때 회장 후보도 내정됐다. 바로 브리티시페트롤리엄에서 최고경영자를 지낸 존 브라운Edmund John Phillip Browne 이었다. 글렌코어가 기업공개를 선언하기 하루 전날, 글라센버그와 고위급 트레이더 몇몇이 런던의 부촌 첼시Chelsea 에 있는 브라운의 자택을 방문했다. 회장 내정자에 대해 좀 더 알아보기 위함이었다.

체구는 왜소했지만, 예리하고 명석한 두뇌만큼이나 오만하고 콧대도 높던 브라운은 브리티시페트롤리엄을 업계 메이저로 키운 주역이었다. 글라센버그가 접촉했을 때도 브라운은 추가 검증이 거의 필요 없는 인물이었다. 브라운은 과거 사생활 추문이 있었을 때도 이를 정면 돌파해 역으로 직장 내 구성원의 다양성을 넓히기도 했다. 그 추문이란 브라운이 동성애자임을 예전 애인이 폭로했던 사건이었다. 참고로 브라운은 법정에서 해당 사실을 위증한 탓에 브리티시페트롤리엄 최고경영자에서 물러났었다. 그 후에 브라운은 영국 상원 의원이 됐고, 테이트Tate 재단이 운영하는 미술관의 신탁위원회 회장을 맡았다.

브라운의 자택은 화려하되 고상한 세련미를 풍겼고, 집주인은 손님을 희귀 도서와 골동품으로 가득한 서재로 안내했다. 글라센버그 일행은 베네치아산 실크로 감싼 의자에 앉았는데, 그들 눈에는 황금 잎사귀 무늬 벽지를 바른 천장이 보였다. 브리티시페트롤리엄 재직 당시 '석유 산업의 태양왕'[17]으로 불렸던 브라운과 곧 억만장자가 될 이들이 회담을 여는 순간이었다.[18]

회담의 포문은 브라운이 열었다. 자신이 회장으로 취임할 회사에 대한 일련의 질문이었다. 이내 그의 질문과 태도는 글라센버그 일행을 불쾌하게 했다. 브라운의 고압적인 태도에 모욕감을 느꼈기 때문이다. 리치를 밀어내고 경영권을 인수한 이래 글라센버그 일행은 경영에 대해서는 누구에게도 아쉬워할 일이 없었는데, 별안간 추궁당하는 상황이 연출된 탓이었다.

브라운의 화려한 자택을 나오는 글라센버그 일행의 심경은 착잡했다. 브라운의 오만함에 대해 조용히 투덜대면서 브라운이 회사를 마음대로 주무를 상황에 대한 걱정도 했다.

하지만 브라운 역시 회담에 불만이었다. 글라센버그가 회사에 대해 완벽히 투명하게 알려 주지 않았다고 생각했기 때문이었다. 자신의 명성만 취하기 위해 이름뿐인 회장 자리를 주겠다는 회사와 엮이고 싶은 마음은 애당초 그에게 없었다.[19] 몇 개월 전부터 추진됐었고 사실상 발표만 앞둔 브라운 영입 계획은 그렇게 끝나 버렸다.

문제는 기업공개 일정이 다가온다는 점이었다. 계획상으로는 회담 다음 날 아침에 브라운 영입을 공식 발표할 예정이었다. 보도자료까지 다 써 놓은 상태였다. 하지만 브라운 영입은 없던 일이 됐고 글라센버그는 다급해졌다. 발표 전 몇 시간 안에 대안을 찾아야 했다. 그렇게 글라센버그는 회장 후보로 사이먼 머리Simon Murray를 지목한다. 프랑스 출신에 모험심까지 남달랐고, 홍콩에서 주로 일한 인물이었다. 마침 글렌코어가 런던과 홍콩 증시에 동시 상장할 계획이었으니 모양새가 더욱 좋았다. 발표까지 불과 몇 시간밖에 남지 않은 상황에서 난 결정이었다. 그런데 정작 머리와 통화가 되지 않았다.

"글렌코어는 신임 회장을 내정했고, 최종 선임을 위한 마지막 수
순을 밟는 중입니다. 조속히 모든 절차를 마무리해 알려 드리겠습니
다"[20]

결국 보도자료에 신임 회장의 이름은 나오지 않았다. 이렇듯 글
렌코어의 기업공개는 서두른 감이 없잖아 있었지만 막상 진행해 보니
큰 문제가 생기진 않았다. 원자재에 대한 투자자의 열정이 상상 이상
이었던 덕분에 글렌코어는 기업공개만으로 100억 달러를 조달했다.
이는 런던 증시 상장 역사상 역대 최대 규모였고 글렌코어는 에프티
에스이 100 지수로 직행했다. 그리고 영국 은퇴자를 위한 여러 연기
금의 투자 종목이 됐다.[21]

기업공개와는 별도로 글렌코어와 엑스트라타의 합병도 계속 진
행됐다.[22] 글렌코어의 기업공개는 합병 논의를 진전시킬 동력을 제공
했다. 그간 합의가 되지 않던 글렌코어의 공식적인 가치 평가액이 나
왔기 때문인데, 실제로 보니 엑스트라타의 시가총액보다 크게 낮지
않았다(기업공개 당시 글렌코어의 가치는 600억 달러에 약간 못 미쳤는데, 엑스트라
타의 가치는 약 670억 달러였다). 하지만 글라센버그와 마이클의 관계는 매
우 나빠졌다. 마이클 입장에선 발레와의 합병 논의에 글라센버그가
훼방을 놓은 셈이었다. 글라센버그 역시 2009년 1월 증시가 저점이

었을 때 마이클이 엑스트라타 주주에게 추가 매수를 요청한 것에 심기가 불편했었다.

글라센버그의 최종 계획은 변함이 없었다. 기업공개를 발판으로 엑스트라타와 합병하는 것이었다. 이제 기업공개가 성황리에 끝났으니 그는 엑스트라타와의 협상을 궤도에 올리고 전력 질주를 시작했다. 하지만 거의 모든 부분에서 합의가 되지 않았다. 합병 방식, 두 회사의 상대적 가치와 합병 비율, 새 회사의 최고경영자 선임 등 사사건건 서로가 충돌했다. 합병 논의에 대해 양측이 '에베레스트Everest'라는 암호명을 부여할 정도였다. 그만큼 협상이 난항이었다는 뜻이었다.

결국 2011년 말, 글라센버그와 마이클은 서로의 감정이 상할 대로 상한 다음에야 억지 타협안을 낸다. 마이클은 엑스트라타 이사회에 해당 안건을 상정한다. 이것이 그의 커리어상 최고의 거래였을까? 아니다. '글라센버그에게 얻을 수 있는' 최대한의 거래였다. 같은 시각 글라센버그도 내부 회의를 열었다. 엑스트라타와의 합병에 내부 모두가 만족한 것은 아니었다. 특히 구리 트레이더인 미스타키디스는 엑스트라타의 자산을 비싸게 인수한다며 볼멘소리를 냈다. 게다가 엄청나게 비효율적이고 게으른 엑스트라타 경영진과 함께 일해야 한다는 것 역시 못마땅해했다. 재무 책임자인 스티브 캘민Steve Kalmin 역시 엑스트라타와의 합병이 영 만족스럽지 않았다.

하지만 글라센버그는 자신의 뜻을 굽히지 않았다. 2012년 2월 7일, 두 회사는 합병을 공식 발표한다. 글렌코어가 엑스트라타를 인수하는 형식에 엑스트라타 주주에게 신주를 지급하는 조건이었다. 합병 비율은 엑스트라타 주가를 시세보다 약간 높게 매겨 엑스트라타 1주 당 글렌코어 2.8주로 정했다. 최고경영자는 마이클이 맡되 글라센버그는 2인자로 중개 업무를 총괄하기로 했다.[23]

하지만 평생 따로 살다가 급하게 합친 한 지붕 살림이 순조로울리 없었다. 양측이 '약혼'을 결정하자마자 곧바로 긴장감이 높아졌다. 글렌코어 내부에서는 마이클을 비롯한 엑스트라타의 광산 부문 경영진에 대한 경멸감이 터져 나왔다. 이제 '결혼식'을 남긴 상태에서 서로 같이 살아가야 하는 것은 불가피했다. 서류상으로는 엑스트라타 팀이 글렌코어의 팀 지위와 같거나 더 높은 구조지만 글렌코어 트레이더는 합병 후에도 주요 주주의 자리를 유지하기에 더욱 문제였다. 이 결혼이 오래갈 거라고 예상하는 이는 내부에서도 찾기 힘들었다. 오히려 글라센버그와 글렌코어의 고위 트레이더가 권한과 힘을 더 행사하리라는 예상이 훨씬 많았다. 글렌코어 팀으로 합병 협상에 참여했던 어떤 이가 이렇게 말할 정도였다.

"우리 중 누구도 이 구조가 지속되리라 생각하지 않았습니다. 심지어 누가 최후의 승자일지도 이미 알고 있었죠."[24]

마이클이 내린 결론도 이와 같았다. 즉, 이 '결혼'은 마이클 자신이 최고경영자에서 물러나게 되는 계산 착오의 결과였다. 자세히 보자. 원자재 호황기에 엑스트라타와 글렌코어가 나란히 성장하는 동안 마이클은 글렌코어로 가는 엄청난 이익에 점점 억울해했다. 물론 자신도 막대한 부를 쌓긴 했다. 가령 글렌코어와 합병할 무렵 〈선데이 타임스Sunday Times〉가 선정한 부자 리스트를 보면 마이클의 자산은 약

8,000만 파운드(약 1억 3,000만 달러)였는데, 그 자산의 절반가량이 엑스트라타 주식이라 추정됐다.[25]

하지만 글라센버그의 부는 마이클의 그것과는 차원이 달랐을 뿐 아니라, 그 부의 상당 부분이 엑스트라타로부터 나왔다는 것이 문제였다. 글라센버그는 비상장 회사인 글렌코어의 최대 주주였던 반면 엑스트라타는 상장회사인 탓에 마이클은 다양한 연기금과 여타 기관 투자자에 이어 지분 비중이 비교적 낮았다. 이런 상황에서 글렌코어와의 합병이 가시화되면서 마이클은 자신과 엑스트라타 경영진이 새 합병 회사에서 밀려나는 것은 시간문제임을 깨달았다.

그렇게 고민하던 마이클은 자신과 자신의 팀을 위해 풍성한(총 2억 달러 이상) '잔류 상여금' 패키지를 협상하기 시작했다. 그 풍성한 상여금을 받기 위한 조건은 두 가지였다. 합병 회사에 잔류하는 경우 혹은 글렌코어 측이 자신들을 억지로 내보낼 경우였다. 문제는 그 협상의 시기가 매우 최악이었다는 점이었다. 당시 영국 전역에 주주행동주의가 강하게 일면서, 투자자는 거부권을 구실로 탐욕적이거나 무능하다고 생각하는 경영진과 이사회 이사를 위협했다. 훗날 '주주의 봄'으로 알려진 이 운동에서는 지나치게 관대한 경영진 급여 체계가 주요 쟁점이었다. 자연히 엑스트라타의 주주 사이에선 마이클의 잔류 상여금 거래에 대해 반감이 높았다.

잔류 상여금 논쟁은 엑스트라타 주주들 사이에서 글렌코어와의 합병 자체에 대한 반대 여론을 터뜨렸다. 합병 논의 이전부터 엑스트라타의 일부 주주 사이에선 글렌코어의 인수 가격에 불만이 있었다.

글라센버그가 더 높은 가격을 제시해야 한다고 생각했던 것이다. 여기에 카타르 국부펀드가 몇 개월 만에 엑스트라타의 주식을 10퍼센트 이상 쓸어 담으면서 글렌코어에게 인수 가격을 높이라고 요구했다.[26] 합병 자체는 무산될 위기에 처했다.

이번에도 글라센버그는 내부 고위급과 토론을 벌였다. 처음 조건대로의 합병도 마땅치가 않던 마당에 인수가를 높이라는 요구까지 나오자 내부 분위기는 합병에 더욱 부정적으로 바뀌었다. 반면 미스타키디스는 새 합병 회사의 경영권을 글렌코어가 가져온다는 조건하에 인수가를 높이자 주장했는데 대주주 몇몇도 이에 동조했다. 하지만 글라센버그는 인수가 상승 의견에 냉랭했다. 인수가를 높이라는 요구를 몇 주간이나 단호하게 거부했다. 하지만 글라센버그의 태도는 허세에 가까웠고 카타르 국부펀드도 이를 알고 있었다. 그들은 인수가를 높이지 않으면 합병도 없다며 글라센버그를 압박했다.

결과는 어땠을까? 글라센버그의 포기였다. 빠른 상황 판단력을 앞세워 해결사라는 신화를 쓴 글라센버그였기에 자신의 패배를 인정하는 것도 빨랐다. 9월 6일 저녁, 외국 왕실이 런던 방문 시 묵는 곳으로 유명한 클라리지스호텔에 글라센버그가 모습을 드러냈다. 그곳에서 카타르 총리를 만날 예정이었다. 엑스트라타와의 합병 문제를 다시 추진하기 위한 마지막 시도이기도 했다. 이날 모임엔 눈에 띄는 참석자가 하나 있었다. 카타르 정부와 긴밀한 관계였던 영국의 전 총리 토니 블레어Anthony Charles Lynton Blair 였다. 합병에 수천만 달러의 성공 보수가 걸린 투자 은행가들이 블레어에게 협상 중재를 부탁했기 때문이었다.

결과적으로 블레어의 중재가 통했다. 그간 업계에서 온갖 일을 겪었던 트레이더 글라센버그 역시 협상할 준비가 된 상태였다. 글라센버그는 인수가를 높일 수밖에 없었고, 엑스트라타 주식과 글렌코어 주식의 교환 비율은 1 대 3.05로 수정됐다. 합병에 대한 카타르의 승인을 받았으니 글라센버그가 손해만 본 것은 아니었다. 그렇게 협상이 끝나고 서로가 자리에서 일어났을 때 이미 시간은 자정을 넘어가 있었다. 호텔을 나온 글라센버그는 글렌코어의 석탄 트레이더가 술잔을 기울이던 인근 술집으로 향했다.

그리고 새벽 2시경, 글라센버그는 마이클에게 전화를 걸었다. 그는 자신의 라이벌을 향해 카타르와 담판을 지었다 알리면서 한 가지 문제가 있다고 덧붙였다. 마이클이 아니라 자신이 새 합병 회사의 최고경영자를 맡는다는 소식이었다. 그날 아침, 추크의 엑스트라타 본사에 이사회 이사진이 모였다. 합병에 대한 주주들의 찬반 투표가 열릴 예정이었다. 엑스트라타 이사진은 회의 시작 몇 분 전에야 글렌코어가 새로 제안한 조건이 담긴 문서 한 장을 받았고, 회의가 시작되자 마이클은 주주들에게 해당 조건을 찬찬히 읽어 줬다. 어디선가 'f'로 시작하는 중얼거림이 들려오기 시작했다.[27]

그로부터 8개월이 지나고서야 글렌코어와 엑스트라타의 합병은 완료됐다. 이렇게 런던을 배경으로 한 업계의 가장 '막가는 드라마' 한 편이 막을 내렸다. 그렇게 업계를 떠나 정계로 진출해 영국 보수당의 최고경영자이자 재무 책임자가 된 마이클은 엑스트라타와 글렌코어가 주연인 이번 드라마의 '삼류' 전개에 여전히 분을 삭이지 못했다. 마이클 생각에는 글렌코어가 엑스트라타 주주가 자신의 잔류 상여금 계획에 반대하도록 부추기는 등 처음부터 거래를 망친 원흉이라 생각했다. 또한 드라마의 특급 조연이었던 카타르 정부도 엑스트라타 경영진을 지지하겠다는 약속을 어기면서 드라마를 더욱 비극적으로 만들었다.

　반대로 글라센버그와 글렌코어는 모든 것을 얻었다. 특히 글라센버그와 고위급 트레이더들은 합병 회사의 지분을 3분의 1가량 소유했는데, 합병 회사는 얼마 지나지 않아 비에이치피빌리턴(런던과 호주에 상장된다_옮긴이)과 리오틴토Rio Tinto(런던과 호주 그리고 뉴욕 증시에 상장한다_옮긴이)에 이어 시가총액 기준 세계 3위의 광산 업체로 우뚝 선다.**28**

　합병 건으로 인해 글렌코어의 위상 역시 몰라보게 달라졌다. 업계 세계 최고라는 지위를 유지하면서 천연자원 부문에서 트리플 크라운을 달성해 세계 최대 천연자원 생산 업체 가운데 하나가 됐기 때문이다. 그렇게 중국, 일본, 독일의 발전용 석탄 수출 1위, 철강 산업의 주요 금속인 페로크로뮴과 아연 생산 1위, 휴대전화와 전기 자동차 배터리의 필수 원자재인 코발트 생산 1위를 기록해 원자재 3관왕에 올랐다. 뿐만 아니라 차드와 적도기니의 유전, 캐나다와 호주, 러시아의 곡물 저장 창고와 항구 그리고 멕시코의 주유소 등 공급망의 모든 지점에 투자할 든든한 '총알'까지 장착했다. 글라센버그의 말마따나 글렌코어는 '새로운 최강자'였다.**29**

———— ❧ ————

　글렌코어의 기업공개는 글라센버그와 고위급 트레이더를 부자로 만들고 끝난 건 아니었다. 이제 글렌코어는 더욱 공격적이고 대범하게 사업을 확장하기 시작했다. 엑스트라타와의 합병을 진행하던 것과 동시에 캐나다의 곡물 중개 업체인 바이테라Viterra를 60억 달러에 인수했다. 그로부터 1년이 조금 지난 어느 날에는 리오틴토의 회장에게 전화를 걸어 합병을 제안하기까지 했다.

　일부 원자재 중개 업체가 온몸으로 거부하더라도 기업공개의 필요성은 갈수록 커졌고 거스를 수 없는 물줄기처럼 보였다. 이로 인해 글렌코어의 기업공개는 대세를 따라 내딛은 한 걸음과도 같았다. 예전의 글렌코어는 월스트리트와 거래를 재개하기 위해 리치를 내보내야 했다. 상장을 통해 세상의 양지로 더 깊숙이 나가기로 선택한 것도 그때와 일맥상통했다. 글렌코어가 세계 금융 시스템에 더욱 깊이 통합되고 그 세상에서 존재감을 키우기 위한 통과 의례와도 같았다.

　하지만 기업공개에는 달콤한 열매만 열리는 건 아니었다. 글렌코어는 제대로 준비가 안 된 채 새로운 일련의 도전에 맞닥뜨리기 시작한다. 이제 회사 실적은 반기마다 평가 대상이 됐고, 경영상 일거수일투족이 언론의 먹잇감이 되기 시작했다. 또한 무엇보다도 기업공개로 드러난 글렌코어의 막대한 이익은 직간접적으로 연결된 이해관계자의 관심을 불렀다. 업계 라이벌부터 고객까지, 투자자부터 언론까지, 비정부기구부터 각국 정부까지 모두가 도끼눈을 뜨고 경영을 들여다

보기 시작했다. 한마디로 이제까지 경험하지 못한 수준 그 이상으로 글렌코어의 경영은 엄격한 감시를 받기 시작했다.

사실 이러한 외부의 관심은 글렌코어가 오래전부터 애써 피하려 했던 것이었다. 누구와 어떻게 거래하는지에 관한 질문은 회사 입장에선 매우 피하고 싶은 대상이었다. 또한 세계 여러 곳의 지사가 수집한 정보로 다른 많은 시장 참가자보다 상당한 경쟁 우위를 누렸으니, 자사의 통찰 중 하나라도 외부에 알리고 싶지 않았다. 과거에 상장할 기회가 있어도 그 기회를 거부했던 이유였다.

글렌코어의 원년 멤버였던 펠릭스는 리치 시절엔 기업공개에 대해 절대 토론한 적이 없었다며 다음과 같이 말했다.

> **"당신도 말하기 싫은 비밀 하나쯤은 있잖아요? 아마도 당신에게 매우 익숙한 그 무엇일 겁니다. 우리도 마찬가지죠. 모두가 비상장 회사에서 일하는 것에 익숙했습니다."[30]**

1990년대 말 글렌코어가 로슈 소유의 지분을 환매할 방법을 찾았을 때도 몇몇 투자 은행가들이 기업공개를 제안했었다.[31] 하지만 당시 회장인 스트로토테에게 기업공개는 '기업가적 자유의 제한'이었다.[32] 1990년대 초반 글렌코어에서 전무이사를 지낸 와일러는 비상장의 이점에 대해 좀 더 대놓고 말한다.

"수수료를 지불하고 싶을 때는 비상장 회사가 최곱니다. 연례보고서에 그 존재를 밝힐 의무가 없거든요."[33]

하지만 1990년대 말부터 그 장점은 사라졌다. 경제협력개발기구가 1997년에 채택한 "국제 상거래에 있어서 외국 공직자에 대한 뇌물 공여 방지에 관한 협약"과 유엔이 2003년에 제정한 "부패방지협약" 같은 법규로 인해 수수료나 뇌물 제공이 매우 어려워졌기 때문이다. 이에 더해 글렌코어의 정보 기반 경쟁 우위도 점차 줄어들었다. 정보를 얻기 위한 비용은 갈수록 저렴해지고 접근성까지 확대된 까닭이었다. 이에 대해 와일러는 이렇게 말했다.

"(비상장 회사의) 장점은 여전히 있습니다. 하지만 우린 그것도 머잖아 없어질 것을 알았죠. 제 생각입니다만, 이미 회사의 덩치와 영향력이 너무 커져서 비상장 체제 유지가 불가능해졌습니다."

와일러의 말마따나 기업공개가 피할 수 없는 선택이었을지는 몰라도, 기업공개가 부른 공공성 문제의 불똥은 글렌코어 내부에서도 거의 예상하지 못한 영역으로 튀었다. 광산 업체, 석유 업체, 농장, 정유 공장, 제련소, 여타 제조 업체 등 글렌코어의 공급자와 구매자 사이에서 글렌코어가 흑자 기업임을 모르는 곳은 없었다. 다만 기업공개 전에는 글렌코어의 이익이 정확히 얼마일지 억지로 고민할 필요가 없었으니 관심 밖이었을 뿐이었다. 하지만 글렌코어의 이익이 정확히 드러나자 기존 공급자와 구매자는 절박한 의문을 품는다. 글렌코어가 과연 자신을 희생한 대가로 그 엄청난 돈을 벌었을까? 일종의 상대적인 박탈감에서 나온 의문일 수도 있다. 이렇게 기업공개로 인해 글렌코어의 수익성은 절대로 무시할 수 없는 모두의 관심사가 됐다.

2006년까지 글렌코어의 합금철 사업 부문을 이끈 이스로프는

"고객과 이런 이해 충돌의 갈등은 늘 있었습니다. 공정하게 일했다면 모든 거래에서 어떻게 이토록 큰돈을 뽑아내겠습니까?"라고 말했다. 그리고 다음과 같이 덧붙였다.

"(기업공개 이전에) 우리가 돈을 번다는 것은 세상이 다 알았습니다.⋯우리가 정확히 얼마나 버는지는 아무도 몰랐지만요."

이스로프의 말은 기업공개에 반대하는 이들의 단골 논리다. 그만큼 원자재 중개 업체가 기업공개를 선택하지 않는 주된 이유가 여기 있다. 1940년대의 필리프브라더스에선 자사의 재무제표와 연간 이익에 관한 정보가 '핵무기 개발 수준의 기밀'이었다고 당시 경영자 중 누군가가 말했다.[34] 하지만 20여 년이 흐른 뒤 필리프브라더스는 기존 노선에서 급선회한다. 기업공개에 참여하기로 결정한 것이다. 그렇게 1960년에 필리프브라더스는 상장회사인 미네랄스앤드케미칼스코퍼레이션Minerals & Chemicals Corporation과 합병한다.

이렇듯 경영에 대해 낱낱이 공개해야 하는 상황까지 글라센버그는 오래 기다릴 필요가 없었다. 기업공개를 추진하던 시기에 면화 가격이 사상 최고치까지 치솟았기 때문이다. 면화 시장에서는 후발 주자였던 글렌코어는 불행히도 가격 변동의 반대쪽에 판돈을 걸었다. 그렇게 글렌코어는 상장회사로서 첫해 실적을 발표할 때 면화 거래로 생긴 3억 3,000만 달러 이상의 손실을 보고해야만 했다.[35] 그간 신중하게 쌓은 회사 이미지는 이렇게 타격을 입었다.

문제는 이게 끝이 아니었다. 엑스트라타 인수를 끝내고 겨우 2년이 지나고 더 혹독한 시련이 찾아왔다. 중국의 경제성장 둔화로 2015

년엔 석유부터 구리에 이르기까지 원자재 가격이 폭락했다. 문제는 그때가 원자재 호황기에 진행된 많은 투자가 결실을 봐야 하는 시점이었다는 것이다. 글라센버그의 욕심 때문에 글렌코어는 과도한 부채 부담에 시달리기 시작했고, 헤지펀드는 글렌코어 주가 하락에 돈을 걸기 시작했다.

상장회사가 된 글라센버그는 그야말로 적들에게 둘러싸였다. 주가는 하락세인데 내부의 누구도 이에 대해 대안을 말하지 못했고, 마침내 신주 발행과 자산 매각이라는 자구책을 마지못해 내놓아야 했다. 자구책을 낸 후 몇 주 동안은 시장이 반응하지 않았다. 오히려 주가가 단 하루만에 29퍼센트가 폭락한 적도 있었다. 에프티에스이 100 지수에 편입된 주식치고는 폭락세가 매우 예외적으로 큰 수준이었다. 결과적으로는 시장이 매수세로 돌아섰고 주가를 회복했지만, 이는 비상장 회사였다면 겪지 않았을 끔찍한 경험이었다.

이렇게 기업공개로 인한 아픈 경험은 글렌코어에만 해당되는 건 아니었다. 한때 고철상으로 일했던 엘먼이 창업한 노블그룹은 전직 직원의 내부 고발로 인해 시장의 신뢰를 잃었다. 그 고발 내용이란 회사가 이익을 부풀리기 위해 회계 부정을 저질렀다는 것이었다. 노블그룹의 곤경은 소름 끼치게 공개적으로 전개됐다. 새로운 문제가 생길 때마다 노블그룹은 언론을 도배했고 그만큼 주가는 바닥으로 내리꽂혔다. 결국 노블은 채권자 손에 넘어갔다.[36]

이렇듯 몇몇 업체의 기업공개는 많은 원자재 중개 업체에 교훈이 됐다. 원자재 중개 산업은 파트너십 체제가 가장 효과적이라는 인식을 심은 것이다. 필리프브라더스의 최고경영자를 지냈던 텐들러는 "우리 일은 상장해서는 안 되는 사업입니다"라고 딱 잘라 말한다.[37]

　실제로도 글렌코어 이후 상장한 대형 원자재 중개 업체는 없었다. 2000년대 중반까지 비상장 체제를 유지했던 원자재 중개 업체는 의식적으로 계속 비상장의 길을 간다. 비톨은 1980년대부터 기업공개를 고민하다 주관사로 영국의 클라인워트벤슨Kleinwort Benson을 선정하기까지 했으며, 클라인워트벤슨은 비톨의 기업 가치를 6억 5,000만~7억 5,000만 달러로 평가했지만 기업공개는 무산됐다.[38] 2006년경에 다시 기업공개를 고려했지만 결국 없던 일이 됐다.[39] 루이드레퓌스도 기업공개를 고려한 적이 있었지만 결국 추진하지 않았다.[40] 다른 원자재 중개 업체는 기업공개를 강하게 반대하는 입장이었다. 트라피구라의 최고경영자 제러미 위어Jeremy Weir는 기업공개 문제에 대해 이렇게 답했다.

　"우리의 최대 강점은 700명 가까운 주주 모두가 직원이라는 사실입니다. 그들 각자의 사업적 이익이 회사의 이익과 일치하죠."[41]

　업계에서 기업공개에 대해 가장 격렬하게 거부한 회사는 단연 카길이다. 1865년 창업 후 지금까지 카길의 주인은 카길과 맥밀런 가문에서 단 한 번도 달라지지 않았다. 다만 2006년 창업자의 손녀 마거릿 카길Margaret Cargill이 세상을 떠났을 때, 카길 주식이 시장에 나올 뻔한 적이 있다. 마거릿은 미국 최고 여성 부호 가운데 한 명이었지만 그 재산의 대부분은 카길 지분에 묶여 있었다. 마거릿의 카길 지분은 전체의 약 17.5퍼센트에 달했다. 마거릿이 생전에 설립한 자선단체는 그녀의 기부금을 현금화하고 싶었고, 기업공개를 하자며 카길에 로비를 펼치기 시작했다. 다는 아니어도 마거릿의 지분만이라도 상장하자고 꼬드겼다.

　하지만 마거릿의 유족은 물론 맥밀런 가문도 기업공개에 두 손들어 반대했다. 마거릿 사후 5년간 카길의 여러 주주 집단 사이에서 기업공개에 대한 물밑 갈등은 심했다. 결국 마거릿이 설립한 자선단체로부터 카길이 지분을 매입하는 것으로 갈등이 끝났다. 자선단체는 마거릿의 지분을 카길에 넘기는 대신에 카길이 소유한 상장회사인 모자이크Mosaic 주식 94억 달러어치를 받는 것으로 합의를 봤다.[42] 여기에 카길과 맥밀런 가문의 나머지 주주도 총 57억 달러에 해당하는 모자이크 주식을 추가로 받았다.

　그렇게 카길은 기업공개 논의를 잠재우면서 추가적인 이익을 봤다. 마거릿이 설립한 자선단체의 요구를 충족시키면서 나머지 가족 주주에게 수십억 달러의 주식을 부여해, 추후에 생길 기업공개에 대한 논의를 싹부터 잘라 낸 것이다.[43] 다른 효과도 있었다. 회사 역사상 처음으로 카길의 기업 가치가 모자이크의 주식과 비교 평가된 것이다. 모자이크와의 비교 평가를 통한 카길의 기업 가치는 약 535억 달러로 평가됐다.[44] 카길의 최고경영자였던 페이지는 이에 대해 다음과 같이 말했다.

　"이는 비상장 체제 유지에 대한 소유주 일가의 헌신을 보여 주는 가장 확실한 증거입니다."[45]

　이렇게 카길, 비톨, 트라피구라 같은 원자재 중개 업체가 기업공개와 대중의 눈을 피하려 최선을 다했음에도 불구하고, 글렌코어의 상장으로 업계의 속살이 적나라하게 드러나고 인지도가 높아지는 것까지 피할 순 없었다. 글렌코어 주식은 영국에서 은퇴 자산을 운용하는 모든 연기금의 주요 투자 종목에 포함됐다. 글렌코어의 라이벌까지 이동통신 사업자 보다폰Vodafone, 거대 제약 업체 글락소스미스클라인GlaxoSmithKline와 같이 에프티에스이 100 지수에 편입된 기업보다 더 흥미로운 기삿거리가 됐다.

2008년 고유가와 식량 가격 폭등으로 대중의 분노가 들끓었을 때만 해도 원자재 중개 업체의 이름을 한 번이라도 언급한 기사는 385건에 불과했다. 하지만 2011년에는 1,886건이었다.[46] 여러 통신사는 원자재 중개 업체를 전문으로 다룰 특파원을 뽑기 시작했다. 상황이 이러니 원자재 중개 업체도 사내 홍보 팀을 강화할 수밖에 없었다. 역사상 처음으로 홍보 전문가를 뽑은 기업도 있었다. 트라피구라는 〈파이낸셜타임스〉의 전직 편집자까지 영입했다.

이렇게 수십 년간 원자재 중개 업체를 가렸던 베일은 거침없이 벗겨지기 시작했다. 기업공개로의 전환은 가시밭길이었고, 심지어 기업공개를 후회하는 목소리도 있다. 글렌코어가 기업공개를 하기 전까지 이사회 이사로 일했던 자크는 "글렌코어는 주식을 공개하지 말아야 했다"라고 단정한다. 그는 한발 더 나아가 글렌코어의 기업공개는 '탐욕과 오만' 때문이었다고까지 주장한다.[47]

기업공개의 잠재적 약점이 무엇이든 원자재 중개 산업이 기업공개를 향해 나아간 변화는 분명 달콤한 열매를 줬다. 기업공개를 하든,

회사채를 발행하든, 사모펀드와 손을 잡든 간에 더욱 폭넓은 투자자 집단을 활용하면서 자금 조달 능력이 좋아졌기 때문이다. 다만 그렇게 갖춘 재정적 화력은 사상 초유의 국제적 사건을 초래한다.

13장

권력도 팝니다

글렌코어, 비톨, 트라피구라

THE WORLD FOR SALE

2018년 초, 카리브해의 한 섬나라 증권거래소에 짧은 공지 하나가 떴다. 건너편 미국 펜실베이니아주 공립학교 교사들 중 아무도 관심을 두지 않았을 정도의 먼 나라에 걸린 공지였다. 하지만 이 공지는 펜실베이니아주 교사 퇴직연금에 암운을 드리우는 소식이었다.

펜실베이니아주 해리스버그Harrisburg의 빨간 벽돌 건물엔 공립교직원퇴직연금제도Public School Employees' Retirement System라는 기관이 있다. 미국 전·현직 교직원 50만 명을 대신해 500억 달러가 넘는 교직원 연금을 관리하는 곳이다. 이러한 연기금은 투자에 극도로 보수적인 것으로 유명하다. 과도한 수익보다 안전성을 선호하는 것이 당연하다. 최소한 이들한테서는 위험이 도사리는 불안정한 지역에 투자하는 '위험 사냥꾼'의 모습은 찾아보기 힘들다.

하지만 2018년 3월 19일, 그들 연기금의 투자처 한 곳이 띄운 공지 하나는 펜실베이니아주 교사에게 새로운 현실을 알리는 경고문과 같았다. 또한 그들의 투자가 결단코 보수적이지 않았다는 현실을 알리는 고발문이기도 했다. 그 공지 내용은 무엇이었을까?

"2017년 9월 25일, 쿠르드 지방정부KRG, Kurdistan Regional Government가 실시한 독립 국민투표의 여파로 키르쿠크Kirkuk 유전이 강탈당해 최소 약정 물량을 공급하는 능력이 크게 저하돼 쿠르드 지방정부의 원유 수출이 50퍼센트 가까이 줄었다는 사실을 알려 드립니다."[1]

펜실베이니아주 교사들은 몰랐겠지만, 사실 몇 개월 전에 그들의 퇴직연금 중 일부가 이라크령 쿠르디스탄Kurdistan 으로 흘러갔다. 그들의 퇴직연금만이 흘러간 건 아니었다. 가령 사우스캐롤라이나주에서는 경찰과 판사를 비롯해 총 60만 명이 넘는 다양한 공무원의 퇴직연금이 흘러갔다. 또한 웨스트버지니아주의 교사와 소방관 그리고 경찰의 퇴직연금도 같은 운명이었다.

그렇다면 무슨 이유로 공무원의 노후 자금이 중동에서 가장 불안정한 화약고 중 한 곳으로 흘러갔을까? 그 투자의 연결 고리를 들여다보면 현대 금융 시스템의 축소판과도 같다. 세율이 낮고 공적 감시도 거의 없는 관할권에 설립된 유령회사 사이에서 돈이 이동했다. 당연히 펜실베이니아주, 사우스캐롤라이나주, 웨스트버지니아주에서 북부 이라크로 직행하지 않았다. 이들 돈의 흐름에는 기착 지점이 있었다. 조세피난처로 악명 높은 케이맨제도Cayman Islands 의 수도 조지타운George Town , 금융 특구가 조성된 아일랜드 수도인 더블린Dublin ,

런던 중심부의 금융 지구인 메이페어, 수많은 중동 자금이 모이는 두바이, 이렇게 네 곳이었다.

그렇다면 미국의 퇴직연금 가입자가 연기금 연례보고서를 주의 깊게 읽어 봤다면, 자신의 돈에 무슨 일이 생겼는지 좀 더 정확히 알았을까? 결과는 달라지지 않았을 거라 본다. 연례보고서를 자세히 읽는다면, 연기금 투자처 목록에서 'Oilflow SPV 1DAC'(이하 오일플로_옮긴이)라는 이름 정도는 발견했을 것이다. 거기서 좀 더 조사했다면 오일플로가 아일랜드 기업으로서, 더블린 도심에 있는 평범한 4층짜리 건물에 본사가 있다는 사실까지는 알 수도 있다. 정말 운이 좋거나 부지런하다면 그 건물을 본사로 등록한 회사만 200곳 정도 더 있다는 사실도 알아낼지도 모르겠다.[2]

2016년 오일플로가 아일랜드 정부에 제출한 설립신고서에 따르면, 회사의 설립 목적은 '모든 종류의 금융자산을 획득·관리·보유·판매·처분·조달·중개하는 것'이었다.[3] 그리고 2017년 초, 오일플로는 케이맨제도증권거래소에 등록됐고 상환 만기가 2022년인 '담보부 상각어음'(할부 방식으로 상환하는 어음_옮긴이)을 발행해 5억 달러를 조달했는데, 이것은 채권과 비슷한 투자 방식이다.[4]

한마디로 유령회사에 가까운 오일플로에서 가장 기이해 보이는 요소는 투자수익률이었다. 초저금리 시대에서 그 회사의 수익률은 놀랄 만큼 높았다. 그들이 발행한 담보부 상각어음은 향후 5년에 걸쳐 연간 12퍼센트 수익률을 약속했는데, 이는 미국 재무부가 발행한 국채보다 여섯 배 이상 더 높은 수익이다.

투자의 세계에서 고수익은 고위험과 동일어다. 오일플로의 투자 상품도 예외가 아니었다. 미국 연기금이 그 어음에 투자하도록 유도했던 대형 펀드 운용사 프랭클린템플턴Franklin Templeton은 그 어음에 대해 '북부 이라크의 석유를 담보로 하는 미국 달러화 표시 채권'이라 설명했다.[5]

그 어음의 실체를 좀 더 쉽게 설명할 순 없을까? 한마디로 이라크령 쿠르드 독립운동을 지원하기 위해 미국의 연기금을 이용하는 금융 구조의 일부였다. 몇 세기에 걸친 중동의 지난한 역사, 유전을 차지하기 위한 투쟁, 원자재 중개 업체의 무모한 도전 등이 포함된 커다란 게임에 미국의 연기금을 끌어들인 투자였다. 당연히 오일플로의 뒷배는 따로 있었다. 바로 오일플로의 어음이 글렌코어가 관리하던 금융 상품이었다.[6]

그간 원자재 중개 업체는 남들이 가장 꺼리는 곳에 과감히 뛰어들어 기꺼이 돈을 썼다. 1장에서 봤듯이 바이서가 소련 땅을 밟던 시절 이후부터 쭉 그랬다. 또한 적어도 1980년대 이래로 원자재 중개 업체는 원자재 흐름을 담보로 정정이 불안한 국가의 자금 조달을 도왔다. 1980년대 초 마크리치앤드코는 내전이 한창이던 앙골라 정부에 약 8,000만 달러를 선불로 지급하겠다고 합의했다. 이는 한 국가의 석유를 대출 담보로 이용하는 최초의 계약 중 하나였고, 그 후에는 이런 식의 석유 연계 대출 거래가 매우 보편화된다.[7]

2011년 글렌코어의 기업공개가 보여 주듯, 원자재 중개 산업의 자본 조달 방식에 변화가 생긴다. 이제 원자재 중개 업체는 외부에서 자본을 조달하기 위해 팔을 걷어붙이기 시작했다. 이러한 변화는 그들 손에 유례없이 막강한 영향력을 쥐어 줬다. 미국의 연기금은 자신이 마크리치앤드코의 지갑 신세가 되는 상황을 꿈도 꾸지 않았을 것이다. 하지만 결과적으로 그들은 '21세기판' 마크리치앤드코가 창조하고 관리하는 투자상품에 돈을 태웠다. 당연히 그들이 무슨 생각으로 돈을 태웠을지는 짐작이 된다. 글렌코어는 어엿한 상장회사였던데다, 명망 높은 에프티에스이 100 지수에 편입된 우량 기업이었기 때문이다.

　이렇게 금융 권력을 손에 쥔 원자재 중개 업체는 세계경제 시스템에서 더욱 중요한 역할을 한다. 그 힘은 국제 정세에 차원이 다른 영향을 미칠 전도가 됐다. 원래 그들의 목적은 돈이었지만, 이익을 추구하는 과정에서 정치적 역할을 수행하는 것은 자연스러운 수순이었다. 갑자기 여러 국가의 재정을 통째로 떠받칠 뿐 아니라, 국제금융 시스템에서 추방당한 개인과 국가를 복귀시킬 수 있는 금융적 수단까지 획득했다. 심지어 리비아 내전이나 쿠르드 지방정부의 독립 투쟁처럼 정치색이 다분한 분쟁에서 결정적 역할을 할 금융 권력까지 휘두를 수 있었다. 런던과 추크, 휴스턴의 편안한 사무실에서 말이다.

------ ⌁ ------

　이라크, 시리아, 튀르키예, 이란 전역에 약 3,000만 명이 거주하는 쿠르드족은 나라가 없는 세계 최대 인종 집단이다.[8] 1991년 걸프

전쟁의 포성이 멎은 뒤 후세인 정부의 방해에도 쿠르드족은 북부 이라크에 자치 국가를 세웠다. 그리고 2003년 이라크전쟁으로 미군이 후세인을 사로잡았을 때, 그들은 전쟁 종식과 함께 이라크 정부로부터 훨씬 더 높은 수준의 자치를 쟁취했다. 하지만 그렇게 탄생한 이라크령 쿠르드는 그들이 원하던 완전한 독립국가와는 거리가 멀었다. 이라크령 쿠르드가 정식 국가가 되려면 경제적 자립이 필요했다. 그 자립을 실현시킬 최고의 희망은 바로 석유였다.

2014년 초, 쿠르드족에게 자립의 기회가 찾아왔다. 이웃 국가 시리아는 3년째 치열한 내전으로 홍역을 치르는 중이었다. 그 내전의 잔해 속에서 무장 단체가 세력을 키웠다. 일명 아이시스ISIS, Islamic State in Iraq and Syria로 유명한 '이슬람국가'였다. 2014년 시리아에서 강력한 기반을 확보한 이슬람국가는 이라크로 관심을 돌린다.

이슬람국가는 먼저 라마디Ramadi와 팔루자Fallujah 같은 저항 세력의 거점을 포함해 이라크 서부 도시를 점령했다. 그다음 6월엔 대규모 공세를 감행해 북부 지방의 이라크군을 격퇴해 모술Mosul까지 장악한다. 이 과정에서 이라크군은 급히 퇴각하느라 모술 남쪽에 있는 중요 도시 키르쿠크를 내팽개치다시피 했다. 하지만 키르쿠크는 이슬람국가로 넘어가지 않았다. 그 자리는 쿠르드족 민병대인 페시메르가Peshmerga('죽음 앞의 그들'이라는 뜻이다_옮긴이)가 메웠다.

쿠르드족 입장에서 키르쿠크 함락은 평범한 승리가 아니었다. 1920년대 지금의 이라크가 건국된 이래 키르쿠크의 석유는 정부가 관리했다. 하지만 쿠르드족은 한순간도 키르쿠크에 대한 욕심을 거둔

적이 없었다. 또한 키르쿠크는 수천 년의 역사를 지닌 여러 문명이 녹아든 용광로이기도 했다. 쿠르드족은 심지어 총 한 번 쏘지 않고 그 도시를 차지한 것이다.

또한 페시메르가는 쿠르드어로 '불의 아버지Father of fire'라는 뜻을 가진 도시인 바바구르구르Baba Gurgur를 손에 넣었다. 수천 년간 그곳 땅속에선 불꽃이 타올랐는데 그것이 바로 천연가스였다. 지금도 바바구르구르의 불꽃이 구약성서에 등장하는 불타는 용광로라 믿는 사람이 있다. 바빌론 왕 네부카드네자르Nebuchadnezzar(느부갓네살이라고도 한다_옮긴이)가 금으로 만든 성상 앞에 엎드려 절하는 것을 거부한 유대인 세 명을 던져 넣은 용광로 말이다.

이처럼 쿠르드족은 후세인이 쫓겨난 이후 2014년까지 10년 넘도록 국제사회에 자신의 독립 투쟁을 인정해 달라는 로비를 벌였다. 2011년 남수단South Sudan이 수단으로부터 독립하고 국제사회가 남수단을 승인하자, 쿠르드족은 자신들도 비슷한 대우를 받을 거라 기대했다. 하지만 미국을 포함해 서방은 쿠르드족의 바람을 철저히 외면했다. 그런데 뜻하지 않게 키르쿠크의 유전을 장악함으로써 쿠르드족은 경제적 독립국가를 건설할 기회를 맞이했다. 당연히 온갖 '해결사'와 '컨설턴트'가 쿠르드의 경제적 자립을 돕겠다며 나타났다.

쿠르드 지방정부는 석유 유통에 능통한 전문가를 뽑았다. 우리가 9장에서 봤던 라카니였다. 10여 년 전엔 이라크에서 글렌코어의 해결사로 일했고 석유·식량 교환 프로그램 사기극에서 일익을 담당했던 바로 그 사람 맞다. 그 후엔 독립해 자신의 사업을 일구던 라카니는 원자재 중개 업체와 쿠르드 지방정부가 손을 잡도록 도움을 줬다.[9] 로비스트인 폴 매너포트 Paul Manafort도 눈에 띄는 인물이었다. 2016년 트럼프의 선거대책위원장을 맡기도 했던 그는 훗날 금융 사기로 감옥에 간다. 어쨌든 쿠르드 지역에서 그의 역할은 독립 국민투표를 준비하는 데 도움을 주는 것이었다.[10]

석유가 나와도 팔아야 돈이 된다. 쿠르드 지방정부도 마찬가지였다. 경제적 자립을 위해서는 석유를 팔 방법을 찾아야 했다. 당연히 이라크 정부는 이라크령 쿠르드의 원유 구매자를 대상으로 법적 행동을 취하겠다고 압박했다. 이라크 정부 입장에서 쿠르드의 석유는 '장물'이었다. 그렇게 이라크 정부의 협박으로 많은 정유사가 쿠르드 지방정부와의 거래를 포기했다. 장래가 불안정한 쿠르드의 석유보다는 이라크 정부가 훨씬 중요한 거래처였기 때문이다.[11]

여러 정유사가 이라크의 협박에 굴복했지만, 원자재 중개 업체는 그런 협박에 고분고분하지 않았다. 일부 업체는 쿠르드족이 키르쿠크를 함락시키기 전부터 그들의 석유를 사들였다. 그리고 쿠르드족 앞으로 더 많은 석유가 들어오니, 원자재 중개 업체 입장에서는 쿠르드족을 도울 이유가 생겼다. 그렇게 이라크령 쿠르드의 석유는 마치 꽃의 꿀처럼 수많은 원자재 중개 업체를 끌어들였고, 트라피구라와 글렌코어 그리고 비톨 역시 석유를 확보하러 쿠르드 지방정부 수도인 에르빌에 속속 도착했다.

돈이 된다면 지옥도 마다하지 않을 원자재 중개 업체였지만, 이라크 북부의 '반자치' 지역을 상대하는 것은 정치적으로 매우 민감한 사안이었다. 내전 당시 리비아에서 비톨이 승부수를 띄웠을 때와 마찬가지로, 쿠르드 지방정부 역시 국제사회에서 승인을 받지 못한 상태였다. 그러니 쿠르드 석유의 소유권을 둘러싸고 분쟁이 벌어진 것은 당연했다. 쿠르드족은 당연히 그 석유가 자신의 소유임을 주장했고, 이라크는 오직 중앙정부만이 석유 수출 권리가 있다고 맞받아쳤다. 법적 행동을 취하겠다는 이라크 정부의 협박은 원자재 중개 업체가 맺는 관련 거래에 꼬리표로 따라붙었다.

트라피구라의 석유 사업 부문 대표이며, 쿠르드 지방정부가 수출한 원유 운송에 도움을 줬던 벤 러콕Ben Luckock은 그때 상황에 대해 "초기 거래는 단순했어요. 그들이 생산한 원유에 새 주인을 찾도록 돕는 것이었죠. 하지만 그건 정말 어려운 일이었습니다. 그 원유가 분쟁거리인 것이 확실했으니까요"[12]라고 말한다. 그리고 다음과 같이 덧붙였다.

"우리는 한동안 (쿠르드 지방정부의 원유) 구매자를 전혀 찾지 못했습니다."

그러자 원자재 중개 업체는 뻔하디 뻔한 방법을 다시 꺼냈다. 1970~1980년대에 금수 조치를 피하기 위해 쓰던 위장술 말이다. 이라크 북부에서 튀르키예를 관통해 지중해 연안 제이한Ceyhan까지 뻗은 송유관으로 석유를 운송한 것이다(자료 3 참고). 그렇게 제이한에서 원유가 선적됐는데, 유조선은 감쪽같이 사라졌다.

쿠르드 지방정부의 원유 수출을 개척한 업체 중에 트라피구라도 있었다. 그들의 트릭에도 에일라트-아쉬켈론 송유관이 포함했다.

1970년대 리치가 이란산 원유를 유럽으로 공급하기 위해 이스라엘 내륙을 통과했을 때와 똑같은 경로였다. 그 후엔 에일라트–아쉬켈론 송유관의 양방향 운송도 가능해졌기에 트라피구라는 리치와 반대 방향으로 원유를 운송했다. 즉, 이라크령 쿠르드의 원유를 자사 유조선에 실어 아쉬켈론에서 하역한 다음 송유관을 이용해 이스라엘을 거쳐 홍해 연안의 항구 에일라트까지 운송했다. 에일라트에서부터 원유의 행방은 관계자 외엔 아무도 몰랐고 추적 역시 불가능했다. 조사 결과 원유 일부의 종착지는 이스라엘이었으며, 또 다른 일부는 하루 정제 용량이 소규모라서 속칭 '찻주전자'로 불리는 중국의 민간 정유사로 전달됐다.[13]

물론 1970년대 때와 마찬가지로 에일라트–아쉬켈론 송유관 사용에는 외교적 문제가 따라왔다. 이라크는 1948년부터 이스라엘과 전쟁 중인 상태였고, 자연히 이라크 정부는 이스라엘을 승인하지 않았다. 하지만 트라피구라의 도팽이 나서서 외교적 마법을 발휘했고 얼마 지나지 않아 이스라엘은 쿠르드족의 원유가 자국 영토를 지나가도록 허락했다. 트라피구라의 석유 부문 대표 러콕은 이에 대해 다음과 같이 회상했다.

"확실한 건, 그 선택은 이스라엘이 했다는 거죠. 그들은 정치적인 상황을 그냥 제꼈습니다."[14]

하지만 이라크령 쿠르드의 원유 거래가 계획대로 흘러가진 않았다. 2017년 중반, 한번은 비톨이 네버랜드호Neverland라는 유조선에 쿠르드 지역에서 나온 약 100만 배럴의 원유를 선적해서 캐나다의 한 정유 공장으로 출발한 적이 있다. 이번에 이라크 정부는 즉각 법적 행동에 돌입했다. 북미로 쿠르드산 원유를 수출하는 것은 쿠르드 지방 정부가 석유를 자체적으로 판다는 것이 인정된다는 의미였으니 이라크 정부로서는 매우 민감한 문제였다. 이라크 정부는 그 원유가 '장물'임을 공개적으로 주장하는 동시에 비톨의 유조선과 화물에 대한 압류 소송을 제기했다. 그리고 비톨엔 3,000만 달러의 손해배상금을 요구했다. 이에 캐나다 연방법원은 비톨의 유조선이 자국 영해에 진입한다면 압류하겠다 명령함으로써 이라크의 손을 들어 줬다.

그렇게 네버랜드호의 행방에 세계의 시선이 집중됐다. 수많은 외교관, 변호인, 법원이 선임한 압류 집행관 등의 관심은 말할 필요도 없었다. 하지만 결론적으로 네버랜드호는 흔적도 없이 사라졌다. 네버랜드호는 석유 화물을 추적할 때 쓰는 신호인 무선표지Radio beacon(특정한 주파수를 가지고 일정하게 전송되는 비지향성 신호_옮긴이)를 아예 꺼 버려 사실상 유령선이 됐다. 그 후 네버랜드호에 어떤 일이 있었는지는 지금도 풀리지 않는 수수께끼다. 다만 무선표지를 끄고 4주가 지난 후 네버랜드호가 다시 나타났는데 지중해의 섬나라 몰타 인근을 항해 중이었다. 그곳은 무선표지를 끄기 전 마지막으로 포착된 지점이기도 했다. 하지만 유조선은 텅 빈 상태였다. 즉, 어딘가에서 쿠르드산 원유를 누군가에게 비밀스레 건넨 것이다. 과연 어디서, 어떻게, 누구에게 쿠르드산 원유를 건넸을까?

그 사건으로부터 몇 년이 흐른 지금까지 비톨은 네버랜드호에 대해 극도로 말을 아낀다. 비톨의 고위 파트너 베이크는 네버랜드호에 대해 다음과 같이 말할 뿐이다.

"모두가 화물이 사라진 것을 압니다. 그것이 유럽이나 북미에 하역되지 않은 것도 공공연한 비밀이죠. 그렇다면 그 화물이 어디로 갔을지 뻔하지 않나요? 동쪽이죠."[15]

사실 쿠르드 원유를 둘러싼 싸움은 이라크 정부가 질 수밖에 없었다. 돈과 석유의 흐름이란 누구도 떨치기에 어려운 유혹이었으니, 이라크 정부가 어떻게 방해하든 거래는 이어질 터였다. 이에 대한 베이크의 말을 들어 보자.

"결국 그들도 화물 하나씩 차지하는 걸로 끝날 싸움이 아님을 깨달은 거죠."

원자재 중개 업체의 도움이 정점이었을 때, 쿠르드 지방정부의 일일 원유 선적량은 60만 배럴 가까이 불어났다. 노르웨이 일일 석유 수출량의 50퍼센트에 가까운 양이었다. 그 원유의 절반은 페시메르가가 장악한 키르쿠크 인근 유전에서 나왔다.[16] 하지만 쿠르드 지방정부는 여전히 현금을 원했다. 이라크 내 쿠르드족이 독립운동을 지속하려면 현금이 필요했기 때문이다. 이번에도 그들이 기댈 곳은 원자재 중개 업체였다. 쿠르드 지방정부는 정해진 미래에 석유를 넘긴다는 조건으로 돈을 미리 받길 원했고, 원자재 중개 업체는 이에 흔쾌히 동의했다.

석유 중개 산업의 트로이카인 비톨과 트라피구라와 글렌코어, 러시아 석유 업체 로스네프트, 좀 더 규모가 작은 스위스 기반의 페트라코Petraco, 이렇게 다섯 업체가 석유 구매권을 담보로 쿠르드 지방정부에 낸 선급금을 전부 합치면 자그마치 35억 달러에 달한다.[17] 쿠르드 지방정부 경제 규모의 17.5퍼센트와 엇비슷하다.[18] 해당 채무는 몇 년에 걸쳐 원유 수출로 갚을 계획이었다. 일부 원자재 중개 업체는 자사의 금고를 털어 돈을 빌려줬고, 일부는 주거래은행의 도움으로 돈을 마련했다.

하지만 글렌코어만 약간 특이한 방법을 썼다. 그 '의심 많은 거물'은 자신의 돈을 투자하기에 쿠르드 지방정부는 너무 위험하다 판단했기 때문이다. 고심 끝에 그들이 쓴 방법이란 고수익을 보장하는 석유 담보부 채권을 파는 것이었다. 글렌코어는 그렇게 마련한 돈으로 쿠르드 지방정부에 선급금을 냈다. 오일플로의 탄생 이야기다.

이렇듯 쿠르드의 원유 수출에 관여한 원자재 중개 업체를 둘러싼 위험은 생각보다 컸다. 여전히 이라크 정부는 쿠르드산 원유를 자신들의 것이라 여겼다. 게다가 쿠르드 지방정부와 이라크의 경계선은 유동적이었으니 내전의 위험이 항상 존재했다. 여기에 이슬람국가가 이라크 전체를 위협하는 상황이었다.

의도치 않게 자신의 퇴직연금을 오일플로에 투입한 미국 연금 가입자가 감내할 위험 역시 엄청났다. 오일플로가 발행한 어음의 투자 설명서를 보면 투자상 위험을 설명하는 분량만 3분의 1에 달할 정도였다. 투자상 위험에는 테러, 종교 간 갈등, 내전, 국경분쟁, 게릴라, 사회불안, 경제난, 외환 변동성, 높은 물가 상승 등이 포함됐다. 심지어 투자자의 돈이 부패에 이용될 가능성까지 언급하면서 쿠르드 지방 정부를 '통치 행위 측면에서 고위험 지역'이라고 명시했다.[19]

이러한 상황에서 글렌코어는 역시 갈 데까지 간다. 애당초 그들은 쿠르드산 원유를 직접 사들이지 않고 중간 업체를 한 번 거치는 방식을 계획했다. 쿠르드 지방정부의 원유 수출을 직접 도와준다면 이라크 정부의 분노를 살 위험이 있었기 때문이다. 그로 인해 쿠르드 지방정부는 5억 달러를 받는 조건으로 글렌코어가 내세우는 중간 업체와 계약을 맺을 계획이었다. 그 중간 업체는 글렌코어와 계약을 맺기로 했다.

당연히 그 중간 업체는 이름 없는 곳이었고, 글렌코어는 투자설명서에서 그 사명조차 거론하지 않았다. 당연히 글렌코어는 그 회사에 대해 모르려야 모를 수 없었다. 그 업체는 두바이 기반의 엑스모르 그룹Exmor Group이었다. 설립 후 1년이 조금 지난, 그야말로 풋내기 업체였다. 두바이 연안의 인공 섬 팜주메이라Palm Jumeirah가 한눈에 보이는 47층짜리 빌딩에 입주한 엑스모르는 요제프 드루얀Josef Drujan이 창업한 회사다. 드루얀은 15년간 글렌코어의 트레이더로 일했는데, 그중 아시아와 구소련 국가에서 일한 이력이 있었다.[20] 한마디로 글렌코어가 잘 아는 직원 하나를 계약에 끼워 넣은 셈이다.

어쨌든 원자재 중개 업체와의 거래로 유입된 돈은 쿠르드 지방정부에 주요한 생존 수단이 된다.[21] 이 오일머니 덕분에 쿠르드족은 더욱 강력히 독립운동을 전개했다. 원자재 중개 업체와 거래하기 전까지 쿠르드 지방정부는 이라크 정부 보조금 외에는 이렇다 할 수입원이 없었다. 하지만 이제는 처지가 180도 달라졌다. 슬슬 쿠르드 정치계는 이라크로부터의 진정한 독립이 머지않았다는 생각을 품었다. 게다가 독립 자금을 마련할 수도 있겠다는 희망도 품었다.

그렇게 글렌코어가 오일플로를 통해 이라크령 쿠르드에 자금을 조달하고 고작 몇 달이 지난 2017년 9월, 쿠르드 지방정부는 새로 획득한 경제적 독립을 정치적 해방으로 전환하기 위한 운명적 결정을 내린다. 원유 거래로 재정이 확보되자 독립 국민투표를 강행한 것이다. 투표 결과는 압도적이었다. 이라크령 쿠르드 인구의 93퍼센트가 독립을 찬성했다.[22]

이를 통해 이라크령 쿠르드인들은 자신이 제2의 남수단이 되리라 기대했는지도 모르겠다. 불과 몇 해 전 국제사회가 남수단에게 보인 것처럼 자신들의 독립국가를 환영할 거라고 말이다. 하지만 그 희망은 커다란 착각이자 계산 착오였다. 이슬람국가가 이라크에서 철수함에 따라 서방은 더 이상 쿠르드 지방정부를 동맹으로 여기지 않았다. 오히려 미국과 서방은 독립 국민투표를 포기하라고 경고했을 정도였다. 미국과 서방은 안 그래도 이미 불안한 화약고에서 시한폭탄 같은 국가 하나가 더 생기는 상황을 원치 않았다. 하지만 쿠르드 지방정부는 그 경고를 무시했고, 이쯤 되니 미국과 서방은 이라크 정부의 반응에 팔짱만 끼고 구경할 뿐이었다.

쿠르드 지방정부의 독립 국민투표가 실시되고 며칠 만에 이라크 정부는 자신들의 권한을 다시 강조했고, 그로부터 3주 뒤에 군을 파병함으로써 군사행동에 나섰다. 쿠르드 지방정부는 이제 바람 앞에

촛불 신세가 됐다. 풍부한 석유 매장량에 힘입어 가능할 수도 있었던 경제적 자치가 이제는 환상에 가까워졌다. 수십억 달러를 들여 쿠르드 지방정부의 독립을 지원했던 원자재 중개 업체에는 원치 않는 전개였다.

오일플로가 케이맨제도증권거래소에 공지를 발송한 게 이때부터였다. 다만 글렌코어는 애초에 석유 수출 감소나 유가 하락에 대비한 많은 장치를 오일플로에 넣었기에, 쿠르드산 원유 생산이 급감해도 글렌코어의 부채 상환 능력은 즉시 영향을 받지 않았다. 하지만 2020년에 유가가 하락하자 상황이 다급해졌다. 오일플로에 넣은 장치로도 충분하지 않았다. 그렇게 오일플로는 더 이상 투자 약정을 이행할 수 없었고, 투자자와는 상환 일정을 미루기로 합의했다.

펜실베이니아주 교사 퇴직연금처럼 연금 수령자가 나날이 늘어나는 연기금의 경우, 오일플로에 투자하는 것은 기존 포트폴리오보다 고수익을 기대할 수 있는 방법이었다. 투자금이 중동 정세에 미칠 파급효과에 대해 애초에 고려라도 했는지는 정확히 알 수 없다. 공립교직원퇴직연금제도 대변인에 따르면 오일플로에 투자한 것은 이머징 마켓에 대한 대출 채권을 가진 포괄적인 투자 포트폴리오의 일부였고, 그 투자는 프랭클린템플턴이 관리했다는 것이었다.

"펜실베이니아주 공립교직원퇴직연금제도의 투자 전문가와 컨설턴트는 이런 방식의 이머징 마켓 투자에 수반되는 위험은 물론이고 우리 연금제도의 모든 투자 전략과 포트폴리오에 포함된 이익과 손해에 대해 충분히 숙지합니다."[23]

———— ⟡ ————

대부분의 원자재 트레이더는 자신은 정치에 무관심하다며 입버릇처럼 말한다. 어느 한 편을 들지도 않으며 오직 경제적 이익에만 충실할 뿐이라고 덧붙인다. 이는 현대 역사 전반에서 원자재 중개 산업의 좌우명이기도 했다. 다음은 미국인이 이란에 인질로 잡혀 있던 위기 중에 이란과 거래했다며 공격받자 리치가 항변한 내용이다.

"사업에서 우리는 정치를 고려하지 않습니다. 이제까지 한 번도 그랬던 적이 없었습니다. 그것이 우리 회사의 사업 철학입니다."**24**

하지만 그들이 뭐라고 주장하든, 가리거나 바꿀 수 없는 명백한 진실이 있다. 원자재 트레이더 중 일부는 특정한 정치적 의제를 위해 자신의 부를 썼다는 사실이다. 그 예로 미국 코크인더스트리스를 공동으로 소유한 코크 형제가 미국 내 보수 진영 후보와 정책을 지원하기 위해 기부한 누적 액수는 수억 달러에 이른다. 이들보다 규모는 작지만 테일러도 영국 보수당에 수백만 파운드의 정치자금을 후원했던 적이 있다. 뿐만 아니라 테일러는 2014년 스코틀랜드의 분리 국민투표 당시 스코틀랜드를 영연방에 잔류시키기 위한 '베터 투게더Better Together' 운동에 사재를 털어 지원했었다.

물론 거래에서 원자재 중개 업체의 동기는 거의 언제나 경제적 득실에서 나온다. 거래가 합법적이고 수익성이 있다면 업체 대부분은 그것이 정치적으로 바람직한 영향을 미칠지 여부에 대해서는 잠시도 고민하지 않는다. 이에 대해 비톨의 베이크는 "우리는 올바르거나 허용 가능하다고 판단되는 수준까지 석유의 물리적 흐름을 다룰 뿐입니다"라고 말한다.

"우리는 의자 깊숙이 몸을 파묻은 채 시가를 물고 '자, 여기서 역사를 한번 만들어 봅시다'라는 식으로 사업하지 않아요. 더 노골적으로 말하자면, 차라리 그럴 시간이라도 있으면 좋겠습니다."[25]

좋다. 정치적 영향력이 그들의 목표가 아니라 치자. 하지만 그렇다 해서 원자재 중개 업체가 정치에 영향을 미치지 않는다는 것은 아니다. 원자재가 돈과 권력으로 직진하는 지름길인 현재 세계에서 원자재 중개 업체는 역사의 방향을 바꿀 능력을 충분히 가진다. 우리가 앞에서 본 이라크령 쿠르드가 좋은 예다. 원자재 중개 업체는 쿠르드 지방정부가 이라크 정부에 대한 경제적 의존성을 끊고 경제적 자립을 쟁취하도록 도왔음은 물론이고, 그들이 정치적 독립을 요구할 자신감까지 심어 줬다.

원자재 중개 업체가 자신들에게 정치적 영향력이 전혀 없다고 잡아떼지만, 쿠르드 지방정부 천연자원부 장관 아슈티 하우라미Ashti Hawrami는 그들의 역할이 얼마나 중요한지에 대해 아주 냉철하게 직시한다. "경제는 정치보다 선행하고 정치인의 의사 결정을 강제합니다"[26]라면서 경제적 독립이 정치적 독립에 필수적인 전제 조건이라는 신조를 다시 한 번 강조한다. 그렇다면 원자재 중개 업체의 돈은? 하우라미는 "그들의 돈은 우리의 경제적 독립에 도움이 됩니다"라고 단언했다.[27]

쿠르드 지방정부가 독립 국민투표를 실시하고 몇 주가 흐른 뒤 테일러가 한 회의에 참석했을 때 일이다. 그는 쿠르드 지방정부가 국민투표를 밀어붙이는 데 트레이더가 중요한 역할을 했냐는 질문에 잠시 뜸을 들이다 대답했다.

"네, 그렇습니다."[28]

그렇다면 원자재 중개 업체가 금융 권력을 휘두른 곳이 쿠르드족뿐이었을까? 천만의 말씀이다. 호황기로 지갑이 두둑해진 데다 공개 시장에 대한 접근성까지 확대되자 원자재 중개 업체는 '주머니 인심'을 더 멀리, 더 넓게 퍼뜨릴 힘을 가진다. 그렇게 리비아에서 카자흐스탄, 콩고민주공화국에서 남수단까지 정치 불안으로 남들이 꺼리는 자원 부국에 중요한 돈줄이 됐다.

문제는 그들이 자신들만의 돈으로 그 줄타기를 하는 것이 아니었음이다. 당시 원자재 중개 업체는 국제 금융계와 원자재 생산국을 연결하는 교량 역할을 하면서, 은행과 연기금을 포함해 외부 투자자의 돈을 변방국과의 원자재 거래에 끌어들였다. 애당초 그들에게 익숙한 역할이었고, 원자재 중개 업체가 지금까지 한 일 역시 원자재 중개 시장에서의 중간자였으니 그렇다. 하지만 그들은 자신의 기존 역할을 금융계로까지 확대해, 돈 흐름의 발판으로 일하는 것 이상으로 손을 뻗친다.

이러한 원자재 중개 업체의 권력 확대가 2008년 세계 금융 위기 이후 나타난 것은 우연의 일치가 아니었다. 금융계의 무자비한 확장의 대명사였던 미국, 영국, 유럽의 투자은행은 몸을 사리기 시작했다. 금융 위기 속 투자은행의 운명은 셋 중 하나였다. 파산하거나, 국유화되거나, 나날이 엄격해지는 규제의 제물로 살아남거나. 이른바 '프런티어 마켓'(브라질, 러시아, 인도, 중국 등 브릭스처럼 개발이 상당히 진행된 이머징 마켓보다 경제 규모가 작고 덜 알려진 국가. 자메이카, 튀니지, 베트남 등이 대표적이다_옮긴이)이라고 불리던 불안정한 자원 부국에서 손을 떼기 바빴다.

다만 원자재 중개 업체는 투자은행이 직면한 까다로운 규제와 감시 같은 것에 눈도 꿈쩍하지 않았다. 오히려 그 공백을 메우려는 의욕이 넘칠 지경이었다. 글렌코어의 오일플로가 좋은 예다. 하지만 오일플로는 이라크령 쿠르드와 비슷한 상황에 있던 세상 여러 지역에서 이뤄진 많은 거래 중 하나에 지나지 않는다. 글렌코어는 2016년 투자 설명서에서 자랑을 늘어놓았다. 지난 6년간 미래 구매권을 담보로 총 170억 달러에 이르는 석유 연계 대출이 생겼지만 단 한 건도 손해가 나지 않았다는 내용이었다. 심지어 "모든 대형 은행과 유명 기관투자자를 포함해 세계 150곳이 넘는 금융기관과 긴밀한 관계를 맺었다"고 떠벌렸다.[29]

이렇듯 금융계의 큰손으로서 원자재 중개 업체의 역할이 커지는 것은 그들의 포트폴리오에서 나타나는 변화가 반영된 탓이다. 정보 접근성이 날로 높아짐에 따라 전통적인 포트폴리오가 후퇴했고, 이에 발맞춰 원자재 중개 업체는 거래의 크기와 규모를 우선시하기 시작했다. 또한 송유관과 항만부터 저유 시설과 정유 공장에 이르기까지 공급망에 투자한 것도 한몫했다.

그렇게 원자재 중개 업체는 그렇게 확대한 체계에 석유를 대규모로 공급하려 애썼다. 유조선 몇 척 분량의 석유를 사고팔아 수익을 남기기보다 '싸게 자주 파는' 전략을 구사했다. 1980년대 중반, 세계 1위 석유 중개 업체 마크리치앤드코의 경우 원유와 정제품을 합해 일일 거래량이 약 130만 배럴이었던 반면,[30] 2019년 세계 1위 석유 중개 업체인 비톨은 하루에 800만 배럴을 거래했다. 비톨의 경우가 예외적인 것은 아니다. 트라피구라의 일일 거래량은 610만 배럴이었고, 글렌코어도 매일 평균 480만 배럴을 거래했다. 테일러는 "본론만 말하자면, 우리에겐 규모가 중요합니다"라면서 다음과 같은 말을 남긴다.

"굳이 입으로 확인하기 싫지만, 크기가 관건입니다."[31]

규모로 무장한 원자재 중개 업체는 계약과 자산을 활용해 시장의 변동에 유연하게 대처하기 시작했다. 미국으로 갈 예정이던 화물을 아시아로 돌리거나, 가격격차를 겨냥해 정유 공장에서 유종 배합을 조정하는 식이었다. 또한 계약에 따라서 인도일과 물량을 유리하게 조정하는 관례도 여전히 이용 가능했다. 심지어 유가가 오를 때까지 수백만 배럴을 저유소에 보관할 수도 있었다. 이런 체계가 원자재 중개 산업의 새로운 포트폴리오가 됐다.

석유 중개 산업이 새로운 포트폴리오를 가장 적극적으로 활용했지만 금속과 곡물 쪽도 다르지 않았다. 다만 새로운 포트폴리오가 가능하려면 두 가지 조건이 필요했다. 먼저 공급망을 통해 이동하는 원자재의 물량이 많아야 했고, 시장 변수에 즉각 반응할 준비가 돼야 했다. 이렇게 규모가 중요하다면 원자재를 대규모로 확보하는 가장 좋은 방법은 무엇일까? 생산자에게 대금을 미리 주고 계약을 장기로 묶는 것이다.

그렇게 원자재 중개 업체는 금융 화력을 앞세워 석유를 대규모로 확보하기 위한 경쟁에 들어갔다. 그들은 석유가 있고 현금이 필요한 석유 판매자가 있는 곳이면 '묻지도 말하지도 않고'(다른 사람들의 돈을) 넣었다. 내전이 한창인 리비아에서부터 금으로 도금한 러시아 크렘린 궁까지 가릴 게 없었다.

이렇게 거래 규모가 커질수록 원자재 중개 업체가 굴리는 돈의 규모도 커졌다. 그렇게 어떤 국가 전체를 먹여 살리거나 새로운 국가 탄생에 조력하는 능력까지 갈 정도였다. 단순히 원자재 트레이더를 넘어 권력 트레이더가 되는 순간이었다.

이제 아프리카 대륙 중앙에 한 국가로 가 보자. 원자재 중개 업체가 한 국가의 경제에서 얼마나 지배적 역할을 하는지에 대한 본보기이기도 하다. 또한 세상 어디를 둘러봐도 이곳만큼 극단적인 사례는 찾기 힘들다. 바로 차드다. 글렌코어와 차드의 거래는 일부 원자재 중개 업체가 불량 국가와 손잡기 위해 자신의 재력을 어디까지 활용할 준비가 됐는지를 여실히 보여 준다.

내륙국인 차드는 지독한 가난과 부정부패의 온상으로 유명한 국가다. 당연히 해외 투자자가 가장 기피하는 투자처 중 하나다.[32] 1990년, 민주주의에 대한 약속보다 시바스리갈 위스키에 대한 탐닉이 더 우선이었던[33] 이드리스 데비Idriss Déby가 쿠데타로 정권을 잡은 뒤, 차드에는 데비의 장기 집권의 막이 올랐다. 전쟁터에서 잔뼈가 굵은 장군이었던 데비는 자신을 쫓아내려는 나라 안팎의 시도를 성공적으로 막았고(심지어 프랑스 정부는 그에게 자진 사임하면 평생 연금과 안락한 아파트를 제공하겠다고 제안한 적도 있었다),**34** 그렇게 세계 최장기 집권 지도자 중 한 명이 됐다.

물론 차드 국민은 데비와 같은 행운을 누리지 못했다. 차드의 기대수명(0세의 출생자가 향후 생존할 것으로 기대되는 평균 생존 연수_옮긴이)은 세계 꼴찌에서 세 번째고,**35** 인구의 절반 가까이가 세계은행이 정한 빈곤선(2017년 기준 하루 수입 2.15달러_옮긴이) 이하에서 생활하며,**36** 국가 전체는 분쟁과 소요로 만신창이였다.

2013년, 차드는 새로운 위협에 직면한다. 바로 이슬람 민병대였다. 알카에다Al-Qaeda가 중앙아프리카에서 세력을 키우자 데비는 이웃국가 말리에 파병을 했고, 자국과 나이지리아 국경에 군대를 배치했다. 하지만 데비에게 문제가 하나 있었다. 군사행동을 지원할 돈이 부족했다. 해외 투자자가 차드를 재앙으로 여기는 터라 은행 대출은 불가능했다. 게다가 예전에 차드를 지배했던 프랑스는 물론이고 국제기구인 세계은행과 국제통화기금까지 경계심을 늦추지 않았다. 오히려 모든 차관에 대해서는 오직 빈곤 구제에만 쓰라는 요구까지 하기에 이르렀다. 돈을 융통할 곳이 완전히 막힌 데비에게 선택지는 없었다. 차드에 돈을 빌려주는 위험에 익숙할 뿐더러 지원금의 파급효과에 아랑곳하지 않는 곳에 도움을 청할 수밖에 없었다. 바로 글렌코어였다.

2013년 5월, 데비는 글렌코어로부터 3억 달러의 돈뭉치를 받는다. 미래에 원유 수출을 담보로 하는 대출이었다. 그해 말 글렌코어는 차관 규모를 두 배로 올려 총 6억 달러를 지원한다.[37] 그 대출에는 조건이 붙었다. '국가 예산을 보완하는 비군사적 목적'으로만 쓰라는 것이었다.[38] 겉으로는 그럴듯해 보이는 조건은 사실 허울에 불과했다. 글렌코어의 돈을 비군사적 목적으로 씀으로써 생기는 잉여 예산을 차드가 군사적 목적에 썼으니 말이다. 한마디로 글렌코어는 데비의 전쟁 자금을 지원한 셈이었다.

세계 유가가 100달러를 넘은 상황에서, 데비에게 글렌코어는 거액을 기꺼이 대출해 주는 은행과도 같았다. 차드의 인권침해 문제도, 부실한 경제에 관한 국제사회의 우려도 글렌코어에는 고려 대상이 아니었다. 오히려 데비는 글렌코어로부터 더 많은 돈을 지원받는다. 2014년에 차드 유전에서 쉐브론의 지분을 되사기 위해서였다. 그렇게 글렌코어로부터 14억 5,000만 달러를 추가로 대출한다.[39] 한마디로 글렌코어는 이라크령 쿠르드의 속편을 차드에서 찍은 셈이다. 이에 더해 글렌코어는 여타 은행을 비롯해 일단의 투자자에게 자신의 거래에 들어오라고 열심히 꼬드겼다.[40] 쿠르드 지방정부 때와 마찬가지로 미국 최대 연기금 일부도 차드 지원에 들어갔다. 글렌코어 공시 자료에 따르면 오하이오공무원퇴직연금제도Public Employees Retirement System of Ohio와 웨스트버지니아기금운용위원회West Virginia Investment Management Board가 글렌코어와 차드의 거래에 투자했다.[41]

유가가 배럴당 100달러를 상회하는 동안, 글렌코어와 차드의 거래는 매우 순조로웠다. 하지만 2014년 말 유가가 하락세로 돌아서면서 양측의 관계는 악화된다. 미국이 셰일 석유 증산에 나서면서 2014년 한때 115달러로 최고가를 찍었던 유가가 2016년 초에는 겨우 27달러로 4분의 1 아래로 주저앉았다.

유가 하락세에서 부채를 갚을 능력이 없었던 차드는 글렌코어에 재협상을 요청한다. 장기간에 걸친 힘겨루기 끝에 글렌코어는 결국 상환 조건을 조정하기로 한다. 글렌코어가 고개를 숙인 모양새였지만, 자세히 보면 차드에서 글렌코어의 막강한 위세를 재확인할 수 있었다. 세계 최빈국의 하나인 차드는 글렌코어와 그들의 파트너에게 약 15억 달러의 빚을 진 상태였는데, 이는 차드 국내총생산의 15퍼센트에 해당하는 액수였다.[42] 상환 조건을 조정한 이후에도 차드 정부는 글렌코어의 대출 때문에 허리띠를 졸라맬 수밖에 없었다. 교육과 건강 같은 복지 예산과 투자 지출을 삭감해야 했고, 몇 달간은 공무원 급여를 지급하는 것조차 어려울 정도였다. 글렌코어가 제시한 상환 의무를 충족하기 위해서였다. 경제난에 빠진 국가에 엄격한 재정 규율을 요구하는 것으로 유명한 국제통화기금조차도 차드의 재정 지출 삭감을 보고 '극적'이라고 표현할 정도였다.[43]

"글렌코어에서 받은 대출이 무책임했다고 고백해야 했습니다."[44]

글렌코어와의 거래를 뒤늦게 후회한 데비는 글렌코어의 대출을 '바보 같은 흥정'이라 비유했다. 차드가 디폴트에 가까워지자 데비는 조정을 또다시 요청했고, 그제서야 글렌코어는 상환 기한을 연장해주고 이자율을 절반으로 깎기로 했다.[45]

글렌코어의 대출이 차드에 얼마나 중요했는지 엿볼 대목이 있다.

국제통화기금이 발표한 차드의 경제보고서를 보면 차드 정부 재정에 관한 분석에 글렌코어의 이름이 언급된다. 코로나19가 세상을 강타하기 전에도 차드는 2026년까지 글렌코어의 대출을 전부 갚지 못할 것으로 예상됐다.[46]

"예전에 글렌코어 최고경영자를 맞이하면서 슬쩍 물어봤습니다. 지금껏 누군가에게 수수료를 내 본 적이 있냐고요."[47]

한 국가의 절대자에 가까운 권력자임에도 불구하고 데비는 세계 최대 원자재 중개 업체와의 거래에 대해 의심했고 결국 자신의 어리석음을 탓할 수밖에 없었다.

차드의 마지막 희망이 글렌코어였다면, 카자흐스탄에서는 비톨이 그 역할을 했다. 하지만 카자흐스탄과 비톨의 거래는 약간 달랐다. 차드와 글렌코어의 거래는 미래의 석유 구매권을 담보로 대출을 받는 식의 상당히 직접적인 거래였다. 반면 비톨이 카자흐스탄과 맺은 거래에는 복잡한 네트워크가 있었고 그 사이에 먹기 좋은 사냥감이 걸려 있었다.

원자재 호황기의 카자흐스탄은 새로운 투자처로 각광받던 프런티어 마켓이었다. 사람 구경하기도 힘들었던 카자흐스탄의 평원 지대는 석유 냄새를 맡고 날아든 지질학자와 석유 기술자로 북적이기 시작했다. '강아지도 달러를 가지고 놀 정도로' 해외투자가 쇄도했고 카자흐스탄의 스텝 지역엔 신자본이 탄생했다. 그리고 런던 메이페어, 두바이의 무도회장과 호텔은 카자흐스탄의 정치인과 올리가르히의 사교장이 됐다.

하지만 이 중앙아시아의 광대한 국가는 2010년대 초부터 외국 투자자에게 외면당하는 신세가 된다. 그 첫 번째 원인은 구소련의 고질병인 관료주의와 사회 지도층의 부정부패였다. 여기에 걸핏하면 바뀌는 법규도 투자자의 인내의 한계를 시험했다. 더군다나 카자흐스탄의 상징적인 석유 프로젝트였던 해상 유전 카샤간Kashagan 은 잇따른 공사 지연과 공사비 급등으로 악명이 높았다.

여기에 2014년 유가가 급락해 카자흐스탄 정부는 공황 상태에 빠진다. 소련 붕괴 전부터 카자흐스탄의 통치자는 누르술탄 나자르바예프Nursultan Nazarbayev 였다. 살림살이가 갈수록 나아지니 국민은 그의 전횡을 눈감았고 나자르바예프의 독재가 가능했다. 하지만 급락하는 유가와 함께 행복한 시절도 막을 내렸고, 나자르바예프 정권은 바람 앞의 촛불 신세가 됐다.

특히 카자흐스탄 경제의 시한폭탄 중 하나는 거대 국영 석유 업체이자 일자리의 보고였던 카즈무나이가스KMG 였다. 그렇게 2011년 서부 카자흐스탄에서 터진 석유 노동자 파업은 경찰과의 유혈 충돌로 이어졌고, 그렇게 소련 붕괴 이후 카자흐스탄 역사에서 가장 어두운 순간 하나가 추가됐다. 2014년 말 유가가 폭락한 뒤로 카즈무나이가스의 자금난은 심각했고, 급기야 중앙은행에 지원을 요청할 수밖에 없었다. 하지만 그것은 응급조치에 불과했다. 더욱 확실한 해결책을 찾아야 했고 그들이 선택한 구세주는 바로 비톨이었다.

그렇게 2016년 초부터 비톨은 미래에 석유를 공급받는 조건으로 카즈무나이가스에 총 60억 달러 이상의 대출을 지원했다.[48] 그렇게 비톨은 카자흐스탄 국영 석유 업체의 최대 채권자가 된 동시에 카자흐스탄 정부의 최대 차관 공여자가 된다.[49] 이 거래는 차드와 이라크령 쿠르드에서 원자재 중개 업체가 써먹은 것과 같은 류였다. 즉, 미래의 공급을 담보로 하는 석유 연계 대출 거래였다. 또한 비톨이 지원한 돈도 은행으로부터 나왔다. 물론 비톨이 없었다면 어느 은행도 카즈무나이가스에 1달러 한 장도 빌려주지 않았을 것이다.[50]

유가 하락에도 대통령직을 지켜 낸 나자르바예프는 오래전부터 계획한 권력 이양 작업을 시작했고, 퇴임 이후에도 '민족 지도자'(재임 기간 중 면책특권이 부여된다_옮긴이)라는 이름으로 '상왕 정치'를 했다. 비톨은 수십억 달러 대출에 대한 보답으로 카자흐스탄산 원유 수억 배럴을 받았다.

그런데 이것이 비톨과 카자흐스탄의 첫 번째 거래였을까? 석유 냄새만 나도 어김없이 모습을 드러내는 비톨이 그랬을 리 없다. 이미 10년도 훨씬 전부터 비톨은 카자흐스탄에서 열심히 네트워크를 다졌다. 2005년 당시 비톨센트럴아시아Vitol Central Asia라는 이름의 회사가 있었는데, 카즈무나이가스의 무역 전문 자회사에서 석유를 사들이는 주요 고객이었다.[51] 비톨센트럴아시아는 비톨의 그저 그런 자회사처럼 보였다. 실제로 비톨센트럴아시아의 제네바 사무소는 비톨과 같은 주소를 쓰며, 이사회에도 비톨의 최고위 파트너 두 사람 이름이 등장

하기 때문이다.[52]

　하지만 비톨센트럴아시아는 그저 그런 회사가 아니었다. 정확히 말하면 비톨센트럴아시아에 대한 비톨의 지분은 49퍼센트에 불과했다.[53] 이 회사의 최대 지분은 인도 출신의 아르빈드 티쿠Arvind Tiku가 소유 중이었다(훗날 티쿠의 지분은 50퍼센트 바로 턱밑으로 줄어든다).

　세계 최대 석유 중개 업체가 자신들의 이름이 들어간 자회사의 지분 다수를 외부인에게 허용한 것이 이상하게 보일지도 모른다. 하지만 티쿠는 그저 그런 외부인이 아니었다. 티쿠는 1990년대 카자흐스탄에서 석유와 곡물 중개 일을 시작했고, 리치가 글렌코어에서 쫓겨난 이후 그를 위해 잠깐 일한 것까지 포함하면 카자흐스탄 에너지 산업에서 오랫동안 중요한 역할을 했다. 그렇게 카자흐스탄의 석유 부문에서 가장 강력한 인물로 유명했고, 나자르바예프의 후계자로도 간간이 회자되던 그의 사위 티무르 쿨리바예프Timur Kulibayev와는 동업자 관계였다.[54]

　"티쿠와 쿨리바예프의 관계로 비톨이 유의미한 특혜를 받았다고는 생각하지 않습니다."

　티쿠와 쿨리바예프의 관계에 대한 비톨 대변인의 공식 답변이다. 티쿠의 대변인은 티쿠가 비톨과 첫 거래를 시작하고 몇 년이 지난 2006년까지도 쿨리바예프와는 사업적으로 아무런 관계가 없었음을 지적한다. 그리고 다음과 같이 덧붙인다.

　"비톨센트럴아시아든 비톨이든, 아니 다른 어떤 회사를 위해서도 특혜나 유리한 조건을 받아 내려 쿨리바예프와의 관계를 이용한 적은 결단코 없습니다."[55]

비톨과 티쿠의 동맹은 지금까지도 황금알을 낳는 거위다. 가령 2011~2018년 사이에 비톨센트럴아시아의 지주회사(네덜란드 기반의 잉마홀딩Ingma Holding BV_옮긴이)는 10억 달러 이상을 배당금으로 뿌렸다.[56] 비톨과 티쿠가 공동으로 출자한 합작사인 위마르Wimar, 티탄오일트레이딩Titan Oil Trading, 유로아시아오일Euro-Asian Oil이 잉마홀딩의 자회사다.

10년도 더 넘은 오늘날까지도 비톨은 카자흐스탄의 석유 무역을 지배하는 최대 원유 중개 업체다. 원자재 중개 업체가 장기적 관계에 기꺼이 투자할 때 어떤 보답을 받는가에 대한 의문이 완전히 풀렸다. 이보다 더 명확한 증거가 필요할지?

이렇든 원자재 중개 업체는 카자흐스탄, 차드, 이라크령 쿠르드에서 자신의 금융 권력을 아주 효과적으로 썼다. 하지만 그들이 가장 많은 돈을 투입한 곳은 따로 있었다. 바로 러시아다. 푸틴이 권력을 유지하는 데 그들의 돈은 아마 국제 비즈니스의 그 누구보다도 큰 도움이 됐을 것이다. 심지어 푸틴이 유럽과 미국과 대치 구도를 형성하는 와중에도 원자재 중개 업체의 러시아 '사랑'은 식을 줄 몰랐다.

2000년대 원자재 호황기 때 러시아는 원자재 중개 업체의 돈이 조금도 필요하지 않았다. 오히려 고도성장과 급증하는 중산층으로 대변되는 브릭스 4강의 한 축을 이루었던 러시아는 서방 투자자의 총애를 받았다. 원자재가 풍부한 이머징 마켓의 미래에 서방 투자자가 돈을 거는 것은 당연한 수순이었다. 러시아 정부가 유코스의 자산을 강탈하다시피 국유화하고 호도르콥스키를 수용소에 보낸 충격적인 사건이 벌어진 뒤에도 투자에 달라지는 것은 없었다. 러시아 기업이나 정부는 서방 투자자와 금융기관으로부터 돈을 빌리는 데 어려움을 느끼지 못했다.

그러다 2012년, 원자재 중개 업체에 빛이 비추기 시작한다. 푸틴의 최측근이자, 러시아의 석유 자산을 로스네프트로 통합하는 정책을 오래전부터 추진하던 인물인 세친이 민간 기업 티엔케이비피TNK-BP를 인수하기로 합의한 것이다. 기업 가치가 무려 550억 달러로 책정된 이번 계약은 에너지 업계 역사상 최고가 인수 가운데 하나였다. 그렇게 서방 금융기관이 로스네프트에 돈을 빌려주려 줄을 섰지만 세친의 성에는 부족했다. 로스네프트 한 곳만을 위해서도 국제금융 시스템이 동원하는 그 이상의 현금이 필요했기 때문이다. 그러면 누가 등장할 차례인가?

당연히 세친에게 원자재 중개 업체가 나타난다. 세친이 로스네프트 최고경영자가 된 뒤로 군보르에너지는 로스네프트 눈 밖에 난 지가 오래였다(세친과 팀첸코는 둘 다 푸틴의 측근이었지만 사이가 썩 좋지 않았고, 가끔은 말조차 섞지 않을 때도 있었다).**57**

급전이 필요해진 세친은 군보르에너지의 라이벌 두 곳에 전화를 건다. 글렌코어와 비톨이었다. 이 두 공룡은 미래의 석유 공급을 대가

로 로스네프트에 제공할 돈을 단 몇 주 만에 뚝딱 모았는데 그 비용이
무려 100억 달러였다.[58] 30년 전 마크리치앤드코가 앙골라에서 대출
거래를 성사시킨 이래 최대 규모의 석유 연계 대출이었다. 마크리치
앤드코가 앙골라 정부에 선급금으로 지불한 돈이 8,000만 달러였으
니 그 규모가 자그마치 백 배 이상 커진 셈이다.

 글렌코어와 비톨에는 이번 거래가 세계 최대 석유 수출국 중 한
곳에다 엄청난 수익을 가져다줄 교두보를 마련한 것과 같았다. 로스
네프트와 세친은 물론이고 러시아 정부 입장에서도 이번 거래가 밑지
는 장사가 아니었음은 이내 분명해졌다. 오히려 두 공룡은 러시아에
든든한 뒷배가 된다.

 2014년 3월 18일, 푸틴은 이틀 전에 급히 실시한 국민투표 결과
에 따라 크림반도를 러시아 영토로 포함하는 칙령에 공식 서명했다.
서방은 이를 우크라이나의 영토 일부를 불법적으로 합병하는 행위로
규정했고, 이에 일련의 대러시아 제재를 내려 경제 압박 수위를 올렸
다. 미국 정부는 러시아의 유력 인사이자 정권 측근에게 제재를 가하
는 독자 행동에도 나섰으며 특히 '푸틴에 대한 절대적 충성'을 이유로
세친을 제재 리스트에 포함시켰다.[59]

 그렇게 2014년 여름 내내 우크라이나 동부에는 충돌이 가열됐고
서방은 러시아에 대한 경제제재 수위를 더욱 높였다. 로스네프트에
대해선 모든 거래가 아닌 장기자금 대출만 '콕 집어' 금지했다.

 서방의 조치는 세친에게 극심한 두통을 안겨 줬다. 사실 세친을
떠나 러시아 전체 금융 시스템에 치명타가 됐다. 비톨과 글렌코어로

부터 100억 달러를 대출받은 것에 더해, 로스네프트는 티엔케이비피 인수를 끝내기 위해 서방의 은행과 투자자로부터 약 350억 달러까지 끌어다 쓴 상태였다. 그중 일부 대출 만기가 2014년 말과 2015년 초 사이에 몰렸기에 문제가 됐다. 국제사회의 제재로 국제 채무증서시장, 일명 부채 시장에서 퇴출된 로스네프트에는 별다른 선택지가 없었다. 그나마 루블화로 대출을 발생시켜 달러로 전환하는 게 유일한 해결책으로 보였다. 하지만 로스네프트가 빌린 대출의 만기일이 다가오면서 루블화의 가치는 폭락했고, 불과 몇 시간 만에 루블화 가치의 4분의 1이 하늘로 날아갔다.

　　당연히 원자재 중개 업체는 로스네프트의 곤경에 눈 하나 꿈쩍하지 않았다. 더 노골적으로 말하면 그들은 무엇을 도와줄 수 있는지 알아보는 데 정신이 팔렸다.

　　"우리는 틈새시장을 발견했습니다."[60]

　　그렇게 트라피구라는 로스네프트와의 거래를 극적으로 늘렸고, 최고경영자였던 위어는 2015년 초 상황을 사업 기회라 설명했다.

　　하지만 러시아에서 가장 큰 행운을 캔 주인공은 글렌코어였다. 2016년 유가가 여전히 약세였던 당시 러시아 정부는 자금난에 직면한다. 러시아의 에너지 부문에서 '제국 건설자'(자신의 세력 확대에 주력하는 사람의 비유_옮긴이)와도 같았던 세친은 자신의 야망을 이루는 동시에 국가 자금난까지 해결할 묘안을 떠올렸다. 마침 소규모 민간 석유 생산 업체 하나를 인수하고 싶었던 그는 로스네프트가 그 회사를 인수할 수 있게 푸틴을 꼬드겼다. 당연히 대가도 제시했다. 러시아 정부가 가진 로스네프트 지분 가운데 일부를 자신이 매각해, 러시아 금고에 돈벼락을 내리겠다는 약속이었다.

그렇게 대출 만기일이 가까워졌지만, 러시아 정부의 로스네프트 지분에 흥미를 보이는 곳이 없었다. 세친은 중동과 아시아 투자자를 연이어 만나는 등 노력했지만, 로스네프트 지분에 수십 억 달러를 기꺼이 태우려는 곳은 나오지 않았다.[61] 하지만 한 곳이 결국 세친의 손을 잡는데, 이번에도 글렌코어였다. 한 번 익힌 버릇은 쉽게 없어지지 않듯이, 글렌코어는 자신들의 돈으로 로스네프트 지분을 인수할 마음이 전혀 없었다.

글렌코어의 눈에 들어온 곳은 카타르 정부였다. 이전 엑스트라타와의 합병 거래 당시 글렌코어와 다툼을 벌였던 그 카타르 국부펀드가 현재는 글렌코어의 최대 주주였다. 마침내 글렌코어와 카타르가 로스네프트의 지분을 인수하기 위해 힘을 합쳤고, 러시아 정부가 소유한 로스네프트 지분 일부를 총 110억 달러에 인수했다.

그렇게 문제를 해결한 세친은 개선장군마냥 우쭐댔다. 국제사회의 제재를 고려할 때 로스네프트 지분을 인수하려는 용감한 투자자가 없을 거란 예상을 보기 좋게 깨부순 승리였으니 그럴 만도 했다. 게다가 원자재 중개 업체의 도움으로 푸틴은 급격한 경제 위기를 무사히 극복했다. 물론 원자재 중개 업체가 푸틴의 정치생명을 연장시켰다고 말하기엔 무리가 있다. 하지만 큰 도움이 된 것은 부인할 수 없는 사실이다.

그렇게 크렘린궁에서 열린 만찬에 참석한 푸틴은 만면에 미소를

띤 채 글라센버그와 이야기를 나눴다. 그러면서 석탄 거래로 원자재 중개 시장에 첫발을 들였던 글라센버그의 다소 옹색했던 과거를 언급했다.[62] 그리고는 이런 덕담을 건넸다.

> **"이 말을 꼭 해 주고 싶군요. 러시아에서 당신의 사업이 앞으로 쭉 번창할 거라고요."**

덕담만으로 끝나지 않았다. 글라센버그를 비롯해 그 거래의 관련자에게는 국가 훈장인 우정훈장이 수여됐다.[63] 바이서가 석유를 찾아 공포에 떨며 모스크바를 방문하고 60년이 지난 뒤, 원자재 트레이더는 러시아 정치권력의 정점인 크렘린궁에서 환영받는 손님이 됐다.

이렇듯 세계 곳곳에서 원자재 중개 업체의 돈은 역사의 물줄기를 바꿨다. 분명 대부분의 트레이더는 영국과 미국의 여권으로 세계를 돌아다니고, 유럽과 미국에 근거지를 두고 일한다. 하지만 그들이 반드시 서방의 이해관계에 발맞춰 움직인다는 보장은 없다. 비톨이 리비아 반군에 10억 달러가 넘는 연료유를 공급했던 상황에서는 그들이 자국의 외교 방향과 같이 나아간 것은 확실했다. 이번 카자흐스탄 같은 경우에서는 서방 정부의 묵인도 어느 정도 있었다.

하지만 대부분의 경우에서 원자재 중개 업체의 거래는 서방 정책과 대치했다. 미국의 반대에도 불구하고 쿠르드 지방정부가 독립 국민투표를 강행한 배경에는 원자재 중개 업체의 돈이 있었다.[64] 세계은행과 국제통화기금 같은 서방 주도의 국제기구가 차드에 엄격한 조건을 걸었음에도 글렌코어는 차드 정권의 지갑을 자처했다. 러시아가 서방 정책을 거의 정면으로 거스르는 방향으로 움직일 때도 원자재 중개 업체의 돈이 있었다. 그 돈은 로스네프트와 푸틴이 서방 제재의 파고를 무사히 헤쳐 나오도록 도왔다.

그렇게 서방의 정치인과 규제 당국은 원자재 중개 업체가 국제금융과 세계 정치 무대에서 매우 중요한 배역을 소화한다는 사실을 인식하기 시작했다. 또한 원자재 중개 업체의 경영에 대한 감시와 감독이 턱없이 부실했다는 사실도 알기 시작했다. 원자재 중개 업체가 전례 없는 막강한 금융 권력을 쌓았음에도 그동안 그들의 경영은 규제의 사각지대에 머물러 있었음이 사실이었다.

2007~2011년 원자재 가격이 급등락을 반복하며 요동친 후 선물시장에 더욱 엄격한 규제가 추진됐다. 하지만 현물시장에는 별다른 조치가 없었다. 규제자가 그 문제를 몰라서가 아니었다. 해당 문제에 적극적으로 조치를 취할 법적 권한이나 정치적 지원이 부족했기 때문이다. 유의미하게 대응할 만한 자원도 없었다.

물론 규제자가 공격적으로 대응할 수 있는 원자재 중개 업체의 약점이 하나 있다. 그들은 비교적 소수 은행의 신용에 의존한다는 사실이다. 무엇보다도 미국 달러로 채운 금고에 대한 접근성이 그들의 생명줄이다.

　그렇다면 우리에겐 마지막 질문이 남는다. 미국 달러의 돈줄을 조이면 무슨 일이 생길까?

나가며

위험 사냥꾼의 내일

2014년 여름 어느 날, 트라피구라는 신분 세탁이 완벽히 끝난 상태였다. 졸부 티를 완전히 벗고 업계 상석에 앉았다. 그 기념으로 트라피구라는 얼마 전 사옥까지 통째로 사들였다. 사옥 꼭대기 층엔 색유리와 가죽 의자로 장식된 회의실이 배치됐다. 지칠 줄 모르는 정력의 화신이자 최고경영자인 도팽은 꼭대기 층에 서서 발밑으로 펼쳐진 제네바 전경을 한눈에 내려다보고 있었다.

트라피구라 성공의 일등공신은 어느 은행이 제공한 돈이었다. 바로 비엔피파리바였다. 1970년대 현물 석유 시장이 등장한 이래 그 은행은 원자재 중개 금융의 왕이자 원자재 중개 산업의 생명줄 역할을 했다. 바로 원자재 중개 업체가 자신의 돈을 많이 쓰지 않고도 원자재를 사고팔도록 수십억 달러의 단기자금을 제공하는 역할이었다.

특히 트라피구라 입장에서 비엔피파리바와는 산소 같은 존재였다. 설립 초창기부터 비엔피파리바는 트라피구라의 최대 채권자였고, 트라피구라 전체 차입금 가운데 절반을 책임질 때도 있었다. 심지어 도팽이 개인적으로 곤경에 처했을 때도 마찬가지였다. 10장에서 본 아코우에도 폐기물 투기 때 그가 감옥에서 나올 때도 비엔피파리바의 도움이 컸다.

그간의 관계를 고려하면 2014년 여름 그날 비엔피파리바에서 온 전화를 받았을 때 도팽이 무슨 생각을 했을지 충분히 짐작이 된다. 아마도 가벼운 안부 전화 정도라 생각했었지 싶다. 아니면 자신의 건강 상태를 염려하는 전화라 여겼을 수도 있었다. 왜냐면 도팽은 몇 개월 전 폐암 판정을 받았었기 때문이다. 아니면 비엔피파리바에 위로의 말을 준비했는지도 모르겠다. 당시 비엔피파리바는 제재 조치를 위반한 혐의로 미국 정부로부터 엄청난 압박을 받으며 창사 이래 가장 어두운 터널을 지나는 중이었기 때문이다.

하지만 그날 비엔피파리바의 전화는 도팽의 예상을 한참 빗나가는 말을 꺼냈다. 그의 예상처럼 결코 부드러운 주제가 아니었다. 그날 전화는 그야말로 도팽 얼굴을 겨냥해 던지는 폭탄이었다. 트라피구라와의 거래를 중단하겠다는 결별 통보였다. 그리고 트라피구라에게 제공한 약 20억 달러의 대출을 회수하겠다는 말도 전했다. 수십 년간 어려움 속에서 단단해진 그들의 밀월 관계는 전화 한 통으로 끝났다.[1] 트라피구라에 평생을 바친 도팽에게는 그야말로 세상이 뒤집히고 눈앞이 캄캄해지는 순간이었다.

골초에 악바리였지만 매력과 재치가 넘치는 도팽은 1980년대 리치의 후예로 여겨지는 트레이더 세대의 마지막 주자이자, 리치의 경영을 세계에 전파한 '선교사' 중 최후 생존자였다. 그는 회사에 의도적으로 자신의 이미지를 입혔고, 근성 하나로 트라피구라를 비톨과 글렌코어 같은 선발 업체와 잡담을 나눌 정도의 상석에 올려놓았다.

이 결별 사건은 원자재 중개 업체의 새로운 시대가 왔음을 알리는 신호탄이었다. 트라피구라, 비톨, 글렌코어가 부와 영향력의 정점에 도달한 바로 그 순간 원자재 중개 산업은 영원한 변화의 시점을 눈앞에 두기 시작했다. 과거의 그들은 규제나 감시의 바깥에 서서 영향력을 확대하며 진격의 수십 년을 보냈다. 하지만 대단히 저돌적이고 종잡을 수 없는 '세계의 경찰'이 등장하면서 그들의 행복한 시절은 막을 내린다. 그 경찰은 다름 아닌 미국이었다.

그렇다면 비엔피파리바와 도팽과의 결별엔 어떤 사연이 있었을까? 결별 이전의 시간으로 돌아가 보자. 비엔피파리바는 쿠바, 수단, 이란에 대한 미국의 제재를 위반한 혐의를 시인하고 약 90억 달러의 벌금을 물기로 합의했다.[2] 프랑스의 최고 은행은 물론이고 세계 금융계를 충격에 빠뜨린 기념비적 사건이었다. 한낱 미국 정부 관리가 외국 그것도 우방의 대형 은행을 상대로 대규모 소송을 제기한 것은 전대미문의 일이었다.

미국 정부는 해당 소송에 제출한 진술서에서 비엔피파리바의 혐의를 적나라하게 언급했다. 특히 비엔피파리바가 미국 금융 시스템을 통해 수십억 달러를 '고의적이며 계획적으로' 옮긴 경로가 상세히 드러났다. 제재를 위반한 거래 중에는 비엔피파리바가 '네덜란드의 한 회사'에 제공한 미국 달러화 대출도 포함됐다.[3] 그 대출의 목적은 '쿠바 영토 내에서 정제되고 팔 목적의 원유 제품 구입'이었다.

다만 미국 정부는 그 네덜란드의 한 회사 이름을 밝히지도 않았고, 그 회사가 불법행위를 저질렀다고 주장하지도 않았다. 하지만 비엔피파리바에 적용된 혐의 목록에 그 사실이 언급됐기 때문에 비엔피파리바가 토팽에게 결별 전화를 했다. 소수의 내부자만이 아는 사실이었지만 그 네덜란드의 한 회사는 바로 트라피구라였다.[4]

쿠바가 어떤 곳인가. 도팽이 1990년대에 힘겹게 비집고 들어가기 전까진 비톨의 독무대였던 곳이다. 도팽은 비톨의 아성에 도전하며 쿠바에 발을 들였고, 그때부터 트라피구라와 비엔피파리바는 환상의 짝꿍으로 지냈다. 쿠바 정부가 아바나 외곽 한 정유 공장의 저장 탱크를 채울 원유와 정제품을 구입하도록 도팽이 자금 조달을 도우면서, 트라피구라는 쭉 그런 거래를 했다. 당시 트라피구라의 재무 책임자였던 튀르켐은 다음과 같이 회상한다.

"어떤 은행과 함께 재고를 구입할 돈을 댔는데, 그 은행이 비엔피파리바였습니다. 그들(쿠바의 국영 석유 업체)이 현금이 필요할 땐 그 석유를 사들였죠."[5]

이 거래는 쿠바 정부와 도팽 모두에게 이득이었다. 카스트로 정권은 곤궁한 시기에 현금을 아꼈고 도팽은 쿠바 시장에서 주도권을 쥐었다. 트라피구라 입장에서 쿠바와의 거래는 비교적 소규모였는데 기껏해야 4,000만 달러 안팎에 불과했었다.[6] 하지만 거래 기간이 늘어날수록 거래 건수와 누적 판매액이 수억 달러에 이르렀다.

미국은 쿠바와 트라피구라의 거래에 대해 초반에는 전혀 인지하지 못했다. 미국은 자국 기업과 쿠바와의 거래를 불법화했지만, 유럽은 미국의 금수 조치에 반대했고 많은 유럽 기업이 쿠바에 투자하는 중이었다. 그렇다면 유럽 은행인 비엔피파리바엔 무엇이 문제였을까? 트라피구라의 쿠바 사업을 지원하기 위해 '달러 대출'을 한 게 화근이었다. 달러 대출은 결국 미국의 금융 시스템을 거칠 수밖에 없었다는 뜻이었으니 말이다.

당연히 비엔피파리바는 쿠바에 대한 미국의 제재 조치에 대해 알았고 쿠바와 자신의 관련성을 숨겨야 했다. 달러 대출금을 직접 지급하는 대신 여러 은행 계좌를 거쳐 돈세탁을 시도했고, 관련 은행에는 "돈을 이체할 때 쿠바를 절대 언급하지 말라"고까지 지시했다.[7]

하지만 미국 정부는 이 거래를 발견하고 비엔피파리바에 대한 적극 조치에 나선다. 2014년에 타결된 90억 달러의 합의금은 단일 금융기관에 부과된 벌금으로는 최고 금액 중 하나였다. 벌금 말고도 치명적인 조치가 또 있었다. 1년간 미국의 달러 시스템에 접근할 수 없다는 조치였다. 미국 달러가 왕 노릇하는 국제 금융계에선 가혹한 처벌이었다.

도팽은 그 결별 통화 후 문제의 심각성을 곧바로 알아챘다. 회사의 생존이 위협받는 상황이었다. 실제로 트라피구라가 돈을 조달하는 금융기관 대부분이 유럽권 은행이었는데, 비엔피파리바는 유럽권 은행 사이에서 '맏형' 취급을 받았다. 즉, 비엔피파리바가 트라피구라와 거래를 끊었다는 사실이 퍼지면 다른 은행까지 결별 행렬에 가담할 수도 있었다. 그렇게 도팽은 금융 쪽에 전화를 돌리면서 거래를 끊지 말아 달라고 매달려야 했다.

미국 정부가 비엔피파리바에 제기한 소송은 미국 정부의 변화한 대외 정책을 명확히 보인 계기였다. 자국 외교에 반하는 행동이면 기소하겠다는 선언이기도 했다. 비록 그 행동이 우방의 대기업을 공격할지라도 예외는 없다는 선전포고이기도 했다. 미국 입장에서 그 의지를 관철시킬 무기는 미국 달러였다. 미국 달러가 국제금융에서 차지하는 위상 하나만으로도 미국 정부 입장에선 강력한 무기를 가진 셈이다. 비엔피파리바도 그랬듯 미국 달러 시스템에서 벗어나 생존할 은행은 세상에 없다. 세계 모든 은행은 사실상 미국의 법 집행의 연장선에서 첨병 역할을 했고, 미국 정책에 역행하는 행동을 미리 차단하는 데 혈안이 됐다.

미국 법무부 장관 에릭 홀더Eric Holder는 비엔피파리바와 합의한 벌금에 대해 발표하면서 "이번 소송 결과는 미국 안에서 사업하는 세계 모든 국가의 모든 기관에 보내는 강력한 메시지죠. 미국이 불법행위를 결코 좌시하지 않을 것임을 그들은 알아야 합니다"라고 말했다.

"어디서 불법적인 행위가 발각되든, 법이 허용하는 최대한의 처벌을 받도록 할 것입니다."[8]

세계 기업에 보내는 경고 메시지이자, 미국인이 아닌 이가 저지른 불법행위를 외면하지 않고 엄단하겠다는 경고였다.

이처럼 미국의 선언은, 법망을 피해 나가는 데는 세계 최강이었던 원자재 중개 업체 입장에선 한 시대의 종말을 알리는 신호였다. 온 세상을 제집처럼 누비며 부패 관료와 거래하고도, 국제사회가 기피하는 불량 국가와 손잡고도 어떠한 불이익도 받지 않던 시대가 끝났다는 신호였다.

다만 비엔피파리바가 받은 천문학적인 벌금은 원자재 중개 업체에는 간접적 영향을 미쳤을 뿐이었다. 결론적으로 다른 은행에 거래 유지를 호소한 도팽의 노력은 먹혔고 트라피구라는 살아남았다. 하지만 앞으로 닥칠 상황이 바뀌지 않음은 분명했다. 얼마 지나지 않아 원자재 중개 업체도 미국 정부의 십자포화를 받을 뿐 아니라 업계 전체에 짙은 먹구름이 다가오기 시작했다.

사실 많은 원자재 중개 업체는 제재와 금수 조치를 위협이라기보다 기회로 여겼다. 금수 조치 대상 국가는 거래 상대방을 찾기 더욱 어려워지니, 그들과 거래할 방법을 찾은 원자재 중개 업체는 유리한 입장에서 더 많은 이익을 챙겼다. 1980년대 아파르트헤이트를 이유로 남아공에 석유 금수 조치가 내려졌을 때 리치와 데우스가 석유 거래로 천문학적인 돈을 쓸어 담은 것만 봐도 그랬다.

이처럼 금수 조치를 피할 수 있었던 것은 조치상의 허점을 노린 덕분이었다. 소수 국가만 금수 조치에 참여하는 상황이면, 제재를 받지 않는 국가에 세운 자회사를 통해 거래하면 그만이었다. 게다가 원

자재 중개 업체의 거래 대부분은 어떤 국가의 영토도 아닌 바다, 즉
공해 위에서 이루어졌다. 또한 그들은 국제금융 시스템의 가장 불투
명한 영역에서 일했는데, 그쪽 사정도 공해와 비슷하다. 한번은 케이
맨제도의 유령회사를 이용했다가, 그다음에는 몰타의 유령회사를 이
용할 수도 있었고, 파나마에서 라이베리아나 마셜제도에 이르기까지
배의 국적을 취득하기 위해 이용할 국가도 차고 넘쳤다.

　　게다가 그동안 세계가 특정 국가에 일괄 제재를 내리는 경우는
극히 드물었다. 냉전 시대의 경우 유엔안보리 상임이사국인 소련의
비협조로 인해 유엔의 경제제재가 딱 두 번 있었는데 1966년 남로디
지아Southern Rhodesia(현재의 짐바브웨_옮긴이), 1977년 남아공이 전부였
다. 1991년 소련 붕괴 이후 러시아 정부가 경제적 처벌에 대한 기존
의 반대 노선을 철회하고 나서야 유엔은 소말리아에서부터 유고슬라
비아에 이르기까지 20번 이상 경제제재를 내렸다.[9] 하지만 이런 제재
를 피하는 것은 간단했다. 많은 원자재 중개 업체가 근거지를 두는 스
위스는 2002년에 와서야 유엔에 가입했기 때문이다. 심지어 원자재
중개 업체가 스위스 내에서 불법행위를 저질러도 스위스 사법 당국이
적극적으로 수사하고 기소하는 경우는 극히 드물었다.

　　원자재 중개 업체가 고수한 오랜 신조가 있다. 리치의 사업 철학
이기도 한 "칼날 위를 걷는다"라는 말이다. 즉, 불법의 경계까지 가서
라도 모든 허점을 이용한다는 것이다. 그렇게 법 조항을 위반하지 않
아도 그들은 법의 정신을 조롱했다. 비톨의 경우 바레인에 설립한 자
회사를 통해 2012년 유럽의 대이란 제재를 보란 듯 피했다.[10] 부패에

관해서도 상황은 비슷했다. 관료와의 유착은 예전부터 거래의 필수였고 이는 아프리카, 구소련, 중동의 많은 국가 관료에게 뒷돈을 줄 방법을 찾는다는 뜻과도 같았다.

이토록 합법과 불법을 오가는 거래는 꼭 원자재 중개 업체만의 문제는 아니었다. 뇌물을 사업상 필수로 여기는 풍조는 1970년대에 공공연했다. 그 유명한 워터게이트 사건을 수사하던 중 미국 정부는 기업이 나라 안팎 정치인에게 찔러 준 돈에 대해서도 조사하기 시작했다. 기업의 뇌물 수수에 대한 미국 정부의 전방위적 조사 결과는 '주식회사 미국'의 근간을 뒤흔들고도 남았다. 수상하거나 완전히 불법적인 돈을 해외에 제공했다고 인정한 기업만 400곳이 넘었다.[11]

애슐랜드오일의 경우 외국 공무원에게 수천 달러의 뇌물을 줬다고 시인했으며 최고경영자가 외국의 한 공직자에게 "7,500달러를 직접 전달했다"고 털어놓기까지 했다.[12] 리치가 필리프브라더스를 퇴사하기 얼마 전에 당시 최고경영자였던 제셀슨의 압박에 밀려 억지로 이란산 석유를 다시 팔았던 곳이 애슐랜드오일이었다.

1972년 소련발 곡물 대탈취 사건의 당사자 가운데 하나였던 쿡인더스트리스도 일부 직원이 "곡물 거래상의 불법행위는 물론이고 곡물 관련 연방 면허를 소지한 관료에 대한 공갈 협박, 뇌물 공여 등 여러 사안에 연루됐을 수 있다"고 시인했다.[13] 이때만 해도 미국 정부는 사업상 목적으로 외국 공직자에게 뇌물을 건네는 것을 불법으로 간주하지 않았다. 하지만 1977년 "해외부패방지법Foreign Corrupt Practices Act"이 통과되면서 미국의 개인이나 기업이 해외에서 뇌물을 건네는 행위가 불법화됐다. 이후 많은 국가도 자국의 뇌물 관련 법규를 단계적으로 강화했다.

하지만 스위스 같은 일부 국가는 뇌물 관련 규제에 미온적이었다. 오히려 외국 공무원에 대한 뇌물 공여가 재계에서 통하는 것을 넘어 심지어 세금 공제 대상에 포함되는 국가도 있었다. 스위스의 경우 2016년에 와서야 "자연인에 대한 뇌물 공여는 더 이상 사업상 목적의 합법적인 비용으로 허용되지 않는다"[14]고 발표하면서, 뇌물에 대한 세금 공제를 청구할 수 없게 됐다.

하지만 스위스는 외국 공직자에 대한 뇌물 공여를 기소하는 데 느림보였다. 스위스가 자국 기업의 해외 부패 혐의에 대해 제기한 첫 소송은 2011년에서야 이루어졌다.[15] 소송으로 인해 해당 기업의 평판은 구겨졌지만 처벌 수위는 장난 수준이었다. 자사 직원이 외국 공직자에게 뇌물을 건네는 기업이 내는 법정상 최대 벌금은 500만 스위스 프랑(약 67억 원_옮긴이)과 수익금 몰수가 고작이었다. 국제통화기금마저 해당 벌금액이 "효과적이지도 비례적이지도 않고, 억지력을 갖지도 않는다"고 규정할 정도였다.[16]

스위스 같은 국가의 적극적인 묵인, 방조와 시대착오적 규제가 결합되니 많은 원자재 중개 업체가 관계 당사자의 잇속을 챙겨 줄 방법을 찾는 것은 어렵지 않았다. 리치의 경우 자신의 황금기 시절에 뇌물을 제공했었다며 공개적으로 고백했고, 비톨은 석유·식량 교환 프로그램 사기극에서 이라크에게 뒷돈을 건넸다고 시인한 바 있다. 트라피구라도 예외가 아니었다. 그들은 2016년 자메이카와 대형 석유 거래를 맺고 집권당에 47만 5,000달러를 건넸다. 그 돈에 대해 양측의 주장은 엇갈린다. 자메이카 정부는 '선거 후원금'이라 주장한 반면 트라피구라는 상업적 사안, 즉 업무 차원의 돈이라 주장했다.[17] 자회사를 뇌물 공여 창구로 이용한 업체도 있었다. 에이디엠의 한 자회사는 2002~2008년간 1억 달러의 세금 환급을 목적으로 우크라이나 공직자에게 2,200만 달러를 지급한 적이 있다.[18]

"나는 50만 영국 파운드를 갖고 런던으로 가곤 했습니다."

2002년까지 글렌코어의 최고위 경영진이었던 와일러가 말했다. 글렌코어의 경우 트레이더 각자가 현금을 가득 채운 서류 가방을 들고 세계를 돌아다녔다. 한번은 런던 히스로공항에서 그가 가진 현금 액수에 관세청 직원이 충격을 받아 와일러의 입국을 제지했다. 그 거금의 용도를 묻자 와일러는 매우 담담하게 대답했다. 그 돈의 수령인이 어차피 영수증을 발행해 주지 않을 것이기에 가능한 답변이었다.

"도박을 할까 합니다."

하지만 와일러는 지금까지 알려진 정도로 글렌코어가 부패와 비리로 물든 곳은 아니라고 변호한다.

"우리가 언제나 은밀한 뒷거래로 모든 계약을 딴 건 아닙니다. 애당초 뇌물이 불법인 국가도 많았습니다. 가령 일본에서는 수수료를 지불할 수 없었고 칠레에서도 뒷돈을 찔러 줄 수 없었죠. 서유럽 대부분 국가에서도 그런 관행이 만연하지 않았고요. 하지만 남아공은 뇌물이 통했습니다.…또한 중국은 부패가 아주 심각했습니다."[19]

─────── ⌒ ───────

하지만 2014년, 미국이 비엔피파리바에 거액의 벌금을 물리면서 세계는 변했다. 수십 년간 미국은 막강한 군사력을 앞세워 세계 곳곳에서 자국의 의지를 관철했다. 하지만 이라크와 아프가니스탄과 수년간 전쟁을 치르고 나자 미국 내부는 전쟁에 넌더리를 냈다. 그렇기에 버락 오바마Barack Obama 대통령 시절에 미국 정부는 자국의 의지를 세상에 강제할 새로운 방법을 찾는다. 바로 국제금융 시스템에서 달러의 힘을 과시하는 것이었다.

경제제재는 미국이 애용하는 외교 도구다. 그 대상은 미국의 적성국이나 부패와 인권침해의 책임자라고 미국 정부가 '낙인찍은' 이들이었다. 미국 달러의 위상 덕에 가능한 일이다. 2차 세계 대전이 끝나고 20세기 후반기부터 미국이 세계 패권국이 됨에 따라 국제무역에서 미국 달러로 거래되는 비중은 매우 높아졌다.

국제무역이나 금융거래에서 결제 수단으로 이용되는 기본 통화를 기축통화(미국 달러, 유로, 엔 등_옮긴이)라 하는데, 원자재 중개 시장도 예외가 아니었다. 원자재 중개에서도 거의 모든 거래가 미국 달러로 이루어졌다. 2013~2017년까지 미국 재무부 장관을 지낸 잭 루Jacob Joseph Lew는 "미국은 국경 너머에서 엄청난 무게감과 영향력을 발휘했다"[20]고 말했다. 미국 달러로 표시된 모든 거래는 반드시 미국 은행을 통해 청산돼야 했기 때문이다.

여기에 미국은 한발 더 나아가 '2차 제재'라는 새로운 개념을 도입했다. 2차 제재는 국가, 기업, 개인 등 제재 대상자와 사업상 관계를 맺는 기업이라면 설령 달러 기반의 거래를 하지 않더라도 미국 금융 시스템에 대한 접근을 차단하겠다는 위협을 포함했다. 이 제재의 궁극적인 목표는 세계의 경찰이 되겠다는 것이었다. 루 역시 미국의 일부 최우방 동맹국도 2차 제재를 "미국이 자신들의 외교정책을 세계에 역외적용(외국에서의 행위가 자국에 영향을 미치는 경우 국내법을 적용하는 것_옮긴이)하려는 시도로 생각"한다는 것에 대해 인정했다.[21]

2차 제재의 첫 번째 목표물은 은행이었다. 앞에서 언급한 비엔피파리바만이 아니었다. 미국은 세계적인 홍콩상하이은행HSBC을 상대로 멕시코 마약 조직의 돈세탁에 연루됐다며 19억 달러의 벌금을 선고했다.[22] 스위스 은행인 크레디트스위스는 미국 국민의 탈세를 도왔다는 혐의로 26억 달러의 벌금을 미국에 내야 했다.[23]

분명 원자재 중개 업체를 둘러싼 세계는 변했다. 비록 트라피구라는 비엔피파리바로부터 '결별'당했음에도 살아남았지만, 이는 원자재 중개 산업에 대한 경고사격에 지나지 않았다. 원자재 중개 업체가 미국의 사정권 안에 들어감은 시간문제일 뿐이었다. 그동안 원자재 중개 업체는 정치에 무관심하다며 큰소리치면서 미국의 심기를 건드리는 온갖 개인과 정권과 거래했다. 하지만 미국이 경제적 지배력이란 칼을 쓰기 시작하면서 미국의 외교정책을 거스르는 원자재 중개 업체는 점점 미국의 심기를 불편하게 했다.

점점 인내심이 바닥을 보인 미국은 드디어 제재의 총구를 이란, 러시아, 베네수엘라 등 원자재 중개 업체가 가장 활발하게 사업했던 국가에 겨누기 시작한다. 이제껏 테러범과 마약상이 도배했던 미국의 제재 리스트에 원자재 중개 업체의 가장 가까운 친구와 동맹의 이름이 올라가기 시작했다.

먼저 미국은 글라센버그와 축구 경기를 함께 봤던 '알루미늄 올리가르히' 데리파스카에게 제재를 내리면서 "데리파스카가 정부 관리 한 명을 돈으로 꼬드겼고, 한 사업가의 살해를 공모했으며 러시아의 조직범죄 집단과 관련 있다는 혐의가 의심된다"고 밝혔다.[24](물론 데리파스카는 해당 혐의를 부인했고 미국 정부를 상대로 소송을 제기한다).

그다음 제재 후보는 글렌코어의 오랜 사업 파트너였던 다이아몬드 상인 거틀러였다. 미국 정부는 그에게 '콩고민주공화국에서 맺은 불투명하고 부패한 광산과 석유 거래' 혐의로 제재를 내린다.[25](거틀러 역시 해당 혐의를 부인했다) 뿐만 아니라 로스네프트의 무역 부문 자회사 대표이자, 수많은 원자재 중개 업체의 연락책으로 일했던 디디에 카시미로Didier Casimiro도 미국 정부의 제재 리스트에 이름을 올렸다.[26]

하지만 미국의 목표물에 들어온 것은 원자재 중개 업체의 사업 파트너만이 아니었다. 시간이 흐를수록 원자재 중개 업체 자체도 목표물이라는 분위기가 뚜렷해졌다. 군보르에너지의 공동 창업자 팀첸코는 2014년 러시아의 크림반도 합병으로 인해 미국의 제재 대상이 됐다. 미국 재무부는 팀첸코를 푸틴의 최측근 중 한 명이라 밝히면서 "에너지 부문에서 팀첸코의 일은 푸틴과 직접적으로 연관된다. 푸틴은 군보르에너지에 투자했고 그곳 돈에도 접근했을 가능성이 있다"라고 주장했다.[27]

팀첸코에 대한 미국의 제재는 군보르에너지 입장에선 예고 없이 벌어진 일이었다. 또한 군보르에너지가 러시아에서 거둔 성공을 둘러싸고 오래전부터 돌던 모든 소문이 진실임을 확인하는 절차와도 같았다. 그렇다면 은행 신용에 크게 의존하는 군보르에너지는 푸틴과의 연루설을 극복하고 살아남았을까? 제재 직후 군보르에너지의 상황은 마치 사방이 적에게 포위된 모습과 같았음은 사실이다. 하지만 군보르에너지는 중절모에서 비둘기를 꺼내는 수준의 트릭을 선보인다. 어떻게?

미국 재무부의 성명서가 나오고 불과 몇 시간 뒤 군보르에너지는 팀첸코가 지분을 매각했다고 공식 발표했다. 그가 지분을 매각한 시점은 마치 '대본'이 있나 싶게 절묘했다. 제재를 내리기 불과 하루 전에 매각이 이뤄졌기 때문이다. 무슨 일이 있었던 걸까? 퇴른크비스트가 그 내막을 들려줬다. 워싱턴 D.C.에서 일하는 팀첸코의 로비스트가 푸틴 측근에 대한 제재가 가까워졌다는 정보를 얻었고, 퇴른크비스트가 팀첸코 소유의 지분을 전량 인수하는 계약을 서둘러 맺은 것이었다.[28]

어쨌든 2014년 비엔피파리바가 미국 정부가 내린 벌금에 합의한 후 몇 년간 원자재 중개 업체의 사업 관행 속 어두운 부문에 대한 조사는 봇물처럼 이어졌다. 브라질 검찰은 미국 연방수사국과 법무부 그리고 스위스 법무부 장관과 공조해 브라질 국영 석유 업체 페트로브라스Petrobras의 뇌물 수수에 대해 수사했다. 다수의 원자재 중개 업체가 석유 구매 계약에 대한 대가로 페트로브라스 직원에게 '수수료'를 지급했다는 의혹이었다. 특히 브라질 검찰은 비톨, 트라피구라, 글렌코어가 2011~2014년간 페트로브라스 직원과 중간책에게 총 3,100만 달러의 뇌물을 제공했다고 주장했다.[29]

실제로 페트로브라스의 한 전직 트레이더는 '필 콜린스Phil Collins'라는 가명을 써서 비톨에 뇌물을 줬다고 증언했다. 그러면서 "중개에서 뇌물을 받고 싶다면 화물 한 건에서 배럴당 10달러를 받는 식으로는 안 됩니다"라고 내막을 말했다. 그리고 '뇌물의 정석'을 공개했다.

"계약 건별 아니면 제품별로 몇 센트씩 꾸준히 받는 겁니다."[30]

2020년 12월, 비톨은 에콰도르, 멕시코, 브라질 공무원을 돈으로 꼬드긴 사실을 시인한 뒤 1억 6,400만 달러의 벌금을 물기로 합의했다. 다만 트라피구라는 혐의를 전면 부인했고, 글렌코어는 수사에 성실히 임하겠다는 원론적 입장만 되풀이했다.

스위스에서도 조사가 이어졌다. 군보르에너지는 콩고공화국과 코트디부아르 관리에게 뇌물을 건네 석유 거래를 성사시킨 혐의로 9,500만 달러의 벌금을 물어야만 했다. 스위스 검찰이 원자재 중개 업체에 물린 최고액이었다.[31] 이제 스위스 검찰의 칼날은 글렌코어로 향한다. 세계 최대 원자재 중개 업체이자, 필리프브라더스와 마크리치앤드코의 후계자에 대한 공격이 시작되는 순간이었다.

그렇게 2018년 7월, 글렌코어는 미국 법무부로부터 부패와 돈세탁 수사의 일환으로 소환장을 받았음을 공식 발표했다. 자사 소유의 콩고민주공화국 내 구리와 코발트 광산에서 2007년부터 11년간 진행한 업무 일체와 나이지리아와 베네수엘라에서의 석유 거래까지 수사선상에 올랐다.[32] 그로부터 1년 후, 영국의 중대비리수사청도 글렌코어의 뇌물 의심 정황을 수사 중이라고 발표했으며,[33] 2020년 스위스 법무부도 수사 행렬에 동참한다.[34]

글라센버그가 콩고민주공화국에서 펼친 모험이 한때는 거래의 기술을 과시하는 것처럼 보였지만 이젠 회사 미래에 기다랗고 어두운 그림자로 변했다. 글렌코어 주가는 급락했고 수십억 달러와 함께 고위급 트레이더의 금융자산도 연기처럼 사라졌다.[35] 자연히 글라센버그는 투자자로부터 본인과 회사 미래에 관한 질문 폭격을 받았고, 결국 글라센버그는 최고경영자에서 사임하겠다고 발표해야만 했다.[36]

이렇듯 미국 정부가 원자재 중개 업체에 관심을 쏟는 것처럼 보였지만 정작 미국 정부는 그 이유와 상황에 대해 아무런 설명을 하지 않았다. 하지만 원자재 중개 업체는 자신들이 미국 정부의 목표물임을 피부로 체감하는 중이었다. 미국의 의도를 살피자면, 2014년 비엔피파리바의 사례가 세계 금융 산업의 관행을 변화시킨 것과 상당 부분 통하는 것 같다. 즉, 세계 원자재 중개 산업에서 통하는 행동이 무엇인가에 대한 새로운 기준을 세우기로 결심한 것처럼 보였다. 도팽의 뒤를 이어 트라피구라 최고경영자에 오른 위어는 해당 상황에 대해 짧게 답했다.

"(금융 산업이 그랬던 것처럼) 우리도 이제 현미경으로 관찰당하는 중입니다."[37]

그동안 원자재 중개 업체가 소리 소문 없이 세계 권력의 정점에 올랐던 과정에 대해 자세히 소개했다. 그들은 세븐시스터스의 손아귀에서 세계 석유 시장을 해방시키는 데 조용히 한몫했고, 러시아를 포함해 공산권 국가의 경제 지형을 조용히 재편했다. 뿐만 아니라 콩고민주공화국에서부터 이라크에 이르기까지 '자원 부자' 정부에 은밀하게 힘을 안겨 줬다.

　　하지만 이제 원자재 중개 업계는 세계 곳곳에서 공격받는 모습이다. 업계 전망에 먹구름을 드리우는 것은 국가적 수사만이 아니다. 2000년이 시작된 후 첫 10년을 달궜던 슈퍼사이클이 끝난 뒤 원자재 중개 업계의 수익성은 제자리걸음이었다. 물론 실적 자체는 좋은 편이었고, 유가가 폭락했던 2020년에는 다시 즐거운 비명이 들렸다. 하지만 수익성이 유의미한 수준으로 또다시 상승할 기회가 점점 멀어짐은 확실해 보인다. 왜 그럴까?

　　원자재 호황을 주도했던 거대한 엔진의 기세가 서서히 꺾이기 시작했기 때문이다. 바로 중국이다. 2007년 연 성장률이 14퍼센트를 넘었던 중국 경제는 코로나19로 인해 성장률 6퍼센트마저 위협당했다. 2007~2011년간 최고가 기록을 자주 경신했던 원자재 가격은 폭락했고 자연히 업계 이익도 제자리걸음이다.

　　하지만 중국의 경기 둔화는 단지 이유 중 하나일 뿐이다. 원자재 중개 업체에는 더욱 근원적이고 구조적인 여러 문제가 존재한다. 첫 번째는 정보의 민주화다. 수십 년간 원자재 중개 업체는 엄청난 정보 우위를 바탕으로 경영을 했다. 그동안 세계 곳곳에 깔아 놓은 방대한 지사에서 국가 간 경제활동, 원자재 수급 상황 등 다양한 데이터에 관한 최신 정보를 얻을 수 있었다. 가령 칠레의 구리 광산에서 파업이 일어나거나 나이지리아에서 새로운 유전이 생산을 시작하면 이를 가장 먼저 알아내는 것은 원자재 중개 업체였다. 과거에 예약을 통해 장거리 전화가 가능했던 시절부터 그들은 자체 통신망을 이용할 정도였다. 국가 정부보다 그들의 정보가 더 빠르고 풍부할 정도였으면 말 다했다. 1975~1984년 필리프브라더스의 최고경영자를 지낸 텐들러는 "미국의 중앙정보국이 우리를 찾아오곤 했습니다"라면서 업계의 정보 입수 능력에 대해 너스레를 떨었다.

> **"중앙정보국이 우리를 뻔질나게 찾아와서는 '경제에 관해 한 말씀 해 주시죠, 여러분이 아는 것을 알려 주십시오…'라고 말하곤 했습니다. 그들은 우리가 세계 각국에 대한 정보원이라고 생각한 것입니다."[38]**

정보란 가장 가치 있는 자원이니 원자재 중개 업체는 그 자원을 통제했다. 심지어 각 원자재의 정확한 가격조차도 정확하게 드러나지 않을 정도였다. 이런 정보격차는 사실상 그들의 이익과 동의어라 봐도 무방했다. 실제로 1980~1990년대는 금속 트레이더가 잠비아나 페루, 몽골 등에 불쑥 나타나 일주일 전 가격으로 구리를 사들여 그 자리에서 차익을 남기는 경우도 있었다. 이런 계약은 꼭 개발도상국에만 해당하는 건 아니었다. 런던에서 석유 선물거래가 시작되기 전에 엑슨의 영국 자회사는 전날 시세를 토대로 브렌트유를 매도하곤 했다.**39** 만약 유가가 오름세라면 원자재 중개 업체는 거의 예외 없이 원유를 싸게 사들일 수 있었다는 뜻이다.

하지만 1980년대부터 뉴스와 데이터가 거의 실시간으로 공유하고 배포되기 시작하면서 정보의 판세가 달라지기 시작했다. 역설적이게도 이런 변화는 원자재 중개 산업에서 최대 규모인 거래 중 하나로 인해 촉발됐다. 바로 필리프브라더스와 살로몬브라더스의 합병이었다. 거대 원자재 중개 업체와 월스트리트 대표 은행이 살림을 합치면서 해고 열풍이 불었는데, 살로몬의 경영자였던 마이클 블룸버그 Michael Bloomberg도 해고를 피하지 못했다. 그렇게 블룸버그는 살로몬을 나오면서 받은 1,000만 달러의 퇴직금을 밑천으로 창업을 한다(이노베이티브마켓시스템스Innovative Market Systems로 오늘날 블룸버그통신의 전신이다_옮긴이). 훗날 그의 회사가 제공하는 단말기인 블룸버그 터미널Bloomberg Terminal은 거래 시장의 필수품이 됐다. 결과적으로 원자재 중개 업체의 합병이 원자재 중개 업체의 정보 우위를 없애는 데 공헌한 셈이 됐다.**40**

여기에 더해 인터넷 확산으로 정보의 속도와 가용성이 폭발적으로 늘어나면서 원자재 중개 업체의 정보 우위는 더욱 약화됐다. 2000년대 초만 해도 원자재 중개 업체는 세계 석유 선적과 관련해서 현물 시장에 뛰어들지 않는 업체보다 고급 정보를 가졌다. 때로는 이런 정보가 공급의 잠재적인 과부족 지역을 결정하기도 했다. 하지만 위성

영상이 널리 활용되고 유조선을 추적하고 정보를 파는 기업이 생김에 따라 기존의 정보 우위는 사라졌다.

이러한 '정보 민주화'는 이제 원자재를 이동시키는 것만으로 돈을 벌기가 어려워진다는 뜻과도 같다. 원자재 중개 업체의 전통적인 포트폴리오가 무엇인가? 원자재 수급의 디스로케이션을 누구보다 일찍 포착해 이익을 창출하는 것이었다. 하지만 시장 참가자 모두가 같은 정보에 접근하는 시대에서는 기존의 포트폴리오로는 설 자리가 좁아진다. 물론 가끔씩 일어나는 수요나 공급의 충격으로 원자재 가격이 급변할 여지는 있으며, 시장점유율이 높은 원자재 중개 업체는 이런 상황을 이용해 이익을 실현하는 게 가능하다. 다만 이는 전쟁, 흉작, 파업, 펜데믹 등에 의존해 이익을 창출하는 포트폴리오라 정확한 예측이 불가능한 문제가 있다.

원자재 중개 업체의 수익성을 위협하는 두 번째 도전은 국제무역의 자유화다. 세계 최초로 근대적 형태의 자유무역협정으로 1947년에 등장한 '관세 및 무역에 관한 일반협정General Agreement on Tariffs and Trade'에서부터 2001년 중국의 세계무역기구 가입에 이르기까지 2차 세계 대전 이후의 무역 트렌드는 국경 개방과 마찰 없는 무역, 세계화였다.

원자재 중개 업체 입장에서 국제무역의 자유화란 연결성이 커진 국제무역과 시장 성장의 뜻이기도 했다. 완벽히 세계화된 시장이라면 원자재 중개 업체가 칠레산 구리를 중국이나 독일에 똑같이 쉽게 팔고, 그렇게 가격이 가장 높은 곳으로 구리가 이동한다. 이러한 호황은

2015년에 찾아왔다. 미국이 자국 원유의 수출 금지를 해제하자 세계 석유 시장에서 새로운 무역 흐름이 트였기 때문이었다.

하지만 세계화와 자유무역의 힘이 급격히 빠지기 시작한다. 2016년 미국 대통령 선거에서 트럼프 후보가 노골적인 반자유무역 공약을 앞세워 대통령으로 당선된 것이 결정타였다. 게다가 트럼프는 자신의 공약을 철저히 지켰다. 자유무역협정을 파기하고 중국과의 무역 전쟁을 시작했다. 이는 철강부터 콩에 이르기까지 모든 원자재에 대한 새로운 관세 매기기로 이어졌다. 그렇게 관세는 무역 흐름의 방향을 바꿨다. 그간 미국은 중국의 가장 큰 콩 수출국으로 그 물량이 연간 120억 달러에 이르렀지만, 근 2년간은 브라질이 미국을 밀어내고 최대 콩 수출국이 됐다.

이러한 무역 흐름의 변화로 원자재 중개 업체에는 명암이 엇갈렸다. 손해를 본 곳이 있었는가 하면 돈벼락을 맞은 곳도 있었다. 하지만 진짜 문제는 따로 있었다. 미·중 무역 전쟁이 세계 무역량에 어떤 파장을 가져올 것인가의 문제였다. 원자재 중개 업체가 국제무역의 확대에서 이익을 창출했던 만큼 그 트렌드가 꺾인다면, 즉 국제무역이 위축되면 원자재 중개 업체가 어려움에 처할 가능성은 높아진다.

국제무역의 분절화는 미국의 무역 정책보다 파급효과가 더 강력하다. 요사이 소비자는 자신이 쓰는 제품의 추적 가능성과 윤리적 조달 문제에 갈수록 관심을 기울이는 중이다. 그 대상이 공정 무역으로 제조된다는 초콜릿일 수도 있으며, 아프리카의 분쟁 지역에서 불법적이고 비윤리적으로 채취되는 광물이 들어가는 휴대전화일 수도 있다.

이제 소비자는 자신이 쓰는 제품에서 원산지를 따지기 시작했다. 그 결과 시장은 점점 분절화되고, 원자재 중개 업체는 그저 저렴하다는 이유로 아무 곳에서나 원자재를 사서 팔기가 어려워졌다.

원자재 중개 업체가 맞닥뜨리는 세 번째 도전은 그 여파가 강력하다. 그들 사업의 중심부를 강타할 정도인데, 바로 기후변화다. 그간 원자재 중개 산업 이익의 대부분은 석유, 천연가스, 석탄 같은 화석연료 거래에서 나왔다. 세븐시스터스 그리고 비에이치피빌리턴, 리오틴토 같은 거대 석탄 업체인 빅콜Big Coal이 지구를 오염시키는 주범이라면 그들의 제품을 세계 곳곳에 운송하는 원자재 중개 업체는 공범이라 볼 수 있다.

점점 세계가 석유와 석탄 소비에 등을 돌림에 따라 원자재 중개 업체도 어려움에 처할 것이다. 글렌코어는 세계 1위 석탄 중개 업체인 동시에 세계 굴지의 석탄 생산 업체다. 비톨, 머큐리아, 군보르에너지, 트라피구라는 지금도 이익의 상당 부분을 석유 중개에 의존한다. 많은 경제학자들 그리고 일부 원자재 중개 업체마저도 아무리 늦어도 2030년 무렵에 석유 수요가 정점을 찍고 내림세로 돌아설 거라고 예측한다. 테일러의 예상도 같았다.

"우리 사업은 10년짜리 시한부라고 생각합니다. 석유 수요가 곧 정점에 다다를 것이니까요. 우리는 그 시기를 2028년에서 2029년 즈음으로 봅니다. 점점 재생에너지 사용이 증가하고 전기 자동차가 시장의 주류가 될 겁니다."[41]

하지만 기후변화가 원자재 중개 업체 입장에서 꼭 비극적인 요소
는 아니다. 예를 들어 전기 자동차의 인기로 인해 배터리의 필수 광물
인 코발트, 리튬, 니켈 시장이 급격하게 성장했다. 또한 화석연료에
이어 전기 시장이 중개 업체에 더욱 유익한 사업이 될 가능성도 있다.
물론 지금도 원자재 중개 업체에 해마다 수십억 달러를 안겨 주는 석
유 시장이 다음 시장에서 어떻게 재현될지는 정확히 알 수 없다.

마지막으로, 원자재 중개 업체를 겨누는 마지막 위협은 그들 내
부에 있다. 그들이 일군 성공이 발목을 잡는 셈이다. 글렌코어의 기
업공개에서 보듯이 원자재 중개 산업이 음지에서 양지로 느릿느릿 나
오면서 그들의 막대한 이익이 적나라하게 드러났다. 그동안 음지에서
벌인 경영의 세부 사항을 보고 미국 정부가 깜짝 놀랄 정도였다. 뿐만
아니라 원자재 중개 업체의 고객, 즉 천연자원의 생산자와 소비자는
자신들을 희생시킨 대가로 원자재 중개 업체가 지금까지 얼마나 많은
부를 쌓았는지를 확인하며 경각심을 품기 시작했다.

이제 원자재 중개 업체의 많은 고객은 원자재가 어떻게 유통되
는지, 즉 원자재 중개 업체의 경영을 꿰뚫어 보는 안목을 키웠다. 이
제 산유국의 국영 석유 업체는 원자재 중개 업체와 정면 승부는 못하
더라도, 최소한의 전략 차원으로 중개 전담 사업 부문을 키우기 시작
했다. 아예 중개에 직접 뛰어든 업체도 생겼다. 사우디아람코와 아부
다비국영석유회사ADNOC, 러시아의 로스네프트, 이제르바이잔의 석유
공사 소카르Socar가 대표적이다. 특히 소카르는 2015년에 필리프브라
더스의 마지막 석유 거래 자회사를 인수하기까지 했다.[42]

국영 석유 업체뿐만 아니라 민간 기업도 움직이기 시작했다. 세계 최대 석유 메이저 엑슨모빌이나 세계 굴지의 광산 업체 앵글로아메리칸Anglo American 등도 직접 거래에 뛰어들었다. 분명 원자재 중개 업체엔 위협이다. 생산자가 거래에 참여할수록 원자재 중개 업체가 접근할 물량이 그만큼 줄어드는 셈이기 때문이다. 이는 세븐시스터스가 석유 시장에 대한 장악력을 잃은 1970년대부터 원자재 중개 업체가 석유 시장을 지배한 트렌드와 정확히 대칭을 이룬다.

또 다른 위협은 원자재 중개 업체의 최대 고객에서 나온다. 바로 중국이다. 지난 20년간 원자재 중개 업체의 이익은 중국의 무한한 욕심으로 가능했다. 하지만 중국 정부 역시 원자재 중개 업체가 올린 막대한 이익에 대해 알고 있다. 비록 중국이 아직 원자재 중개 업체엔 큰 시장이지만 중국 정부 역시 자신들만의 중개 역량을 쌓으려 노력 중이다. 특히 그 노력이 가장 확실하게 드러나는 곳은 곡물 부문이다.

그 예로 중국의 국영 곡물 무역 업체인 중국량유식품집단유한공사는 2014년부터 국제 농식품 자회사를 세우기 위해 총 40억 달러를 투자했다. 금속 부문에서는 최근 몇 년간 루이드레퓌스의 금속 중개 자회사를 포함해 중간 규모의 중개 업체가 중국 자본에 넘어갔다. 석유 부문도 상황은 비슷하다. 유니펙Unipec, 차이나오일ChinaOil, 주하이젠룽 같은 중국 업체가 중국의 석유 수입 수요에서 상당한 점유율을 올리는 중이다.

글렌코어와 비톨 같은 원자재 중개 업체 입장에서 중국 무역 업체의 존재는 이중의 위협이 된다. 먼저 원자재 중개 업체가 중국에 원자재를 공급할 가능성 자체가 줄어든다. 게다가 기존 원자재 중개 업체가 미국의 규제와 서방의 사회적 압박에 눈치를 보기 시작했지만 중국 업체는 아직 예외다. 그들은 국제금융 시스템과 미국 금융계에 접근해야 하는 필요성을 아직 크게 느끼지 못하기 때문이다. 특히 확산하는 미국 정부의 제재로 인해 서방의 원자재 중개 업체가 특정 시장에서 발을 뺄 때 중국 원자재 중개 업체는 반사이익을 챙겼다. 이란의 상황이 좋은 예다.

미국이 대이란 제재 수위를 강화함에 따라 서방의 원자재 중개 업체는 이란과의 모든 사업을 중단할 수밖에 없었다. 하지만 1990년대 중반 중국 군부의 지원을 받아 설립된 원자재 중개 업체인 주하이젠룽은 거리낄 게 없었다. 주하이젠룽의 수장으로, 리치와 데우스의 '중국 버전'이었던 량칭룽은 술고래에 '미치광이'라는 별명으로 불릴 정도였지만, 거래에서는 극진한 접대로 명성이 자자한 트레이더였다. 2014년 사망 전까지 그는 중국 내 이란통으로 유명했으며, 그의 경영으로 주하이젠룽은 이란산 원유 분야에서 세계 최대 중개 업체로 성장했으며, 중국 전체 석유 수입량의 6분의 1을 쓸어 담았다.[43]

주하이젠룽에게 미국의 제재 위협은 문제가 되지 않았다. 자신부터 미국 내 자산이 없었던 데다 경영상 미국 금융 시스템을 이용할 필요가 거의 없었으니 말이다. 물론 미국은 주하이젠룽을 두 번이나 제재했었는데 그 효과는 제한적이었다. 첫 제재는 2012년 오바마 행정부 시절에 나왔는데 이란에 가솔린을 수출했기 때문이었고, 두 번째 제재는 2019년 트럼프 행정부 시절이었는데 이때는 이란산 원유를 수입했기 때문이었다.[44] 미국의 제재는 주하이젠룽 입장에선 그저 귀찮음 혹은 약간의 불편일 뿐이었다. 이러한 중국의 태도에 대해 테일러가 이렇게 말할 정도였다.

"본론부터 말하면요. 중국은 우리보다 훨씬 더 기꺼이 위험을 감수합니다."[45]

이렇게 말했다고, 원자재 중개 업체가 '석양 저편으로' 조용히 사라질 거라 생각하는가? 혹은 그들 없이 세계가 순조롭게 굴러갈 방법을 찾을 거라 보는가? 당연히 아니다. 물론 원자재 중개 업체가 지난 반세기 동안 의지한 포트폴리오가 도전받는 상황임은 사실이다. 하지만 그들이 지금처럼 세계 천연자원 무역의 가장 좋은 자리를 유지하는 한 달라지는 것은 없다. 그들은 그동안 그랬던 것처럼 세계경제의 필수 부품 같은 역할을 계속할 것이다. 그 증거를 대라면 바로 댈 수 있다. 심지어 멀리 돌아볼 것도 없다.

2020년을 보자. 코로나19가 무서운 기세로 세계를 공포로 몰아넣어 1930년대 대공황 이래 세계경제가 최악의 위기로 빠져들 때 말이다. 이때도 원자재 중개 업체는 신속하게 움직였다. 시장의 위기 때마다 그랬듯 그들은 궁극적인 매수자 역할을 했다. 더욱이 2020년엔 상황이 약간 달랐다. 시장은 궁극적인 매수자를 넘어 대규모로 물량을 사들일 '최종 매수자'를 원했다. 이는 원자재 중개 업체에 내려진

'동원령'과도 같았다. 원자재 중개 업체의 지위에 도전한 어떤 업체나 비판자도 수십억 달러를 한 번에 동원할 정도의 깜냥은 없었다. 그 정도의 동원은 원자재 중개 업체만이 가능했다.

　코로나19가 중국 국경을 넘어 2020년 2월 대한민국과 이란에 상륙하고, 유럽 대륙에서는 이탈리아까지 확산될 때도 서방의 많은 이들이 코로나19 위협에 무관심했던 게 사실이다. 다만 스위스 바르의 상황은 달랐다. 글렌코어의 본사에서 느긋한 모습이란 전혀 찾아볼 수 없었다. 오히려 그들은 코로나19가 세계경제에 미칠 영향력에 모든 촉각을 곤두세웠다. 사실 몇 주 전부터 글렌코어의 중국 지사로부터 신종 바이러스의 치명적이고 심각한 전염성에 관한 메시지가 본사로 쇄도했다.

　세계가 똑같은 위협에 직면함에 따라 각국이 경제의 상당 부분을 봉쇄하고 국민에게 외부 활동 자제를 명령하는 조치를 취하는 것이 불가피했다. 그 변화의 의미는 딱 하나였다. 특정 원자재에 대한 수요가 급락한다는 것이었다. 그간 인류의 이동을 도운 석유의 수요 말이다. 유가 폭락을 피하는 방법은 하나뿐이었다. 공격적인 석유 감산이었다.

　과거 리치 시절부터 러시아 고위급과 네트워크를 구축했던 글렌코어는 그 덕을 톡톡히 봤다. 글렌코어는 산유국의 질서 정연한 생산량 감축은 불가능할 거라 확신했다. 러시아의 경우 오펙의 주요 협력국으로서 오펙 주도의 감산 노력에 동참해야 맞았다. 하지만 글렌코어의 연락책은 러시아 정부가 감산 움직임에 결사적으로 반대한다는 사실을 귀띔했다.[46]

이제 글렌코어는 주인을 찾지 못한 석유가 넘쳐 나는 세상에 대비할 준비에 들어갔다. 글렌코어의 싱가포르 지사는 유조선을 임대하느라 하루 종일 전화기를 붙잡아야 했다. 밀려드는 잉여 원유를 저장하기 위한 사전 준비 작업이었다. 어디서 본 듯한 장면이다. 그렇다. 우리가 4장에서 본, 홀이 30년 전에 썼던 전략의 복사판이었다. 차이는 그때보다 규모가 더욱 크다는 사실 하나뿐이었다. 그렇게 2020년 3월, 글렌코어는 최대 저장 용량이 320만 배럴에 이르며 저유조 상판의 갑판 길이가 에펠타워 높이보다 더 긴 세계 최대 유조선 유럽호를 임대했다.

물론 글렌코어도 석유 시장이 얼마나 무너질지에 대해 정확히 예상하진 못했다. 여하튼 3월 중순이 되자 석유 감산을 거스르는 러시아의 '나 홀로 전략'은 사우디아라비아와의 가격 다툼으로 번졌다. 사우디아라비아 정부는 석유를 증산했는데 이는 시기적으로 역행이었다. 세계 각국이 코로나19 확산을 억제하기 위한 노력의 일환으로 가혹한 봉쇄 조치를 시행하기 시작하던 때와 일치했기 때문이다.

세계 수십억 인구가 갑자기 '집에 처박혀' 외부 일을 못 보는 것이 어떤 결과를 낳을지는 불 보듯 뻔했다. 석유 수요는 절벽을 넘어 말라붙었다. 여느 때였다면 아무리 심각한 불경기여도 세계 석유 수요 감소는 4퍼센트 수준이었을 것이다. 하지만 이번은 여느 경우가 아니었다. 비행기는 활주로에서 뜨지 못했고, 공장은 가동을 멈췄으며 도시에는 사람 그림자도 얼씬거리지 않았다. 그렇게 세계 석유 수요는 30퍼센트 가까이 급감했다.

석유 시장에는 엄청난 격변이었다. 단순히 유가 하락에만 그 여파가 그치지 않았다. 재고가 쌓여 저장 공간이 부족할 정도였다. 단지 저장할 곳이 부족해 채굴을 중단할 수도 있다는 공포가 찾아왔다. 석유 업체는 절박함에 빠졌다. 미국의 셰일 석유 업체 파이어니어내추럴리소시스Pioneer Natural Resources의 최고경영자 스콧 셰필드Scott Shef-field가 "자칫하다간 우리 산업 전체가 석탄 산업처럼 고사할 겁니다"**47** 라고 말할 정도였다.

코로나19 펜데믹 이전 배럴당 60달러 선이던 유가는 30달러 아래도 모자라 20달러 미만으로 주저앉았다. 바이서가 목숨을 걸고 소련으로 날아가 간신히 얻은 그것, 리치가 전쟁과 금수 조치의 한복판에서도 사고팔기를 멈추지 않은 그것, '검은 황금'이라 불릴 정도로 갈망의 대상이던 그것, 석유의 수모는 여기서 끝나지 않았다. 심지어 4월 어느 날 몇 시간 동안, 석유가 말 그대로 아무런 가치가 없어졌던 때가 생겼다. 미국 셰일 혁명의 중심부인 텍사스주 같은 세상 일부 지역에서 석유가 남아돌다 보니 공짜라도 가져갈 사람이 없어 유가가 마이너스로 떨어졌을 때가 그것이다.

원자재 중개 업체의 움직임은 빨랐다. 1990년 홀이 그랬듯 그들은 석유를 보이는 대로 사들였고, 선물시장을 이용해 차익을 얻었다. 세계 최대 유조선으로 함대를 꾸린 글렌코어가 이제 배에 원유를 채울 차례였다. 그렇게 미국 노스다코타주 바켄Bakken 유전에서부터 텍사스주와 뉴멕시코주에 걸친 퍼미안분지까지 '절망에 빠진' 업체를 돌면서 보이는 족족 원유를 사들였다. 그다음 글렌코어는 운송 작전을 시작했다. 셰일 유전에서 멕시코만 연안까지 송유관으로 원유 일부를 옮긴 다음에 그곳에서 기다리던 유조선에 원유를 실었다. 그 유조선은 더 큰 유조선 뉴컴포트호에 원유를 넘겼고, 뉴컴포트호는 지구 반 바퀴 떨어진 싱가포르 연안 말라카해협까지 항해했다. 그리고 뉴컴포트호는 세계 최대 유조선 유럽호에 원유를 인계한다. 그러면 유럽호는 어디로 갔을까? 그냥 가만히 있었다.

이번 거래를 통해 글렌코어는 미국 업체로부터 배럴당 10달러로 셰일유를 사들였다. 하지만 당시 시장이 워낙 극단적이라 불과 3개월 후에 인도하는 선물 가격조차 배럴당 30달러 넘게 거래됐다. 원유를 사다 저장하고 선물을 매도했을 뿐인데 가격이 세 배로 뛴 셈이다. 유조선을 임대하고 원유 구매를 위한 금융 비용을 빼고 나서도 글렌코어는 50~100퍼센트의 수익률을 거둘 것으로 예상됐다.[48] 그렇게 글렌코어의 잠재적인 '현금 지급기'인 유럽호는 바다 한가운데서 그저 가만히 있었다. 배가 워낙 크다 보니 마치 섬 하나가 있는 느낌이었다.

그다음 석유 수요는 다시 회복의 기지개를 켰고 글렌코어의 작전도 최종 단계로 접어들었다. 코로나19의 1차 펜데믹을 서방보다 성공적으로 막은 아시아의 경제가 유가 반등을 견인했다. 마침 유럽호의 위치 선정도 최고였다. 그렇게 7월 초 유럽호에 실렸던 원유 가운데 100만 배럴은 다른 유조선으로 옮겨져 대한민국 울산의 에쓰오일로 보내졌다.

생산 업체에 무가치한 존재였던 석유가 원자재 중개 업체에는 '돈 복사기' 역할을 했다. 최악의 상황에서도 언제든 석유를 사들일 준비가 된 업체 입장에서는 수요가 무너지던 세상이야말로 절호의 기회였다. 그렇게 석유를 사재기한 후 현물가보다 훨씬 비싼 가격으로 선물을 매도했고, 이 작전을 통해 눈이 튀어나올 정도의 이익이 났다. 그 몇 개월 만에 원유와 석유 정제품 약 10억 배럴이 세계 저유 시설을 가득 채웠고, 그중 상당량은 원자재 중개 업체의 '보험'이 됐다.[49]

"지금 현재 세계 바다에 석유가 떠다닙니다. 유조선마다 석유를 가득 채운 채로 말이죠. …그들이 유조선을 해상 석유 창고로 이용합니다. 유조선은 먼 바다에 나가 아주 오랫동안 닻을 내립니다. 이는 한 번도 본 적 없는 초유의 사태입니다."[50]

트럼프 미국 대통령이 글렌코어의 작전에 대해 말한 내용으로, 글렌코어의 이번 작전이 얼마나 대담한 거래였는지를 단적으로 보여 주는 사례다.

석유 공급과잉 사태가 진정된 후의 시기는 석유 중개 역사상 최대 호황기 중 하나였다. 글렌코어는 2020년 상반기에만 에너지 거래만으로 13억 달러를 쓸어 담았는데, 이는 글렌코어가 석유 거래로 달성한 최고 실적이었다.[51] 트라피구라와 머큐리아도 석유 중개만으로 역대 최고 수익 기록을 세웠다.[52]

이번 석유 사재기 사건은 원자재 중개 업체에 기록적인 이익을 안긴 것 이상의 의미가 있다. 그들이 아직 건재함을 알려 주는 상징적 사건이었기 때문이다. 그간 원자재 중개 업체는 가깝고 먼 미래에 놓인 모든 어려움에도 불구하고 여전히 현대 경제에서 필수적 역할임을 증명했다. 일부 서방 정치인은 여전히 그들이 세계 곳곳에서 정치적인 분탕질을 저지른다며 경멸할지도 모른다. 하지만 부인할 수 없는 사실은, 바로 그 정치인에게 원자재 중개 업체의 능력이 여전히 필요하다는 것이다.

아직도 석유는 세계의 기축통화 가운데 하나고, 원자재 중개 업체는 아직도 석유 시장을 지배 중이다. 갑작스레 석유를 원하지 않는 수요 절벽의 상황에서도, 그들은 시장에 뛰어들어 천덕꾸러기가 된 석유를 사들일 능력이 있다. 그들 말고 아무도 원하지 않는 석유 10억 배럴을 누가 가져갈 수 있을까? 이 글을 쓰는 지금으로서는 코로나19 펜데믹으로 촉발된 저유가 트렌드에서 세계 석유 산업이 어떻게 회복할지 예상하는 것은 아직 이른 듯하다.

다만 확실한 사실이 하나 있다. 원자재 중개 업체가 자신들에게 가장 필요한 순간에 엄청난 양의 석유를 사들여 쟁일 능력이 없었다면 시장 상황이 어땠을까? 텍사스의 많은 석유 업체가 파산에 직면하고, 더 많은 석유 노동자가 거리로 나앉았을 테다. 나이지리아와 앙골라, 이라크는 숨이 막힐 정도로 허리띠를 졸라매야 했을 것이다. 원자재 중개 산업 전체가 유례없는 집중포화를 받는 건 사실이지만 2020년의 시간을 돌아보면, 원자재 중개 업체가 여전히 세계경제에서 여전히 중요한 역할임은 확실하다.

———— ⌁ ————

이렇듯 원자재 트레이더가 계속해서 중요한 세력이 될 가능성이 있더라도, 이 책에서 나왔던 이들이 그 주인공은 아닐 것이다. 실제로 이 책에서 언급된 이들 중 대부분은 업계에서 자취를 감췄다. 리치는 2013년, 도팽은 2015년, 테일러는 2020년에 한 줌의 흙이 됐다. 데우스는 버뮤다에 세운 자신의 성 안에서 나오지 않고 있으며, 홀은 미술품 콜렉터로서의 삶을 누리는 중이다. 이 책의 인물 중 가장 정력적이고 의욕적이었던 글라센버그도 2021년에 은퇴를 발표했다. 업계가 변했음을 느끼지 못하는 트레이더는 거의 없다.

그리고 그간 원자재 중개 산업을 지탱한 철학도 사라질 위기에 처했다. 그동안의 원자재 중개 업체는 합법과 불법 또는 용인과 불용인의 아슬아슬한 경계에서 일했고, 환경오염의 주범으로 지목되는 원자재를 뻔뻔하게 팔아 댔으며, '백인 남성'으로만 구성된 이사회를 운영했다. 하지만 미래의 업계에 이런 분위기가 것이 허락되지 않을지도 모른다.

새로운 변화를 가장 적극적으로 따르는 집단은 유럽 은행이다. 막대한 벌금을 통한 본보기 효과 덕분이다. 그들도 비엔피파리바 신세가 될까 봐 두려워한다. 온몸에 털이 바짝 설 정도의 벌금에 화들짝 놀란 최대 은행 중 일부가 원자재 중개에 대한 자금 지원을 전면 중단한다는 사실은 원자재 중개 업체의 '생명줄' 역할인 은행의 목소리에 더욱 힘을 실어 줄 뿐이다.

원자재 중개 업체로서는 은행의 요구를 받아들이는 것 외엔 선택지가 없다. 실제로 여러 원자재 중개 업체는 뇌물 전달 용도로 썼던 외부 대리인을 이용하지 않겠다고 공식 발표했다. 하지만 업계 관행의 변화를 강요하는 것은 은행만이 아니다. 온 세상이 변화를 강요하기 시작했다.

군보르에너지의 최고재무책임자인 뮤리얼 슈와브Muriel Schwab는 변화의 주체에 대해 "은행과 규제자만이 아니에요"라며 다음과 같이 덧붙인다.

"지속 가능성, 기후변화, 윤리적 경영 등에 대한 사회적 압박이 갈수록 세져요."[53]

또한 성별 다양성에서 원자재 중개 업체는 서방에서 가장 '후진' 곳의 하나였다. 슈와브는 이 부문에서도 상황이 달라지리라 봤다. 본인이 유리천장을 깬 최고위직 여성 경영자로서, 슈와브는 중개 업무가 남성들의 전유물이라는 인식에 갇힌 이들을 수없이 만났었다. 하지만 슈와브는 "요즘에는 젊은 인재를 뽑고 싶으면…요즘 친구들은 석유 폐기물을 세상 어딘가에 무단 투기하는 비윤리적인 회사에서 일하려 안 해요"라면서 조심스레 변화에 대해 언급했다.

"젊은 후배들이 업계 미래를 책임질 거라 믿어요. 변화는 선택이 아니라 필수고요. 그리고 변화는 이미 시작됐어요."[54]

우리가 취재했던 원자재 중개 업체 중 사업 기반이 가장 안정된 기업은 카길이다. 그들이 중개 산업에서 다른 곳에 힘을 준 것이 먹혔다. 그들이 곡물 중개에서 세계 최대 업체라는 지위는 지금도 굳건하지만 지난 몇 년간 카길은 옥수수 제분 시설, 콩기름 압착 시설, 포장육 공장에 이익을 재투자했고, 이 실적이 전통의 중개 부문을 아득히 초월했다. 카길은 이에 만족하지 않고 더욱 대담한 목표를 세웠다. 아예 중개 부문 비중을 회사 전체 이익의 3분의 1 수준까지 낮추기로 한 것이다. 심지어 중개 부문 실적이 유독 나쁜 해에는 그 비중이 10퍼센트까지 내려갈 수도 있다고 예상할 정도였다.[55] 이제 다른 업체도 카길의 포트폴리오를 따르기 시작했다. 글라센버그가 글렌코어를 마치 평범한 광산 업체인 듯 말하는 것에 이유가 있던 셈이다.

"중개는 더 이상 우리의 주력 부문이 아닙니다. 오히려 중개는 시장에 대한 통찰을 얻고, 나아가 우리 제품이 시장에서 잘 팔리도록 지원하는 좋은 방법이라 생각합니다."[56]

뼛속까지 트레이더인 글라센버그가 이런 말을 하다니 세상 오래 살고 볼 일이다. 제셀슨에서 리치로 이어지는 사업 철학을 정통으로 계승한 사람이 바로 글라센버그다. 그렇다면 글라센버그의 발언으로 미루어 원자재 중개 산업이 사양길에 접어들었다 해석해도 될까? 앞의 주하이젠룽 사례가 있긴 하지만, 특정 방식의 중개 산업이 사라진다고 해도 크게 틀리진 않을 것이다. 업계에서 가장 중대한 부패에 관한 많은 조사의 결과도 아직 나오지 않았다.

이렇게 원자재 중개 업체는 어쩔 수 없이 변화하기 시작했다. 필리프브라더스에서 시작해 마크리치앤드코를 거쳐 글렌코어로 이어지는 제국이 보여 준 방식, 즉 지옥에서의 거래든, 악마와의 거래든 개의치 않고 언제나 칼날 위를 걷는 모습은 이제 역사의 저편에서나 볼 장면이 될지도 모른다. 여기서 퇴른크비스트의 말을 들어 보자.

"그러니까 리치처럼 악착스러운, 옛날에나 통할 법한 트레이더들 말이죠. 아직도 돌아가는 상황을 모르는 경우가 많습니다. 연방수사국에 한번 다녀와 봐야 정신 차릴 걸요?"[57]

2019년 우리에게 털어놓은 테일러의 '고백'도 새겨들을 만하다.

"우리는 변했어요. 이제는 좋은 평판이 경영상 아주 매우 중요함을 압니다. 좋은 평판이란, 할 수 없는 일이 있고 해서도 안 되는 일을 지킨다는 것임을 완벽히 이해하는 것이죠. 그래서 우린 그런 일에선 완전히 손을 뗐습니다."[58]

결론적으로 원자재 중개 산업의 최후를 예상하는 것은 잠시 뒤로 미루자. 아직은 이르다. 천연자원이 국경을 넘어 수출되는 그날까지 그들의 역할은 있을 것이다. 생산자와 소비자가 원자재 중개 산업에 직접 진출하려는 온갖 시도에도 불구하고 당분간은 전문 중개 업체의 아성을 무너뜨리지 못할 것이다. 그들이 다진 금융 화력과 민첩성을 빠르게 따라잡을 거라는 기대는 접는 게 좋다. 그 중요한 기후변화도 원자재 중개 업체에 위협이지만 사망 선고까지는 아니다.

물론 그들의 주요 수단인 원자재가 기후변화로 위협을 받는 건 명백한 사실이다. 그러나 열성적인 환경론자도 인정하듯이 석유는 세계 에너지 공급에서 아직은 중요한 부분으로 남을 가능성이 크다.

언젠가 원자재 중개 업체는 심판을 받겠지만 먼 미래의 이야기다. 그들에 대한 전방위적인 압박 속에서도 지금도 보란 듯이 원자재 중개 업체는 흑자 행진을 이어 가는 중이다. 시장이 완벽하게 효율적이지 않은 한 그들에게 기회는 존재한다. 예전처럼 합법과 불법 사이의 칼날 위를 걷지는 않더라도 시장의 비효율성을 이용하면서 시장이 보내는 신호에 누구보다 빠르게 대응해 세계 곳곳으로 원자재를 옮겨 자신들의 금고를 채울 것이다.

　원자재 중개 업체가 가진 비장의 무기는 또 있다. 전통적으로 그들이 수행한 클리어링하우스 역할이다. 이는 오늘날에도 그들에게 거의 유일한 경제적·정치적 권력을 부여한다. 원자재 중개 업체의 돈이 이라크령 쿠르드의 독립운동으로 흘러간 것을 생각해 보자. 같은 해 글라센버그는 푸틴 대통령으로부터 국가 훈장을 수여받았다. 또한 2020년 유가 폭락의 시련에서 원자재 중개 업체의 도움으로 위기를 극복한 석유국가와 석유 생산 업체라면 그들에게 보답해야 한다.

　세상이 아무리 변해도 변하지 않는 사실도 존재한다. 세계의 천연자원은 누군가가 사고팔아야 한다는 사실이 그것이다. 아직도 원자재는 돈과 권력을 차지하기 위한 확실한 지름길 중 하나다. 원자재 중개 업체가 앞으로 한동안 국제 정세에서 '진짜 주인공'이 되리라는 사실은 분명하다. 하지만 결코 예전 같지는 않을 것이다. 수십 년간 음지를 돌다 양지로 나온 이상, 햇빛 속에 그들의 속살이 고스란히 노출될 수밖에 없기 때문이다.

감사의 말

지금까지도 원자재 중개 산업과 상극인 단어는 투명성이다. 그러다 보니 자연스레 우리는 기꺼이 속살을 보여 주려는 업계 개인의 의지와 내부 고발에 많이 의존했다. 오래전 우리가 처음으로 업계를 이해하도록 도운 것도 그들이었다. 더욱이 최근에는 출판을 전제로 한 녹음 인터뷰에도 수십 명의 트레이더가 응해 줬다. 특종 앞에서 하이에나 같은 기자들과 마주 앉아 대화하는 것이 익숙하지도 편안하지도 않았을 텐데 말이다. 우리에게 그 유쾌하지만은 않은 시간을 허락한 그들 모두에게 깊은 고마움을 전한다.

또한 옥스퍼드에너지연구소OIES 도서관을 자유롭게 드나들도록 허락한 바삼 파투Bassam Fattouh와 앤드루 허드슨Andrew Hudson의 관대한 친절에도 고맙다는 말을 하고 싶다. 우리는 지난 세월 취재차 수십 개 국가를 방문했다. 가끔은 자신의 안위까지 위험하게 만들며 우리의 안전을 지킨 운전기사, 통역사, 해결사 등에게 특히 많은 신세를 졌다.

또한 블룸버그뉴스 식구들에게 각별히 고맙다. 먼저, 우리 보스는 우리가 책을 쓰느라고 할 일에 집중하지 못해도 굳건하고 변함없는 지지를 보여 줬다. 윌 케네디Will Kennedy, 엠마 로스-토머스Emma Ross-Thomas, 존 프레이어John Fraher, 헤더 해리스Heather Harris는 우리가 책을 쓰도록 용기를 북돋워 줬을 뿐 아니라 원고를 검토해 주면서 유익한 비평과 제안을 아끼지 않았다. 스튜어트 월리스Stuart Wallace, 리토 그레고리Reto Gregori, 존 미클스웨이트John Micklethwait는 시작부터 우리의 든든한 지원군이었고 율리야 페도리노바Yuliya Fedorinova와 이리나 레즈니크Irina Reznik는 우리가 필요한 사람을 제때 찾도록 도왔다. 편집국의 다른 동료들도 우리가 책을 쓰느라 자리를 비웠을 때 업무 공백을 훌륭히 메워 줬다.

우리는 〈파이낸셜타임스〉에 재직하던 중 원자재 중개 업체와 트레이더에 관한 기사를 쓰기 시작했다. 당시는 기삿거리로서의 가치가 검증되지 않았는데도 우리의 아이디어를 전폭적으로 밀어준 편집장 라이어넬 바버Lionel Barber와 질리언 테트Gillian Tett에게 고맙다(또한 우리 저자에게 공동 취재 미션을 처음으로 맡긴 테트와 알렉 러셀Alec Russell에게도 큰 기회를 입었다). 다이애나 휘팅턴Diana Whittington은 〈파이낸셜타임스〉가 주최하는 국제원자재상품회의Global Commodities Summit(원자재 중개 산업의 고위 임원, 트레이더, 은행가 등이 중개 산업 현안에 대해 토론하는 행사로 2012년부터 스위스 로잔에서 해마다 열린다_옮긴이)를 준비하면서 야근을 수시로 하고 개회 직전의 난리통에도 바위처럼 흔들림이 없었다.

우리의 출판 대리인 앤드루 와일리Andrew Wylie는 아이디어 단계 때부터 이 책에 대한 열정이 대단했고 제임스 펄린James Pullen과 함께 아이디어가 책으로 탄생하도록 열심히 도왔다. 펭귄랜덤하우스의 로언 보처스Rowan Borchers는 데뷔작을 선보이는 초보 작가 둘이 편집장에게 기대할 모든 것을 갖춘 인물이었다. 그는 우리와의 첫 대면 때부터 우리의 목표가 무엇인지 이해했다. 그의 섬세하고 능수능란한 솜씨를 거치면 우리 원고는 언제나 더 나은 모습으로 재탄생했다.

핵심만 골라 찌르는 현명한 조언을 아끼지 않은 루시 미들턴Lucy Middleton, 귀중한 공명판 역할을 한 나이절 윌콕슨Nigel Wilcockson, 우리 원고를 매끄럽게 다듬은 애나 허브Anna Herve, 표지를 디자인한 카라 엘리엇Ceara Elliot 모두에게 고마움을 전한다. 옥스퍼드대학출판부OUP의 데이비드 퍼빈David Pervin은 우리 책에 맨 처음 관심을 가져 줬고 제임스 쿡James Cook은 이 책에 대한 깊은 이해를 보여 줬다. 그리고 랜덤하우스의 이자벨 랩프스Isabelle Ralphs와 카일라 디파비오Cayla DiFabio는 이 책의 홍보와 마케팅에 최선을 다해 줬다.

이 책의 집필 아이디어가 영글고 무르익기까진 오랜 시간에 걸렸다. 우리 친구들은 수년간 원자재 중개 업체와 트레이더에 대한 우리의 두서없는 이야기를 끈기 있게 들어 줬다. 피터와 에이미 번스틴Peter & Amy Bernstein 부부는 우리 저자가 머릿속 생각을 체계적으로 정리하고 출판 세상을 이해하도록 아낌없는 도움을 줬다. 샘 프리처드

Sam Pritchard, 에드 커밍Ed Cumming, 클렘 네일러Clem Naylor는 초벌 원고를 읽고 검토한 다음 사려 깊은 비평을 들려줬다. 특히 멘토로서 현명한 조언과 친구로서 깊은 우정을 보낸 캐럴라 호요스Carola Hoyos에겐 마음에서 우러나는 고마움을 전한다.

우리는 말로 다 표현 못할 만큼 수많은 방식으로 우리를 지지하고 아껴 주는 사랑스러운 가족을 뒀으니 더없이 운이 좋다. 샌드라 파시Sandra Farchy는 자신의 집을 기꺼이 작업실로 꾸며 줬다(그리고 블라스에겐 자전거의 재미를 알려 줬다). 잰 콜링스Jan Collings는 지면에서 자신의 이름을 발견하는 것을 포함해 지금까지의 모든 순간을 사랑했을 것이다. 그리고 사랑하는 호세 블라스José Blas와 마리 카멘 오틴Mari Carmen Otin은 이 책에 집중하느라 서로 떨어져 있을 때조차 이 책의 탄생을 위해 흔들림 없는 용기와 격려를 보내 줬다.

이들 모두의 사랑과 지지에 고마움을 담아 인사 드린다.

들어가며: 21세기의 위험 사냥꾼

1. This account of Vitol's adventure in Libya is based on the authors' reporting for a piece published in *Bloomberg Markets* magazine in June 2016, called 'Inside Vitol: How the World's Largest Oil Trader Makes Billions', as well as the authors' previous and subsequent interviews with Vitol executives.

2. In 2019, Vitol traded 8 million barrels a day of crude oil and refined products -'2019 volumes and review', Vitol, 27 March 2020, accessed: https://www.vitol.com/vitol-2019-volumes-and-review. According to the International Energy Agency, Germany, France, Spain, the UK and Italy consumed 8.15 million barrels a day in 2019.

3. 'Risky Oil Supply Deal Pays off For Vitol', *Financial Times*, 5 September 2011, accessed: https://www.ft.com/content/93aecc44-d6f3-11e0-bc73-00144feabdc0.

4. 'Vitol's Ian Taylor on oil deals with dictators and drinks with Fidel', *Financial Times*, Lunch with the FT, 3 August 2018, accessed: https://www.ft.com/content/2dc35efc-89ea-11e8-bf9e-8771d5404543.

5. 'Libya on the brink as protests hit Tripoli', *Guardian*, 21 February 2011, accessed: https://www.theguardian.com/world/2011/feb/20/libyadefiant-protesters-feared-dead.

6. Op. cit., *Financial Times*, 5 September 2011.

7. Vitol says it supplied fuel 'for humanitarian use' rather than to the military (Vitol, email to the authors, February 2020). Regardless, the fuel was used by the rebel army, according to Abdeljalil Mayuf, an official at rebel-controlled Arabian Gulf Oil in Benghazi.

8. Chris Bake, interview with the authors, London, April 2016.

9. 'US Says $300 Million in Libyan Assets Unfrozen to Pay Vitol', Bloomberg News, September 2011, accessed: https://www.bloomberg.com/news/articles/2011-09-01/u-s-says-300-million-of-libya-assets-freed-to-payvitol-for-rebels-fuel.

10. David Fransen, interview with the authors, London, February 2019.

11. Ian Taylor, interview with the authors, London, March 2016.

12. Op. cit., *Financial Times*, 5 September 2011.

13. 'Final report of the Panel of Experts established pursuant to resolution 1973 (2011) concerning Libya', United Nations Security Council, New York, 9 March 2013, accessed: https://www.securitycouncilreport.org/atf/cf/%7B65BFCF9B-6D27-4E9C-8CD3-CF6E4FF96FF9%7D/s_2013_99.pdf.

14. 'Ian Taylor: the oilman, his cancer and the millions he's giving the NHS', *The Sunday Times Magazine*, 8 June 2019, accessed: https://www.thetimes.co.uk/article/ian-taylor-the-oilman-his-cancer-and-the-millions-hesgiving-the-nhs-wnwbtpq2h.

15. 'Phibro's New Commodity: Money', *New York Times*, 9 August 1981, accessed: https://www.nytimes.com/1981/08/09/business/phibro-s-new-commodity-money.html.

16. Data for 2019 for Vitol, Trafigura, Glencore, Mercuria and Gunvor, based on the companies' reporting.

17. Kingsman, Jonathan, *Out of the Shadows: The New Merchants of Grain* (2019), introduction.

18. Darton Commodities, 'Cobalt Market Review, 2019-020'.

19. Ian Taylor, interview with the authors, London, February 2019.

20. 'Glencore appoints first woman director', *Financial Times*, June 2014, accessed: https://www.ft.com/content/9c46d148-fcf8-11e3-bc93-00144feab7de.

21. 'There are 316 Men Leading Top Commodity Houses and Only 14 Women', Bloomberg News, 19 March 2018, accessed: https://www.bloomberg.com/news/articles/2018-03-19/there-are-316-men-leading-topcommodity-houses-and-only-14-women.

22. Glencore annual report, 2019.

23. Pirrong, Craig, 'The Economics of Commodity Trading Firms', University of Houston, 2014, p. 8, accessed: https://trafigura.com/media/1192/2014_trafigura_economics_of_commodity_trading_firms_en.pdf.

24. Jim Daley, interview with the authors, London, August 2019.

25. World Trade Statistical Review 2018, World Trade Organization, Geneva, pp. 41-4, accessed: https://www.wto.org/english/res_e/statis_e/wts2018_e/wts2018_e.pdf.

26. David MacLennan, interview with the authors, Minneapolis, August 2019.

27. World Bureau of Metal Statistics.

28. Authors' calculation based on company reports of Vitol, Glencore, Trafigura and Cargill for each company's 2019 financial year; Japanese trade data from http://www.customs.go.jp.

29. '2016 America's Richest Families', Forbes, 29 June 2016, accessed: https://www.forbes.com/profile/cargill-macmillan-1/#3961c31223b6.

30. ~'Commodity Traders -Impact of the New Financial Market Regulation', Pestalozzi Attorneys at Law, 25 December 2016, accessed: https://pestalozzilaw.com/en/news/legal-insights/commodity-traders/legal_pdf/.

31. Torbjorn Tornqvist, interview with the authors, Geneva, August 2019.

32. Paul Wyler, interview with the authors, Zurich, June 2019.

33. Mark Hansen, interview with the authors, London, February 2019.

34. Based on Vitol's accounts from 2000 to 2019.

35. 'The World is Hungry for Coal, Glencore Says', *Coal Week International*, August 2001.

36. 'Glencore CEO Slams Fight Against Developing New Coal Mines', Bloomberg News, 24 October 2019.

1장 – 제국의 시조

1. This account is based principally on the authors' interview with Hellmuth Weisser, Theodor's son, Hamburg, May 2019.

2. 'Utka neftyanykh monopolii zapada', TASS, 20 March 1963, interview with Gurov.

3. 'A Journey Through Time: Milestones of Success', Marquard & Bahls, accessed: https://www.marquard-bahls.com/en/about-us/history/details/event/show/founding-of-the-gefo-society-for-oil-shipments.html.

4. US Census Bureau: 20th Century Statistics, accessed: https://www.census.gov/prod/99pubs/99statab/sec31.pdf.

5. 'Post-war reconstruction and development in the Golden Age of Capitalism', UN World Economic Survey 2017, accessed: https://www.un.org/development/desa/dpad/wp-content/uploads/sites/45/WESS_2017_ch2.pdf.

6. Bernstein, William, *A Splendid Exchange: How Trade Shaped the World* (London: Atlantic

Books. 2008), p. 8.

7. Information on the history of Philipp Brothers is based largely on Waszkis, Helmut, *Philipp Brothers: The Rise and Fall of a Trading Giant* (Metal Bulletin, 1992). Waszkis, a former Philipp Brothers executive, kept meticulous notes on his research, which are stored at the Leo Baeck Institute in New York. Items from Waszkis's notes are referred to as 'Philipp Brothers Collection', followed by their box, folder and page number. The collection is accessible online at: https://digifindingaids.cjh.org/?pID=431072.

8. Philipp Brothers Collection: box 1, folder 3, p. 40.

9. As described by Charles Bendheim, Philipp Brothers Collection: box 1, folder 16, p. 157.

10. David Tendler, interview with the authors, New York, August 2019.

11. Memoir of Norbert Smith, a former Philipp Brothers executive, that was serialised in *The Jewish Link of New Jersey*, part 19, accessed: https://www.jewishlinknj.com/features/23920−my−stories−19.

12. 'Philipp Brothers in Tito deal', *New York Times*, 13 October 1950, accessed: https://www.nytimes.com/1950/10/13/archives/philippbrothers−in−tito−deal.html.

13. Philipp Brothers' 1973 annual report, Philipp Brothers Collection: box 2, folder 7, p. 95.

14. MacMillan, William Duncan, *MacMillan: The American Grain Family* (Afton Historical Society Press, 1998), p. 304.

15. Broehl, Jr, Wayne G., *Cargill: Trading the World's Grain* (University Press of New England, 1992), p. 787.

16. Testimony from Cargill executives at the 'Multinational Corporations and United States Foreign Policy' hearings before the Subcommittee of Multinational Corporations of the Committee on Foreign Relations, part 16, p. 101, Washington 1973-6.

17. Morgan, Dan, *Merchants of Grain* (An Authors Guild Backinprint.com Edition, 2000; originally published by Viking, 1979), p. 122.

18. Broehl, Jr Wayne G., *Cargill: Going Global* (University Press of New England, 1998), pp. 36-6.

19. David MacLennan, interview with the authors, Davos, January 2020.

20. Wiener, Robert J., 'Origins of Futures Trading: The Oil Exchanges in the 19th Century', L'Universite Laval, Quebec, Canada, 1992.

21. Hellmuth Weisser, interview with the authors, Hamburg, May 2019.

22. Ermolaev, Sergei, 'The Formation and Evolution of the Soviet Union's Oil and Gas Dependence', 2017, accessed: https://carnegieendowment.org/2017/03/29/formation−and−evolution−of−soviet−union−s−oiland−gas−dependence−pub−68443.

23. Yergin, Daniel, *The Prize* (New York: Simon & Schuster, 1993), p. 497.

24. 'Impact of Oil Exports from the Soviet Bloc', National Petroleum Council, Washington, 1962, p. 25, accessed: https://www.npc.org/reports/1962−Impact−Oil_Exports_From_The_Soviet_Bloc−Vol_I.pdf.

25. Philipp Brothers Collection: box 1, folder 2, p. 48.

26. Helmut Waszkis interview with Ernst Frank, June 1978: Metallgesell schaft Collection: AR 25149, p. 271: Leo Baeck Institute.

27. Jean−Pierre Adamian and Antoine Carassus, interview with the authors, Geneva, February 2019.

28. 'The Colossus of Phibro', *Institutional Investor*, 1981. Philipp Brothers Collection: box 1, folder 17, p. 158.

29. Broehl, Jr, Wayne G., *Cargill: Trading the World's Grain* (University Press of New England, 1992), p. 793.

30. Felix Posen, interview with the authors, London, May 2019.

31. 'The Colossus of Phibro', *Institutional Investor*, 1981.

32. 1940 profit number from Broehl, Jr, Wayne G., *Cargill: Trading the World's Grain* (University Press of New England, 1992), p. 879: 1970 profit number from Broehl, Jr, Wayne G., *Cargill: Going Global* (University Press of New England, 1998), p. 379.

33. Philipp Brothers Collection, 1947 accounts: box 1, folder 11, p. 55.

34. Philipp Brothers Collection: box 1, folder 11, p. 143.

35. The best chronicle of the Soviet grain purchases is Trager, James, *The Great Grain Robbery* (New York: Ballantine Books, 1975). In addition, the US Congress held hearings into the purchases, including 'Russian Grain Transactions' (Senate Permanent Subcommittee on Investigations, July 1973) and 'Sale of Wheat to Russia' (House Agriculture Committee, September 1972). Both hearings included first−hand and detailed testimony from trading executives and government officials.

36. 'Some Deal: The Full Story of How America Got Burned and the Russians Got Bread', *New York Times*, 25 November 1973, accessed: https://www.nytimes.com/1973/11/25/archives/some−deal−the−fullstory−of−how−amepnka−got−burned−and−the−russians.html.

37. Luttrell, Clifton, 'The Russian Wheat Deal −Hindsight vs. Foresight', US Federal Reserve of St. Louis, October 1973, accessed: https://www.staff.ncl.ac.uk/david.harvey/MKT3008/RussianOct1973.pdf.

38. Broehl, Jr, Wayne G., *Cargill: Going Global* (University Press of New England, 1998), p. 224.

39. Morgan, Dan, *Merchants of Grain*, p. 168.

40. Broehl, Jr, Wayne, G., *Cargill: Going Global*, p. 224.

41. Ibid., p. 225.

42. Fortune 500 list, 1972, *Fortune Magazine*, accessed: https://archive.fortune.com/magazines/fortune/fortune500_archive/full/1972/.

43. US General Accounting Office, "Exporters' Profits On Sales of US Wheat to Russia", p. 2, accessed: http://archive.gao.gov/f0302/096760.pdf.

44. 'Soviet Grain Deal is Called a Coup', *New York Times*, 29 September 19 72, accessed: https://www.nytimes.com/1972/09/29/archives/sovietgrain-deal-is-called-a-coup-capitalistic-skill-surprised.html.

2장 - 황제의 대관식

1. The President's Daily Brief, CIA, 25 April 1968, accessed: https://www.cia.gov/library/readingroom/docs/DOC_0005974399.pdf, declassified in 2015.

2. Yergin, Daniel, *The Prize*, pp. 523-24.

3. For a detailed overview of the negotiations for the construction of the pipeline, see Bialer, Uri, 'Fuel Bridge across the Middle East—Israel, Iran, and the Eilat—Ashkelon Oil Pipeline', Israel Studies, vol. 12, no. 3, accessed: http://ismi.emory.edu/home/documents/Readings/Bialer_Fuel_Bridge_Israeli_oil_pipline.pdf. In addition, a recent Swiss ruling contains information about the ownership structure: Suisse, Tribunal Federal, 27 June 2016, accessed: https://res.cloudinary.com/lbresearch/image/upload/v1469537636/suisse_tribunal_f_d_ral_arr_t_du_27_juin_2016_4a_322_2015_266116_1354.pdf.

4. 'The Time Has Come for Israel to Expose Its Most Secret Firm', *Haaretz*, 18 September 2016, accessed: https://www.haaretz.com/opinion/the-time-has-come-for-israel-to-expose-its-secret-firm-1.5437187.

5. Biographical details from Ammann, Daniel, *The King of Oil: The Secret Lives of Marc Rich* (New York: St Martin's Press, 2009) and *Petition for Pardon for Marc Rich and Pincus Green*, 2001, included in US House of Representatives, *Justice Undone: Clemency Decisions in the Clinton White House*, 107th Congress, 2nd session, Report 107–454, 14 May 2002, accessed: https://www.congress.gov/107/crpt/hrpt454/CRPT-107hrpt454-vol3.pdf.

6. Ammann, Daniel, op. cit., p. 36.

7. Felix Posen, interview with the authors, London, May 2019.

8. Waszkis, Helmut, *Philipp Brothers: The Rise and Fall of a Trading Giant*, p. 207.

9. Isabel Arias, interview with the authors, Lima, April 2019.

10. Danny Posen, interview with the authors, London, February 2019.

11. Roque Benavides, interview with the authors, Lima, April 2019.

12. Copetas, A. Craig, *Metal Men: Marc Rich and the 10-Billion-Dollar Scam* (London: Harrap Limited, 1986), p. 51.

13. Ammann, Daniel, *The King of Oil: The Secret Lives of Marc Rich* (New York: St Martin's Press, 2009), pp. 58–9.

14. 'Mystery of the Disappearing Tankers', *The Sunday Times*, 13 December 1970, p.11.

15. 'Minerals Yearbook 1970, Chromium', United States Geological Survey, p. 302, accessed: http://images.library.wisc.edu/EcoNatRes/EFacs2/MineralsYearBk/MinY-B1970v1/reference/econatres.minyb1970v1.jmorning00.pdf.

16. Fraenkel, Ernst, verbatim notes of interview with Helmut Waszkis, in Philipp Brothers Collection: AR 25131: box 1, folder 9, p. 6.

17. Ammann, Daniel, op. cit., p. 67.

18. Garavini, Giuliano, *The Rise & Fall of OPEC in the Twentieth Century* (Oxford: Oxford University Press, 2019), p. 203.

19. Akins, James, 'The Oil Crisis: This Time the Wolf Is Here', *Foreign Affairs*, vol. 51, no. 3 (April, 1973), pp. 462–90, accessed: https://pdfs.semanticscholar.org/7e25/19e3a8f-85571946eb76785c43cd1a493caf0.pdf.

20. Waszkis, Helmut, *Philipp Brothers: The Rise and Fall of a Trading Giant*, p. 212.

21. Ibid., p. 211.

22. Ibid., footnote on p. 292.

23. Yergin, Daniel, *The Prize*, p. 581.

24. The description of the meeting at Yamani's suite in Vienna comes from 'How the Oil Companies Help the Arabs to Keep Prices High', *New York Magazine*, 22 September 1975.

25. Yergin, Daniel, op. cit., p. 585.

26. Ibid., p. 588.

27. The President's Daily Brief, CIA, 18 October 1973, declassified in part on 20 June 2016, accessed: https://www.cia.gov/library/readingroom/docs/DOC_0005993960.pdf.

28. 'Markets Pointers', Europ−Oil Prices (London), 3 December 1973, p. 1.

29. 'Milestones in the History of U.S. Foreign Relations: Oil embargo 1973-4', US State Department, accessed: https://history.state.gov/milestones/1969−1976/oil−embargo.

30. Broehl, Jr. Wayne G., *Cargill: Going Global*, p. 237.

31. Milton Rosenthal, president and CEO of Engelhard, quoted in 'Engelhard's Gold', *Dun's Review*, April 1975, in Philipp Brothers Collection: box 2, folder 2, p. 17.

32. Waszkis, Helmut, *Philipp Brothers: The Rise and Fall of a Trading Giant*, p. 215.

33. Rich told Daniel Ammann (op. cit., p. 73) that Jesselson offered $150,000 each to him

and Green; Jesselson told Helmut Waszkis (*Philipp Brothers: The Rise and Fall of a Trading Giant*, p. 215) that he was willing to let their pay rise to $250,000 each.

34. Ammann, Daniel, op. cit., p. 73.

35. 'Inside Philipp Brothers, a $9 billion supertrader most people don't know', *Business-Week*, 3 September 1979. Philipp Brothers Collection: box 2, folder 10, p. 207.

36. Ammann, Daniel, op. cit., p. 75. 37 'Secrets of Marc Rich', *Fortune*, 23 January 1984.

38. Gerard F. Cerchio, the president of Sun International Inc., the trading arm of the Sun Company, quoted in 'The Man Behind Marc Rich', *New York Times*, 18 August 1983, accessed: https://www.nytimes.com/1983/08/18/business/the−man−behind−marc−rich.html.

39. Isaac Querub, interview with the authors, Madrid, June 2019.

40. Isaac Querub, email to the authors, June 2019.

41. Manny Weiss, interview with the authors, London, March 2019.

42. 'Le Pape Du Negoce', *Le Temps*, 30 October 2008, accessed at: https://www.letemps.ch/opinions/pape−negoce.

43. Ammann, Daniel, op. cit., p. 82.

44. Philipp Brothers Collection: box 1, folder 11, p. 143.

45. Philipp Brothers, 1977 annual report, in Philipp Brothers Collection: box 2, folder 9.

46. Razavi, Hossein, 'The New Era of Petroleum Trading: Spot Oil, Spot−Related Contracts, and Futures Markets', World Bank Technical Paper, Number 96, Washington, 1989.

47. Tetreault, Mary Ann, *Revolution in the World Petroleum Market* (Quorum Books, 1985), p. 55.

48. 'Die Knochen sind noch nicht numeriert', *Der Spiegel*, 17 February 1986, accessed: https://www.spiegel.de/spiegel/print/d−13517991.html.

49. 'Oil: The Great Noses of Rotterdam', *New York Times*, 8 July 1979, accessed: https://www.nytimes.com/1979/07/08/archives/oil−thegreat−noses−of−rotterdam−a−market−that−runs−on−the−telex.html.

50. 'Etude Sur Le Trading Petrolier', Ministere de la Mer, 14 June 1983, accessed: http://temis.documentation.developpement−durable.gouv.fr/docs/Temis/0002/Temis−0002860/7522.pdf.

51. Bill Emmitt, interview with the authors, May 2019.

52. 'Deuss: From Second−Hand Car Dealer to Controversial World Figure', *Bermuda Sun*, 18 February 1994, accessed: http://bermudasun.bm/Content/Default/NewsOlder20120206/Article/Deuss−From−secondhand−car−dealer−to−controversial−world−figure/−3/1294/31102.

53. Boon, Marten, 'Deuss' demise: an oil trader's struggle to keep up with the market, 1970s–1990s', MPRA Paper, 2019, accessed: https://mpra.ub.uni-muenchen. de/95460/1/MPRA_paper_95460.pdf.

54. Sanoff, Jonathan, 'Soyuznefteexport v JOC Oil Ltd: a Recent Development in the Theory of the Separability of the Arbitration Clause', in *The American Review of International Arbitration*, 1990 (Sanoff was an associate general counsel for Transworld Oil, and as such an adviser to JOC Oil).

55. Levine, Steve, *The Oil and the Glory* (New York: Random House, 2007), p. 133.

56. Deposition of Francis V. Elias, in US v Advance Chemical Company, case no. CIV–86–1401–P, US District Court for the Western District of Oklahoma. Elias was at the time the secretary of Transworld Oil Ltd.

57. 'Energy: JOC Oil Bona Fides', US State Department, cable from US embassy in Valletta, Malta; Washington, May 1974, via WikiLeaks, accessed: https://wikileaks.org/plusd/cables/1974VALLET00848_b.html.

58. 'Request for Information on Petroleum Company', US State Department, cable from US embassy in Gaborone, Botswana; Washington, January 1975, via WikiLeaks, accessed: https://wikileaks.org/plusd/cables/1975GABORO00154_b.html.

59. 'Request for Background Information on World Oil Bank', US State Department, cable from US embassy in Ankara, Turkey; Washington, May 1978, via WikiLeaks, accessed: https://wikileaks.org/plusd/cables/1978ANKARA03599_d.html.

60. 'Iran–Contra Investigation', US Senate, appendix B, vol. 25, Deposition of Theodore G. Shackley, pp. 20-3 and 377-83. The name of Transworld Oil is misspelled as Trans-World, and John Deuss is misspelled several times as 'John Dois', accessed: https://ia902906.us.archive.org/25/items/reportofcongress25unit/reportofcongress25unit.pdf.

61. 'Deuss: From Second-Hand Car Dealer to Controversial World Figure', *Bermuda Sun*, op. cit.

62. 'Ayatollah Khomeini returns to Iran', *The Associated Press*, 1 February 1979, accessed: https://www.apnews.com/3042785d564d4acaa2e4a18bfc206d25.

63. Yergin, Daniel, op. cit., pp. 656-80.

64. 'Middleman Made a Fortune in the Good Old Days Of Oil Crisis', *Washington Post*, 15 February 1983.

65. Yergin, Daniel, *The Prize*, p. 679.

66. Copetas, A. Craig, op. cit., p. 72.

67. Ammann, Daniel, *The King of Oil*, p. 177.

68. Hellmuth Weisser, interview with the authors, Hamburg, May 2019.

69. Philipp Brothers Collection: box 1, folder 11, p. 143.

70. Broehl, Jr, Wayne G., *Cargill: From Commodities to Customers* (University Press of New England, 2008), p. 38.

71. Group of Seven, 'Declaration 1979', Tokyo, 29 June 1979, in Oxford Institute of Energy Studies archive, grey literature, box 79.

3장 - 끝없는 탐욕

1. This account of Jamaica's dealings with Marc Rich + Co is based primarily on the authors' interviews with Hugh Hart, Manny Weiss, Vincent Lawrence and Carlton Davis. The story of the country's Friday night crisis was told to the authors by Hart.

2. In the first half of the 1980s, Jamaica was the third−largest bauxite producer after Australia and Guinea, and the fourth−largest alumina producer after Australia, the US and the USSR, according to the US Geological Survey.

3. 'History of Aluminum', The Aluminum Association, 2019, accessed: https://www.aluminum.org/aluminum−advantage/history−aluminum.

4. US Geological Survey data.

5. Stuckey, John A., *Vertical Integration and Joint Ventures in the Aluminum Industry* (Harvard University Press, 1983), p. 84.

6. European Commission decision on aluminium imports from Eastern Europe, 19 December 1984, accessed: https://eur−lex.europa.eu/legalcontent/EN/TXT/HTML/?uri=CELEX:31985D0206&from=GA.

7. US Geological Survey data.

8. 'World Bauxite Industry: Recent Trends and Implications of Guyana's Nationalization Moves', CIA, April 1971, accessed: https://www.cia.gov/library/readingroom/docs/CIA−RDP85T00875R001700010006−3.pdf.

9. Waszkis, Helmut, *Philipp Brothers: The Rise and Fall of a Trading Giant*, p. 120.

10. 'Guyana's Bauxite Industry Since Partial Nationalization', CIA, December 1972, accessed: https://www.cia.gov/library/readingroom/docs/CIA−RDP85T00875R001700040056−5.pdf.

11. 'Bodies on the Doorstep: Jamaica in the 1970s', Association for Diplomatic Studies and Training, accessed: https://adst.org/2016/12/bodiesdoorstep−jamaica−late−1970s/.

12. 'Rules Bent for Jamaica, Helping US Industry', *New York Times*, 1981, accessed: https://www.nytimes.com/1982/04/28/business/rules−bentfor−jamaica−helping−us−industry.html.

13. Davis, Carlton, *Jamaica in the World Aluminium Industry*, 2011, vol. 3, p. 67; and

USGS yearbooks.

14. Hugh Hart, interview with the authors, Kingston, March 2019, and Manny Weiss, interview with the authors, London, March 2019.

15. 'What's Behind the Govt., Marc Rich Relationship?', *The Daily Gleaner*, 5 August 1985, p. 1, accessed: https://newspaperarchive.com/kingstongleaner-aug-05-1985-p-1/. Also confirmed in authors' interviews with Manny Weiss and Hugh Hart.

16. Ken Hill, a US marshal who spent years trying to arrest Rich, quoted in 'The Face of Scandal', *Vanity Fair*, June 2001, accessed: https://www.vanityfair.com/news/2001/06/rich200106.

17. Hugh Hart, interview with the authors, Kingston, March 2019.

18. Jamaica Bauxite Institute.

19. Hugh Hart, interview with the authors, Kingston, March 2019.

20. Davis, Carlton, *Jamaica in the World Aluminium Industry*, vol. 3, p. 90.

21. 'Implementation Completion Report -Clarendon Alumina Production Project', World Bank, 1995, accessed: http://documents.worldbank.org/curated/en/326311468 043471038/pdf/multi-page.pdf.

22. Manny Weiss, interview with the authors, London, March 2019.

23. 'Marc Rich "Tolling" Deals Reopen US Aluminium Plants', *Financial Times*, 17 October 1986.

24. 'Electric Shocks for Aluminium Producers', *Financial Times*, 11 September 1987.

25. US Bureau of Labor Statistics, producer price index, aluminium foil, accessed via the FRED database: https://fred.stlouisfed.org/series/WPU10250111.

26. Manny Weiss, interview with the authors, London, March 2019.

27. Ibid.

28. According to Rich, quoted in 'Alchemist At Large', *Financial Times*, 1 September 1988.

29. Manny Weiss, interview with the authors, London, March 2019.

30. Hugh Small, interview with the authors, Kingston, March 2019.

31. According to Hugh Small and Vincent Lawrence in interviews with the authors, Kingston, March 2019.

32. 'PM Confirms Rich Deal', *The Daily Gleaner*, 30 June 1989, accessed: https://newspaperarchive.com/kingston-gleaner-jun-30-1989-p-1/.

33. Based on data in Clarendon Alumina Production 2006 bond prospectus.

34. $313m from 1982-987, $365m from 1988-999, $125m in 2000 and $65m in 2003. See, Davis, Carlton, '2009: Fiscal Budgets (Part 1) Prepayment of bauxite and alumina earnings' at http://old.jamaica-gleaner.com/gleaner/20090308/focus/focus5.html and Clarendon Alumina Production 2006 bond prospectus.

35. Carlton Davis, interview with the authors, Kingston, March 2019.

36. Copper Handbook, World Bank, 1981 (The Democratic Republic of Congo was known as Zaire between 1971 and 1997), accessed: http://documents.worldbank.org/curated/en/543761492970653971/pdf/multipage.pdf.

37. 'What's in a name?', *The Economist*, 5 October 2017. The economist was Antoine van Agtmael, who worked at the International Finance Corporation, a branch of the World Bank.

38. Ricardo Leiman, interview with the authors, London, August 2019.

39. Quoted in 'Why Marc Rich is Richer than Ever', *Fortune*, 1 August 1988, accessed: https://archive.fortune.com/magazines/fortune/fortune_archive/1988/08/01/70845/index.htm.

40. 'While Marc Rich Was Fugitive, Firm Dealt With Pariah Nations', *Wall Street Journ* 23 April 2001, accessed: https://www.wsj.com/articles/SB982885815892990443.

41. Eric de Turckheim, interview with the authors, Geneva, March 2019.

42. Ammann, Daniel, *The King of Oil*, op. cit., p. 194.

43. Macmillan, Harold, 'The Wind of Change', Cape Town, 3 February 1960, accessed: http://www.africanrhetoric.org/pdf/J%20%20%20Macmillan%20-%20%20the%20wind%20of%20change.pdf.

44. Ivan Glasenberg, who would become CEO of Glencore, couldn't participate in the Los Angeles Olympics in 1984 as a consequence of the boycott.

45. Shipping Research Bureau, 'Embargo: Apartheid Oil's Secrets Revealed' (Amsterdam University Press, 1995), in the collection of the International Institute of Social History, Amsterdam, p.192, accessed: https://archief.socialhistory.org/sites/default/files/docs/collections/embargo_apartheids_oil_secrets_revealed_0.pdf#overlay-context=nl/node/4708.

46. Ford, Jonathan, *Depression, Oil Trading & a Mind at War With Itself* (Chipmunkapublishing, 2016), a memoir written by a former Vitol trader.

47. Mark Crandall, interview with the authors, London, May 2019.

48. David Issroff, interview with the authors, New York, August 2019.

49. Shipping Research Bureau, op. cit., p. 326.

50. 'South Africa's Secret Lifeline', *Observer*, 3 June 1984.

51. Van Vuuren, Hennie, *Apartheid, Guns and Money* (London: Hurst & Company, 2018).

52. Shipping Research Bureau, op. cit., p. 258.

53. Van Vuuren, Hennie, op. cit., p. 103.

54. Quoted in Shipping Research Bureau, op. cit., p. 149. The BBC didn't broadcast the interview with John Deuss, but the tape resurfaced years later when it was used by the Dutch television investigative programme *Gouden Bergen*, on 10 September 1989.

55. Ammann, Daniel, op. cit., p. 195.

56. Authors' interview with former senior Marc Rich + Co executive, who declined to be named.

57. Authors' interview with 'Monsieur Ndolo' (pseudonym used by the Marc Rich trader who set up Cobuco in the early 1980s).

58. GDP per capita database, World Bank, accessed: https://data.worldbank.org/indicator/ny.gdp.pcap.cd?most_recent_value_desc=true.

59. The US Federal Reserve effective rate peaked above 22% in 1981.

60. Based on EIA data showing Burundian oil consumption at 700-00 barrels a day in 1980-983, and a standard VLCC carrying 2 million barrels.

61. Authors' interview with a trader, who requested anonymity.

62. Ammann, Daniel, op. cit., p. 93.

63. 'Executive Order 12205', US Government, Washington, 7 April 1980, 45 FR 24099, 3 CFR, 1980 Comp., p. 248, accessed: https://www.archives.gov/federal-register/codification/executive-order/12205.html.

64. NBC interview with Rich, 1992.

65. 'Indictment: United States of America vs Marc Rich et al.', United States District Court, Southern District of New York, September 1983.

66. Ibid.

67. 'The Lifestyle of Rich, the infamous', *Fortune*, 30 June 1986, accessed: https://fortune.com/2013/06/30/the-lifestyle-of-rich-the-infamousfortune-1986/.

68. 'Judge Orders Exxon to Repay $895m', *Financial Times*, 26 March 1983.

69. 'Arco to Pay $315 Million to Settle Claims of Price Control Violations, Overcharges', *Wall Street Journal*, 2 May 1986.

70. Thomas, Evan, *The Man to See* (New York: Simon & Schuster, 1991), p. 417. Rich, however, denied the account, saying there was 'not a shred of truth in it'. Rich said his lawyer never asked him to return to the US.

71. 'The controversial pardon of international fugitive Marc Rich', US Congress, Washington, 8 February and 1 March 2001, pp. 73 and 303, accessed: https://upload.wikimedia.org/wikipedia/commons/1/12/2001_The_Controversial_Pardon_of_International_Fugitive_Marc_Rich.pdf.

4장 – 황제 계승식

1. Andy Hall, interview with the authors, Derneburg, March 2019.

2. BP Statistical Review of World Energy. Kuwait pumped 1.4m b/d and Iraq pumped 2.8m b/d – total global oil production was estimated at 63.8m b/d.

3. UN Security Council Resolution 661 of 6 August 1990, accessed: http://unscr.com/en/resolutions/doc/661.

4. Andy Hall, interview with the authors, Derneburg, March 2019.

5. 'Will Phibro's Daddy Squash Its Ambitions?', *Business Week*, 25 March 1991.

6. Colin Bryce, interview with the authors, London, February 2019.

7. 'Dojima Rice Exchange', Japan Exchange Group, accessed: https://www.jpx.co.jp/dojima/en/index.html.

8. Wiener, Robert J., 'Origins of Futures Trading: The Oil Exchanges in the 19th Century', L'Universite Laval, Quebec, Canada. 1992.

9. Andy Hall, interview with the authors, Derneburg, March 2019.

10. 'Salomon Inc.'s Powerful Oil Man, Andrew Hall, Leads a Resurgence of Traders on Wall Street', *Wall Street Journal*, 11 January 1991.

11. Oil Monthly Market Report, International Energy Agency, Paris, January 1990, p. 11.

12. 'Saddam's Message of Friendship to President Bush', US State Department, cable from US Embassy in Baghdad, 25 July 1990, accessed: https://wikileaks.org/plusd/cables/90BAGHDAD4237_a.html.

13. Andy Hall, interview with the authors, Derneburg, March 2019.

14. Ibid.

15. 'Iraq Threatens Emirates and Kuwait on Oil Glut', *New York Times*, 18 July 1990, accessed: https://www.nytimes.com/1990/07/18/business/iraq-threatens-emirates-and-kuwait-on-oil-glut.html.

16. 'Invading Iraqis Seize Kuwait and Its Oil', *New York Times*, 3 August 1990, accessed: https://www.nytimes.com/1990/08/03/world/iraqiinvasion-invading-iraqis-seize-kuwait-its-oil-us-condemns-attackurges.html.

17. 'Meaner than a Junkyard Dog', *Texas Monthly*, April 1991, accessed: https://www.texasmonthly.com/articles/meaner-than-a-junkyarddog/.

18. Andy Hall, interview with the authors, Derneburg, March 2019.

19. Waszkis, Helmut, *Philipp Brothers: The Rise and Fall of a Trading Giant*, pp. 232-33.

20. Philipp Brothers Collection: box 1, folder 11, p. 143.

21. David Tendler, interview with the authors, New York, August 2019.

22. 'Behind the Salomon Brothers Buyout', *Fortune*, 7 September 1981, accessed: https://fortune.com/1981/09/07/salomon-brothers-buyout/.

23. Waszkis, Helmut. *Philipp Brothers: The Rise and Fall of a Trading Giant*, p. 251.

24. Ibid.

25. David Tendler, interview with the authors, New York, August 2019.

26. 'Voest—Alpine Plight Affects All Austria', *New York Times*, 20 January 1986, accessed: https://www.nytimes.com/1986/01/20/business/voestalpine—plight—affects—all—austria.html.

27. KlOeckner corporate website, accessed: https://www.kloeckner.com/en/group/history.html.

28. 'Ferruzzi Group –Trading Activities May Post $100m Loss for 1989', *Wall Street Journal*, 25 September 1989.

29. Serge Varsano, interview with the authors, Paris, November 2019.

30. 'OPEC Keeps Oil Traders Guessing', *Financial Times*, 12 April 1988.

31. Authors' interview with former executive of Transworld Oil, who declined to be named.

32. Ibid.

33. The size of estimated losses varies according to sources, but most put it between $200 and $660 million. Bower, Tom, *The Squeeze* (London: HarperPress, 2010), pp 63-5.

34. 'Oil Trader Big Winner in Atlantic Sale to Sun', *New York Times*, 7 July 1988, accessed: https://www.nytimes.com/1988/07/07/business/businesspeople—oil—trader—a—big—winner—in—atlantic—sale—to—sun.html.

5장 – 탐욕의 파티가 끝나다

1. The description in this chapter of the fall of Marc Rich is based primarily on the authors' interviews with people involved, including Zbynek Zak, Josef Bermann, Paul Wyler, Manny Weiss, Ivan Glasenberg, Mark Crandall, Graham Sharp, Danny Posen and Isaac Querub, as well as on Ammann, Daniel, *The King of Oil* (op. cit.).

2. Jim Daley, who joined Marc Rich + Co in 1977 to run oil financing; interview with the authors, London, August 2019.

3. Interview with Rich in 'Fugitive Marc Rich Prospers Abroad, Hopes to Settle US Criminal Charges', *Wall Street Journal*, 1 February 1994.

4. 'Smoking Out Marc Rich', *Institutional Investor*, 1 August 1992.

5. Danny Posen, interview with the authors, London, February 2019.

6. Mark Crandall, interview with the authors, London, May 2019.

7. 'A definition of Richness', *Financial Times*, 10 August 1992.

8. Mark Crandall, interview with the authors, London, May 2019.

9. 'Aide to Marc Rich Quits Post', *New York Times*, 4 June 1992, accessed: https://www.nytimes.com/1992/06/04/business/aid-to-marc-rich-quitspost.html.

10. Manny Weiss, interview with the authors, London, March 2019.

11. Ibid.

12. Isaac Querub, interview with the authors, Madrid, June 2019.

13. Ibid.

14. Bloomberg data.

15. Zbynek Zak, interview with the authors, Zug, June 2019.

16. Ammann, Daniel, *The King of Oil*, p. 226.

17. Manny Weiss, interview with the authors, London, March 2019.

18. Mark Crandall, interview with the authors, London, May 2019.

19. 'What Makes $1 Billion a Year and Oils the Global Economy While Rebuilding Its Reputation?', Bloomberg News, 2018, accessed: https://www.bloomberg.com/news/features/2018−05−31/oil−trader−trafigurarebuilds−reputation−while−making−billions.

20. 'Marc Rich Cedes Majority Stake in Commodities Firm He Founded', *Wall Street Journal*, 9 March 1993; 'Marc Rich Hopes For Resolution of Tax Case', *Financial Times*, 12 March 1993.

21. As told by Zbynek Zak, who was present; interview with the authors, Zug, June 2019.

22. Authors' correspondence with Zbynek Zak, February 2020.

23. 'Marc Rich Passes Control of Company to Employees', *Wall Street Journal*, 10 December 1993, and Amman, Daniel, op. cit., p. 233.

24. Isaac Querub, interview with the authors, Madrid, June 2019.

25. According to several people involved in the deliberations, but Ebner doesn't remember any discussion with Strothotte, and says he's never invested in commodities (Martin Ebner, interview with the authors by telephone, February 2020).

26. 'Roche's 93 net rose by 29%', *Wall Street Journal*, 20 April 1994.

27. The company's structure before 1994 was complicated, and different partners remember different things about the details of the buyout deal. Rich, asked by his biographer to confirm that he had received about $600 million from the sale of the company, said that that was 'not far from the truth' (Ammann, Daniel, *The King of Oil*, op. cit., p. 235).

28. Ammann, Daniel, op. cit., p. 233.

29. Mark Crandall, interview with the authors, London, May 2019.

30. Trafigura, internal publication.

31. Danny Posen, interview with the authors, London, February 2019. The group bought Skydiver as well as Trafigura, but left Blackheart on the shelf.

32. Edmundo Vidal, interview with the authors, Lima, April 2019.

33. Authors' interview with a former Trafigura executive, who declined to be named.

34. Zbynek Zak, interview with the authors, Zug, June 2019.

35. Authors' calculation based on Glencore's trading profit in this period.

36. Lucio Genovese, interview with the authors by video call, October 2020.

37. Based on accounts published in bond prospectuses from 1998, and interviews with former partners.

38. Blank v. Commissioner of Taxation in Australia's High Court, 2016, accessed: http://www.hcourt.gov.au/assets/publications/judgmentsummaries/2016/hca−42−2016−11−09.pdf.

39. Mark Crandall, interview with the authors, London, May 2019.

6장 – 쓰러지는 제국

1. This account of Trans−World in Russia is based on the authors' interviews with several former Trans−World employees and executives; Lev Chernoy and Michael Cherney's emailed responses to questions from the authors; archived copies of the Reubens' website, containing biographical details; and various other published interviews given by Reuben and other protagonists, including: 'Russia's Aluminium Tsar', *The Economist*, 21 January 1995; 'Grabbing a Corner on Russian Aluminum', *Businessweek*, 16 September 1996; 'Helter−Smelter: Amid Russia's Turmoil, UK Firm Wins Slice of Nation's Aluminum', *Wall Street Journal*, 28 January 1997; 'Transworld Group: Pitfalls for Pioneers', *Financial Times*, 17 June 1998; and 'Aluminium "Risk Taker" Changes Tack in Russia', *Financial Times*, 11 April 2000.

2. Felix Posen, interview with the authors, London, May 2019.

3. Tarasov, Artem, *Millionaire* (2004). Authors' translation from the Russian text, accessed at http://lib.ru/NEWPROZA/TARASOW_A/millioner.txt.

4. Ibid.

5. 'Soviets buy American', *New York Times*, 10 May 1989, accessed: https://www.nytimes.com/1989/05/10/opinion/foreign−affairs−soviets−buyamerican.html.

6. According to a senior Marc Rich + Co executive at the time, who requested anonymity.

7. According to David Lilley, who worked for Philipp Brothers and then Metallgesellschaft. When the Phibro metals trading team moved to Metallgesellschaft, the German company took over a significant part of the nickel deal.

8. According to his son, in 'The Reuben Show: The Hottest Property Tycoons in London', *Evening Standard*, 25 June 2010, accessed: https://www.standard.co.uk/lifestyle/the−reuben−show−the−hottest−propertytycoons−in−london−6484966.html.

9. 'Baby Reuben', *Estates Gazette*, 24 June 2006.

10. 'Brothers Go Public Over Their Success', *Jewish Chronicle*, 28 March 2003, accessed: https://www.reubenbrothers.com/brothers-go-publicover-their-success/.

11. David Issroff, interview with the authors, New York, August 2019.

12. Ibid.

13. Danny Posen (who was head of Marc Rich + Co's office in Moscow at the time), interview with the authors, London, February 2019.

14. Lev Chernoy, emailed response to questions from the authors, February 2020.

15. 'We Saved the Industry', *Rosbalt*, 25 November 2006 (interview with Lev Chernoy), accessed: http://chernoi.ru/top/publikatsii/publitsistika/105-my-spasli-promyshlennost-rossii-intervyu-informatsionnomuagentstvu-rosbalt-25-11-2006.

16. 'Grabbing a Corner on Russian Aluminum', *Businessweek*, 16 September 1996.

17. 'Aluminium "Risk Taker" Changes Tack in Russia', *Financial Times*, 11 April 2000, accessed: https://www.reubenbrothers.com/aluminium-%e2%80%b2risk-taker%e2%80%b2-changes-tack-in-russia/.

18. Ibid.

19. Lev Chernoy, emailed response to questions from the authors, February 2020.

20. 'Trans-World -Establishment of a New Aluminium Company', Macquarie Equities Limited, December 1995.

21. 'King of the Castle', *The Economist*, 21 January 1995, accessed: https://www.reubenbrothers.com/king-of-the-castle-russianaluminium/.

22. Ibid.

23. 'It's Lawyers at Dawn in the Wild East', *Guardian*, 1 March 2000, accessed: https://www.reubenbrothers.com/it%e2%80%b2s-lawyersat-dawn-in-the-wild-east/.

24. Gary Busch, interview with the authors, London, May 2019.

25. 'Helter-Smelter: Amid Russia's Turmoil, UK Firm Wins Slice of Nation's Aluminum', *Wall Street Journal*, 28 January 1997.

26. Bloomberg data.

27. Op. cit., *Financial Times*, 2000, via Reuben Brothers website.

28. Berezovsky v Abramovich -Gloster judgment, 2012, paragraph 1044. [2012] EWHC 2463 (Comm).

29. 'Smert' predprinimatelya', *Kommersant*, 12 September 1995, accessed: https://www.kommersant.ru/doc/117306.

30. Igor Vishnevskiy (former head of Glencore's Moscow office), interview with the authors, London, June 2019.

31. David Issroff, interview with the authors, New York, August 2019.

32. Op. cit., *Financial Times*, 2000, via Reuben Brothers website.

33. Ibid.

34. Ibid.

35. Ibid.

36. US State Department, 2005 Kazakhstan investment climate statement, accessed: https://2001-2009.state.gov/e/eeb/ifd/2005/42065.htm.

37. Archive of Reuben Brothers website, accessed: http://web.archive.org/web/20060419184709/http://www.reubenbrothers.com/transworld.html.

38. Ibid., *Financial Times*, 2000, via Reuben Brothers website.

39. 'Reuben Brothers give Tories nearly £200,000', *Financial Times*, 29 July 2008, accessed: https://www.ft.com/content/4cc2e73c-5dc2-11dd-8129-000077b07658.

40. 'Reuben Foundation donates £80 million for first new Oxford college in 30 years', Oxford University, 11 June 2020, accessed: https://www.ox.ac.uk/news/2020-06-11-reuben-foundation-donates-80-million-first-new-oxford-college-30-years.

41. Igor Vishnevskiy, interview with the authors, London, June 2019.

42. According to a person who attended a game with them, who requested anonymity.

43. 'Lev Chernoy: Almost half the business elite of the country are my proteges', *Komsomlskaya Pravda*, 15 November 2004, accessed: https://www.kp.ru/daily/23403/33998/.

44. Lucio Genovese, interview with the authors by video call, October 2020.

45. Klebnikov, Paul, *Godfather of the Kremlin: Life and Times of Boris Berezovsky* (Mariner Books, 2001), p. 71.

46. Klebnikov, Paul, Ibid., p. 182, and authors' interview with Raymond Cretegny, Geneva, May 2019.

47. Igor Vishnevskiy, interview with the authors, London, June 2019.

7장 – 가장 자본주의적인 공산주의자

1. 'El Hotel Parque Central de La Habana Cumple ya 20 anos', *Cibercuba*, 6 May 2018, accessed: https://www.cibercuba.com/noticias/z2018-05-06-u1-e196568-s27316-hotel-parque-central-habana-cumple-20-anos.

2. 'Search for New Capital Sources', *Cuba Business*, October 1994, vol. 8, no. 8.

3. Ian Taylor, interview with the authors, London, February 2019.

4. Colin Bryce, interview with the authors, London, February 2019.

5. David Jamison, interview with the authors, Graffham, February 2019.

6. Ford, Jonathan, *Depression, Oil Trading & A Mind At War With Itself* (Chipmunkapublishing,

2016), p. 130.

7. 'Ian Taylor: the oilman, his cancer, and the millions he's giving the NHS', *The Times*, 8 June 2019, accessed: https://www.thetimes.co.uk/article/ian−taylor−the−oilman−his−cancer−and−the−millions−hes−givingthe−nhs−wnwbtpq2h.

8. Blasier, Cole, 'El fin de la Asociacion Sovietico−Cubana', Revista del Instituto de Estudios Internacionales de la Universidad de Chile, accessed: https://revistaei.uchile.cl/index.php/REI/article/download/15377/28489/and TASS, 'Trade, Credit Pact Signed with USRR', Moscow, 12 January 1964.

9. Authors' interview with former senior Marc Rich + Co trader, who requested anonymity.

10. Fidel Castro speech, 28 January 1990, Castro Speech Data Base, Latin American Network Information Center, University of Texas at Austin, accessed: http://lanic.utexas.edu/project/castro/db/1990/19900129.html.

11. Ian Taylor and David Fransen, interview with the authors, London, February 2019.

12. Vitol brochure, 2010.

13. Vitol annual report, 1994.

14. *Cuba Business*, op. cit., October 1994.

15. *Team spirit* (Paris: Sucres et Denrees, 2012), a book printed to commemorate the 60th anniversary of the company.

16. David Fransen, interview with the authors, London, February 2019.

17. Perez−Lopez, Jorge, 'The Restructuring of the Cuban Sugar Agroindustry: A Progress Report, Association for the Study of the Cuban Economy', 2016, accessed: https://www.ascecuba.org/asce_proceedings/therestructuring−of−the−cuban−sugar−agroindustry−a−progress−report/.

18. United States Department of Agriculture, Foreign Agriculture Service database.

19. David Fransen, interview with the authors, London, February 2019.

20. The ownership structure of Sunrise (Bermuda) Ltd is shown in Vitol's 1994 annual report.

21. Ford, Jonathan, op. cit.

22. 'Vitol's Ian Taylor on oil deals with dictators and drinks with Fidel', *Financial Times*, 8 April 2018, accessed: https://www.ft.com/content/2dc35efc−89ea−11e8−bf9e−8771d5404543.

23. 'Lured by Sun and Socialism, Tourists Flocking to Cuba', *Washington Post*, 1999, accessed: https://www.washingtonpost.com/archive/politics/1999/01/09/lured−by−sun−and−socialism−tourists−flockingto−cuba/f5ec77c7−95ed−4b6b−b318−d12b47a74ea9/.

24. Igor Vishnevskiy, interview with the authors, London, June 2019.

25. Danny Posen, interview with the authors, London, February 2019.

26. Interview with former senior Cargill executive, who declined to be named.

27. Raymond Cretegny, a former managing director of Andre; interview with the authors, Geneva, May 2019.

28. Data provided to the authors by Vitol, February 2020.

29. Offering circular, Vitol Master Trust, 1999.

30. 'Inside Vitol: How the World's Largest Oil Trader Makes Billions', Bloomberg News, 2016, accessed: https://www.bloomberg.com/news/features/2016-06-01/giant-oil-trader-vitol-makes-billions-in-volatiletimes.

31. Vitol 1967 annual report.

32. David Jamison, interview with the authors, Graffham, February 2019.

33. Philipp Brothers Collection: box 1, folder 11, p. 143.

34. Brochure, Vitol Holding NV, 1974, p. 11.

35. David Jamison, interview with the authors, Graffham, February 2019.

36. 'Fasting on the Oil Glut', *Texas Monthly*, October 1984.

37. David Jamison, interview with the authors, Graffham, February 2019.

38. Vitol's 1970 annual report.

39. Ford, Jonathan, op. cit., p. 120.

40. Euromin's 1995 annual report, available via Companies House in the UK, accessed: https://beta.companieshouse.gov.uk/company/FC016897/filing-history.

41. Ibid.

42. Ian Taylor, interview with the authors, London, February 2019.

43. In 1999, Vitol traded about 3 million barrels a day of oil and products, according to data provided to the authors by the company. A Glencore bond prospectus puts its oil and products trading volume at 2.5 million barrels a day the same year.

44. Raznjatovic (Arkan) indictment, International Criminal Tribunal for the Former Yugoslavia, 1997, accessed: https://www.icty.org/x/cases/zeljko_raznjatovic/ind/en/ark-ii970930e.pdf.

45. 'Oil chief paid $1 million to warlord', *Guardian*, 1 July 2001, accessed: https://www.theguardian.com/world/2001/jul/01/balkans.warcrimes2

46. Vitol, email to the authors, February 2020.

47. OMV Petrom SA *v.* Glencore International AG, England and Wales High Court (Commercial Court), 13 March 2015, [2015] EWHC 666 (Comm), accessed: http://www.bailii.org/ew/cases/EWHC/Comm/2015/666.html; compensation figure from Glencore's 2015 annual report.

48. Graham Sharp, interview with the authors, London, February 2019.

49. Vitol Holding BV, the holding company for the group, reported a $6.6 million profit for the year, but Vitol Holding II SA, the Luxembourg entity through which Vitol's managers held shares in the group, reported a $6 million loss.

50. US Department of Justice, US *v.* Cargill, Inc., and Continental Grain Co., US District Court for the District of Columbia, Civil No. 1: 99CV01875, Washington, 8 July 1999, accessed: https://www.justice.gov/atr/case-document/file/490676/download.

51. Brian Gilvary, interview with the authors, London, November 2019.

52. A gripping and comprehensive account of the rise and fall of Enron is McLean, Bethany, and Elkind, Peter, *The Smartest Guys in the Room* (New York: Portfolio, 2003).

53. 'Enron Will Pay $445 Million to Buy Metals Merchant MG', *Wall Street Journal*, 23 May 2000, accessed: https://www.wsj.com/articles/SB959026617606197228.

54. 'Inside Vitol: How the World's Largest Oil Trader Makes Billions', Bloomberg News, 1 June 2016, accessed: https://www.bloomberg.com/news/features/2016-06-01/giant-oil-trader-vitol-makes-billions-involatile-times.

55. McLean, Bethany, and Elkind, Peter, op. cit., p. 225.

56. Ibid., p. 224.

57. 'Timeline: A Chronology of Enron Corp.', *New York Times*, 18 January 2006, accessed: https://www.nytimes.com/2006/01/18/business/worldbusiness/timeline-a-chronology-of-enron-corp.html.

58. US Department of Justice, US *v.* Cargill, Inc., and Continental Grain Co., US District Court for the District of Columbia, Civil No. 1: 99CV01875, Washington, 8 July 1999, accessed: https://www.justice.gov/atr/case-document/file/490676/download.

8장 – 중국발 빅뱅

1. 'XSTRATA-A Leap Upwards', memo sent by Mick Davis to Brian Azzopardi, Gavin Foley and Benny Levene, 27 June 2001, copy in the authors' possession.

2. Deng Xiaoping, 'Emancipate the Mind, Seek Truth From Facts and United as One in Looking to the Future', Beijing, 13 December 1978, accessed: http://cpcchina.chinadaily.com.cn/2010-10/15/content_13918199.htm.

3. Leung, Guy C. K., Li, Raymond, and Low, Melissa, 'Transitions in China's Oil Economy, 1990-010.

4. Yiping Xiao, Yan Song, and Xiaodong Wu, 'How Far Has China's Urbanisation Gone?', *Sustainability*, August 2018, accessed: https://res.mdpi.com/sustainability/sustainability-10-02953/article_deploy/sustainability-10-02953.pdf.

5.   Eslake, Saul, 'Commodity Prices', Paper Presented to the International Conference of Commercial Bank Economists, 23 June 2011, accessed: https://grattan.edu.au/wp-content/uploads/2014/04/092_ICCBE_commodities.pdf.

6.   IMF data, gross domestic product per capita, constant prices, measured using purchasing power parity, 2011 international dollar, accessed: https://www.imf.org/external/pubs/ft/weo/2019/01/weodata/weorept.aspx?pr.x=61&pr.y=11&sy=1980&ey=2024&scsm=1&ssd=1&sort=country&ds=.&br=1&c=924&s=NGDPRPPPPC%2CNGDPDPC%2CPPPPC&grp=0&a=.

7.   'Protocol on the Accession of the People's Republic of China', World Trade Organization, November 2001, accessed: https://www.wto.org/english/thewto_e/acc_e/a1_chine_e.htm.

8.   International Monetary Fund data.

9.   World Bureau of Metal Statistics.

10.   'Commodity Supercycles: What Are They and What Lies Ahead', Bank of Canada, Bank of Canada Review, Autumn 2016, accessed: https://www.bankofcanada.ca/wp-content/uploads/2016/11/boc-reviewautumn16-buyuksahin.pdf.

11.   Ibid.

12.   'The Role of Major Emerging Markets in Global Commodity Demand', World Bank, June 2018, accessed: http://documents.worldbank.org/curated/en/865201530037257969/pdf/WPS8495.pdf.

13.   'Glasenberg was a cheeky kid –ex teacher', *Sunday Times* (South Africa), 22 May 2011, accessed: https://www.timeslive.co.za/news/south-africa/2011-05-22-glasenberg-was-a-cheeky-kid-ex-teacher/.

14.   NYC Marathon results, Glasenberg's page at https://results.nyrr.org/runner/5960/result/941106.

15.   'Der Reichster Haendler der Welt', *Bilanz*, 1 May 2011, accessed: https://www.handelszeitung.ch/unternehmen/der-reichste-handler-derwelt.

16.   Felix Posen, interview with the authors, London, May 2019.

17.   According to official Glencore biography, accessed: https://www.glencore.com/en/who-we-are/our-leadership.

18.   Josef Bermann, interview with the authors, Zurich, May 2019.

19.   Zbynek Zak, interview with the authors, Zug, June 2019.

20.   'Enex Float Lifts Veil on Glencore's $10bn Empire', *Sydney Morning Herald*, 1 September 2001.

21.   According to two senior Glencore partners, speaking on condition of anonymity.

22.   Paul Wyler, interview with the authors, Zurich, June 2019.

23. Authors' interview with former Glencore employee, who declined to be named.

24. Greg James, interview with the authors by telephone, June 2019.

25. Ivan Glasenberg, interview with the authors, Baar, August 2019.

26. By the end of 1998, Australian export prices for thermal coal had dropped to $26.1 a tonne, the lowest since 1987, according to IMF data.

27. Glencore May 2002 prospectus.

28. 'The World is Hungry for Coal, Glencore Says', *Coal Week International*, August 2001.

29. 'Glencore's Glasenberg on Enex IPO, Coal Potential: Comment', Bloomberg News, 4 September 2001.

30. Glencore's August 2000 prospectus.

31. 'Enex Float Lifts Veil on Glencore's $10bn Empire', *Sydney Morning Herald*, 1 September 2001.

32. Glencore's May 2002 prospectus.

33. Xstrata, IPO prospectus, 2002.

34. Mick Davis, interview with the authors, London, June 2019.

35. This account is based on the authors' interviews with Mick Davis, Ivan Glasenberg, other executives of the time, and their advisers, as well as contemporaneous company reports.

36. Mick Davis, interview with the authors, London, September 2019.

37. According to Bloomberg data.

38. Glencore's historical financial data compiled by the authors based on bond prospectuses and related disclosures.

39. Andy Hall, interview with the authors, Derneburg, March 2019.

40. 'Profile: Michael Farmer', *Metal Bulletin*, March 2014.

41. Noble Group's 2016 annual report.

42. 'Born to be a Noble Man', *South China Morning Post*, 27 May 2002.

9장 – 검은 황금, 검은 거래

1. This account of Glencore's role in the oil-for-food scandal is based on the lengthy and detailed report of the inquiry led by Paul Volcker: 'Report on Programme Manipulation', Independent Inquiry Committee into the United Nations Oil-for-Food Programme, 27 October 2005. The roles of Glencore, Lakhani and Incomed Trading are detailed on pp. 143-56.

2. 'Pakistani broker fuels Iraqi Kurdistan oil exports', *Financial Times*, 29 October 2015,

accessed: https://www.ft.com/content/02a7065a-78cd-11e5-933d-efcdc3c11c89.

3. 'Music and message of Baghdad's Concert for Peace expected to fall on deaf ears in Washington', *Irish Times*, 1 Feb 2003, accessed: https://www.irishtimes.com/news/music-and-message-of-baghdad-sconcert-for-peace-expected-to-fall-on-deaf-ears-in-washington-1.347379.

4. 'Pakistani broker fuels Iraqi Kurdistan oil exports', *Financial Times*, 29 October 2015. A spokesman for Lakhani later told Bloomberg Newsthat he had meant he was 'prepared to work hard in a 'hands on' manner, often in a small team'.

5. 'Report on Programme Manipulation', Independent Inquiry Committee into the United Nations Oil-for-Food Programme, 27 October 2005, p. 154.

6. The surcharge was initially set at 50 cents per barrel, but was soon lowered to between 30 and 25 cents per barrel, depending on the destination. By late 2002, it was lowered again to 15 cents per barrel.

7. The full report can be found at the archived version of the Independent Inquiry Committee's website: http://web.archive.org/web/20071113193128/http://www.iic-offp.org/documents/IIC%20Final%20Report%2027Oct2005.pdf. Some of the individuals whom the report accused of involvement in the manipulation of the oil-for-food programme have publicly criticised the inquiry's methods and conclusions, arguing that it was politically motivated. However, the inquiry, which was endorsed by the UN Security Council, was praised by UN Secretary General Kofi Annan as an 'extremely thorough investigation', and information from it was cited in numerous anti-corruption cases.

8. Independent Inquiry, op. cit., p. 198.

9. Ibid., p. 152.

10. 'Comprehensive Report of the Special Advisor to the DCI on Iraq's WMD', Iraq Survey Group (the report is otherwise known as the Duelfer report, after its lead author, Charles Duelfer, special advisor to the US Director of Central Intelligence), 30 September 2004, p. 39.

11. Ibid., p. 38.

12. 'The Billion-Dollar Broker Who Managed a Nation's Oil Wealth', Bloomberg News, 16 July 2020, accessed: https://www.bloomberg.com/news/articles/2020-07-16/billion-dollar-broker-how-one-manmanaged-a-nation-s-oil-wealth.

13. 'Glencore reveals more IPO rewards', *Financial Times*, 17 February 2012.

14. New York County District Attorney's Office Press Release, 20 November 2007, accessed: https://star.worldbank.org/corruption-cases/printpdf/19592.

15. 'Firm Pleads Guilty in Oil-For-Food Case', *Houston Chronicle*, 26 May 2006, accessed: https://www.chron.com/business/energy/article/Firmpleads-guilty-in-Oil-for-Food-case-1862731.php.

16. 'Houston Oil−For−Food Trader Gets 2 Years', *Houston Chronicle*, 8 March 2008, accessed: https://www.chron.com/business/energy/article/Houston−Oil−for−Food−trader−gets−2−years−1779305.php.

17. BP Statistical Review of World Energy database.

18. Ibid.

19. Ibid.

20. Clarendon Alumina Production 2006 bond prospectus.

21. Ton Klomp, interview with the authors, London, July 2019.

22. Bob Finch, interview with the authors, London, April 2019.

23. Polish Investigative Committee hearing on allegations about PK Orlen, 30 March 2005, accessed: http://orka.sejm.gov.pl/Biuletyn.nsf/0/9BF787564C6DC12DC1256F-DA00469547?OpenDocument.

24. Ibid.

25. Crown Resources AG *v.* Vinogradsky et al., 2001. A copy of the judgment is at: https://www.ucc.ie/academic/law/restitution/archive/englcases/crown_resources.htm.

26. Jankilevitsch and Smolokowski, email to the authors, February 2020. Their full statement reads: 'It is true that Crown Resources brought a claim and obtained Judgement in 2001 against two of its former employees (and their respective Companies) regarding their receipt of certain payments many years earlier from several companies who were not a party to the Action. No assertion of any impropriety was ever directed against J&S and had one been raised and had proceedings been pursued against J&S in relation thereto they would have been vigorously defended. As it happens, and not surprisingly, they were not.'

27. Biographical details on Timchenko are taken from authors' interview with Tornqvist, Geneva, May 2019, as well as Timchenko's 2008 interview with the *Wall Street Journal* (https://www.wsj.com/articles/SB121314210826662571), a 2008 profile in the *Financial Times* (https://www.ft.com/content/c3c5c012−21e9−11dd−a50a−000077b07658), and a 2013 profile in *Vedomosti* (https://www.vedomosti.ru/library/articles/2013/01/21/chelovek_s_resursom).

28. Torbjorn Tornqvist, interview with the authors, Geneva, May 2019.

29. 'Gunvor pins future on Swedish CEO after Russian co−founder exits', Reuters, 24 March 2014: https://uk.reuters.com/article/uk−ukrainecrisis−gunvor/gunvor−pins−future−on−swedish−ceo−after−russianco−founder−exits−idUKBREA2N05K20140324.

30. BP Statistical Review of World Energy database.

31. Cyprus corporate registry data.

32. Marco Dunand, interview with the authors by telephone, August 2019.

33. Mercuria company accounts filed in the Netherlands and Cyprus.

34. The holding company changed its name to Mercuria Energy Group Ltd in January 2007.

35. On his annual 'Direct Line' call-in show, broadcast on 17 April 2014, accessed: https://www.vesti.ru/doc.html?id=1488888.

36. 'Timchenko: Everything has to be paid for, and acquaintance with top officials as well', Timchenko interview with TASS, 4 August 2014, accessed: https://tass.com/top-officials/743432.

37. Freeland, Chrystia, *Sale of the Century: The Inside Story of the Second Russian Revolution* (Abacus, 2005), p. 178.

38. 'Khodorkovskiy otmeril sebe srok', *Vedomosti*, 3 April 2003 (Khodorkovsky measured out his term) and 'Ritt auf der Rasierklinge', *Spiegel*, 3 May 2003 (Ride on the razorblade).

39. Gustafson, Thane, *Wheel of Fortune* (Harvard University Press, 2013), pp. 297-00.

40. Interview with Timchenko, *Forbes Russia*, 2012, accessed: https://www.forbes.ru/sobytiya/lyudi/181713-tot-samyi-timchenko-pervoeintervyu-bogateishego-iz-druzei-putina.

41. Torbjorn Tornqvist, interview with the authors, Geneva, May 2019.

42. Gunvor, email to the authors, February 2020. The company says it bought oil from many Russian companies, with the bulk of its supplies coming from TNK-BP.

43. Ibid. The company says that, between 2005 and 2014, it paid average dividends of 18.5%.

44. In a letter published in the *Financial Times* on 14 May 2008, he said: 'My career of more than 20 years in the oil industry has not been built on favours or political connections', accessed: https://www.ft.com/content/c3c5c012-21e9-11dd-a50a-000077b07658.

45. Authors' calculation based on company earnings data.

10장 – 원자재 식민지, 아프리카

1. Deaton, Angus, 'Commodity Prices and Growth in Africa', *Journal of Economic Perspectives*, vol. 3, no. 3, summer 1999, pp. 23-0, accessed: https://www.princeton.edu/~deaton/downloads/Commodity_Prices_and_Growth_in_Africa.pdf.

2. World Bank data. Sub-Saharan Africa GDP was $381.8 billion in 2001-compared to $381.2 billion in 1981. GDP per capita was much lower in 2001 than in 1981, as during those two decades the sub-continent's population increased by roughly 75%, going from 394.2 million people to 682.9 million. https://data.worldbank.org/region/

sub−saharan−africa.

3. US Geological Survey, Copper, Minerals Yearbook, accessed: https://s3−us−west−2. amazonaws.com/prd−wret/assets/palladium/production/mineral−pubs/copper/240497. pdf.

4. 'BP Statistical Review of World Energy', June 2019. Nigeria produced 1.895 million barrels a day in 1999, compared to 2.302 million barrels a day in 1979. By 2010, Nigerian output had risen to 2.5 million barrels a day.

5. Cover story, 'The hopeless continent', *The Economist*, 13 May 2000, accessed: https://www.economist.com/node/21519234.

6. World Bank data. Sub−Saharan Africa GDP was $1.55 trillion by 2011.

7. United States of America *v.* The M/Y Galactica Star et al.', United States District Court, Southern District of Texas, Houston Division, 14 July 2017, and 'Department of Justice Seeks to Recover Over $100 Million Obtained from Corruption in the Nigerian Oil Industry', US Department of Justice, Press Release, 14 July 2017, accessed: https://star.worldbank.org/corruption−cases/sites/corruption−cases/files/DOJ−Galactica−Complaint.pdf and https://www.justice.gov/opa/pr/department−justice−seeks−recover−over−100−millionobtained−corruption−nigerian−oil−industry.

8. Silverstein, Ken, *The Secret World of Oil* (London: Verso, 2015), p. 53.

9. 'Congo Bribery Probe Puts Israeli Billionaire's Future on Hold', Bloomberg News, 23 February 2018, accessed: https://www.bloomberg.com/news/articles/2018−02−23/he−got−rich−on−congo−mines−until−bribeprobe−put−future−on−hold.

10. 'Congo war−driven crisis kills 45,000 a month: survey', Reuters, 22 January 2008, accessed: https://www.reuters.com/article/us−congodemocratic−death/congo−war−driven−crisis−kills−45000−a−monthstudy−idUSL2280201220080122.

11. 'Report of the Panel of Experts on the Illegal Exploitation of Natural Resources and Other Forms of Wealth of DR Congo', United Nations, 12 April 2001, accessed: https://reliefweb.int/report/democraticrepublic−congo/report−panel−experts−illegal−exploitation−naturalresources−and.

12. 'Gertler Earns Billions as Mine Deals Leave Congo Poorest', Bloomberg News, 5 December 2012, accessed: https://www.bloomberg.com/news/articles/2012−12−05/gertler−earns−billions−as−mine−dealsleave−congo−poorest.

13. 'President Bush Meets with Democratic Republic of Congo President Kabila', White House, 26 October 2007, accessed: https://georgewbushwhitehouse.archives.gov/news/releases/2007/10/images/20071026−1_d−0061−3−515h.html.

14. 'Congo Bribery Probe Puts Israeli Billionaire's Future on Hold', Bloomberg News, 23 February 2018.

15. 'Augustin Katumba, President's Alleged Treasurer and Enforcer, Steps Out as Head of National Assembly's Ruling Coalition; His Influence Could Remain', US Department of State, Diplomatic Cable from US Embassy in Kinshasa, Washington, 14 December 2009, accessed: https://wikileaks.org/plusd/cables/09KINSHASA1080_a.html.

16. 'Trouble in the Congo: The Misadventures of Glencore', *Bloomberg Businessweek*, 16 November 2018, accessed: https://www.bloomberg.com/news/features/2018-11-16/glencore-s-misadventure-in-the-congothreatens-its-cobalt-dreams.

17. Email dated 16 March 2008, from Dan Gertler, described as 'DRC Partner', to an Och-Ziff executive, in US District Court Eastern District of New York, 'US vs Och-Ziff Capital Management Group LLC', Cr. No. 16-516 (NGG), Deferred Prosecution Agreement, Page A-12. A later judgment dated 28 August 2019 identified Gertler as 'DRC Partner' 16-CR-515 (NGG), order and memorandum signed by Judge Nicholas Garaufis).

18. 'The Kingmaker is dead', *The Economist*, 20 February 2012, accessed: https://www.economist.com/baobab/2012/02/20/the-kingmakeris-dead.

19. 'Equity in Extractives: Stewarding Africa's Natural Resources for All', Africa Progress Panel, 2013.

20. 'Gertler Earns Billions as Mine Deals Leave Congo Poorest', Bloomberg News, 5 December 2012.

21. 'Congo Bribery Probe Puts Israeli Billionaire's Future on Hold', Bloomberg News, 23 February 2018.

22. US Department of the Treasury press release, 21 December 2017, accessed at: https://home.treasury.gov/news/press-releases/sm0243.

23. Gertler spokesman, emailed response to questions, March 2020.

24. Glencore, 3 May 2011, IPO Prospectus, p. 859, accessed: https://www.glencore.com/dam/jcr:268b58d2-61b8-44d1-997a-17e76bb66f93/Final-Prosp ectus-3-May-2011-lowres.pdf.

25. Glencore, IPO Prospectus, p. 77.

26. 'Glencore Faces New Legal Challenge Against Congo Cobalt Mine', Bloomberg News, 8 June 2018, accessed: https://www.bloomberg.com/news/articles/2018-06-08/glencore-faces-new-legal-challengeagainst-cobalt-mine-in-congo.

27. Glencore, annual report 2007, p. 31. Glencore disclosed in its annual report that it paid $296 million in total for two deals: the 40% stake in Mutanda Mining and the purchase of several oil tankers.

28. 'Equity in Extractives', Africa Progress Panel, 2013.

29. Golder Associates, a consultant, valued the whole of Mutanda at $3,089 million in May

2011, as part of Glencore's IPO process, p. 130 of the report, in Glencore, IPO Prospectus, 3 May 2011.

30. 'Glencore takes control of Mutanda with $480 million deal', Reuters, 22 May 2012, accessed: https://www.reuters.com/article/glencoremutanda/update−2−glencore−takes−control−of−mutanda−with−480−mlndeal−idUSL5E8GM5RO20120522.

31. The details of Glencore's relationship with Gertler have been reported extensively, including in 'Trouble in the Congo: The Misadventures of Glencore', *Bloomberg Businessweek*, 16 November 2018; 'Congo Bribery Probe Puts Israeli Billionaire's Future on Hold', Bloomberg News, 23 February 2018; and 'Gertler Earns Billions as Mine Deals Leave Congo Poorest', Bloomberg News, 5 December 2012.

32. Bloomberg News, 5 December 2012, op. cit.

33. Email dated 21 February 2008 from an unnamed due diligence firm to Och−Ziff employees. Gertler is referred to as 'DRC Partner', in 'US vs Och−Ziff Capital Management Group LLC', US District Court Eastern District of New York, Cr. No. 16−516 (NGG), Deferred Prosecution Agreement, p. A−9.

34. 'US vs Och−Ziff Capital Management Group LLC', US District Court Eastern District of New York, Cr. No. 16−516 (NGG), Deferred Prosecution Agreement, accessed: https://www.justice.gov/opa/file/899306/download.

35. 'US vs OZ Africa Management GP, LLC', US District Court, Eastern District of New York, Cr. No. 16−515 (NGG), Plea Agreement, accessed: https://www.justice.gov/opa/file/899316/download.

36. 'Glencore purchases stakes in Mutanda and Katanga', Glencore press release, 13 February 2017, accessed: https://otp.investis.com/clients/uk/glencore2/rns/regulatory−story.aspx?cid=275&newsid=843557.

37. 'Subpoena from United States Department of Justice', Glencore press release, 3 July 2018, accessed: https://www.glencore.com/media−andinsights/news/Subpoena−from−United−States−Department−of−Justice.

38. 'Puma International Financing SA, $750,000,000 5% Senior Notes due 2026 Prospectus', Puma Energy, 31 January 2018, and 'Share Purchase Agreement', Puma Energy LLC, 21 August 2013.

39. Trafigura's annual reports 2014-018.

40. Torbjorn Tornqvist, interview with the authors, Geneva, August 2019.

41. 'Banknote Shortage Still Acute', US State Department, cable from US embassy in Harare, Zimbabwe, Washington, 28 July 2003, via WikiLeaks, accessed: https://wikileaks.org/plusd/cables/03HARARE1521_a.html.

42. 'Cargill closes local cotton business', *The Herald*, 15 October 2014, accessed: https://

www.herald.co.zw/cargill—closes—local—cottonbusiness/.

43. 'Cargill Makes Bootleg Currency', US State Department, cable from US embassy in Harare, Zimbabwe, Washington, 6 August 2003, via WikiLeaks, accessed: https://wikileaks.org/plusd/cables/03HARARE1577_a.html.

44. 'Zimbabwe plunging toward total collapse', *Chicago Tribune*, 8 June 2003.

45. David MacLennan, interview with the authors, Minneapolis, August 2019.

46. 'Cargill Makes Bootleg Currency', US State Department, 6 August 2003.

47. 'Commodities: Destination Africa', *Financial Times*, 11 November 2013, accessed: https://www.ft.com/content/817df4c2—35c0—11e3—952b—00144feab7de.

48. 'Dirty Diesel: How Swiss Traders Flood Africa with Toxic Fuels', *Public Eye*, September 2016, accessed: https://www.publiceye.ch/fileadmin/doc/Rohstoffe/2016_PublicEye_DirtyDiesel_EN_Report.pdf.

49. 'Rapport de la Commission Nationale d'Enquete sur les Dechets Toxiques dans le District d'Abidjan', Republic of COte d'Ivoire, pp. 27-8, accessed: https://www.trafigura.com/media/1440/2006_trafigura_rapport_commission_nationale_enqu%C3%AAte_district_abidjan_french.pdf.

50. 'Trafigura & the Probo Koala', Trafigura, pp.8-, accessed: https://www.trafigura.com/media/1372/2016_trafigura_and_the_probo_koala_english.pdf.

51. 'Trafigura Beheer BV Investor Presentation', Trafigura, March 2010.

52. Trafigura email dated 27 December 2005, 4.54 PM, from James McNicol to other oil traders, accessed: https://www.trafigura.com/media/1374/2009_trafigura_emails_published_by_the_guardian_english.pdf.

53. Trafigura email dated 27 December 2005, 1.12 PM, from James McNicol to other oil traders.

54. Trafigura email dated 28 December 2005, 9.30 AM, from James McNicol to other executives.

55. Trafigura email dated 27 December 2005, 7.29 PM, from Naeem Ahmed to other executives.

56. Trafigura email dated 28 December 2005, 9.30 AM, from James McNicol.

57. Trafigura email dated 13 March 2006, 9.15 AM, from Toula Gerakis to other executives.

58. Email from *Probo Koala* captain acknowledging receipt of instructions, 15 April 2006, 4.26 PM.

59. Second Interim Report, *Probo Koala* Inquiry, conducted by Lord Fraser Carmyllie, accessed: https://www.trafigura.com/media/1382/2010_trafigura_second_interim_report_of_lord_fraser_of_carmyllie_qc_probo_koala_report_english.pdf.

60. Trafigura report on the *Probo Koala*, 2016, p. 8.

61. 'Rapport de la Commission Nationale d'Enquete sur les Dechets Toxiques dans le District d'Abidjan', Republic of COte d'Ivoire, p. 46.

62. Ibid., p. 45.

63. 'Neglect and Fraud Blamed for Toxic Dumping in Ivory Coast', *New York Times*, 24 November 2006, accessed: https://www.nytimes.com/2006/11/24/world/africa/24ivory.html.

64. The contract between Trafigura and Compagnie Tommy is quoted in full (in French) in 'Rapport de la Commission Nationale d'Enquete sur les Dechets Toxiques dans le District d'Abidjan', Republic of COte d'Ivoire, p. 19. An image of the original letter (in English) showing the letterhead of Compagnie Tommy is reproduced in 'The Toxic Truth', Greenpeace and Amnesty International, 2012, p. 46.

65. Details of the cases are taken from Trafigura's own summary of the scandal, 'Trafiguraand the *Probo Koala*', accessed: https://www.trafigura.com/media/1787/2016_trafigura_and_the_probo_koala.pdf.

66. Mark Crandall, interview with the authors, London, June 2019.

67. Trafigura, email to the authors, February 2020.

68. Jose Larocca, interview with the authors, Geneva, May 2019.

11장 − 배고픔도 돈이 된다

1. 'The ravening hoards', *The Economist*, 17 April 2008, accessed: https://www.economist.com/asia/2008/04/17/the−ravening−hoards.

2. 'Wen Jiabao Inspects Agriculture and Spring Farming in Hebei', BBC Monitoring translation of Xinhua, 6 April 2008.

3. 'Funds crunch threatens world food aid', *Financial Times*, 12 June 2009, accessed: https://www.ft.com/content/524d50da−56ae−11de−9a1c−00144feabdc0.

4. Alberto Weisser, interview with the authors, London, March 2019.

5. 'Remarks at the Clinton Global Initiative Closing Plenary', US State Department, 25 September 2009, accessed: https://2009−2017.state.gov/secretary/20092013clinton/rm/2009a/09/129644.htm.

6. Ton Klomp, who worked at Cargill in the 1980s, interview with the authors, London, July 2019.

7. Authors' interviews with two Cargill executives, who requested anonymity.

8. Ricardo Leiman, interview with the authors, London, August 2019.

9. Mark Hansen, interview with the authors, London, February 2019.

10. Interviews with two senior Glencore executives, who declined to be named.

11. 'Moscow Urged to Ban Grain Exports', *Financial Times*, 3 August 2010, accessed: https://www.ft.com/content/dfa6ba3a−9f27−11df−8732−00144feabdc0.

12. 'Russian Officials Mull Grain Export Curbs, Union Says', Bloomberg News, 4 August 2010: accessed: https://www.bloomberg.com/news/articles/2010−08−03/russia−should−ban−grain−exports−as−droughtwithers−crops−glencore−says.

13. 'Glencore reveals bet on grain price rise', *Financial Times*, 24 April 2011, accessed: https://www.ft.com/content/aea76c56−6ea5−11e0−a13b−00144feabdc0.

14. See Glencore's IPO prospectus, May 2011, p. 50, for agricultural and oil/coal trading profitability. For historical data of the agricultural division's profitability, see 'Olympian Expands Glencore's Empire With Emerging Food Colossus', Bloomberg News, 3 May 2017, accessed: https ://www.bloomberg.com/news/articles/2017−05−03/olympi−an−expands−glencore−empire−with−emerging−food−colossus.

15. Ian McIntosh, interview with the authors, London, June 2019.

16. Based on annual average profits for Vitol, Glencore and Cargill of $813 million in 1998-999.

17. Apple's cumulative net income over the period was $61.5 billion; Coca−Cola's was $61.2 billion.

18. At the end of 2011, Boeing had a market cap of $55 billion and Goldman Sachs $45 billion, source: http://media.ft.com/cms/73f82726−385d−11e1−9f07−00144feabdc0.pdf.

19. 'Cargill−MacMillan family', *Forbes*, 29 June 2016, accessed: https://www.forbes.com/profile/cargill−macmillan−1/#5095a3cd23b6.

20. Authors' interview with a trader, who requested anonymity.

21. 'Dems' new gas−pump villain: Speculators', Politico, 8 July 2008, accessed: https://www.politico.com/story/2008/07/dems−new−gaspump−villain−speculators−011583.

22. 'Cereal Secrets', Oxfam, Oxfam Research Reports, August 2012, accessed: https://www−cdn.oxfam.org/s3fs−public/file_attachments/rr−cereal−secrets−grain−trad−ers−agriculture−30082012−en_4.pdf.

23. 'Sumitomo Ex−Trader Wants Company to Share Scandal Blame', *New York Times*, 18 February 1997, accessed: https://www.nytimes.com/1997/02/18/business/sumito−mo−ex−trader−wants−company−to−sharescandal−blame.html.

24. 'Tokyo Commodity Futures Markets Regulators' Conference', October 1997, pp. 4−, accessed: https://www.cftc.gov/sites/default/files/idc/groups/public/@internationalaf−fairs/documents/file/oia_tokyorpt.pdf.

25. 'Treasury Select Committee, Memorandum from the FSA on Oil Market Regulation', UK Financial Services Authority, 10 July 2008, accessed: https://publications.parliament.uk/pa/cm200708/cmselect/cmtreasy/memo/oilreg/ucm0202.htm.

26. See Tarring, Trevor, *Corner! A century of metal market manipulation* (1998), for an account of the history of metals market corners, including the Secretan copper corner which began in 1887.

27. 'Armajaro sells position as it offloads cocoa', *Financial Times*, 16 December 2010, accessed: https://www.ft.com/content/cfb68d4e-094e-11e0-ada6-00144feabdc0.

28. 'Edict on Maximum Prices', Diocletian, accessed: http://web.archive.org/web/20060916063955/http://orion.it.luc.edu/~jlong1/priceed.htm.

29. Jacks, David S., 'Populists v. Theorists: Futures Markets and the Volatility of Prices', Simon Fraser University, accessed: http://econ.queensu.ca/CNEH/2005/papers/futures_CNEH_0305.pdf.

30. 'Hearings Before a Special Subcommittee of the Committee on Agriculture', US Congress, House of Representatives, 16, 17, 18 and 22 May 1956, Washington, pp. 292-25.

31. 'Price Volatility in Food and Agricultural Markets: Policy Responses', joint report by FAO, IFAD, IMF,OECD, UNCTAD, WFP, the World Bank, the WTO, IFPRI, June 2011, accessed: http://www.fao.org/fileadmin/templates/est/Volatility/Interagency_Report_to_the_G20_on_Food_Price_Volatility.pdf.

32. For example, Fattouh, Bassam, Kilian, Lutz, and Mahadeva, Lavan, 'The Role of Speculation in Oil Markets: What Have We Learned So Far?', *The Energy Journal*, vol. 34, no. 3, accessed: https://www.iaee.org/en/publications/ejarticle.aspx?id=2536&id=2536 and Irwin, Scott H., Sanders, Dwight R., and Merrin, Robert P., 'Devil or Angel? The Role of Speculation in the Recent Commodity Price Boom (and Bust)', paper presented at the Southern Agricultural Economics Association Meetings, Atlanta, Georgia, 31 January- February 2009, accessed: https://www.cftc.gov/sites/default/files/idc/groups/public/@swaps/documents/file/plstudy_24_ism.pdf.

33. 'Financial Investment in Commodity Markets: Potential Impact on Commodity Prices and Volatility', Institute of International Finance, September 2011, accessed: https://www.eia.gov/finance/markets/reports_presentations/2012PaperFinancialInvestment.pdf.

34. World Economic Outlook, IMF, September 2011, p. 60.

35. 'History of Ethanol Production and Policy', North Dakota State University, accessed: https://www.ag.ndsu.edu/energy/biofuels/energybriefs/history-of-ethanol-production-and-policy.

36. 'Boom in Ethanol Reshapes Economy of Heartland', *New York Times*, 25 June 2006, accessed: https://www.nytimes.com/2006/06/25/business/25ethanol.html.

37. 'Dwayne's World', *Mother Jones*, July/August 1995.

38. 'Kenneth H. Dahlberg, Link in the Watergate Chain, Dies at 94', *New York Times*, 8 October 2011, accessed: https://www.nytimes.com/2011/10/09/us/kenneth-h-dahlberg-watergate-figure-and-wwii-acedies-at-94.html.

39. The most detailed chronicles of the rise and fall of Dwayne Andreas at ADM are the detailed biography by Khan, E. J., *Supermarketer to the World: The Story of Dwayne Andreas CEO of Archer Daniels Midland* (New York: Warner Books, Inc., 1984) and Eichenwald, Kurt, *The Informant* (Broadway, 2000).

40. 'It's Good To Be The Boss', *Fortune*, October 2006, accessed: https://money.cnn.com/magazines/fortune/fortune_archive/2006/10/16/8390308/index.htm.

41. 'A Bet on Ethanol, With a Convert at the Helm', *New York Times*, 8 October 2006, accessed: https://www.nytimes.com/2006/10/08/business/yourmoney/08adm.html.

42. ADM, company statement, 5 June 2009, accessed: https://www.adm.com/news/news-releases/archer-daniels-midland-company-statementregarding-obama-administration-biofuels-support.

43. Center for Responsive Politics, Archer Daniels Midland, accessed: https://www.opensecrets.org/lobby/clientsum.php?id=D000000132&year=2008.

44. Annual US Fuel Ethanol Production, Renewable Fuel Association, accessed: https://ethanolrfa.org/statistics/annual-ethanol-production/and WASDE reports, US Agriculture Department, accessed: https://usda.library.cornell.edu/concern/publications/3t945q76s.

45. ADM, email to the authors, February 2020.

12장 – 억만장자 제조기

1. This account of Glencore's IPO is based on interviews with numerous former and current Glencore traders and executives, as well as public interviews and documents from the time.

2. Authors' interview with former Glencore employee, who declined to be named.

3. Forbes magazine's 'The World's Billionaires 2011' didn't include Glasenberg, as it was published in February 2011, ahead of the IPO. If it had included him, he would have ranked 96th.

4. The shareholdings of Mahoney and Fegel were not revealed until a few months later.

5. Ivan Glasenberg, interview with the authors, Baar, August 2019.

6. Vivo IPO prospectus, 2018, p. 64.

7. 'First U.S. Oil Export Leaves Port: Marks End to 40-Year Ban', Bloomberg News, 31 December 2015, accessed: https://www.bloomberg.com/news/articles/2015-12-31/first-u-s-oil-export-leaves-port-marking-end-of-40-year-ban.

8. 'Advancing US Exports', Trafigura, p. 8, accessed: https://www.trafigura.com/media/1472/2020-trafigura-us-crude-oil-exports-brochure.pdf.

9. The structure was somewhat complex. Each share, which carried voting rights, came attached to a profit participation certificate, which entitled its owner to a share of the company's profit for that year. Each year, the company bought back shares from departing shareholders and issued them to rising stars. Then, over the five years after a departing shareholder left the company, Glencore would pay them (quarterly, with interest) for the value of the historic allocation of profit on their profit participation account.

10. Glencore's net profits in 2006-007 were $11.4 billion, while between 1998 and 2005 they were $8.4 billion, according to accounts published in bond prospectuses.

11. Ivan Glasenberg, interview with the authors, Baar, August 2019.

12. Mick Davis, interview with the authors, London, September 2019.

13. Ibid.

14. Authors' interview with a former senior Glencore executive, who requested anonymity.

15. Kelly, Kate, *The Secret Club That Runs the World* (London: Portfolio, 2014), p. 63.

16. 'Glencore issues up to US$2,200 million 5% convertible bonds due 2014', Glencore press release, 23 December 2009.

17. 'Sun King of the Oil Industry', *Financial Times*, July 2002, accessed: https://www.ft.com/content/2a42aa08-a261-11db-a187-0000779e2340.

18. 'Inside Lord Browne of Madingley's Chelsea Home', *Telegraph*, 25 July 2013, accessed: https://www.telegraph.co.uk/lifestyle/interiors/10199624/Interiors-inside-Lord-Browne-of-Madingleys-Chelseahome.html.

19. According to several people who were present at or briefed on the meeting, speaking on condition of anonymity.

20. 'Announcement of intention to float on the London Stock Exchange and the Hong Kong Stock Exchange', Glencore press release, 14 April 2011, accessed: https://www.glencore.com/dam/jcr:d91c0e46-8b24-48ec-b5f2-4b4637e1b90c/201104140800-Glencore-ITF.pdf.

21. As of late 2020, that's a record it still holds.

22. This account of the Glencore-strata merger is based on the authors' interviews, both at the time and later, with Glasenberg, Davis and numerous others involved in the negoti-

ations.

23. 'Recommended all–share merger of equals of Glencore International PLC and Xstrata PLC to create unique $90 billion natural resources group', Glencore press release, 7 February 2012, accessed: https://www.glencore.com/dam/jcr:4fe5ba2e–6abb–41ad–910a–247a39e4e3a6/Everest–Finalversion–Feb.pdf.

24. Authors' interview with a person who requested anonymity.

25. *The Sunday Times* Rich List 2011.

26. 'Glencore's $65bn Deal Close to Collapse', *Financial Times*, 27 June 2012, accessed: https://www.ft.com/content/fec6352e–bfb1–11e1–bb88–00144feabdc0.

27. 'Glencore chief makes offer with a twist', *Financial Times*, 7 September 2012, accessed: https://www.ft.com/content/ec2167f0–f903–11e1–8d92–00144feabdc0.

28. According to a Glencore presentation on 3 May 2013, Glencore's 'executive management' owned 24.9% of the enlarged company, while its 'employees and management' owned 35.7%.

29. 'Recommended All–Share Merger of Equals of Glencore International Plc and Xstrata Plc to Create Unique $90 Billion Natural Resources Group', Glencore press release, 7 February 2012.

30. Felix Posen, interview with the authors, London, May 2019.

31. Zbynek Zak, interview with the authors, Zug, June 2019.

32. 'Enex Float Lifts Veil on Glencore's $10bn Empire', *Sydney Morning Herald*, 1 September 2001.

33. Paul Wyler, interview with the authors, Zurich, June 2019.

34. Philipp Brothers Collection: box 1, folder 11, p. 39.

35. 'Cotton Trading Costs Glencore $330 Million', *Financial Times*, 7 February 2012, accessed: https://www.ft.com/content/16af8bfe–51b2–11e1–a30c–00144feabdc0.

36. 'How a Last–Minute Raid Derailed Noble Group's Story of Rebirth', Bloomberg News, 20 December 2018, accessed: https://www.bloomberg.com/news/articles/2018–12–20/how–a–last–minute–raid–derailed–noblegroup–s–story–of–rebirth.

37. David Tendler, interview with the authors, New York, August 2019.

38. David Jamison, interview with the authors, Graffham, February 2019.

39. 'Inside Vitol: How the World's Largest Oil Trader Makes Billions', *Bloomberg Markets*, 1 June 2016.

40. 'Louis Dreyfus Looks to IPO or Partial Sale', *Financial Times*, 16 October 2011, accessed: https://www.ft.com/content/f8499efe–f813–11e0–a419–00144feab49a.

41. Jeremy Weir, interview with the authors, Geneva, May 2019.

42. 'Cargill to Give Up Mosaic Stake in $24.3 Billion Deal', *Wall Street Journal*, 19 January 2011.

43. Tan, Ruth S. K., and Wiwattanakantang, Yupana, 'Cargill: Keeping the Family Business Private', National University of Singapore and Richard Ivey School of Business Foundation, Case Study, 2015.

44. 'Commodity Daily: Putting a price on Glencore', *Financial Times*, 20 January 2011.

45. 'Cargill agrees $24 billion spin−off of Mosaic', *Financial Times*, 19 January 2011.

46. Annual number of articles mentioning at least one of Cargill, Glencore, Vitol or Trafigura, published in *The New York Times*, the Wall Street Journal, the Financial Times or The Economist, via Factiva's database.

47. Zbynek Zak, interview with the authors, Zug, June 2019.

13장 − 권력도 팝니다

1. 'Oilflow SPV 1 DAC: Company Announcement', Cayman Islands Stock Exchange, 19 March 2018, accessed: https://www.csx.ky/companies/announcement.asp?Id=6518.

2. As of mid−2020, there were 198 companies registered at 32 Molesworth Street, according to a list published by the Spanish central bank, accessed: https://www.bde.es/webbde/en/estadis/fvc/fvc_ie.html.

3. Constitution of Oilflow SPV 1 Designated Activity Company, Memorandum of Association, Companies Registration Office, Ireland, 25 October 2016.

4. CSX admits Oilflow SPV 1 DAC to the official list, 13 January 2017, accessed: https://www.csx.ky/companies/announcement.asp?Id=5850.

5. Audited Annual Report, Franklin Templeton Series II Funds, p. 7, accessed: http://www.ftidocuments.com/content−common/annualreport/en_GB/FTSIIF−annual−report.pdf.

6. The 2017 financial statements of Oilflow SPV 1 DAC state that the company is ultimately controlled by Glencore.

7. Jim Daley, interview with the authors, London, August 2019. Daley was the chief financial officer for oil at Marc Rich + Co from 1977 to 1980, and from 1983 to 1990 was the global head of oil trading.

8. Arango, Tim, 'For Iraq's Long−Suffering Kurds, Independence Beckons', *New York Times*, 9 September 2017, accessed: https://www.nytimes.com/2017/09/09/world/middleeast/iraq−kurdistan−kurds−kurdishreferendum−independence.html.

9. 'Pakistani broker fuels Iraqi Kurdistan oil exports', *Financial Times*, 29 October 2015, asefﬅ

accessed: https://www.ft.com/content/02a7065a−78cd−11e5−933d−efcdc3c11c89.

10. 'Manafort Working on Kurdish Referendum Opposed by US', *New York Times*, 20 September 2017, accessed: https://www.nytimes.com/2017/09/20/us/politics/manafort−kurdish−referendum.html.

11. 'Under the mountains: Kurdish Oil and Regional Politics', Oxford Institute for Energy Studies, January 2016, p. 12, accessed: https://www.oxfordenergy.org/wpcms/wp−content/uploads/2016/02/Kurdish−Oil−and−Regional−Politics−WPM−63.pdf.

12. Ben Luckock, interview with the authors, Geneva, May 2019.

13. Ibid.

14. Ibid.

15. Chris Bake, interview with the authors, London, April 2019.

16. Iraqi output rises despite threats to KRG oil, International Energy Agency, Monthly Oil Market Report, October 2017.

17. 'Iraq Turmoil Threatens Billions in Oil Traders' Kurd Deals', Bloomberg News, 18 October 2017, accessed: https://www.bloomberg.com/news/articles/2017−10−18/iraq−turmoil−threatens−billions−in−oil−traderdeals−with−kurds.

18. The Kurdistan Region Statistics Office estimates the regional GDP at $20 billion in 2011, accessed: http://krso.net/files/articles/240816061824.pdf.

19. Oilflow SPV 1 DAC investor presentation dated 1 December 2016.

20. According to people who had done business with Exmor. Details on Drujan's career are based on his LinkedIn profile, accessed 25 October 2019.

21. Raval, Anjli, 'Kurds defy Iraq to establish own oil sales', *Financial Times*, 23 August 2015.

22. Preliminary results published by the Kurdistan Independent High Elections and Referendum Commission, 27 September 2017, accessed: http://www.khec.krd/pdf/173082892017_english%202.pdf.

23. Email to the authors from PSERS spokesman, April 2019.

24. NBC interview with Rich, 1992.

25. Chris Bake, interview with the authors, London, April 2019.

26. 'Iraq's Kurdistan oil minister "pleads" for international support', *Financial Times*, 19 October 2017, accessed: https://www.ft.com/content/586dbee9−8899−39e1−9e9e−82bc8e2d4bff.

27. 'Iraq's Kurdistan negotiates new terms, raises oil pre−payments to $3 billion', Reuters, 28 February 2017, accessed: https://www.reuters.com/article/us−iraq−kurdistan−oil−idUSKBN1671F5.

28. 'In conversation with Ian Taylor, Chairman and Group CEO, Vitol', Chatham House,

5 October 2017, accessed: https://www.chathamhouse.org/file/conversation−ian−tay-lor−chairman−and−group−ceo−vitol.

29. Oilflow SPV 1 DAC, investor presentation.

30. Interview with Marc Rich in 'The Lifestyle of Rich, the Infamous', *Fortune*, 1986, accessed: https://fortune.com/2013/06/30/the−lifestyleof−rich−the−infamous−for-tune−1986/.

31. Ian Taylor, interview with the authors, London, February 2019.

32. Transparency International Index. Chad is ranked 165 out of 180 nations. Accessed: https://www.transparency.org/cpi2018.

33. The French government's Chad expert described Deby's 'chronic overindulgence in Chivaz Regal [sic]' in a conversation described in a US diplomatic cable published by WikiLeaks, 16 November 2005, accessed: https://wikileaks.org/plusd/cables/05P/* IS7792_a.html.

34. US diplomatic cable published by WikiLeaks, 13 December 2005, accessed: https://wikileaks.org/plusd/cables/05NDJAMENA1761_a.html.

35. World Bank data for 2018. Only the Central African Republic and Lesotho had a lower life expectancy. Accessed: https://data.worldbank.org/indicator/sp.dyn.le00.in?most_recent_value_desc=false.

36. World Bank data, accessed: https://data.worldbank.org/indicator/SI.POV.NAHC?lo-cations=TD.

37. 'Tchad Rapport EITI 2016', Extractive Industries Transparency Initiative, August 2018, p. 52, accessed: https://eiti.org/sites/default/files/documents/rapport_itie_tchad_2016. pdf.

38. Ibid.

39. Ibid.

40. 'Glencore arranges $1 billion oil loan for Chad', *Financial Times*, 16 June 2014, ac-cessed: https://www.ft.com/content/1061fc0a−f539−11e3−91a8−00144feabdc0. The interest rate of the loan was revealed on EITI, op. cit., August 2018, p. 175.

41. 'Bank Accounts Pledge Agreement between Glencore Energy UK and Natixis and The Original Beneficiaries', Glencore Energy UK Ltd, 9 August 2018, Schedule 1, 'Original Beneficiaries', pp. 12–3, via UK Companies House, received for electronic filing on 16 August 2018.

42. The Glencore debt was consolidated and rescheduled in December 2015 for a total value of $1.488 billion, see 'First Review Under the Extended Credit Facility', International Monetary Fund, April 2018, box 1, p. 11, accessed: https://www.imf.org/~/media/Files/Publications/CR/2018/cr18108.ashx; the GDP of Chad stood at $10.1 billion in

2016, according to the International Monetary Fund.

43. 'First Review Under the Extended Credit Facility', International Monetary Fund, April 2018, p. 4.

44. 'Idriss Deby: "Je ne suis pas un aventurier, un guerrier, je suis un homme seul"', *Le Monde*, 25 June 2017.

45. 'Tchad Rapport EITI 2016', Extractive Industries Transparency Initiative, August 2018, p. 54.

46. 'Second Review Under the Program Under the Extended Credit Facility', International Monetary Fund, Chad, August 2018, p. 6, accessed: https://www.imf.org/~/media/Files/Publications/CR/2018/cr18260.ashx.

47. Op. cit., *Le Monde*, 25 June 2017.

48. Vitol's prepayments involved a total of $4 billion in exchange for future supplies from the Tengiz field, and $2.2 billion in exchange for future supplies from Kashagan. KMG investor presentation, October 2019 (http://ir.kmg.kz/storage/files/ad9d29e757f04f5e/NDR_ppt_01112019.pdf).

49. KMG's accounts show its single largest lender, other than its prepayment deal with Vitol, as Eximbank of China with a $1.13 billion loan. Kazakhstan's total external government and SOE debt was 25.5% of GDP, or about $40 billion, at the end of 2017 according to the IMF, making Vitol's prepayments equivalent to well over a tenth of the total.

50. Vitol says the deals were awarded after open and competitive tenders in which other large traders participated. Vitol, email to the authors, February 2020.

51. TH KazMunaiGaz Holding SA, consolidated financial statements 2005, p. 5. The IPO prospectus of KMG EP provides further evidence for Vitol's role: it shows that roughly half of its oil exports were sold to a trading subsidiary called KMG TradeHouse at the port of Odessa in Ukraine, and then 'resold by KMG TradeHouse AG to Vittol [sic]'.

52. Vitol Central Asia SA entry on the Swiss corporate registry, accessed: https://www.monetas.ch/en/647/Company-data.htm?subj=1769122.

53. Vitol's consolidated financial statements, 2005. At the time of writing, Vitol's stake was 42.5%, and Tiku's stake had been reduced to just under 50%.

54. Kulibayev and Tiku had a number of 'shared business interests', according to Nostrum Oil & Gas prospectus, 20 May 2014, accessed: https://www.sec.gov/Archives/edgar/data/1608672/000119312514207809/d728917dex991.htm.

55. Hywel Phillip, AT Capital, email to the authors, February 2020.

56. Ingma Holding BV's annual financial statements. Total payments to hareholders during the period were $1.12 billion.

57. TornbjOrn Tornqvist, interview with the authors, Geneva, May 2019.

58. 'Commodities: Tougher Times for Trading Titans', *Financial Times*, 013, accessed: https://www.ft.com/content/250af818—a1c1—11e2—8971—00144feabdc0.

59. 'Announcement Of Additional Treasury Sanctions on Russian Government fficials And Entities', US Treasury press release, 28 April 2014, ccessed: https://www.treasury.gov/press—center/press—releases/Pages/jl2369.aspx.

60. 'Trafigura Becomes Major Exporter Of Russian Oil', *Financial Times*, 27 May 2015.

61. 'Russian State Bank Secretly Financed Rosneft Sale After Foreign Buyers Balked', Reuters, 9 November 2018, accessed: https://www.reuters.com/article/us—rosneft—privatisation—exclusive/exclusive—russian—statebank—secretly—financed—rosneft—sale—after—foreign—buyers—balkedidUSKCN1NE132.

62. A video of the meeting is available at http://en.kremlin.ru/catalog/persons/61/events/53774/videos.

63. Russian presidential order, dated 10 April 2017, accessed: http://publication.pravo.gov.ru/Document/View/0001201704100002?index=1&rangeSize=1.

64. 'US warns Kurdistan over independence referendum', *Financial Times*, 21 September 2017, accessed: https://www.ft.com/content/69b5b776—9e58—11e7—8cd4—932067fbf946.

나가며: 위험 사냥꾼의 내일

1. 'BNP Said to Reduce Commodity—Trading Finance to Trafigura', Bloomberg News, 8 September 2014, accessed: https://www.bloomberg.com/news/articles/2014—09—07/bnp—paribas—said—to—curb—commoditytrade—finance—to—trafigura.

2. 'BNP Paribas Agrees to Plead Guilty and to Pay $8.9 Billion for Illegally Processing Financial Transactions for Countries Subject to US Economic Sanctions', US Department of Justice press release, 30 June 2014, accessed: https://www.justice.gov/opa/pr/bnp—paribas—agrees—pleadguilty—and—pay—89—billion—illegally—processing—financial.

3. Statement of Facts, US District Court Southern District of New York, United States of America *v.* BNP Paribas, 30 June 2014, accessed: https://www.justice.gov/sites/default/files/opa/legacy/2014/06/30/statement—of—facts.pdf.

4. Two former Trafigura senior executives with direct knowledge of the situation confirmed, under condition of anonymity, that the Dutch company was Trafigura. Although Trafigura largely operates from its headquarters in Geneva, the company was at the time formally incorporated in the Netherlands. It later moved its incorporation to

Singapore.

5. Eric de Turckheim, interview with the authors, Geneva, March 2019.

6. According to a former Trafigura executive, who declined to be named.

7. Email from BNP Paribas employee quoted in Statement of Facts, US District Court Southern District of New York, United States of America *v.* BNP Paribas, 30 June 2014, p. 25, accessed: https://www.justice.gov/sites/default/files/opa/legacy/2014/06/30/statement-offacts.pdf.

8. 'Attorney General Holder Delivers Remarks at Press Conference Announcing Significant Law Enforcement Action', US Department of Justice statement, Washington, 30 June 2014, accessed: https://www.justice.gov/opa/speech/attorney-general-holder-delivers-remarks-pressconference-announcing-significant-law.

9. 'What Are Economic Sanctions?', Council on Foreign Relations, 12 August 2019, accessed: https://www.cfr.org/backgrounder/what-areeconomic-sanctions.

10. 'Vitol trades Iranian fuel oil, skirting sanctions', Reuters, 26 September 2012, accessed: https://www.reuters.com/article/us-iran-oil-sanctionsvitol-idUS-BRE88P06C20120926.

11. 'Unlawful Corporate Payments Act of 1977', US House of Representatives, 28 September 1977, accessed: https://www.justice.gov/sites/default/files/criminal-fraud/legacy/2010/04/11/houseprt-95-640.pdf.

12. 'Report of the Securities Exchange Commission on Questionable and Illegal Corporate Payments and Practices', US Securities and Exchange Commission, May 1976, p. B-4, accessed: https://www.sec.gov/spotlight/fcpa/sec-report-questionable-illegal-corporate-paymentspractices-1976.pdf.

13. Ibid., p. 44.

14. 'Fines and bribes paid to private individuals should not be tax deductible', Confederation Suisse, Federal Council press release, 18 December 2015, accessed: https://www.admin.ch/gov/en/start/dokumentation/medienmitteilungen.msg-id-60078.html.

15. Phase 4 report on Switzerland, OECD Working Group on Bribery in International Business Transactions, 2018, accessed: http://www.oecd.org/corruption/anti-bribery/Switzerland-Phase-4-Report-ENG.pdf.

16. 'Switzerland -2019 Article IV Consultation', International Monetary Fund, p. 22, accessed: https://www.imf.org/~/media/Files/Publications/CR/2019/1CHEEA2019001.ashx.

17. 'Jamaica: a Trafigura Scandal Primer', US State Department, 12 October 2006, in Public Library of US Diplomacy, 06KINGSTON2021_a, WikiLeaks, accessed: https://search.wikileaks.org/plusd/cables/06KINGSTON2021_a.html.

18. 'ADM Subsidiary Pleads Guilty to Conspiracy to Violate the Foreign Corrupt Practices Act', US Department of Justice, 20 December 2013, accessed: https://www.justice. gov/opa/pr/adm−subsidiary−pleadsguilty−conspiracy−violate−foreign−corrupt−prac- tices−act.

19. Paul Wyler, interview with the authors, Zurich, June 2019.

20. 'Remarks of Secretary Lew on the Evolution of Sanctions and Lessons for the Future at the Carnegie Endowment for International Peace', US Department of the Treasury, 30 March 2016, accessed: https://www.treasury.gov/press−center/press−releases/pages/ jl0398.aspx.

21. Ibid.

22. 'HSBC Holdings Plc and HSBC Bank USA NA Admit to Anti−Money Laundering and Sanctions Violations', US Department of Justice, 11 Dec 2012, accessed: https://www. justice.gov/opa/pr/hsbc−holdings−plcand−hsbc−bank−usa−na−admit−anti−mon- ey−laundering−and−sanctionsviolations.

23. 'Credit Suisse Pleads Guilty to Conspiracy to Aid and Assist US Taxpayers in Filing False Returns', US Department of Justice, 19 May 2014, accessed: https://www.justice. gov/opa/pr/credit−suisse−pleads−guiltyconspiracy−aid−and−assist−us−taxpayers−fil- ing−false−returns.

24. 'Treasury Designates Russian Oligarchs, Officials and Entities in Response to World- wide Malign Activity', US Treasury, 6 April 2018, accessed: https://home.treasury. gov/news/press−releases/sm0338.

25. 'United States Sanctions Human Rights Abusers and Corrupt Actors Across the Globe', US Treasury, 21 December 2017, accessed: https://home.treasury.gov/news/press−re- leases/sm0243.

26. 'Treasury Targets Russian Oil Brokerage Firm for Supporting Illegitimate Maduro Regime', US Treasury, 18 February 2020, accessed: https://home.treasury.gov/news/ press−releases/sm909.

27. US Treasury press release, 20 March 2014, accessed: https://www.treasury.gov/ press−center/press−releases/pages/jl23331.aspx.

28. Torbjorn Tornqvist, interview with the authors, Geneva, May 2019.

29. 'Trafigura, Glencore and Vitol Probed in Brazil Graft Scandal', Bloomberg News, 5 December 2018, accessed: https://www.bloomberg.com/news/articles/2018−12−05/ trafigura−glencore−and−vitol−ensnaredin−brazil−bribery−scandal.

30. 'Ex−Petrobras Trader "Phil Collins" Says Vitol Bribed Him', Bloomberg News, 23 No- vember 2019, accessed: https://www.bloomberg.com/news/articles/2019−11−23/ex− petrobras−trader−phil−collins−tells−judgevitol−bribed−him.

31. 'Trader Gunvor Pays $95 Million to Swiss in Corruption Probe', Bloomberg News, 17 October 2019, accessed: https://www.bloomberg.com/news/articles/2019-10-17/gunvor-strikes-95-million-deal-withswiss-to-end-congo-probe.

32. Glencore's annual report 2018, p. 126.

33. 'SFO Confirms Investigation Into Suspected Bribery at Glencore Group of Companies', Serious Fraud Office, 5 December 2019, accessed: https://www.sfo.gov.uk/2019/12/05/sfo-confirms-investigationinto-suspected-bribery-at-glencore-group-of-companies/.

34. 'Investigation by the Office of the Attorney General in Switzerland', Glencore press release, 19 June 2020, accessed: https://www.glencore.com/media-and-insights/news/investigation-by-theoffice-of-the-attorney-general-of-switzerland.

35. 'Glencore Drops as US Orders Documents in Corruption Probe', Bloomberg News, 3 July 2018.

36. 'Glasenberg's Legacy Threatened By Long List of Corruption Probes', Bloomberg News, 5 December 2019, accessed: https://www.bloomberg.com/news/articles/2019-12-05/glasenberg-s-legacy-threatenedby-long-list-of-corruption-probes.

37. 'Back to the Marc Rich Days as US Probes Commodity Traders', Bloomberg News, 25 March 2019, accessed: https://www.bloomberg.com/news/articles/2019-03-25/back-to-the-marc-rich-days-as-u-sprobes-commodity-traders.

38. David Tendler, interview with the authors, New York, August 2019.

39. Ian Taylor and David Fransen, interview with the authors, London, February 2019.

40. Bloomberg, Michael, *Bloomberg by Bloomberg* (John Wiley & Sons, 2001), accessed: http://movies2.nytimes.com/books/first/b/bloombergbloomberg.html.

41. 'Ian Taylor: the oilman, his cancer, and the millions he's giving the NHS', *The Times*, 8 June 2019, accessed: https://www.thetimes.co.uk/article/ian-taylor-the-oilman-his-cancer-and-the-millionshes-giving-the-nhs-wnwbtpq2h.

42. 'State Commodity Traders Grow to Take On Glencore, Cargill', Bloomberg News, 1 June 2015, accessed: https://www.bloomberg.com/news/articles/2015-05-31/state-commodity-traders-grow-to-takeon-glencore-cargill.

43. 'Trader who tapped Tehran to power China', *Financial Times*, 27 June 2014, accessed: https://www.ft.com/content/4ed3edd6-fc69-11e3-86dc-00144feab7de, and 'Iranian Oil, arms, sanctions···and China's 'Crazy Yang', Reuters, 16 January 2012, accessed: http://news.trust.org//item/20120116002600-enu80/.

44. For the 2012 sanctions, see: 'Three Companies Sanctioned Under the Amended Iran Sanctions Act', US State Department, 12 January 2012, accessed: https://2009-2017.state.gov/r/pa/prs/ps/2012/01/180552.htm. The US State Department called Zhuhai

Zhenrong 'the largest supplier of refined petroleum product to Iran' at the time. For the 2019 sanctions, see: 'The United States to Impose Sanctions On Chinese Firm Zhuhai Zhenrong Company Limited for Purchasing Oil From Iran', US State Department, 22 July 2019, accessed: https://www.state.gov/the−united−states−to−impose−sanctions−on−chinese−firm−zhuhaizhenrong−company−limited−for−purchasing−oil−from−iran/.

45. Ian Taylor, interview with the authors, London, February 2019.

46. This account of Glencore's trading in 2020 is based on an interview with a senior executive, who declined to be named, as well as the company's statements, and publicly−available information on ship movements.

47. 'Texas Regulators Weigh Historic Oil Cuts as Coronavirus Pandemic Saps Demand', *Wall Street Journal*, 14 April 2020, accessed: https://www.wsj.com/articles/texas−regulators−weigh−historic−oil−cuts−aftercoronavirus−11586886293.

48. Steve Kalmin, Glencore's chief financial officer, told journalists in August 2020 that the return on equity on the company's contango deals was as much as 100% 'in some cases'.

49. According to the estimates of several leading oil traders. For example, Mercuria's Marco Dunand estimated the stock build at 1.25 billion barrels. 'Trader Mercuria Says Oil Has Bottomed With More Shutins Coming', Bloomberg News, 29 April 2020.

50. White House Coronavirus Task Force press briefing, 31 March 2020, accessed: https://www.youtube.com/watch?v=c2TRmlsmMNU.

51. Glencore, 2020 Half−Year Report, 6 August 2020, accessed: https://www.glencore.com/dam/jcr:50ad1802−2213−43d8−8008−5fe84e3c65ed/GLEN−2020−Half−Year−Report.pdf.

52. Trafigura, 2020 interim report (https://www.trafigura.com/media/2648/trafigura_interim_report_2020.pdf), and 'Mercuria scores record profit amid oil market chaos', *Financial Times*, 13 July 2020 (https://www.ft.com/content/72300405−20bc−4dde−b145−9ff28f9da69d).

53. Muriel Schwab, interview with the authors, Geneva, August 2019.

54. Muriel Schwab, interviews with the authors, Geneva, August 2019, and by telephone, February 2020.

55. David MacLennan, interview with the authors, Minneapolis, August 2019.

56. Ivan Glasenberg, interview with the authors, Baar, August 2019.

57. Torbjorn Tornqvist, interview with the authors, Geneva, August 2019.

58. Ian Taylor, interview with the authors, London, February 2019.

얼굴 없는 중개자들

초판 1쇄 발행일 2023년 5월 31일
초판 5쇄 발행일 2024년 9월 25일

지은이 하비에르 블라스, 잭 파시
옮긴이 김정혜

발행인 조윤성

편집 강현호 **디자인** 양혜민 **마케팅** 서승아
발행처 ㈜SIGONGSA **주소** 서울시 성동구 광나루로 172 린하우스 4층(우편번호 04791)
대표전화 02 - 3486 - 6877 **팩스(주문)** 02 - 585 - 1755
홈페이지 www.sigongsa.com / www.sigongjunior.com

ISBN 979-11-6925-776-3 03320

*SIGONGSA는 시공간을 넘는 무한한 콘텐츠 세상을 만듭니다.
*SIGONGSA는 더 나은 내일을 함께 만들 여러분의 소중한 의견을 기다립니다.
*잘못 만들어진 책은 구입하신 곳에서 바꾸어 드립니다.

WEPUB 원스톱 출판 투고 플랫폼 '위펍' __wepub.kr
위펍은 다양한 콘텐츠 발굴과 확장의 기회를 높여주는
SIGONGSA의 출판IP 투고·매칭 플랫폼입니다.